全方位的統整與分析

教育研究法

林生傳◎著

心理出版社

作者簡介

　　林生傳，台灣台南人。美國威斯康辛大學哲學博士；曾任國立高雄師範大學教育學系教授，教育學系主任，教育學院院長，台灣首府大學教育研究所講座教授。現任國立高雄師範大學榮譽教授。

　　從事教育學術研究四十年如一日，致力於教育社會學、教育心理學、教育政策與改革、教學創新，與師資培育的研究，完成數十項原創性實徵研究，除個別研究外，並曾多次領導完成大型整合研究。研究成果備受肯定，曾兩度獲得行政院國家科學委員會傑出研究獎，第26屆吳三連基金會人文社會科學獎及數十項教育學術研究獎項。

主要著作有：
- 教育學術論文百餘篇。
- 教育社會學，台北：巨流圖書公司。
- 新教學理論與策略，台北：五南圖書公司。
- 教育心理學，台北：五南圖書出版公司。
- 教育研究法，台北：心理出版社。
- 好生築夢傳，高雄：麗文文化事業機構。

第十一刷序

　　本書自 2003 年出版以來，受到讀者以及學校教授們很大的歡迎，常常選為教科書或進行研究時的參考。有的讀者不僅自己研讀，還推薦給親朋好友分享；也有的讀者會要求我為其簽名，以供珍藏；更有讀者對於誤植的字詞與內容提供建言，在此我表示最深的謝意。

　　如今本書已重刷十次，這一次是第十一刷。每一次重新付印之前，心理出版社均會徵求我的意見，是否要提供修訂之處。我向來堅持版面要維持始終一貫的風格與特色，對於字詞的疏誤之處必須確實一一訂正，內容需要補充或節略的地方，以滿足學者實用需要者，則不吝加以增減，章節調整更斟酌修正。所以本書能維持一貫的風格與特色，推陳出新，嚴謹其體系，彰顯其實用。有時候修訂不少，本可稱為改版修訂或新版，唯作者深受國外出版界的影響，認為如非徹底改變，重新改寫整編，不宜稱為修訂版或新版，所以即使有許多修訂處，仍稱為重刷，不宜稱為新版，以昭慎重。

　　在這當中，我要特別對心理出版社發行人洪有義兄與總編輯林敬堯兄包容的態度與敬謹的文創經營精神，不厭其煩為本書做修訂與印製，持續不斷的求新求變，使本書益臻於完美，表示敬佩。

　　我日後仍將繼續努力，使本書不斷精進，以求盡善盡美。請各方賢達，不吝指教。

林生傳

2015 年 10 月 16 日

作者序

　　我從事教育學術研究已超過三十年，撰寫論文不知多少，僅就實徵性的原創研究而言，三十年如一日從未中斷。有朋友說我是「教育學術研究園地的長青樹，應該教教大家是怎麼做到的。」我不敢承受這樣的恭維，但是在我心底深處，的確一直想要寫一本如何作研究的書，將自己的經驗融入教育研究法的原理、方法裡面，現身說法與教育學界夥伴們分享，也供可畏後生參考。兩年前，我提筆開始寫這本書，期間斷斷續續，除了教課之外，又兼任行政職務，公事私事分身分神，復又忙於專題研究，現在終於完成多年來的夙願，心中甚感快慰。

　　教育很複雜，也很艱鉅，教育非常需要研究。邇來，在一波一波教改浪潮的不斷沖激下，浮現出的問題更多，尤其是現階段的教育問題，不能再以常識或權威語言來搪塞蒙混，亟待利用正式的方法來進行研究。

　　另一方面，近年來大學教育學程的學生人數成長甚為快速，攻讀教育研究所的人數也大為增加。無論是正科班的研究生、師範院校的學生、教育學程的學生、在職進修與回流進修的研究生均亟想學會「教育研究」。而在職教師迫於教改推動的鞭策與壓力，力求專業成長更是他們心中的夢想；他們希望無師自通，很快地學會如何研究，以便在教育行動中也能進行研究。

　　無論為修習「教育研究」課程，或為追求自我教育專業的成長，均需要適合他們的教育研究法的書籍。在學理方面能夠深入淺出，說理清楚；在實際作法的指導方面，能夠把握要領，提供實例，引導得法；在技巧方面能夠一針見血，引喻精

當，舉關合宜。多年來我在大學本部及研究所教授教育研究法，並指導各類研究生撰寫論文，曾嘗試採用坊間各種不同版本的教育研究法作為教本與參考書。然而迭見學生有各種的反應：有些書有文化上的疏離與教育生態上的隔閡；有的書各章寫作風格不一，章法太亂，且義理前後出入，不易貫通；有的書籍內容過於龐雜，抽象知識堆積太多，不易閱讀，對研究者真正遇到的問題及解題的關鍵又鮮少提及，讀來覺得不夠深刻。另外，有些書過於偏執，偏好量化研究者，排斥質性研究；偏於質性研究者，則對量化漠視敷衍或多所貶抑。學生們的反應或有些誇大其詞，但也許真有幾分確是他們的切身感受，所以筆者在撰寫本書時，特別關注到這些心聲與感受。

這本書在架構及撰著風格上有很大的突破。整個架構完全依個人長久以來的體會所建構出來的，計分成三部分：第一部分是教育研究的通論；第二部分是教育研究的分論；第三部分則為教育研究的格律、工具、與評鑑。在教育研究通論的部分，即篇一，介紹教育研究的概念、教育研究的對象、教育研究的基本模式與流程、教育研究的類別，並提示教育研究的基本原理，俾使學習者能夠建立正確的觀念，並了解研究一般的原理與通用的模式。接著按研究的過程，介紹如何進行研究及如何規劃：分別是尋求研究主題→分析題目的優劣→決定題目→進行題目的概念化→蒐集、探討文獻→撰寫文獻→建立研究架構→進行題目的操作化→提出待答問題與研究的假設→選定標的群體→進行抽樣→籌集、利用資源→提高研究效度→研擬研究計劃。筆者儘量站在學習研究者的立場，設身處地來說明，循序漸進，逐步作提綱挈領與切題中肯的介紹。

在研究分論的部分，即篇二至篇六，則由全方位的觀點來建構研究的分類。鑑於教育研究不僅要研究教育的實相，也要研究教育的意相；在時間的取向來說，不僅要研究現在的教

育，以了解現狀，也要回溯過去的教育，還原過去教育的真相，探討教育的來龍去脈，更要前瞻未來的教育，開發更新、更有效的教育方法與模式；而研究的用意不僅在描述、探索、預測、驗證，也在批判、詮釋，與付諸實踐。因此，本研究從全方位的統整觀點，把教育研究定在兩個層次上來分類。在第一層次上，區分為描述性研究、因果性研究、回溯性研究、詮釋性研究與行動性研究等五個類群，這種區分方法確是與眾不同。在第二個層次上，則依一般的區分，區分為問卷調查研究、訪問調查研究、發展研究，與相關研究；前實驗研究、準實驗研究、真實驗研究，與單一樣本實驗研究；因果比較研究、事後歸因研究，與歷史研究；質性研究，以及教師行動研究，這層次則類同一般的分類。在第一層次將每一類群的研究置於同等的地位，使均各占一篇，平等對待，於其方法論上，分別作深入淺出的簡要說明；於其性能與適用性上，也給予明確的提示；而於其研究程序上，則分別針對實用加以指導。雖然各類群的研究，由於發展的歷史長短不同，所開發出來的方法有強弱之分，其嚴密性與可靠性也有異，內容份量也有多寡之差，但是它們的價值與特定運用之空間均不容忽視，對學者來說更不應有所偏頗。

就寫作的態度來說，本書不僅呈現理論的鋪陳與闡析，更實際指示進行研究的方法，使學理與實際兼顧，理解與應用相得，方法與技巧並用，在關鍵之處，並現身說法摘取過去自己研究或指導的實例加以舉述，使學習者能夠參考印證。在每一章更先設計問題，引導學習者自行思索試探，以增進學習的趣味與效果。相信這本書以這種不同的風格出現，提供了另一種選擇，應能滿足各類學習者不一樣的需要。

方法知道越多越好，貴乎運用得當而已，有時候更需要並用若干種方法，使研究法更為周延縝密。因此，作者介紹教育

研究法採全方位的觀點，把每一類屬研究均以一篇的形式呈現，且相信各種研究的差異常是程度上的，而非「非 A⋯即 B⋯」、「有 A⋯就沒 B⋯」、或「0 與 1」的選擇。對任何研究方法的介紹，在第一層次獨創的分類之下，復在第二層次，按傳統的類別區分來介紹各種方法，使每種方法各占一章，不僅依據本身獨創的分類，再兼顧傳統通用的分類，不偏執亦不歧視。希望學習者對各種方法均能夠一視同仁，一一認識，他日在運用時能夠正確選擇並活用之。

最後，基於教育研究的設計與結果的表達，已形成一套體例與格式，在資料的蒐集與分析方面，也累積了一些特殊的技巧與工具，可因利乘便來應用；而研究的結果，無論發表為報告或論文，都有待作客觀的評鑑。為便利讀者的參引應用，最後一部分即為教育研究的工具、格律與評鑑篇。

本書的完成要感謝很多人的協助。首先感謝我的內助黃春菊女士及我的三個子女——雅莉、達森、逸君，給我一個安心工作的環境，使我長期以來能夠專注於學術研究的工作，數十年不間斷。接著，要感謝我的幾位助理，何美瑤、李佩倩、陳惠君、張淳惠、崔斐韻、蔡宜芳、李明昇等，前後陸陸續續地協助我整理文稿並打字建檔；也要感謝數十年以來，與我互相勉勵，一起成長的同事及我教過的學生。此外，心理出版社許總經理麗玉長久以來對文教書籍出版的熱忱與協助，與張毓如副總編輯的精心排版編輯，使本書能順利出版，也要衷心表達我的謝意。最後，本書撰寫匆忙，疏漏之處，在所難免，還請不吝指正。

林生傳

於 2002 年 10 月 16 日

目錄

篇　一

教育研究通論

人類，充滿了好奇心，在認知神經系統構造上，也特別精密，具有優越的潛能能夠進行認知。是以人類對於周遭的環境、所處的情境，以及自己所作所為，隨時有所知覺並能夠理出頭緒、建構認知、一探究竟、理解道理；覺察所遇到的問題，也隨時想解決問題；甚至能夠為求知而求知，充實心靈的空虛。

　　古早人類仰觀天象，日月經天，群星閃爍，但覺眼花撩亂；陰晴圓缺，不時雷電交加，天災頻仍，更感惶惶難安；俯視大地，江河流轉，春去秋來，時遇山崩地裂，不免驚恐萬分。為何如此？何以致此？這種變化萬千的自然現象，成為好奇求知的人類想一探究竟的對象。環觀人與人所組成的社會，但見人們熙來攘往，亂中有序，時而紛爭，時而和平；上行下效、人云亦云、相互仿效，也常有抗拒；人不能離群索居，需要與人相處，卻又常生衝突，如何相處？社會型態如何建立？人與人間的關係如何維繫？這種種現象亦是人類所感興趣的探究對象。而人有生有死，最多數十寒暑，如何維持生命的永續與傳承？即使長命百歲，在歷史長流之中，亦是瞬間的浪花而已，如何使人對短暫的生命覺得有意義，感受生命的永恆？如何使新生一代能夠獲得上一代的經驗傳承，對人類來說，更為關心？種種的文化現象亦為人類有意探究的所在。

　　無論對於自然現象、社會現象、精神與文化的現象，人類莫不咸表強烈的好奇，亟欲運用其特具的求知慾、認知能力與創新能力去探討謎底，解決問題，增長知識，這是人類希望研究也能夠研究的由來。在人類不斷地研究之下，科技進步，文明昌盛，無論自然科學、社會科學、技術工學皆日新月異，然而愈是進步，所知愈多，所發現的問題也愈多，挑戰愈大。在廿一世紀伊始，人類雖然早已登陸太空，卻更覺得太空、外太空的神秘奧妙。生物科技發達，但在實驗複製動物成功之後，

人類如何自處？是否複製人類一定成功？如果成功，複製之後又將如何？如何使得科技的成功，不威脅人類的尊嚴、顛覆宇宙的秩序？另一方面，資訊科技發達，傳訊快速，無遠弗屆，迅如時光易位。在這樣天涯若比鄰的資訊社會、電子網路世界中，如何理解社會的道理，建構社會的秩序，建立人類的新文化？在在皆成為一種挑戰。在此一情勢之下，使得研究更為需要，也更需求其精進。

教育，本來即是人類不滿於自然，卻想利用自然秉賦的潛能本性之途徑；是人類學習在社會中生活得和樂順暢之道，更是人類想延續生命於永恆，承先啟後於文化使命的主要內容，所以教育當然更是人類從事研究的主要領域。人類對自然、對社會、對文化、對教育心存研究之心，自古已然，於今尤是。故而無論是在學術發展的任何時期，思想家常常是教育家，偉大的哲學家也常是教育家。而在科學建立以來，更特別將教育闢為專門領域，從事研究。不同時期，學者研究學術的方法有所不同，也不斷地演變，然其研究的興趣則無二致。有興趣的學者，欲求有效研究，當須精研最進步有效的方法來從事研究。身處於廿一世紀科學發達的今天，學術研究方法相當精進，已自成體系。惟在未來，如何利用太空科技、生物科技與資訊科技所帶來的便利？如何面對它們帶來的挑戰？更有賴研究。為求有效地從事進行教育的研究，有必要作有系統性、較為客觀的探討，在研究之初，先鑽研教育研究法。本篇探討教育研究的基本概念、一般原理，與大體規畫，使讀者能夠對於教育研究形成基本的認識，並能夠選擇主題，規畫研究。

1

教育研究的基本概念

引題探索

1. 教育研究以什麼為研究對象？

2. 何謂教育實相研究？何謂教育意相研究？兩者如何區隔？又如何統合？

3. 一位教育工作者在工作上可能會遇到什麼問題？對一位未曾修過教育研究法的人，他可能會利用什麼樣的方法來解決？有何限制？

4. 研究是正式解決問題的方法，它與非正式解決問題的方法有何不同？

5. 為什麼研究是種有系統的活動？

6. 每個時期研究的方法是否都一樣？請比較古今研究方法的演進。

7. 試述現代科學研究的特徵。

8. 教育研究具有哪些特殊性？

9. 教育問題是否能夠利用科學方法來從事研究？

本章綱要

教育研究是人類對教育所進行的一種研究，研究的主體是人，研究的客體是教育。教育有實相，也有意相，故教育研究至少包括兩種研究：

一、是教育實相的研究，係對教育實際狀況、事實層面的探討。

二、是教育意相的研究，係對意構或意想之教育的探討。

第一節　教育研究的對象──教育研究在研究什麼？

一、教育實相的研究

教育是一種活動，教育是一種歷程，教育是事實，教育也是結果，教育大都被看成一種實相。自十九世紀以來，教育演變成為國家的一種事業，以培養國家的公民、社會的有效分子為目的。這種活動是怎樣的一種活動？這種歷程是如何實踐的？這種事業如何經營？有哪些人參與？他們居於什麼地位？設計什麼樣的經營計畫以為依循？運用什麼策略使得眾多的人口可以接受與參與這種活動？這種活動的政策與目標為何？哪些人是經營者？哪些人是消費者？哪些人是主持者？哪些人是領導者？其運作的實際情況如何？建立什麼機制來辦理這麼大的教育事業？對於這種實際情況的描述與實徵是教育研究的重要層面。

教育也是一種歷程。其起點在哪裡？終止於何處？經過什麼樣的歷程？無論父母教育子女、長輩教導幼輩、教師教導學

生，其教育經過什麼樣的過程，這種歷程的本質是什麼？如何計畫與設計來實施？受教者是誰？教導者是誰？在這歷程的起點與終點之間，行為上、認知上、情意上發生什麼變化？這種變化是如何發生的？在此一過程中形成什麼關係？哪些是決定與影響歷程的進行、結果的成敗與其效能高低的因素？此等問題皆可作為教育研究的對象。上述所分析的皆屬於現狀與事實，這些層面的描述與關係的探討，是教育研究主要的面向與客體。

教育的活動與事實歷程並非一時的興起，也不可能獨立於真空裡面，而是存在於漫長的時間與廣闊的空間。自古以來，如果從廣義的、宏觀的觀點來看，教育幾乎是與人類同時存在的，從最早形成的非正式教育，一直演變到現代的教育，這種演變的情況為何？過去的教育怎樣實施？各時代的教育如何沿襲變革？與今日的教育有何異同？不同民族的教育又有何異同？與其社會網絡與政治經濟結構、文化模式有何關聯？與當時人民的心理福祉又有何關係？這也是教育另一方面的實相，也是教育研究可以探討的對象之一。

上述種種層面的研究都是把教育看成是一種事實，一種實然的存在，一種客觀的存在，一種歷史的存在，而不是憑空杜撰的，亦非一種迷思想像，或意識上的建構，可以併稱為事實的、經驗的、實際的教育研究（factual, empirical, and practical education research）。這種研究著眼於對現實或歷史世界裡的教育活動與過程，蒐集資料進行分析或探討。

二、教育意相的研究

教育不盡然是一種事實或經驗的存在，也有可能是理念的、認知的、與信念的，是意念所建構出來的。論述者所研究

的教育，不一定與現實、客觀存在的教育事實等同一致。人類有創造與建構教育理想的能力與意向，古往今來，許多的教育學者專家都提出一些教育理想，或把歷史的、文化的教育實際建構成為一種理想的型態，此與現實存在或經驗存在的教育不同，每個思想家所提出的、所建構出來的教育也不盡一致。這是一種意相的教育，一樣可以作為教育研究的對象。例如，擬以科層體制（bureaucracy）的學校組織為題材來作研究，或以學校本位經營（school-based managemant）來研究其在我國學校的可行性，由於兩者都不是一個實際的教育現實，而是學者的理論建構或是一種理念上的理想類型，因此，皆屬於一種意相的教育研究。

後現代的思潮重視人的相互主體性，在彼此重視認知的主體性與權力的支配性之下，可能有更多小型的、個人的教育建構。這種理念的、意會的、自我解放所建構的教育，也是我們所說的「意相的教育」。意相的教育與現實的教育有所不同，這種教育是如何建構的？想像中的願景如何？有無實現的可能性？這種建構的教育其理論基礎是否合理？是否穩固？如何詮釋其建構的過程？對於這種意相的教育的理想與詮述，是否能增進對於教育的進一層認識？對這種概念的、認知的、意會的、理想的教育，也可以作為教育研究的對象，來進行詮釋的、論述的探討。

教育是經驗的、事實的「實相」，教育也是意構的、認知的、意會的「意相」。除了這兩個面向外，也可以從這兩個基本的層面，衍生出另一個層面。這個層面是批判的、評價的一個層面。當我們用教育的意相對照教育的實相，就會產生批判的、評價的第三面向來。以我們意相中的教育理想，對照於教育的現實狀況，便不免評價其長短、得失、優劣，評論其兩個面向之間的落差，評鑑學校組織效能的高低、辦學績效的優

劣、教育的效能及其良窳得失。各種不同的教育系統成效如何？教育的制度、歷程與內容是否受到不合理的權力、意識型態的宰制，使教育的效果不彰，使教育的結局違悖社會的正義，限制自我的發展。未來的教育應如何改進？未來教育發展的願景如何？有何策略可以利用？像這樣的教育面向，既非事實也非經驗，亦非純屬理論建構，而是批判的、評鑑的教育面向。上述三個面向皆可能作為教育研究的題材，而發展成為不同的教育研究。

綜合上面的分析，教育所研究的對象，基本上有兩個面向，一是實相的經驗教育，二是理念的建構教育，而由此衍生的第三面向則為批判的教育。依此，我們可以說，教育研究要研究的是：㈠過去與現實的教育是什麼；㈡教育思想家或學者所意構的教育是什麼；㈢現實教育的問題是什麼？然而，教育研究的對象不一定皆可以用同樣的方法來研究。一般以為，不同的對象與問題需用不同的方法來研究，也完成不同的目的。科學的教育研究以第一方面的研究為主，以第二、三方面的研究為輔，其實，只要運用得宜，至今教育科學的研究法，已有不同的方法，可以進行三方面的研究。

第二節　教育問題與研究——教育問題如何解決？

無論是現實存在的教育或意想建構出來的教育，都存有許多問題。人類天性中有強烈的好奇心、求知慾，與追求其更好的慾求。面對問題或困難的時候，都渴望獲得解決並從中增益知識，而不甘願永久存於疑惑狀態，懸而不決，永久安於無知

與懵懂。尤其教育的影響不限於個人本身，且福禍將延及後代，遇有教育的問題，如何可能安於無知、愚昧之境？

　　無論日常生活或從事教育工作所遇到的問題，須利用什麼方法來解決？例如，上班族要怎麼上班？午餐要如何吃法？如何托嬰托幼？幼兒已經三歲了，要上哪一間幼稚園？小孩子除了上幼稚園外，要不要上才藝班、安親班？幼兒要不要學英語？雙語學習對小孩子未來的教育影響如何？我的小孩很皮，要不要體罰？體罰得失如何？幾歲的時候要幫小孩子買電腦？電腦對小孩子的影響如何？不想運動的小孩如何幫助他們？過動兒又要如何叫他們靜下來？什麼原因使他們對教育頭痛？如何輔導才有效？喜歡說謊的目的是什麼？為什麼政治人物喜歡說謊？鼓勵小孩說謊，還是及早禁止他們說謊？鼓勵小孩說謊是否有助長大後從政？及早禁止說謊是否有利於人格的發展？大眾都想念大學為的是什麼？學歷愈高愈好嗎？我國的文憑是否已經貶值？及早就業好還是升學好？教育愈發達，經濟是否真的愈繁榮？到底一個社會需要多少的教育？教育經費應占家庭總收入的多少？一個國家教育的預算，占GNP的最佳比率應是多少？

　　類此教育問題，繁簡程度不一，重要程度也有差別，卻是大眾常要遇到的問題，也是教育上稀鬆平常的問題，因此人們總是期盼能利用有效的方法來解決。而一般到底用什麼方法來解決呢？

　　有人把研究簡單地界說為「探尋問題的答案」（Mason & Bramble, 1997）。果爾，上述的問題皆可循研究以解決。不過，上述的問題繁簡不一，緩急不同，解決的效應也不盡一致。有些問題，可以以平常心來應付，解決不好也無關緊要，甚至可以含糊地蒙混過去；有些問題影響重大，必求其精確，不容閃失。因此，解決問題的方式與方法也就不一樣；前者以

非正式的方法來解決即可，後者就必須利用正式的方法來解決。

　　對於較複雜的、較生疏的、影響較大的、不能閃失的問題，常用較精密、有系統的方法來解決；這樣解答問題的方式或方法，即是一般學術上所界定的研究之定義，也是本書中所探討的重點。下面即分別說明非正式的解決問題的方法，與正式的解決問題的方法。

一、非正式的解決問題的方法

　　通常，在日常生活中，一般人沒有受過精確的專門訓練，喜歡用較不正式的方法來解決問題。其所用方法不外乎下列幾種：

㈠傳統法

　　個人生長於特定的社會環境，也承襲了該社會的文化傳統。面對問題的時候，自然也常利用傳統方法來解決問題。遵循傳統的方法可以省下許多的時間與精力去摸索，而且可以使行動者減少威脅。例如男女分工、「男主外、女主內」，男學農工，維持家計，女學家事，持家教子，這種傳統傳襲下來，即使在現代社會，婦女已走出家庭進入職場，早七晚五，但這種分工方式仍在許多家庭沿襲不變。這種分工的方式是否最有效？是否最合理？是否帶來最大的和樂？不得而知，仍卻一直承續下來，此即利用傳統法之故。

㈡經驗法

　　「不經一事，不長一智」，由實際經歷的事物或行為，可以使個人增長經驗，以後遇到問題時憑著經驗去處理，這也常

是個人尋常探索問題與適應環境的方式。透過個人的經驗可以發現問題，也可以解決問題，例如，沒有被火燙傷，受過風寒，就無法真正知道冷暖。經驗的累積，往往可以用來幫助解決問題，預測未來的適應方式。

(三)直覺法

面對問題，但憑直覺來解決問題，此即直覺法。小學剛開學，教師看到外表漂亮的學生即直覺是好學生，蓬頭垢面的學生是壞學生，是例也。學生說謊，即被認定是存心有意欺騙師長，而不明究理，不去探討原因為何？怎麼發生的？未來可能如何演變？如何教導為宜？

(四)權威法

從古至今，向權威請教以釋疑惑，或解決問題，是尋常人常用的方法。向教士、巫師、醫師、國師、先師請教疑惑，古籍迭有記載；即使在現代社會，向權威請教或向有經驗的資深人員請教，仍屬司空見慣。專家或權威知識豐富，具有專業修養，惟由於專家權威對詢問者的問題或個案認識不足，資訊不充分，常有不同的或錯誤的判斷，故權威法並不一定真正能夠有效解決難題。

上述的方法是日常生活中常用的方法，在教育工作或情境裡面，也常為人所樂於引用。教育的工作牽涉到每一個人，教育問題也為常人所常遭遇，也常關心的，教育的結果又常是長期性，而非立竿見影的。因此，每個成人，每個小孩，每個父母，每個有心人士，皆可能利用上述方法來思考、發表、批評，或試圖提出一套似是而非的說辭，或形成一套短期操作的作法，甚至有人據以否定教育學術的必要性與存在價值。然而

事實上，上述方法都不是正式研究的方法。

二、正式解決問題的方式——研究，再研究

「研究」（research）是正式的、系統的、有步驟的探求問題，以建立知識，由此形成理論或裨利實際的一種活動或歷程。

㈠研究是一種正式的活動或歷程

研究應是當時社會所認可的一種求知的正式方式。一種正式的求知方式應是學術社群（learning community）所認可且共同遵循的方式，在學術社群中已形成有訓練、傳授、發表與評鑑的機制。不同社會發展的階段，所界定的研究可能不甚一致。例如，孔德（A. Comte）區分人類學術發展循三個階段，由神學時期（theological stage）而玄學時期（metaphysical stage）至實證哲學（positive philosophic stage）三個時期，不同時期所用的方法不同。故在學術演進的歷史中，新的學術研究常經過一番奮鬥的過程，甚至受盡批判才得以穩固其地位。即使科學的研究，在不同時期，研究的旨趣與方法也有改變。孔恩（Kuhn）在《科學革命的結構》（*Structure of Scientific Revolutions*）一書及達爾文（Darwin）的《物種源始》（*The Origin of Species*）中，皆指陳科學學術研究的方法與模式之演變常有其社會學的、文化學的基礎，欠缺一定的基礎很難被認可成為一種正式的研究。

㈡研究是一種系統的活動

許多的學者都強調研究是一種系統的探究（a systematic inquiry）或有系統的活動（a systematic activity）。在本質上，研

究由有系統的活動所構成，貝斯特與柯恩（Best & Kahn, 1970）說：「研究是有系統的活動，以發現並建立有組織的知識體系為目的。」懷思等（Wise, Nordberg & Reitz, 1967）說：「研究在基本上，必定是有系統的探究，以獲得驗證的知識。」哈巧卡與休斯（Hitchcock, G.H. & Hughes, D.）認定研究是系統的探究（systematic inquiry），所謂系統的探究係指遵循一套原理原則與嚴密程序，來分析與歸納，並經過嚴密的考驗程序。

無論現代的科學研究，或傳統社會沿用甚久的玄學研究，都是有系統的活動，皆循一套嚴密的程序與規範來尋求問題的答案，以獲得新知來解決問題。反之，道聽塗說，異想天開，但憑直覺，妄加臆測，分析思辨，或實際經驗的解決問題的方式，在此定義下，則不能盡屬於研究的範疇。

所以研究是依循一定的原理原則，循一套步驟，來探討問題、形成知識，以幫助吾人解決問題的活動與歷程。

㈢現代的研究則是一種客觀、有系統的探求活動

自從中古世紀末期，人類漸漸開始以實徵的方式來探求問題的答案，對於傳統上的演繹思辨研究，漸感不滿。而以歸納的方法來作驗證，逐漸發展成為科學研究上的方法。這種方法係在傳統的思辨上，加上培根（F. Bacon）所倡導的新工具——歸納法，講求徵之於實際。科學方法成為現代的研究方法，它是整合演繹法與歸納法來解決問題的一種方法，不僅合理並標榜客觀。傳統的神學或玄學方法，在學術要求上，符合正式的、有系統的要件，現代社會的科學研究方法則要求「客觀」。

貝斯特與柯恩（Best & Kahn, 1998）在第八版的《教育研究》中即界說：「研究可以界定為有系統的、客觀的分析……」

當然內涵的增富，指涉的範圍則愈縮小，在這種定義之下，只有現代的科學研究才能配稱為研究，古時候未經驗證的思辨推理則無法符合研究的要求。雖然對於客觀的意義本質與條件，各種典範見解不盡相同，但客觀已成為現代研究的必要特徵。

三、研究的特徵

　　貝斯特與柯恩（Best & Kahn, 1998）進一步綜合研究的特徵有十二項：

1. 研究是為了解決問題。
2. 研究強調形成通則、原則、理論，俾助於預測未來的發生。
3. 研究基於可觀察的經驗或實徵的根據。
4. 研究要求精確的觀察與描述。
5. 研究常利用第一手，或現成的資料來解決新的問題。
6. 研究固然有時候是隨心的，但通常是經由小心的設計程序，並經過嚴密的分析。
7. 研究需要專精的知識與技術（expertise）。
8. 研究力求客觀的（to be objective）與邏輯的（to be logical）。
9. 研究是為問題尋求答案。
10. 研究需耐心，不能操之過急。
11. 研究時常作細心的記錄與報告。
12. 研究有時候需要勇氣。

　　從上述的分析，可得知研究是以解決問題，透過有系統的程序、客觀的方法與技術，以建立理論為目的的一種正式化活動。

第三節 教育科學研究的特殊性與可能性——教育可能作科學研究？

　　現代的教育研究，主要係利用科學的方法來研究教育，所以教育研究可以說是教育的科學研究。科學的研究，是要尋求研究對象系統的規律性。例如，物理學是要尋出物理系統的定律；化學是要尋求化學系統的定律；生理學是要建立生理系統的規律，俾能據以分別回答我們對物理現象、化學現象，與生理問題的疑難。同樣地，社會學的研究亦是在探討社會系統的運作規則與定律；心理學的研究亦然，它在探討個體心理或人格系統作用的原則或定律。

　　用心的人一定會覺察到，前一類對自然界的物理、化學或生物等的研究，與後一類對社會與心理等行為科學的研究，有某種程度上的，甚至是根本上的差別。自然科學的研究對象，它們的存在或存有（being），相當明確。大體上，人人均覺察得到它們的存有，覺知也等同；而且，它們的作用規律也相當的機械或固定。要對它們作研究，只要觀察嚴密，方法熟練，少有歧異，定能發現其規律定則，且被研究的對象對研究者也不會有故意的或特殊的回應於機械或固定的規律。對心理、社會所為的科學的研究，似乎較不易捉摸，較不穩定，也較難有一致的共識。光是對現象的存有之認知，可能就有相當程度的分歧，且其變化或運作的系統也不一定循固定或機械的規律；另外，被研究者也是人，對研究者可能會發生某種反彈或反應。這種懷疑的確有幾分道理，並且的確也遲滯了行為科學的起步，也延緩了其發展；雖然如此，這並不減損社會科學研究

的意義與價值。

教育，這種研究的對象，不僅包括身體的或生理的，也包括了心理的與人格的，社會的與文化的。教育，更如同之前所分析的，包括了現實存在的經驗教育，也包括了意構的理念教育、批判的理想教育。其存在涵括接近自然世界的生命系統、行為世界的心理系統、社會系統，以及精神世界的思想與價值系統。對其作全貌的認知與操作更顯困難，這也是教育研究不得不面臨的困難與必須接受的限制。

教育的研究，其終極目的在追求教育現象與情境的、邏輯的與一再依循的模式（pattern）。教育研究假定所有教育活動的進行及其效果的發生，都有它的道理與規律。而這些道理與規律有的固然是憑常識或經驗即可能了解，有些則不經研究即無從確切知曉。教育研究雖然無法完全避免例外或干擾，但是，教育科學可以經由長期研究來洞察其間的道理。

教育研究者了解教育的特殊性，因此，教育的科學研究者秉持若干共同的理念，他們相信教育的系統有其規律性，但亦有其特殊性。

教育研究的規律性與特殊性

教育科學研究認定教育的研究對象（subject）及其教育運作系統有其規律性，利用有效的方法可以確定其規律，用以解釋教育的活動與歷程。相較於自然科學，其規律性雖有程度上的差別，卻沒有本質上的不同。「有作用，必有反作用」在物理學上是為定律，為物理系統固定不變地遵循，少有變化。「氣體的體積與所承受的壓力成反比」是物理定律；「法律規章，盜賊多有」、「對學生施予體罰，必會有反彈」不可能如物理定律適用於任何的情況、任何人的身上；我們在教育上不

是也說「嚴師出高徒」，「一分努力，一分收穫」，「愛之深則責之切」，兩種說法似乎相互矛盾。到底如何才是正確的，其間是否有更深奧的道理，或有可能有某種交互作用？此即教育活動之有別於自然現象的地方。如此情形，不勝枚舉。然而，教育學者相信，此中必有其道理，不可忽視教育系統與教育歷程仍具有高度的規律性。換言之，規律性必然存在，只是並非如此簡單，而是一種高度複雜的規律性在支配教育的進行與其結果。不過，教育研究是否真正能夠研究出教育活動與系統運作的規律或規範呢？的確，有些令人懷疑之處，但是在相當程度上，是可能的。所以教育研究仍是在探討教育的規律性，惟比諸自然現象的研究，確有其特殊性。舉述於下：

第一、教育研究所顯示的規則性不是百分百的沒有例外，可能要容忍一定的誤差，但卻能使吾人跳出常識見解的窠臼。

第二、教育研究能找出共同的律則，雖並非完全適用於每一個特殊的個人，但在一定程度上，全體受教者可能不出此等律則。

第三、教育研究的結論可能要不斷地受到批判與修正，但教育規律確實存在。

第四、教育研究對象概括的內容較為複雜，應活用各種研究方法，而不能囿於特定的方法。

第五、單一教育研究的發現可能微不足道，然而，累積多個研究，或長期的研究，對於真理的揭諦及實用的價值卻不容忽視。

第六、教育的研究，可能調查多數的樣本來求得共同的通則，俾便推論於整個群體，也可能對特定個體或群體作研究，以了解事理的真相與來龍去脈。

2 教育研究的模式與類別

第一節　科學研究的基本模式、歷程與類別

科學研究的基本模式為：

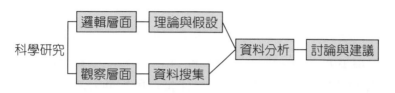

科學研究的目的在追求「真」。真是「真理」與「真實」，一方面要求「合理」，一方面為符合「事實」。這兩項基本要求，對一個真正的科學研究是不可或缺的。所以科學研究通常依一定模式以滿足此兩項基本要求。科學研究的基本模式包括三層面（Babbie, 1998；李美華譯，1998）：理論（theory）；資料蒐集（data collection）；和資料分析（data analysis）。科學理論，處理的是科學的邏輯層面；資料蒐集，處理的是觀察層面；而資料分析，則為邏輯上預期的結果和實際觀察所得的作比較與檢討以得出結論。

依科學研究探討的方式，首先於理論上假設為何，再據以蒐集資料來加以分析，以印證與假設是否符合，合則為真，不合則非真，如此才能建立為真理。從理論上來說，研究是一套推理鏈，由環環相扣的環節構成的結構；研究是一連串求知的活動，由過去已知的來探求未知的，以開啟更長遠的求知之路。無論是面臨亟待解決的問題，或為知而求知，都要由已有的研究與知識來理解問題，說明理由，表示觀點或建立理論基礎，據以提出待答問題或擬定研究假設；接著為考驗假設，進

行設計；決定在什麼情況之下，或自然的情境，或利用人為特別設計的情境，利用什麼工具什麼方式來蒐集資料，並依所蒐集資料的性質及研究假設來分析資料，以驗證或詮釋，獲得結論。日後如果還要研究，應如何研究，才能夠有進一步的發現，於是可以接續進行下一個研究，再求進一步的新知。如此周而復始，研究不斷，知識乃得以不斷充實，學術才會不斷向前進步（Krathwohl, 1998: 57）。依此，科學研究常循一套步驟來進行。

杜威（John Dewey）在其《思維術》（*How we think*）書中所指示的思考步驟為：(1)遭遇問題；(2)確定困難所在；(3)利用先前的知識提出解決的方法；(4)推演所提的方法；(5)證實是否能有效解決問題。此等步驟現在仍常被利用以遵循，進行教育的研究，以滿足科學研究的基本要求，並符合科學研究的模式。這是依杜威實驗主義所循的模式。惟社會科學的研究，廿世紀七十年代以降，受詮釋論及批判論的影響，衍生出更多的模式，茲舉述下面幾種圖形模式供讀者參考。

第一種模式，實證研究模式——典型的單向直線模式。其是一般印象中的實證研究，由問題的確定，探討相關文獻，據以研究假設，依假設蒐集資料，分析資料，用以考驗假設，是為典型的實證研究模式。

第二種模式，彈性的徵驗模式，或變通的直線模式。它仍是直線的實徵模式，但在研究的過程中，進行資料蒐集，分析以驗證假設的時候，遇到有新的發現或新領悟時，可以斟酌修訂或補充（Wiersma, 1991: 12），改變研究假設，或補強資料蒐集，重作分析，俾使研究結果能獲得更切合實際、更正確的答案。這種模式已部分反應了詮釋與批判論的見解。

第三種模式是機械的統整模式，即推理鏈模式。這種模式由推理的觀點，強調科學研究由問題的確定，利用已有的知識

提出假設，經由設計進行觀察測量，來蒐集資料，分析資料，用以驗證假設，綜合發現建立結論，並提供解決問題的答案，也作為未來研究的參考，是機械的、統整的。各個環節環環相扣，成為一種機械的結構體，學者名之為「推理鏈原型」（the research chain of reasoning）（Krathwohl, 1998）。這種模式強調上下層層相因與整體的結構功能關係，如果上層環節不能善盡其功能，將影響下一層的功能，如此，各個層次均依序規畫管理執行得宜，最後的結論才能正確完成。惟這種模式過於強調統整，反而容易忽視其調適性、分析性及批判性。

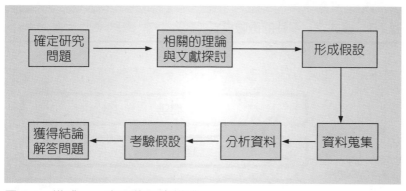

圖 2-1　模式一　實證的研究模式

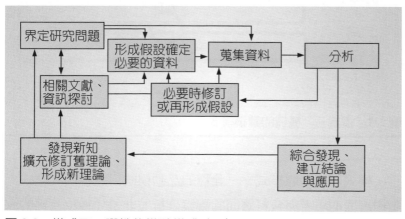

圖 2-2　模式二　彈性的徵驗模式（A）

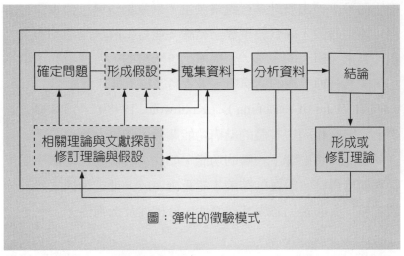

圖：彈性的徵驗模式

圖 2-3　模式二　彈性的徵驗模式（B）

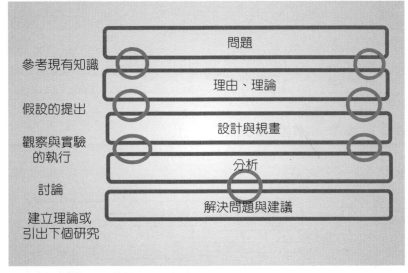

圖 2-4　模式三　機械的鍊鎖模式

　　模式四、動態模式——詮釋的互動模式。這種研究模式，邏輯層面的思考與資料層面的觀察分析並非是先後或直線的，而是不斷進行一種對話與辨證的行動。不必一定先由理論文獻

的探討，形成假設，接著蒐集資料考驗假證來進行；可以在資料蒐集中，逐漸形成一連串的待答問題與假設；也不一定先蒐集資料再分析，而可以是不斷在蒐集與分析的交互辯證過程中進行；不必循著原先的設計來進行，可以在研究過程中持續規畫下一步如何走下去，才能尋求更適宜的方法與途徑，探索最後的答案。

上述四種模式，均不違科學研究的基本要旨，惟其基本理論基礎不盡相同，應用時，研究者應視所研究的問題之性質、研究目的、研究的旨趣與研究者的興趣選擇使用。

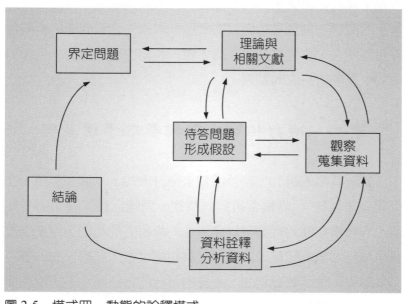

圖 2-5　模式四　動態的詮釋模式

第二節　科學研究的活動歷程

無論依何種模式，研究是進行一連串的、有系統的步驟來

探求解決問題的答案。在各個步驟中，其活動歷程如何，茲說明如下：

第一、確定問題

　　研究是經由一連串的程序來解決問題的過程。任何研究皆起於問題的發生，問題的發生有可能是在自然的生活情境發生的，也可能是刻意尋求的。前者如教師面對學生的問題行為，學校面對招生不足如何應變，九年一貫課程如何實施……等等問題；後者如研究生撰寫學位論文，思索問題等。無論是自然發生的問題或刻意尋求虛擬的問題，均須先確定問題的重要性及焦點所在，才能作為研究的主題，並明白確立研究的目標與方向，及劃定研究的範圍。

第二、檢討相關文獻與尋求學理基礎

　　對於問題的研究，是藉已知來探討未知，以解決問題。在問題確定以後，需檢索研閱有關此一問題已經累積了哪些知識，有什麼相關的理論可以作為進一步研究的基礎，避免重複探求早已知道的知識。因此，探討相關文獻，尋求已知的學理作為基礎，俾能藉此已知，來提出可行的方法與途徑去解決問題，獲得新的知識。

第三、提出研究假設

　　針對研究的問題，參考第二步驟的文獻探討及學理探討的結果，據以提出研究假設，成為假設性的答案。此等假設貫串整個研究，使研究者將研究目的與研究的方法及程序緊密關

聯，使抽象的概念成為可以操作的概念，使概念與概念之間形成一定的關係，後續的驗證之設計及執行皆依假設來循序進行。

第四、蒐集資料

參照研究假設，確定群體或個體，抽選樣本，利用各種研究工具或儀器，透過測量、調查、觀察或文件分析等對研究樣本進行資料蒐集的工作。

第五、分析資料

對所蒐集到的資料進行分析。資料蒐集與資料分析通常先蒐集後分析，但也可能同時進行，或交叉進行。分析的時候，可能先予量化，再進行量的統計分析，也可能逕作質的分析。在分析當中，也有可能修訂或發現有必要再擬定新的假設，並有必要進行進一步的資料蒐集。甚至在進行資料蒐集與分析的同時，可能有新的疑問，因此，乃再重新進行另一波的文獻探討或理論建構。所以研究過程並非直線進行，亦非既定不變的。

上述五步驟除結論外，最初五個步驟不一定是固定不變的，尤其是在採行質的分析模式的時候，五個步驟更須靈活交叉使用。採行量的研究模式，一般都認為上述五步驟是循序漸進的，也是不可逆的。事實上，仍非定則，倘若能夠克服困難，一樣可以再作文獻探討，並修訂假設，重作資料蒐集（Wiersma, 1991）。前面圖示，正可顯示五步驟的順序性及靈活運用的主要意涵。惟就初學者而言，仍以依上述五步驟循序進行較為容易實施。

第六、結論

上述的假設，經過蒐集資料，並對資料作了分析，所得結果符合原來假設即能支持假設，不符合就要推翻假設。假設得到支持，即表示此結論可以解決問題，而此等結論也有可能形成理論，貢獻於知識的生產與創造。

第三節　教育研究的類別

教育研究可以不同的標準區分為各種不同的類別。以下依研究方法論、研究的功能、研究設計三項標準來區分。

一、依研究的方法論來區分

依一般的方法論（general methodology）可以區分為量化研究與質性研究。量化研究認定教育的活動情況與結果及其決定因素或相關因素是客觀存在的，且有相當的恆常性；可以數位化，並且經客觀、標準化的正確評量成為數據化資料；可以應用由數理邏輯推演出來的統計方法，加以分析其因果或相互關聯性；並且認定這種數據是具有相當的穩定性及正確性，並可由樣本所得的統計數值結果推論至整個群體。在量化研究的學理基礎上，也認定研究者與被研究者為主體與客體的固定關係，不會因交互作用而影響到存在的本質，故只要研究者能保持客觀、觀察的中立性，其測量的信度與效度並不成問題。而且由於存在的普遍性及機率性，所獲得的數據資料，經分析可

以獲致成為普遍的通律與定則。這樣的研究不僅具有內在效度（internal validity），也具有外在效度（external validity）。

　　質性研究認定教育的活動情況與結果及其相關因素並非事實存在，而是一種意義的存在，其存在情況與整體的結構有無法切割的關係，且這種存在常是獨特的。研究者無法與被研究者維持一個不變的關係，反而呈現一種對話的關係。教育情境中的一切並不是數量的存在，因此也不能加以數位化，只能以語言或文字來詮釋。詮釋必須依教育情境中的個人的社會網絡、文化模式、與認知系統來加以詮釋才能正確。每個人及每個群體均有其主體性，因此，被研究者不可能被動地接受測量或研究。而且，由於存在，無論於時間、空間上均是獨特的，在推論上有先天的困難，且研究前即預先擬定研究假設並無太大意義。

　　然而，量與質的研究真正用之於教育，是連續的；常用的研究方法，並不是非量的即是質的，或者，是質的即非量的；可能各種方法當中，有些方法較偏重量的，有些方法則偏重質的研究，其區分只是一個程度的問題。下面略作比較量化與質性研究異同及應用情形：

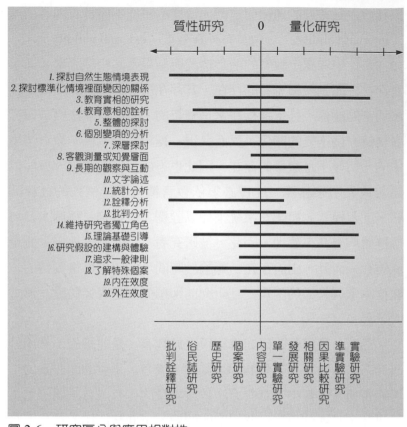

圖 2-6　研究區分與應用相對性

二、依研究的功能（functions）區分

　　依研究的功能可以區分其為三種類型：基礎研究（basic research），應用研究（applied research），與評鑑研究（evaluation research）。

㈠基礎研究

　　基礎研究有時候稱為基本研究（fundamental research），或純科學研究（pure science research）。這類型的研究旨在徵

驗假設，以建立學理，研究現象的關係，以理解其真相，對於是否有經世利用厚生之應用價值並不在意。所以基礎研究所關心的是知道與理解自然或社會現象。這種研究的結果可能是建立一項理論，成一家之言。如斯金納（Skinner）實驗研究建立制約學習理論；皮亞傑（J. Piaget）建立其認知發展論；佛洛伊德（Freud）建立精神分析心理學的理論。這些理論解析了一些現象並窺探若干奧祕，至於其是否可利用於教育或精神病之醫治，並不是他們當初研究或立論時的意圖。

一種理論如果能夠一再經得起考驗，得到實徵支持，就成為科學的定律（scientific law）。所以基礎研究也常常用來驗證一種理論，或修正或推論一種理論，更形成一種理論，使更為接近真理。

(二)應用研究

應用研究旨在研究知識以求實際應用，故應用研究與基本研究不同。應用研究是任務取向（mission-oriented）的研究，應用研究的目的在考驗科學理論在特定領域的可用性（usefulness）；決定在某一實際工作領域內各種變因的徵驗關係。透過應用研究，可以為某一實際生活或專業領域，提供解決問題的方法或技術。例如，研究如何評量學生學科的成就，才能確實正確有效，研究一有結果，即能實際應用。有時候，應用研究也有可能激發基礎研究的進一步發展。研究以驗證某一種教學方法或學習策略是否比傳統教學方法更佳，使學習者表現更強的學習動機，也獲得更高的學習成就。

(三)評鑑研究

評鑑研究是依據特定的效標來評估教育實際的一種研究類型。這裡指的教育實際可能是一種課程或方案，或教育成果，

或一項特定的教育過程。課程或其改革會預先訂定目標，教育的過程或方案也均先有計畫並擬定目標，再依此等目標評鑑其實施有無得失長短，是否完成預先選定的目標。例如國民中學自學方案評鑑或一般的校務評鑑及輔導方案評鑑均屬評鑑研究。正式的評鑑研究常由特定專案領域或學門的學者專家來實施。

以評鑑九年一貫課程的試辦來說，九年一貫課程的主要目的在於使學生得到統整的學習經驗，養成十大基本能力，並使各學校能有效利用彈性的教學時間，發展學校本位課程。於是請學者專家依此等目標評鑑試辦的效果如何，是否能夠有效達成此等目標。這種研究即是為評鑑研究。

總之，基礎研究與應用研究皆係探討一般性的科學原理或實用原則，評鑑研究則針對特定現場的特定教育措施，依特定的標準來評估其優劣得失或成敗。

三、依研究的設計區分

依研究的設計區分，可以分為下列幾種類型：

㈠描述性研究

描述性研究在了解教育事實或現象的實況以及問題的全貌。由於所利用的研究工具不同，還可以區分為調查研究、觀察研究；由於觀察的時間不同，還可以區分出發展研究；更依據研究的目的是否包括了解多個變項之間的關聯性，可區分出相關研究。

1. 調查研究

調查研究是利用調查表、問卷、測驗、評量表來了解現象

的實況或問題的全貌。研究重視它的系統性、客觀性和正確性。例如，戶口普查、民意調查、智能障礙兒童的出現率的調查、低成就學生的出現率的調查、測驗分數的分配實況、測驗的常模等等。調查研究也常採用訪問或晤談來實施，別稱為訪問研究或訪問調查研究。

2.觀察研究

觀察研究常由觀察者利用觀察量表，在行為發生的現場進行實況的觀察。除了利用肉眼觀察外，有時候也借助錄影、錄音的設備來進行觀察。觀察研究大部分在自然的情境下來進行者，是為自然觀察研究。不過，有時候也在控制的情況下來實施，別稱為實驗觀察研究。後者通常歸併於實驗研究中。觀察研究可以利用觀察量表對所觀察到的行為或實況量化為量的數據，成為量化研究；觀察研究亦可以由觀察者在行為者情境中，作不同程度的參與，進行長時間的觀察，對所觀察的資料詮釋其意義成為質性研究。觀察研究的實例很多，例如：教室內師生語言互動行為的觀察研究，幼兒互動行為的觀察研究，班級教室互動歷程的研究。

3.發展研究

發展研究主要在調查依時間的變化或歲月的增長，教育事實或學習者表現的變化與成長是否呈現一定的變化順序（sequences）與類型（patterns），所以發展研究是對某一個體或群體進行較長時間的調查。研究者的心中把時間當作一個變化的自變因，探求變化或成長是否與時間成為一個函數關係。例如：調查嬰幼兒身體的發育與動作的發展是否呈現一定的順序與類型，又如比較個體的認知發展是否因年齡而呈現皮亞傑所說的感覺動作期、操作前期、具體操作期與形式操作期的類型與順序。發展研究不限於對個體的研究，也可以用來研究一個

社區的發展是否呈現一定的類型變化。

4.相關研究

相關研究在探討教育情境中各種變項之相互關係，確定某一變項（variable）或某一組若干變項之變異情形（variation）與另一變項或另一組若干變項之間的變異情形，兩種變異情形是否形成一定的符應關係（correspondence）及其程度如何。例如：探討智力與學業成就之間的關係；又如探討智力、成就動機、自我概念、內外歸因等與國文、英語、數學、自然與社會各科成績的相關性。

(二)因果性研究

因果性研究主要的目的在於驗證兩個變項之間的因果關係。研究者通常依學理大膽提出某一項假設，認為某一變項的變化是為引出或導致另一變項變化的決定因素。例如：服用某一種藥方能夠有效治癒某一種病痛，前者為自變項，後者為依變項。如設計成為一個實驗，前者即為實驗變項，後者為效果變項。實驗研究即在透過嚴密的設計，控制其他無關的干擾因素，操弄實驗變因來觀察或測驗效果變因的變化，由此確定其間的因果關係。由於控制的嚴格程度不同，可以區分為前實驗設計（pre-experimental）、準實驗設計（quasi-experimental）與真實驗設計（true-experimental）。前實驗設計未作嚴格的控制，為在日常生活情境中進行的一種實驗；準實驗設計是在無法自由隨機分派的情況之下進行的一種實驗；真實驗設計是確實把握實驗情境、排除無關的干擾變因對實驗者的干擾，確能在真正隨機分派下所進行的一種實驗。例如，使學生服用特定鎮靜藥物，來了解是否會減輕其考試的焦慮，於是把學生按隨機分派，分成實驗組、控制組，並且嚴格控制可能干擾的所有

變因，使實驗組服用一定計量的藥，控制組不服藥，然後比較在考試中表現的焦慮情形是否有明顯的差別。如果服藥的實驗組學生，其考試焦慮顯著低於控制組，就可以驗證此一藥物確實可以有效降低學生的考試焦慮。準實驗設計，如在一般的學校裡原班不動的抽取兩個班級學生，其中一班為實驗組，另外一班訂為控制組。實驗組學生接受一種創新的教學法，另一組學生沿襲過去的教學方式，接受傳統的教學法，一學期後比較兩組的差異。如果在一般的學校生活中盡量排除或減輕其他干擾因素的影響，我們也可以依實驗結果來確定其因果關係如何，並且可以推論到相類似的學校當中。

㈢回溯性研究

回溯性研究是對已經發生的教育事實來進行研究，有的研究的旨趣是在於重置過去的事實真相，並探索相關的因素，有的研究是在於就現在已成的事實，探索過去已種下的因，以及前因如何造成現在的結果。前者是為歷史研究（historical research），後者為事後回溯研究（ex post facto research）。

1. 事後回溯研究

事後回溯研究是對已經發生的事件形成現在的結果做研究。由現在的結果去追溯它的原因如何形成現在的果，現在的結果是依變項，過去的前因是自變項。事後回溯研究有時候又稱為因果比較研究，它很接近於因果性研究，兩者中研究者的目的是相同的，都是為驗證因果關係，其學理依據與研究假設也相似。只不過由於現實條件的限制，或基於人性道德的考慮，或限於法律的規範，無法隨心所欲操弄前變因來觀察後果，只能利用自然情況下已形成的結果來回溯以前已經種下的前因，所以是在自然情況之下的一種實驗。例如：比較不同程

度的抽煙者與不抽煙者罹患肺癌的機率，由現在得肺癌的記錄著手，蒐集患者過去的抽煙狀況，據以探討抽煙是否為得肺癌的決定性因素。

2.歷史研究

歷史研究在客觀地與正確地重建過去事實，有時候也在驗證一種研究假設。歷史研究可以看成是一種人文學科的研究，也可以看成是一種科學的研究。歷史學者對此有不同的興趣與作法。看成是一種人文學科的研究，常常只是對史料的整理與重建；看成是一種科學研究的歷史研究，常常不僅是在重建事實，而且要先提出假設，據以蒐集資料來驗證假設，重新建構事實形成新的理論。歷史研究通常利用史料來進行研究，由於史料的蒐集不易，且相隔年代久遠，史料真偽的考證需要很大的功夫，因此，歷史研究常由於史料的缺乏與正確性不足，而受到很大的限制，也由於如此，歷史研究常流於史料的考證，或者是二手資料的整理。如何蒐集與鑑定史料，以及如何利用有限的史料去進行歷史的研究常需要嚴格的訓練，也受到機遇因素的限制。研究的主題如：清末民初教育改革，或宋代書院制度的興革，中國科舉制度的演變歷史，二二八事件對台灣高等大學教育的影響等等。

㈣詮釋性研究

任何研究都有解釋的功能，想要探討事象的意義，所以都會用到解釋。惟目前詮釋性的研究已成為一個獨特的研究，這種研究的目的不在於建立普遍的定律、追求建立巨型的理論，而在於理解真相、了解殊異性，形成小型理論；可以從權力的、歷史的、文化的，與意識型態的觀點對教育政策、目標、課程、教學作批判的詮釋研究。這種研究特別重視探討教育事

象形成的過程並且詮釋深層的意義，它重視在自然存在的情境裡研究，不抽離實際的情境也不割裂整體的結構狀態，往往研究者要在一般的生態裡長時間的與被研究者在一起，尊重他們的主體性，盡量不去影響他們的生活，來了解整個的演變過程。跟一般的實證研究只藉由短時間的研究，利用測驗或者是問卷為工具來進行研究，有很大的區別。這種研究以研究者自己本身為工具，透過與參與者的互動來了解他們的實況與想法，因此蒐集資料的時候，常靈活運用各種方式，包括參與的觀察、深度訪談、參與行為者的各種活動所得到的感受，以及利用相關的日記、週記、作業等等。分析資料的時候，為了探索其深層的意義，通常要由行為者的心路歷程、社會體系內人我的互動、社會網絡、文化系統等等來詮釋，希望能夠真正了解外在行為與表面現象的深層意義。研究者在研究的過程當中，也不像一般實證研究先嚴格設計好研究的過程、程序與步驟，而是保持彈性開放，隨著資料的蒐集與理解獲得新的領悟，也隨著情境變化調整研究策略與方法，以及蒐集資料的方式。所以詮釋研究是一個重視自然情境、整體掌握，動態完整的一種研究。例如，研究班級內師生或同儕的互動歷程，又如研究教育立法決策，透過參與的觀察、文件的分析、訪談，去了解各種壓力團體的角力、折衝、游說，去詮釋與評判如何立法的過程，也可以批判其合理性與正當性。詮釋性研究常用的方法有：(1)參與觀察；(2)深度訪談；(3)批判分析；(4)內容分析。

㈤行動性研究

行動性研究是以行動為取向的研究，關心的是行動的順利推動，以收到工作的效果，而不在證實假設，形成新的理論或學說。這種研究在設計上不如科學學術研究那麼精密，但求與

實際行動相結合。研究者常是行動者，研究問題是來自實際行動中的問題；由行動策畫者或參與者為了行動上的需要問題，自行進行研究，有時候也邀請相關的學者專家來指導或參與。

3 研究主題及其概念化

引題探索

1.如何探索研究的主題？需要思索哪些方面？
2.對一個研究者來說，可以從何處來尋找題目？
3.一個研究題目通常由哪些因素組成？何謂概念？構念？變項？
　彼此有何異同？其間有何關係？
4.試比較適合科學研究與不適合科學研究的題目之異同。

本章綱要

研究主題

教育研究應該是有問題待解決，才著手進行研究。然而，觀乎實際，未必如此。許多研究生與學院學者，尤其是資淺的學者，往往是為完成學位或為資格審查而進行研究，故常為尋求研究的主題而苦思。不少研究生常渴望教授能直截了當出個題目給他作，可以免掉苦思之苦。不過，事情未必如此簡單，假使教授果真出個題目給他，未必就能節省時間，順利快速完成研究。

決定研究的主題是一個探索的過程，也是一個分析的過程，同時又是決定的過程、思慮的過程，更是一個建構的過程。因此要決定研究什麼題目，要思考的包括㈠從哪裡去探索題目？㈡要分析題目的命題敘述之構成，包含哪些概念、變項，及其間的關係？㈢要知道研究題目應具備哪些特性，據以決定題目的棄取；㈣如何為題目建構理論架構？㈤提出研究假設，使題目便於研究。本章就㈠、㈡、㈢先作介紹；第四章再就文獻探討、理論架構與研究假設探討。

第一節　研究題目的探求

從哪裡去探索研究的題目呢？對於一個研究老手來說，由過去的研究裡面，會不斷湧現更多的題目，新的研究題目不虞缺乏。但是，對研究社群的新手來說，如何尋求題目是一項艱

鉅的工作。研究者可能不容易找到適合的題目，也可能看到任何教育問題都想研究，卻無法研究，以致淺嘗輒止。因為他無法辨識什麼是可以透過研究來解答的問題，什麼卻是不易研究的題目。他也可能不知道從何處才有機會尋求可以研究的主題，更不知如何才能將問題寫成可以研究的問題（a researchable problem）。以下提示若干途徑，供學者參考。

一、嘗試從教科書與專書去探索研究題目

就所讀過的教科書與專書中印象最深的部分，去思索可能的題目。在教科書與專書裡有許多學理與理論，其中有部分理論可能曾經有過實徵的證據支持，但有很多的部分可能尚未有實徵的證據支持；前者，可能時過境遷，需要再修訂驗證，尤其外國理論在我國有待實徵證據來支持，至於後者更需要進一步實徵研究來支持，才能成為科學的定律（scientific law）。教育研究具有相當濃厚的社會文化色彩，有必要在本土進行研究來支持或修訂書上的理論。例如，郭爾堡（L. Kohlerberg）的「道德認知發展理論」，柯爾曼（J. S. Coleman）的「青少年次級文化理論」，艾里克遜（E. Erickson）的心理八階段發展理論，是否表現國人的行為特徵並符合個人的發展，是值得質疑的，也有待研究。又如國外的回歸基本學科知識（back to basics）的教育改革，也可以作為研究的題材。許多的理論皆可以經由演繹而成為研究的主題。理論是概括化的通則，可藉由此等通則預測某一特定的個體、或分群體（subpopulation）的現象。依此，將理論演繹，很容易以特定的分群體為對象，來驗證一部分的理論。例如，根據艾里克遜的理論，青少年階段正是發展自我認定（self-identity）的契機，其發展的危機則是自我認定的混亂，接下來的階段是發展親密的情誼關係，從其中

選定；相反的，其發展的危機則為陷於孤獨，迷失自己。我們依此理論，可擇定國高中、大學生為研究對象，驗證理論與實際是否符合，有無必要作局部修訂，或者不符，有需要重建理論？當你讀了教育社會學上的衝突論之後，是否想徵諸現階段我國的情形，了解學校教育到底是消除社會階級的影響，藉以實現才學社會（meritocracy）？還是再製（reproduce）甚至加劇階級間的不平等呢？

二、從實徵文獻中探索研究主題

　　常閱讀期刊論文或研究報告以及博、碩士論文，也可以由其中獲得靈感，找到題目。教授常建議研究生利用這種方法尋找題目。一般研究生常興起念頭，只想寫某方面或某領域的論文，但是到底要作哪一種類型的研究，以及作出來會是什麼情況，往往茫然不知。閱讀別人已發表的報告或已完成的學位論文，常能進一步認識自己要作什麼或如何作，也可能尋定一個可以研究的題目。

　　期刊所發表的論文或通過口試的論文，應該已被專業團體認可，在閱讀此等論文中當然可以得到啟示，進一步了解自己要作什麼題目。舉一反三，聞一知十，看了一個研究可以聯想到相關的研究主題，是很平常也很合理的。

　　另一方面，已經發表的論文或通過口試的論文，在技巧方面應該達到一定的水準，然並非意指它已無懈可擊，因為任何研究都很難臻於完美。不過，由於前人作品的不完美，可以使後來的研究者以前人作品為基礎，進一步追求較接近完美的研究。在研究上，很少有一篇研究或一篇論文就能解答一個難題或成就某一議題的知識。常常是經過一系列或連續不斷的研究，才能力求完美，建立起某一主題的知識體系。所以看了你

所感興趣的論文著作之後，可以繼續研究，貢獻於同一議題知識的研發。

研閱論文並不一定只限於已正式發表的論文，未正式發表的研究報告或甚至被退稿的論文，也可以研閱。學術史上有名的論文不乏被退的先例，例如遺傳學家孟德爾（Gregor Mendel）的作品曾被倫敦皇家學會（The Royal Society of London）冰凍三十年之久。教育心理學家桑代克（Edward L. Thorndike）的論文也有不少被退稿的記錄。

退稿的論文、沒有機會發表的論文，或水準較低的期刊論文，可能因為過於前衛而無法見容於當時的學術社群或評審委員，也可能是技術上或方法上仍有瑕疵。無論何種情形，均值得仔細閱讀，由前者可能會得到新的意念、啟發性的思想，由後者可以獲得自我勉勵的方向，使自己的研究更精密。且兩者都可以讓研究者發現新的研究主題。

三、從教育改革及相關的改革與措施去索尋問題

現階段的時代，是不斷批判傳統、顛覆世俗、開放思考、建構創新、解放多元的時代。無論民間或政府，無論國內、國外，皆不斷在檢討舊世紀的教育，也在意想建構未來的教育。教育的建議、教育改革的政策不斷推出，教育改革的實際行動也不斷地展開。從對教育改革的嚮往、爭議、批判、探討與展望當中，可以獲得許多研究的主題。因為教育改革不是一般的社會運動，它需要教育學術研究為其先導，教育改革的目標有些是看得見的近利目標，有些是看不見的遠大目標，不是一般人憑常識可以完全看清楚的。教育改革千頭萬緒，如何治理釐清，分別先後緩急本末，不是隨興隨意的改革就能成功，所以

有賴教育學者以有系統的、更客觀的方法與步驟為相關的問題作研究。教育改革也成為現階段教育研究的豐腴的領域（林生傳，1997）。

四、從實際的教育工作經驗去尋求問題

教育實際工作者，如教師、教育行政人員、學校行政人員、教育輔導人員、教育視導人員……等等，從實際的工作經驗當中去尋求研究主題，是相當便利也符合時代潮流的一種途徑。未來的研究趨向，不再如同過去，教育研究為大學教授及研究機構人員專利，實際從事教育工作者，可以就其工作所面臨的實際情況進行研究。這類研究一般稱為「行動研究」（action research）。研究的主題來自於行動，研究的過程就配合行動的過程，一邊行動、一邊研究，研究的發現與結果即可應用於實際行動的改進；行動者就是研究者，即學即用。研究的結果也可以據以建構適合特定單位、特定團體，甚至特定個人的「小型理論」。這類研究與科學家、大學教授所作的研究可以相輔相成，發揮互補的功能。目前進修教育大為興起，實際教育工作人員進修的目的即在充實專業知識，促進專業成長。不論在進修的過程當中或進修之後，利用實際的教育工作經驗，去掇拾研究的問題，是方便且有效的方式，值得鼓勵大膽嘗試。例如，學校要推行學校本位課程，各學校由於文化環境不同，資源條件有差，社區家長的社會網絡也不一，學生的資質特性也不盡一致，教師的經驗及專業也相異，如何建構、設計實施學校本位課程亟待研究，就是可以進行的一個研究主題。

此外，教育行政機構需設計推行方案，以提高教師的專業素養與意願，如何才能有效實施？可以有計畫地作為一個主題來研究，也是一個例子。

第二節　研究問題的分析——概念化

　　研究題目的探索，可以試著循上一節所提示的方向進行，但並不是所想到的題目都是好題目。例如：

- ××私立高職發展的研究
- 學生家長與學校教育
- 教師角色
- 談親職教育
- 迷信與教育
- 家境與學生的成就

　　類似此等題目是好的題材，卻不是好的研究題目，不甚適合作為科學研究的題目。上面題目有的失之概念欠明確，有的失之範圍太廣泛，概念與概念之間的關係也不夠清楚，故可以作為通俗性的漫談，卻不宜作為學術研究的題目。如果要作為科學的研究，可以從這個大範圍的領域再加以明確化或概念化。

　　例如將上述題目改成：

- 高等教育數量開放政策下，××私立高職招生的問題分析與應變之參與觀察研究
- 家長參與學校決策與經營的方式之調查
- 教師之角色期望、角色扮演與工作滿足感的關係
- 親職教育的實施方式與成效
- 不同「宗教信仰」或宗教活動參與的學生之德育表現之

比較

• 低社經地位學生的教育成就歷程之俗民誌研究

　　經過如此修改之後，便可以進行科學的研究。如果稍加比較，即能覺察其間的差異在於概念化之有無或是深淺程度有別。的確，作為一個科學研究的題目，要有明確的概念與清楚的研究範圍。

　　一個教育研究的主題若是一個好的命題（statement），能指導研究者明確的研究方向、問題的焦點，以及所牽涉的教育脈絡；也能在研究論文完成之後，暗示其對問題解決或學術研究可能的貢獻；讓讀者一瞥大概即能猜測在研究什麼，是否可能提供什麼資訊或何種啟示與參考價值，俾便取捨是否要深入研讀或加以蒐集。於此，一個好的研究主題通常由一個或若干個概念（concepts）或構念（constructs）組成，且各概念間有一定的關係，形成「理論」（theory）與「模式」（model）。這些概念常表現為「變項」（variable）。茲逐一分析於後。

一、概念與構念

　　概念，代表事物屬性的「抽象化的結果」，因之，對紛至沓來、隨時變化的複雜環境事物，可以執簡馭繁，藉以產生意義。一旦形成了概念，吾人的記憶、理解、思考、創造等活動即可能藉概念來進行。故研究常是一種概念的活動，且人與人之間的溝通與交流，人與環境之間的交互作用，均能藉概念為工具。一個研究，事實上即在試探、進行、檢驗若干「概念」的關係及其交互活動。一人、一事、一物內涵具有甚多屬性，可以作不同的抽象化，並給予不同的概念。例如，從學生身上，可以抽象出身高、體重、胸圍、體適能、氣質、風度、品

性、品格、智力、性向、志氣、個性、學習風格……等。每個概念所抽象概括的屬性不同，並且給予不同的命名。換言之，每個概念的內涵有一定的屬性，應予明確定義，而其適用外延也應予界定。如此，即可藉以利用概念來進行認知與研究的行動，以探求新知與解決問題。

構念也是概念的一種，屬特別類別的概念，並不必對應於客觀存在實在界事物的屬性，可能純屬憑空杜撰。例如，意識型態（ideology），科層體制（bureaucracy），心理學上的本我（id）、自我（ego）、超我（super-ego）都是屬於這一類的概念，特別稱為構念。不過，在有些文獻上則採較概括的命名，泛稱概念與構念為概念。

無論概念或構念，研究主題或論文題目如果對它們作歸納分析，可以發現題目通常均是由概念或構念組成的。例如，「國中學生智力、學習式態，與學生學業成就的關係」。把這個題目加以分析，這一命題含有智力、學習式態、學業成就、國中學生四項概念；前三項為構念，後一項為概念。又如教師角色期望（role expectation）、角色扮演（role playing）、工作滿足感（feeling of satisfaction）亦然。概念或構念愈清楚明確，愈能夠被接受為學術的命題。

二、變項

變項，是可能出現不同數值或不同性質，或不同評價的概念。在概念或構念中，有些是不變的，恆常以等同數值或性質出現，例如圓周率、自然對數的底……等，稱為常數（constant; K）。不過，概念或構念之中除卻少數如上述為常數外，通常都屬變項或變因。變項出現的數值為變數（variance），例如性別（男、女），年級（一、二、三）、等第（A、B、C、D、

E、F）；身高（130cm，131cm……160cm，161cm，……）、體重（50kg，55kg，60kg，61kg，……80kg，……），分數（100，99，98……）。某一變項變數分配的情形，為變異（variation）。在組成研究主題的概念中多數為變項。在研究主題所衍生而出的待答問題，更多數是對焦於探討變項的變異及各變項間的變異之互相關聯、影響與關聯性。例如，研究實習教師之困擾及參照團體的關係；又如，學生學習式態與學習適應；教學類型、學生性向與學習效果的關係。權屬探討變項間的相關或影響，甚至探討其因果關係。

(一)自變項與依變項

上述命題中之各變項，如果我們稍加留意，即可以發現，變項可以再區分為兩大類別：一是自己變，其他變項也隨之改變；另一是依其他變項而變的。前者，如智力（之影響學業成績）、參照團體、學生式態……通稱為自變因或自變項（independent variable）；後者，依自變項而變異的，概稱為依變項（dependent variable），如教師困擾、學習適應、學習效果……等等。自變項又稱為獨立變項；依變項，又稱為依賴變項。前者用X代表，後者以Y代表，則可寫成$Y = f(X)$。何者為自變項，何者為依變項，在一命題中可能是一定的，但並非固定不變，在別的命題中可能就不一樣。例如，同屬智力，在上例是自變項，但在「父母智力對子女智力有一定影響」的命題中，父母智力是自變項，子女智力則被認定為依變項，而不再同上述命題中為自變項。

(二)中介變項

除自變項與依變項之區分外，另外有一種變項為中介變項（moderator; intervention variable）。中介變項在自變項對依變

項的影響或關聯之歷程裡面，屬於在兩者之間發生仲介作用的變項。換言之，自變項與依變項的關聯或影響依中介變項而異。例如，研究主題如果定為「教學類型、學生學習式態對學習效果的 ATI 效應」。教學類型為自變項，學習效果為依變項，學生的學習式態則宜視為中介變項，教學類型對學生的學習效果並非任何學生的影響都一樣，換言之，兩者的關聯並非普遍一致的，在關係圖上，在不同學習式態的分群體，迴歸非呈平行，而是因學習式態的不同，發生的效果程度不等或方向不一。

在研究主題上面，或待答問題上面，應明示變項的概念，並區分何者為自變項，何者為依變項，又何者為中介變項。能夠區分清楚，才便於研究的設計，也能預先使讀者一目了然。

4 理論與文獻探討

引題探索

1.理論是什麼？研究與理論有何關聯性？
2.從事研究為什麼先要檢討有關的文獻？重要性為何？
3.文獻探討可區分為哪幾種？各有何不同的功能？
4.依研究進行的不同階段，還可以區分文獻探討為哪兩類？
5.如何探討分析並撰述文獻探討的結果，俾能據以進行實徵研究？
6.理論架構在研究上的功能為何？如何為一研究建立一研究架構？

本章綱要 ✓

第一節　研究與理論

　　理論（theory）用以解釋、預測事件的發生與演變，使經驗
世界產生主觀的意義，使理念表現於客觀實在界。理論是由若
干或一組概念或構念的組合形成的。若干概念或依一定關係排
列，或形成相互的關係或導致因果的關係，便形成理論，因
此，本章也可視為前一章的延續。

　　大部分的研究都與理論維持有某種形式的關係。前文說
過，部分的研究問題係由既有理論演繹出來的；研究的結果可
能推翻或修正原有的理論；有的研究並不根據現有的理論，而
是研究者自己建構一個新的理論──一個假設性的理論，再據
以進行研究。原有的理論可以延伸出可供研究的問題，也可以
發展出待檢測驗證的命題；在研究分析的過程中，也常利用理
論來討論與分析所蒐集到的資料；而研究結果可能證實或推翻
原先建構的理論。

　　威爾斯與皮康（Wells & Picon, 1981）曾調查一九三六至一
九七八年〈美國社會學評論〉（American Sociological Review,
ASR）刊登的二六一九篇論文中所抽出的七○七篇論文，經內
容分析，發現有24.5%的論文旨在檢測既有理論所引出的假設；
有 20.8%的論文利用理論以討論和詮釋其結果；其他直接間接
關聯到理論的約有 18.8%；不過，仍有 35.8%的論文屬於沒有
與理論相關的研究。

　　在教育的研究理論裡面，大部分的研究係本於理論而設計
的；但也有部分研究偏重於實際教育的調查與了解，如同一般
的民意調查或市場調查一樣，並沒有明顯的理論支持。然而，

對一些形式上未明顯呈現理論的研究，倘若細加分析，其調查或觀察的設計與進行仍然有學理上的依據，諸如決定應調查之項目、類別，調查的層次與順序；決定調查對象之群落及樣本如何抽選才能調查出真正的意見；在學理上，仍然有其理論的依據。即使市場調查，其基本的預測，調查內容、項目、範圍之設計與設定，如果對市場的決定因素及作用機制不清楚，也很難進行。在教育上，例如課外或休閒教育活動之需求調查，表面上好像不必依什麼理論來研訂，然而，如不對課外活動先有個基本的構想，實難著手調查研究工作。

準以此種情形，教育的研究通常都有理論為基礎，尤其是學位論文更不能忽視研究的學理基礎。為使研究能夠具備厚實的學理基礎，一方面要研閱相關理論與蒐集檢討過去完成的研究文獻，一方面也要建立研究的理論建構。

第二節　理論與文獻探討

選擇一個研究題目來從事研究，之前與之後都需要思慮與推論的工夫（reasoning），這種思慮與推論的工夫初步是對已有的理論與先前文獻的探討，使研究者能夠洞曉所將研究的題目與先前的研究、有關理論之間的關聯性，使研究的主題能夠產生重要的意義並獲得穩固的基礎。並且由文獻探討與理論，也可以事先了解可供應用的方法，形成自己的觀點與假設，或據以構思改進研究的方法。即使質的研究，基本上仍不例外，除非該研究只求描述，且只描述一個個案，也不作論述作用或推論（generalization）（Krathwohl, 1998: 59），否則仍須依原本的推理鏈（a prototypical chain of reasoning）以先行構思。所

以研閱既有的理論與文獻，是研究程序上重要的一個環節，且可能延續相當的期間。

一、如何進行既有文獻及理論的檢討

文獻探討常包含有系統地界定、蒐集、分析跟研究問題有關的文獻。其功能主要在確定本主題或相關主題已經完成的既有研究有哪些？已經有定論的是什麼？它們是如何研究的？是否有值得借鏡之處？何處仍有疑問，可作為有待進一步研究的起點？所以仔細地探討文獻，可以避免重複已有的研究，避免浪費許多時間，也避免令人質疑是否抄襲或模仿，並且基於已知的知識可以為研究鋪設更厚實的研究基礎，在某一基礎上建立起研究架構。基於對有待繼續研究的重點之了解，也可以為你的研究提供充分的理由與價值。另方面，文獻探討之後，可以使研究者認知可能的研究方法與技巧，各種方法與技術之巧拙、長短及其性能的異同，可供作為研究者選擇方法與技巧時的參考。也可以使研究者避免重蹈前人研究所犯的錯誤，使研究設計更經濟、更有效與更精實。此外，文獻探討也可以使研究者在蒐集資料上更得心應手，在資料分析時更感方便，譬如可以依所發現的結果與已有文獻之異同作為重點來進行分析。簡言之，文獻探討之功能在於：

㈠整理已有的相關研究，奠定研究問題的學理基礎。

㈡知道問題研究的來龍去脈，及爭論或存疑所在，指定研究的重點。

㈢探討已有研究的得失，認識過去研究的方法、技巧與工具，以為選用研究方法、程序的參考。

㈣由前面的認識，依據研究目的，建立研究的理論架構。

㈤承續上面四項，擬定研究假設，指示研究方向與策略。

二、文獻探討的要領

為使文獻探討易於進行，且能發生預期的功能，茲提供若干要領，以為遵循：

㈠確定文獻探討的範圍與目的

文獻探討可分成不同類型，因目的而使用不同類型，因不同類型所應探討的範圍也不同。依顧柏（Cooper, 1985）的區分，文獻探討可區分為四種：

1.完全徹底的探討（exhaustive review）

極盡可能蒐集並研閱切合主題或有關的文獻，加以歸納、整理、綜合、討論，撰述為文。

2.特定徵引徹底探討（exhaustive with selective citation）

就特定刊物所刊載的文獻，選取一定發表期間的文獻全都蒐集並作徹底的探討。

3.代表性文獻探討（representative review）

依研究者主觀判斷，蒐集代表性文獻並作徹底探討。

4.中心文獻的探討（central or pivotal review）

針對問題的中心主題為軸心，蒐集文獻，並據核心進行探討。

第一、二種探討方式，通常用於文獻調查（literature survey）研究，此時所做的文獻探討，即可自足成為完整的研究。進行這樣的探討，必須先就某一項主題長期進行蒐集完盡，並逐一加以探討，常能對某一較新的研究領域建立知識體系。例

如美國教育研究學會（American Educational Research Associ-ation；AERA）發行的 *Review of Educational Research* 所刊載的論文，其中有不少屬於該種類型的文獻調查結果的論文。

第三、四種探討方式常用於科學實徵研究的文獻探討，發揮前述的功能。而且這兩種探討方式也可以同時並用於同一篇研究之中。

研究者在進行第三、四種探討時，常必須先界定文獻探討的範圍。這種界定，並無客觀準則可資依循，常須藉由經驗來判斷。

文獻探討另可依研究過程的不同階段來區分。福克氏（Fox, 1969）在其《教育研究過程》（The Research Process in Education）專書中認為研究從開始至完成整個進行期間，可區分為十三個階段，文獻探討出現於第二階段以及第五階段。因此文獻探討可區分為兩種：

1. 初步的文獻探討

出現於第二階段的文獻探討為初步的文獻探討。初步的文獻探討在於研究題目未確定時，協助研究者對於感興趣的領域之文獻作大體瀏覽，藉以增進對該領域的認識，並便於從中擇定題目。進行初步文獻探討時，既非完全徹底探討，亦非深入特定文獻探討，也不必建立卡片或登錄摘要，只在於能求得增進研究者一般性的知識，並形成應有的概念。

2. 正式的文獻探討

出現於第五階段的文獻探討，係在題目確定之後，研究者進行正式的文獻探討。正式文獻探討，即是研究者對與研究主題相關的重要文獻作徹底的研閱、分析、比較、整理並批判，以形成研究假設並建立理論架構。此時，界定範圍非常重要。

依上面兩種分類方法進行科學研究時，一般都要依顧柏所說的第三、四種的文獻探討或福克氏所說的進行正式文獻探討。這種文獻探討須先明白界定文獻探討的範圍及方式。茲依賈依（Gay, 1992: 39）的提示，列舉若干指引以供參考：

　　第一、避免貪多，企圖把所能蒐集到的文獻全都納入，以充篇幅。文獻探討並非多多益善，小而精緻、組織嚴密的文獻探討常比雜多而散漫、似有關而又無關的文獻探討更受歡迎，且較有助於實徵的研究。

　　第二、對於已經大量研究的領域之文獻，宜篩選其中直接有關係的特定主題文獻作深入探討即可，對於間接的或相關的文獻可以割愛。

　　第三、對於新首航的領域，題目新穎，過去較少觸及，這種生僻的研究主題，文獻累積有限，宜擴大範圍，把直接相關與間接相關的研究文獻一併探討。例如，如果研究的主題是國中生數學科的教學相投效應（aptitude-treatment interaction; ATI），由於 ATI 效應的研究在本國不多，文獻探討的時候可能將過去實驗於國小、高中，甚至大學的研究文獻通通納入，甚至可將實驗於各科（不限於數學科）的實驗研究都包括進去一併作探討。

(二)文獻分析、探討與撰述

　　依界定的範圍及目的蒐集文獻，一邊閱讀，一邊即可建立資料庫，將研究文獻的標題、作者、出處等基本資料，以及研究的方法、工具、樣本、發現、結論，一一登錄記載。現在文書處理套裝程式軟體很方便，可以利用它來鍵入儲存，比傳統的書寫建卡，或打卡、打孔整理方便甚多。平常所建立的文獻資料，屆時即能應用。

　　初學者在文獻探討時，常常把所有鍵入的資料叫出，然後

依時間先後，逐筆利用。文獻看來一、二百種，甚為壯觀，可讀性卻很低，且無助於研究假設的擬定及理論架構的建立，徒充篇幅而已。下列指引，或可能有助於初學者的文獻探討：

1. 概覽平常所建立的文獻資料。叫出或複習平常所建立的文獻資料，並快速閱讀其大要。

2. 草擬大綱。參照研究主題的要旨及研究目的，並就已蒐集到的文獻資料，草擬綱要標目，俾便依綱要標目分類編排文獻資料。

3. 依綱目整理閱讀資料。探討綱目即可依據以分類編排文獻資料或叫出已鍵入資料編成系統。然後，依綱目先後將屬於同一綱目的資料文獻詳細閱讀或再複習。

4. 分析、整理。詳讀過同一綱目下的資料之後，構思如何分析。基本上，要考慮如何分析對研究的設計與進行最有幫助。注意文獻資料所顯示的發現是相當一致，還是相當分歧的，如果一致，則就其共同處作整理歸納，如果不一致，宜就其不一致為軸加以分類，依一致或不一致、顯著與否區隔；並分析它們所用方法相同？相似？還是不同？又是另一主軸，也可依此一主軸再加以分類。使用的工具如何？研究的結論與研究的方法與使用工具有無呈現一定的關聯性或交互作用？研究的樣本是否都類同？如果不同，研究的發現與樣本性質有無關係？如此，可以形成若干的主軸並呈現不同的面向與主體，供分析的依據，比較其異同。進一步，可以檢討其得失，並猜想結果、方法、工具、樣本與程序之間的交互關係，是否有忽視的盲點？是否有進步改善的空間？以及有待進一步釐清的地方與開拓的領域。倘能獲得這樣的結果即能為研究建立一個學理的基礎，並對如何擬定研究假設、進行研究設計，發生實質性的幫助。

5. 依體例合理撰述。探討文獻，按上面的指引，研究者隨時依一定的思索綱領及指定在進行，而非資料的堆積雜湊而已。撰述報告時，亦復如是。所應注意者，資料的引述分直接引述、個別引述與集體引述。直接引述應加括弧，並註明頁碼，間接引述或概述引用則不一定需要。集體引述排比有一定先後，通常同一作者的作品依發表先後，或不同作者的作品依作者姓氏字母或筆劃順序安排。凡此有關引述，文中理應遵照體例。在教育研究引用文獻的撰述時，常依美國心理學會（American Psychological Association, APA）所規定的手冊來撰寫，請仔細查閱參照。

(三)文獻探討的實例

教學直導化與學生學習成效的探討

林生傳

一、直導教學的意義

直導教學（Direct Teaching）是一種教學式態（teaching sytle），也是一種教學策略。許多教師有意無意或多或少應用著它來進行教學。直導教學如果被視為是一種教學式態，它是由若干特定的教學行為構成的一種教學型態。直導教學如果被認為是一種教學策略，它是由若干特定的教學技術組成的。古德（Good, 1979）認為直導教學是一種教師「主動的教學（Active Teaching）」：教師決定學習目標，隨時嚴密評量學生的進步情形，在班級中講述教材，說明如何作好指定作業（p.55）。柯頓與沙伐德（Cotton & Savard, 1982）視「直導教學是一種教學策略」，在此中大量時間專注於課業學習，利用結構性教材來進行課桌上活動；無論教師提出問題或作業習題均用直接了

當的問題，答案明確具體；教師給予立即回饋；學生在教師督導下進行學習，少予自由活動。（p.6）

密蘇里大學社會行為研究中心（Center For Research in Social Behavior, University of Missorui-Columbia）完成的一項提高教學成績的數學教學的直導教學，在其實驗的手冊中明示直導教學的主要教學行為（key instructional behaviors）包括（Ebmerier & Good, 1979）：

1. 日常複習（daily review）：每次上課複習與作業有關的觀念與技巧，蒐集作業並檢討，心算練習等。

2. 發展活動（development）：以生動地講述、說明、解釋、舉例進行本節要旨與內容；運用問答，控制性的練習評量學生是否了解。

3. 進行練習（seat work）：提供不斷練習的機會，使學生臻於熟練，提醒學生要核對練習結果，最後給予評分查核。

4. 指定家庭作業（home work assignment）。

5. 每週予以特定的複習。

塔可曼（Tuckman, 1970）為測量教師教學的直導性（directeness of teaching），界說直導教學包含下列教學行為：

1. 學課的正式計畫與組織。

2. 盡量減少非正式活動（informal work）或小組活動（small group work）。

3. 如果運用小組活動，仍須嚴密安排。

4. 高度結構的個人或班級活動。

5. 強調事實性知識（factual knowledge）或本於權威來源的知識。

6. 運用絕對而合理的懲罰。

7. 減少試誤成功的機會。

*8.*教師與學生維持正式關係（formal relationship）。

*9.*教師負起評量的全部責任。

*10.*維持正式的班級氣氛（formal classroom atmosphere）。

檢視上述有關直導教學的界說或實例，可知直導教學不論其為教學式態、或教學策略，抑或教學模式，在概念上，如同玻維爾（Powell, 1978）所說的，它應是一種概念取向（conceptual orientation），特別重視教師的主動教學（active teaching），直接由教師講解的學習（expository learning），焦點取向的教學（focused learning），績效制度（accountability）的教學。事實上，直導教學是一個程度的問題，每位教師施教時，不論其為有意或無心，都表現出或多或少的直導色彩。因此，直導教學固然可經刻意設計而求得，但不經特別設計，在平常教學中一樣可發現到教學的直導性或直導化。

二、直導教學的發展背景

這樣的教學（如果分析它的成分）誠如羅珊先（Rosenshine, 1979）所說，是注重課業、教師中心、高結構性教材、少予學生自由選擇的機會、嚴密檢視學生表現、低推論性問答、回饋與控制性練習、大班教學，是具有相當傳統的色彩；但卻是美國一種革新的教學策略，其所以為革新教學，主要原因有二端：

第一、它是根據晚近對班級歷程與行為作科學分析研究的發現設計的教學。

第二、它是為滿足美國目前教育革新急切需求，而發展出來的教學。

教師在班級中與學生如何互動的情境，廿多年來慢慢有教育心理學者、教育社會學者從事科學的實徵研究，無論是遵循數量研究模式或質的研究模式，均厥有心得。尤其是過程與結果研究（process-product approach），探討某些特性變項與教學

結果的關係，揭露不少有關教學歷程的秘密。例如佛蘭德斯（N. A. Flanders）的師生語言互動觀察量表區分教師與學生的語言互動為十類，以三秒鐘為一單位，將觀察到的師生語言互動行為畫記為「10 類 × 10 類的矩陣表」內作各種有意義的組合，數量化師生互動情形並探討其與學生學習成就的關係。又如卡羅爾（Carroll, 1963）的研究，詮定時間變項為主要變項，尤其是學生「用功時間」（time on task）來進行研究。

　　此等有關班級歷程及師生互動行為的研究，獲得不少可貴的發現。根據這些發現，發展有效的教學設計與策略，來增進教學的效果。例如此類研究發現秩序井然的班級經營、組織嚴密的教材、高度結構的學習情境、設法增加學生主動學習的時間（active learning time），有效的回饋等等教學行為變項將有利學生學習成就（Gage, 1978; Rosenshine, 1979）。直導式的教學可以說是根據這些發現設計出來的一種教學模式。雖然直導教學顯示出若干傳統的教學色彩，但卻是根據晚近的班級行為及現象研究設計的（林生傳，1986）。

　　其次，教學的直導化是美國教育面臨新危機的一種回應。美國中小學生學業水準低落素有所聞，許多統計數字更顯示其每況愈下。美國大學入學委員會（The College Board）每年公布的學業性向測驗（Scholastic Aptitude Test, SAT）分數統計顯示，自一九六三年以至一九八〇年測驗分數逐年降低。一九六二～六三學年度 SAT 的語文部分數平均 478 分，一九七九～八〇學年，424 分，降低 54 分之多；同期間數學由 502 分降至 466 分，降低 36 分之多。學業成績逐年下降的事實，一九七〇年代早期才為大家所注意並漸引起大眾的憂慮。但在經濟競爭力也逐年削弱，經濟王國的頭銜為日本彈丸小國所奪取以後，如同一九五七年蘇俄搶先發射人造衛星一樣，人們很容易地把教育成就低落與經濟競爭失敗連起來，而認為教育失敗應為經

濟失敗負相當的責任。在經濟應追求卓越（excellence），在教育上更要追求卓越。尤其許多比較研究發現，美國學生的學業成就的確比相同年級的日本及其他國家學生低落以後，如何提高學業成績成為家長共同的呼聲。「有效學校教育」（effective schooling）成為一種運動。教學的直導化於是應運而生（林生傳，1986）。

艾德蒙（R. R. Edmonds）分析一個「有效學校」（effective school）有五個因素：強有力的行政領導，對學生成績有高度期望，井然有序有助於學習的氣氛，強調基本學科技能的學習，不斷檢視學生的進步情形。托姆林遜（T. M. Tomlinson）為此增加了教學時間的有效運用一變項，此等因素均是教學直導化的面向。奧斯汀（Austin, 1981）宣稱有效學校的一項特徵就是鼓勵直導教學。很明顯地，直導教學是符應有效學校運動的一種產物，旨在提高學生學業成績，追求卓越的教育成效。

三、直導教學在美國的實徵成效

許多大規模的研究發現，直導教學能夠大大增進小學生的基本學科學習成就，尤其是表現於閱讀、寫作、算術的標準化成就測驗上，其成效比探索式（inquiry-oriented approach）教學顯著較高。新近一個實驗研究（Fielding, Kameenui, & Gersteu, 1983）比較直導教學與探索教學對中學生的學習成效，結果顯示在利用選擇題組成的評量上，直導教學下的學生顯然有較佳的表現，在應用申論式問答題的評量上，亦有同樣的表現。在學科態度方面，則視所問的題目而異。對於「我覺得我們學到的概念與原理都是重要的，值得我們去學習的。」一題，直導教學下的學生顯然有較多正面的回答，對於「教材是具有挑戰性的。」一題，接受探索教學的學生較有為利。柯頓與沙伐德（Cotton, K., & Savard, W, G）探討三十三篇有關的文獻而得到

的結論是，利用各種教學技術，表現特定教學行為，表現所謂直導教學的教學策略與式態，對於基本知能的學習與學科成就的增進，尤其是對小學階段的學生，的確表現正面的效果。耶麥爾（Ebmeier）與古德（Good）在密蘇里大學的研究，利用標準化教學成就測驗實施前後測，證實直導教學確有利學生的數學成績，除主要效果顯著外，並發現其與教師類型、學生類型發生互動效果（Ebmerier & Good, 1979）。

　　探討直導教學的特定個別性質與層面對學生的成就影響也不少。許多研究發現，提示給學生明確的學習目標於教學之初大大增進學習效果（Royer, 1977）。教師設法使學生高度認真於學習，增加學生主動學習時間（active learning time），常能提高學習的成果（Good & Bec Kerman, 1978）。專注於利用教科書、工具書、直接有關的教學材料，專注於讀、寫、算、作的時間等與學生學習的成就分數直接有正的相關（Brophy & Everston 1976）。梭爾（Soar）發現扮演堅強的領導者的教師，少予學生任意選擇，操縱教學之大局，一直是學生注意的中心，常能使學生獲得最好的成績。史托林等（Stalling & Kaskowitz, 1974）也有相同的發現，更發現常以單一無二的正確答案的事實性問題來發問，在大部分的研究裡發現學生常顯現較佳的成績。

　　比奈特與約頓等人（Bennett, Jordan, Long, & Wode, 1976）在英國利用問卷法調查教師教學情況，區分教師為十二個類型，再取樣分別代表比較正式教學型（formal teaching style）、非正式教學型（informal teaching style）及混同型教學類型的教師三十五人，比較他們學生的成就。他們所謂的正式教學型類似本研究所指的直導教學。研究的結果發現在閱讀方面，教師屬於正式教學型與混同型的，學生的表現顯著較佳；在數學方面，教師屬於正式教學型比非正式教學型、混同型的顯著較優秀，

進步的差距相差在三至五個月。

　　雖然有如此多的研究證實刻意設計的直導教學的成效及一般教學的直導化之效果，但也有學者有不同的發現。彼特遜（Peterson, 1979）在檢討有關的四十五篇研究之後，認為直導教學並非有普遍性的正面效果，其效果可能視為達成什麼樣的學習目標及對什麼特性的學生而定。在增進基本學科的成績來說，大部分研究均證實其有正面效果，但可能並無益於創造力及問題解決能力的增進。換言之，直導教學可能因學習成就變項之異同、學生類型、教師類型不同而造成 ATI 效應。

　　直導教學或教學的直導化，在美國今天學業成績亟待提升的教育中有其獨特的功用。我們國家長久以來受制於升學的壓力之下，學子汲汲於成績，教師為提高升學率無所不用其極，在這種情形下，直導化的教學是否會產生與其在美國教育中相同的主要效果呢？而其交互效應是否也存在呢？

資料來源：林生傳（1990）。教學直導化與學生學習成效的探討。刊載於國立高雄師大教育學刊，**9**，13-16。

第三節　理論架構的建立

　　把研究問題呈現為理論架構是一種常見的方式，尤其用於具學術創見的研究或碩、博士學位論文。為便於讀者及審查者能顯而易見研究的內容要點及其理論基礎，理論架構更為重要。理論架構與理論模式（model）在此一意義上相近，科學家常以模型（model）表現其高深的理論，汽車廠商常以模型來表現他們新開發亟待推出量產的概念車。研究之理論架構是對主

題作理論建構的結果，也是設計研究計畫及執行研究的依據。研究上的模式或模型類同於理論，惟模式較為簡明、形式化，常以架構圖表現之。它可以把複雜的實在界簡明化，對複雜的內容先作抽離，只視其形式，用架構圖表示使顯示更清楚。通常在架構圖或模式上只明示其概念或變項，並以層次區分為自變項或依變項，或中介變項，並藉箭頭或其他符號示意各變項之關係及理論意涵。

研究理論架構有：1. 多向架構；2. 單向架構；3. 雙向架構；4. 對稱型架構，依變項間的關係與相互作用的複雜情形而選用適當的格式。

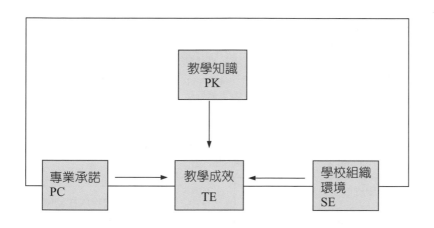

如上圖說明理論架構或模式在表示解題技巧取得的比率（Teaching Efficiency）為教學知識（Pedagogical Knowledge）、專業承諾（Professional Commitment），與學校組織環境（School Environment）三變因所決定。其函數式為

TE ＝ f（PK,PC,SE）

茲再舉下面兩個研究實例：

實例一：「教育學程實施之研究——教師專業社會化的
　　　　觀點」之理論架構圖

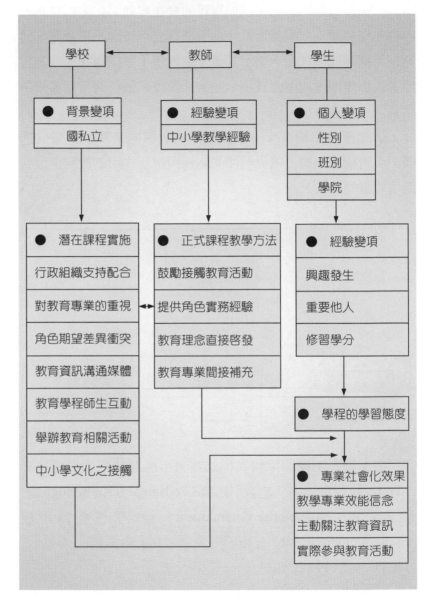

資料來源：謝琇玲（1998）。教育學程實施之研究——教師專業社會化
　　　　的觀點。國立高雄師範大學教育學系博士論文，未出版，頁
　　　　53。

實例二：「多元化師資培育制度下的教學研究」之理論架構圖

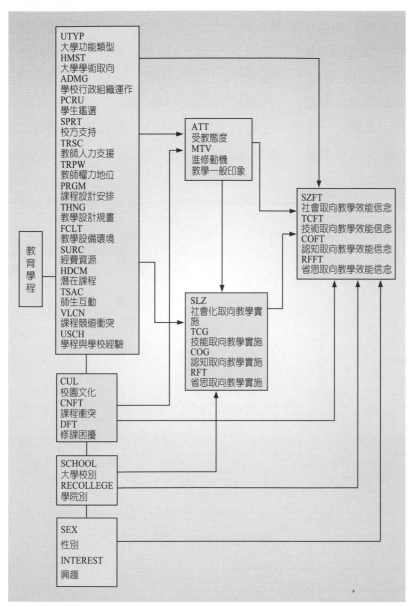

資料來源：林生傳（1997）。多元化師資培育制度下的教學研究報告。國科會專題研究報告。（**NSC85-2745-H-017-003R　F6**）

理論架構或模式圖常為研究主題理論建構之表示，通常依文獻探討結果來建構。不過，如果是一個嶄新的研究主題，常缺乏足夠的文獻，這時候研究者創新建構的成分多於文獻探討。例如前述兩個模式圖，由於教育學程在當時屬創新的制度，國內這方面的文獻尚少，因此，面對「教育學程的教學研究」主題之研究是完全新鮮的原創性研究。這樣的研究給研究者的感覺，宛似從一片混沌不明的世界，經過不斷摸索，才慢慢出現曙光，浮現若干面目來。從此中建立理論架構，據以進行研究（林生傳，1997a: 1）。

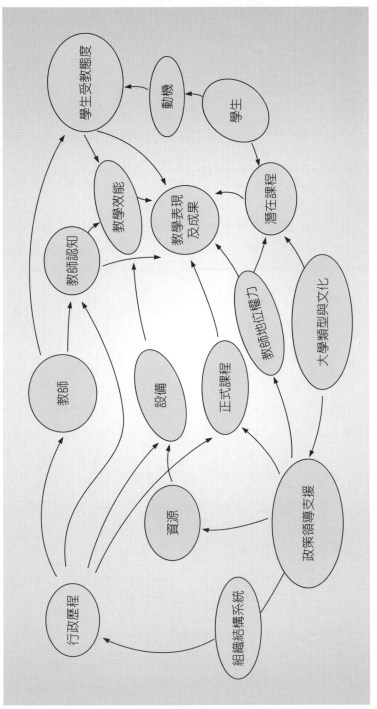

圖 4-1　經由探索在曚曨中浮現出的架構

5

研究問題的操作化——
待答問題與研究假設

引題探索

1. 研究問題的概念化與研究問題的操作化各有何意義？操作化在研究上的用意何在？

2. 操作化的作業主要包括哪兩項工作？

3. 待答問題如何撰擬？試為一研究問題撰擬可行的待答問題。

4. 研究假設是什麼？有何作用？如何研擬？與統計假設有何不同？

5. 研究假設分為哪幾種類型？如何撰寫？有何準則可資依循？

本章綱要

第一節　待答問題

第二節　研究假設

　　一、研究假設的概念分析

　　二、研究假設與統計假設

　　三、研究假設的寫法與實例

　　四、研究假設的準則

　　五、研究假設與待答問題的運用

分析研究主題中所包含的概念、變項，復探討有關的文獻，形成了研究的理論架構，已經完成主題選擇、分析、與概念化。為便於研究的操作與執行，進一步依理論架構，並預想變項之間的關係，寫成㈠具體待回答問題──待答問題；或㈡研究假設。如此可以使研究者依待答問題或研究假設對準焦點，利用特定工具蒐集資料（collecting data）、分析資料，詮釋並組織資料，使研究更容易設計與進行，並預期可能完成的結果。這個操作化準備的工夫，在量化研究上常是不可缺的，在質性研究上有人排斥此一步驟，惟在隱含的意義上來說仍屬必要。

第一節　待答問題

　　在描述性研究（descriptive research）中，不易預期可能的發現，常偏愛使用待答問題（the problems to be addressed）的方式；在質性研究上，秉持不以預先設定的假設限制資料的蒐集與分析，也常用待答的問題來引導研究的進行。

　　待答問題的撰寫，常先對研究主題作分析，明白該問題牽涉的層面並作概念分析，據以研擬待答問題與假設。例如，作者在一九九三年所完成的「中等教育階層化研究」一主題，欲調查分析高中的升學率以明階層化情況，乃依據研究的目的，並參照理論架構，先擬待答問題如下：

中等教育階層化

林生傳

本研究的待答問題

依據研究目的，檢討有關文獻，並參照理論建構，本研究實徵探討高中升學率，以明高中教育階層化的原理。透過實證分析回答下列幾項問題：

第一、目前我國台灣地區高級中學升學率的情況如何？包括：

　　1. 是否形成一定的階層化結構？

　　2. 高中階層化具有何種特徵？其結構性、穩定性、特殊性如何？

第二、比較目前高級中學的階層化與十年前階層化之間的異同與變化？其流動性如何？

第三、比較升學率高、中、低不同階層學校之特性有無顯著的差別？

第四、確定高級中學升學率高低之形成因素為何？

第五、試探以特定模式預測高級中學之升學率之可能性如何？

第六、探索有無可能建立高中階層化之路徑模式？

第七、探討影響高中生學業成就的因素為何？

資料來源：林生傳（1993）。中等教育階層化之研究——我國高中升學率之實徵分析與探討。國科會專題研究 NSC 81-0301-H017-01-J1，頁28。

第二節　研究假設

　　研究假設（research hypothesis）是使研究問題進一步具體化，並為操作化的另一種方式。常應用於實驗法、事後回溯研究、相關研究法等研究中。它具有下列意義：

一、研究假設的概念分析

1. 研究假設是研究問題的暫時性答案（a tentative answer to the problem）。
2. 研究假設是研究執行的指引，後續的研究動作，包括研究設計及執行均依研究假設的指引來進行。
3. 研究假設是有待證實的答案，如獲證實與事實相符，研究假設即成為研究的發現，也是問題的答案，並導致結論。
4. 研究假設並非研究者憑空大膽杜撰，而是常根據學理，經文獻探討，並依理論架構作的一種理性的猜測或預想。
5. 研究假設常是一個肯定的命題，罕為否定命題，而不是一個疑問句。
6. 該命題包含兩個或兩個以上的概念，並以特定的命題來連結此等概念的關係。
7. 研究假設是聯繫研究問題→研究設計→實徵研究之間的橋樑。

二、研究假設與統計假設

　　研究假設，有別於統計假設（statistical hypothesis）或虛無假設（null hypothesis）。統計假設，是為了使用統計技術去檢定研究假設的變項關係，提出虛無假設陳述，在論文中很少呈現出來。如果能夠依資料分析拒絕虛無假設，而使對立假設成立，就能驗證研究假設。

三、研究假設的寫法與實例

　　研究假設依抽象度分有兩類別：一為敘述性的假設，另一為分析性的假設。敘述性寫法，通常以文字論述兩個或兩個以上的概念在實際現象間的關係；分析性的假設，用於嚴謹的量化研究，以分析兩個或以上變項間的變異之關聯性或因果關係。分析性的假設依陳述的方式分為三種：

㈠差異式

　　差異式研究假設在回答不相類屬的分群體（subpopulation），如性別、黑白種族、不同社會階級、不同處理組別（如實驗組與控制組）之間的差異。其關注點在於差異，而不在於其相關。不過，由於所敘述的內涵仍是自變項分群體之類屬在依變項的分配差異，故假設的涵義是敘明組群類屬與依變項分配的關係。例如「男生與女生在語文能力上有差異」一假設，是假設性別與語文有關，惟並未說明相關的方向與大小。差異式假設的原型為「A 與 B 有差異」或「A 高於或大於 B」，其實例如：

- 計畫家庭的子女智力顯著高於非計畫家庭子女的智力（林生傳，1977）。
- 接受概念教學的實驗組學生的概念發展得分顯著優於控制組（林生傳，1995a）。
- 「形地辨析型」的高中學生在學科方面的成績優於「形地混同型」者（林生傳，1984a）。
- 學習風格不同的學生在學業成績的表現有顯著差異（林生傳，1985b）。

㈡函數式

函數式的研究假設不僅述明變項間變異的相關，也能說明相關的方向與大小，又能說明許多變項間的相互關聯性。其基本形式為 Y=f（x），或 Y 依 x 而有一定的變化。明示自變項、依變項各為什麼，兩者變異的有無相關，相關是正向抑或負向，共變性大小之量如何。其實例如：

- 學習成績優劣與學習動機的強弱有正的相關。
- 智力、學習動機、家庭社經地位可以有力預測學業成績的高低。
- 學生所認知的教學直導化、智商高低及其交互作用可以有力預測學生的學習成就（林生傳，1990b）。

㈢條件式

條件式的寫法在教育研究上較少應用，但不可不知。假設常以「if A, then B」的形式來表述。A 為某種條件，B 為其他條件，A 為 B 的先決條件，B 為 A 的後果條件。例如：「有美

麗願景的教改政策，須制度設計精密，並善用策略，才會成功」。先決條件有可能是後果條件的因，也可能不是，只是陳述前一條件成立，後一條件亦真。

研究假設也可依方向性區分為兩類別：

㈠方向性假設（directional hypothesis）

研究假設明白寫出正負方向或有無相關。其實例如：

> • 男女生在數學測驗成績有顯著差異，男生優於女生。

㈡無方向性假設（nondirectional hypothesis）

研究假設不表明正負方向或有無相關。其實例如：

> • 男女性別與智力測驗分數有顯著相關（未明說正或負相關）。
> • 國中生接受 CAI 教學者與未接受 CAI 教學者成績有差異（未明示哪一組較佳）。

四、研究假設的準則

歸納研究假設的寫法必須遵守下列準則：

1. 研究假設須為正面的敘述命題。
2. 研究假設通常包含兩個或兩個以上的概念或變項。
3. 研究假設所包含的概念變項應給予操作性的定義。
4. 研究假設是具有檢證或考驗的性質（testability）。
5. 研究假設必須說明各變項間互相依存的性質。

6.研究假設的書寫力求簡約。

7.各研究假設之間應作邏輯的排列。

8.研究假設應盡量以量化或便於實徵的形式來呈現。

五、研究假設與待答問題的運用

使一個題目能夠便於操作進行研究，要藉助於待答問題與研究假設的運用。如何使運用效果較佳，不能不注意若干基本的要領：

第一，研究假設與待答問題要依據研究目的，並參考文獻與理論探討的結果來擬定，研究主要發現與結論也要與研究目的相對應，如此自然地使研究目的、研究假設，與研究結論前後呼應。

第二，研究假設與待答問題在一般情況下擇一運用。對研究結果沒有一定的預期答案時，常使用待答問題，如市場調查或民意調查；反之，依理論已有預期的答案，如實驗研究或相關研究，通常對研究結果已有一定的預期答案，則採用研究假設的寫法較為適宜。除非在同一個研究裡兼具上述兩種性質、兼顧兩種需求，就需要待答問題與研究假設兩種並陳，這個時候通常先呈現待答問題，再呈現研究假設。

第三，研究假設與統計假設的意義不同、寫法相異、功能有別，不宜混淆。前者用來指引研究的方向，明白研究的重點，提示研究的方法與使用適切的工具，通常與研究問題、研究目的、待答問題一起考慮；後者為便於統計考驗而提出，通常與資料分析一起呈現；該放置研究假設的地方不宜寫成統計假設。

第四，待答問題與研究假設不宜太多，且須按邏輯前後順序排列。數十個研究假設並陳，各項之間只是換個變項而已，

寫的人固然容易，卻令讀者厭煩。基於研究的需要，研究假設不能不多的時候，要設法整合或分理層次，加以整理並做簡化。

研究的設計與規畫

引題探索

1. 意在探索時，可以利用哪些研究？
2. 如果研究的功能是為描述，採用哪幾種研究最適當？
3. 如想確定驗證因果關係，應採哪一種研究？
4. 相關研究能發揮什麼樣的功能？
5. 規畫研究的時候如何考慮研究的對象？
6. 何謂研究的內在效度？為提高內在效度如何規畫研究？
7. 何謂研究的外在效度？為提高外在效度如何規畫研究？
8. 規畫研究時應考慮哪些資源的因素？

科學研究不僅要建立理論架構，提出研究假設，而且要精心設計，進行實徵驗證的工作。這兩方面的工作，後者（實徵驗證的設計）可能緊接在前者（理論探討與研究假設）之後，不過也可能兩者同時進行；有時候，也由理論建構先開始，進行到相當程度之後，兩者對話同時並行，到了後來才專心於驗證的設計。如何設計驗證的研究是整個歷程之中堅部分，也是成功的關鍵。設計一個有效又可行的驗證研究，並不容易，也非絕對。對一個研究主題的研究，有很多的方法與方式，可用的策略也很多，所牽涉的因素也不止一端。問題的驗證設計是一個系統的設計，設計本身就是一個決定（decision-making）的過程，其中有許多的選擇，因此這種決定常是一個最佳化的決定（an optimized decision）。如何設計才是最佳化（optimization），必須注意重要細節，本章就此等環節逐一探討。

第一節　研究的目的、功能與研究設計

　　教育研究有不同的功能，以滿足不同的目的，每一項研究常有其特定的目的與特定的功能。當然有的研究不只發揮一項功能，也不僅滿足一種目的，可能有多重並存的情形。教育研究如果依其主要目的與主要功能，通常很容易就可區別為三類：㈠基礎研究（basic research）：基礎研究目的在了解真相，裨益於學術知識的擴展與其體系的建立。㈡應用研究（applied research）：應用研究目的在獲得實用的知識，規範指引實際的教育行動。㈢評鑑研究（evaluation research）：評鑑研究目的在依一定的效標（criteria）評量鑑別教育的實際事功與成效，已如前述。而教育研究的功能不外：㈠探索（exploration）；㈡

描述（description）；㈢解說（explanation）；㈣預測（prediction）與㈤驗證（validation）。設計研究首先要考慮研究之目的、功能到底是什麼，而作不同的決定。

一、探索

欲增進對陌生教育環境與情境的認識，卻缺乏足夠的知識與資訊為基礎所進行的研究，期求的常是發揮探索性的功能。這種探索性的研究，其目的為㈠綜覽整理各種方式所累積的資料或文獻，俾便使用較正式的、或較嚴密的方法從事進一步的研究，以滿足人類的求知慾與好奇心，或建立嚴密的科學知識體系；㈡可能對所面臨的急迫問題多方探查設想，以提出有效解決之道。為此，探索性的研究，有幾種可選擇的方法設計：

㈠文獻調查

文獻調查（literature survey）是研究者盡最大能力蒐集一新鮮主題所有的文獻資料與文件資料，包括論文、研究報告、研討會發表論文、未發表的論著、民間與官方文牘記載等，作徹底的調查、分析、綜合、比較及歸納整理。經整理之後，可以供以後訓練有素的學者作進一步的正式研究。美國教育研究學會所出的季刊 *Review of Educational Research*（RER）及美國心理學會（American Psychological Association）所發行的 *Psychological Bulletin*，常有此類文獻調查的論文發表。例如 RER1997 夏季，67 卷，第 2 期，刊載 Phelps, A.與 Hanley-Maxwell. C.的 School to work transition for youth with disabilities：A Review of outcomes and practices。該文係威斯康辛大學（University of Wisconsin-Madison）兩位教授鑒於學習障礙的學生由學校投入職場就業所遇到的適應情況及問題，學者了解有限，

此研究又具實用價值，遂整理有關文獻，以符應目前教育改革重視改進所有學生的職業相關措施之需要。

㈡直接探索與專家會談

對於較具急迫性或實際性的問題，尤其是教育上偶發的事件，可採用此方式。例如台灣一九九九年九月二十一日發生世紀大地震，傷亡逾萬人，倒屋上萬間，學校全毀半毀致不能上課者計數十所，從小學至大學都有，造成災民學生的教育問題。誰也沒有正式研究過這樣的問題，又來得太突然，確亟待解決。為此，進行這樣問題的設計，可行的方式是必須透過直接的管道，蒐集第一手資料，包括對學生、教師、家長傷亡情況及身心狀況作一客觀的了解，以及災區學校受損的情況；並透過專家的會談討論，商討如何有效安置及輔導。這樣的研究應著重實際行動來進行試探性的調查及了解，專家可能由理論來分析試探災區師生的心理。面對家毀人亡的孤兒的心理傷痛，及其可能發生的心理障礙，輔導學家及醫師提供輔導及治療的途徑；社會學家及城鄉設計專家則提供物質重建及心理重建的條件及可能性，由此研究災區教育如何重建的方案。

㈢個案分析

個案分析（case analysis）對單一的社會或教育單位（social or educational unit），如學生、家庭、班級、學校或社區，以及其他教育單位，廣泛蒐集所有有關的資料，密集式的觀察其行為表現，進行個案分析，深入了解，再整合各方面分析所得之繁雜瑣碎的發現，形成綜合的了解，以便進行更嚴密的研究。例如透過觀察、訪談、調查來了解一個「教育優先地區」學校有補助無效果的真相，俾便更進一步建立一個完整的教育優先地區學校效能之分析架構，據以進行更大樣本的描述研究。

二、描述

描述（description）也是研究的另一項主要功能。不少的研究旨在客觀地觀察事物的狀態、分配情形、進行實況與變化趨勢，並進一步探討那些特性（變項）之分配、進行、變化彼此有無關聯（association）的現象（並試圖藉此種關聯由某些特定變因來推測其他變因的變異情形）。社會、心理與教育的科學研究中，屬於描述性的研究居多。教育的現象很複雜，有關的變因很多，對於每一種變因都需要知其全貌，故而描述性研究最為常見。例如對學生、校舍、教室、課程、設備、經費、教務、學務、總務、教師士氣、學校文化、藏書的了解，藉助研究作為客觀的描述。其中的任何一項又可包含複雜的變因，如學生一項，學生的身高、體重、體適能、智力、性向、動機、期望水準、社經背景、人際關係、價值觀念、重要他人、次級文化……等，也都可以要求明細的了解，擇其中任一變項，如智力，即可作一描述性研究，如「國中一年級學生智力的調查研究」。對教師一項來說，教師的出身背景、專業信念與承諾、專業成長、對組織的認同、角色期望、教師文化、專業成長情形、工作倦怠感、滿足感……皆可為描述性研究，例如，對「國中、小教師教師專業成長的調查研究」（林生傳，2000b）。

三、解說

解說或解釋（explanation），是教育研究常關心的任務。當描述到男生與女生的數學成績在國小階段沒有顯著差異，及至國中以上，性別差異漸漸表露出來，如果僅止於此，這個研

究只在描述。如果進一步探討到底為什麼有如此的變化與差異，女生為什麼到了國中，數學就慢慢落於男生之後，到底有哪些因素與此有關？

來自不同社會階級家庭的學生，在智力與學業成就上的分配情形如何？在哪些能力上有如何的差異？差異的程度與方向是否相等？在不同的測驗上所表現的差異是否不一？到底有什麼因素與之有關？如何據以解說。

成功實施家庭計畫的家庭的子女在能力上、在學校成就表現上如何？未成功實施家庭計畫之家庭所生的子女表現如何？為什麼有顯著差異？為什麼在語文智力測驗上的差異又高於非語文智力測驗（林生傳，1977）？

績優學校的特徵與特色為何？什麼因素與學校效能有關？如何解釋？類此，教育研究常要解釋教育的表現及問題，進一步盼能增進教育的成效。為能正確且有力地解釋，研究進行之前的設計，可以依理論假設相關因素，並利用統計分析排除無關因素，以相關研究法來進行；也可以就不同的分群體來比較其分配，藉統計差異檢驗是否屬於不同的母群之差異。在質性研究方面，對少數樣本利用文件分析、參與觀察、深度訪談，對特定研究對象從階層及社會脈絡作深入徹底的詮釋，都是設計時可供選擇利用的研究策略。

四、預測

預測（prediction），是繼描述、解釋的進一步需求。研究者在描述事象的真相，解釋事理的產生與變化，並探討清楚哪些是相關因素之後，自然期盼能藉由這種理解預測未來的結果與變化。當我們確定大雨之前，飛蟻會群起出洞，當然在見到飛蟻出洞後，會據以預測即將下大雨。了解智力高低、用功程

度與學業成績優劣有明確的關係，即可由智力高低、用功程度推測成績的優劣。又如升大學對高中生來說是最關心的期望，無論家長、學生、教師及社會各界無不期望能夠作預測：自己或自己所關心的學生，在即將面臨的聯考是否準備充分，學校教育環境是否理想，策略運用是否正確。在確定學生聯考分數的相關變因之後，即可藉多元迴歸分析的統計方法預測學生聯考的可能結果（林生傳，1995b）。

預測並不以因果關係之確認為限，未具有明確因果關係之若干變項亦可預測，只要能夠檢驗證實其間具有顯著的關聯（association）或相關（correlation），是否需要或能否從事預測，並設計一個研究的時候，須預為規畫。

五、驗證

驗證（validation）是檢證因果關係的真假，因果關係確實存在為真，否則為假。上述的解釋、預測並不必然是因果關係，而此處的驗證則應限於因果關係（causality）的確認。惟在教育研究中，與社會科學、行為科學一樣，因果關係概念至為複雜。在自然科學的研究裡，常可能是一因即能導致一果的發生，非常直接明確。這種情形在教育上較為罕見，教育研究常不只是一因導致一果，往往是多因造成一果或多因造成多果，故教育研究之驗證也重視「多」因對「一」果的因果關係的驗證，也就是由多種條件來導致特定的結果。

一對一的因果關係的驗證常適宜利用實驗法來進行設計，尤其是能夠孤立非實驗變項的干擾或影響，以確保自變因為依變因變異的充要條件。這對在自然科學的實驗室中進行的實驗研究是典型的設計，但在教育研究上不易符合這種要件也並不容易進行。

「多」對「一」的因果關係的驗證在教育科學的研究上較具可能性，其中的多個自變因可能包括多項貢獻的條件（contributory condition）以及關聯條件（contingent condition）。在教育科學的研究上可以先確定各種因素的交互作用及共變關係。依據理論的建構，控制非關心的關聯變因，再探討所關心的因素如何造成依變因的變異或影響。例如，依理論建構本研究的因果關係為：

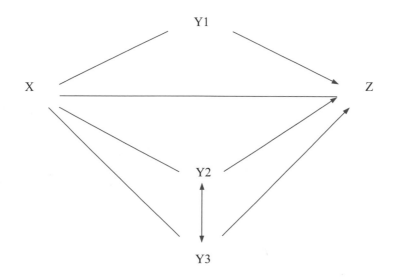

　　X 如何直接，以及如何透過 Y1 來決定 Z，因此研究設計必須對於 X 也可能經由 Y2 及 Y3 來影響 Z 先加以控制，並利用適用的分析方法來驗證 X 直接以及經由 Y1，決定對 Z 的預測力之大小並檢驗其顯著性。

　　各種研究方法、方式與研究的功能，在目的上有密切的關係，但這種關係也是一種連續，其間是程度的差等，而非絕對的有無。實驗法最能驗證因果，質性研究與理論分析不太可能，但其他如調查法、發展研究法，善用之多少也能進行驗證的工作。反之，質性研究與理論分析最擅於描述、解釋，其它方法也能貢獻於描述與解釋。調查法、發展法、歷史法、相關

研究法等則對於描述最為適用，對於解釋也有相當功能，對於驗證的作用則有限（Krathwohl, 1998: 35）。為使讀者能獲得較清晰的印象，請參閱表 6-1 以了解各種方法之長短得失，來選擇適當方法，滿足預期的目的。表 6-1 中最具該項效能者，以☆☆☆表示，☆☆表示其次，☆表示尚具該性能；其間為程度的差別。例如質性研究與調查研究最具描述與詮釋功能，故以☆☆☆表示之，但這二種方法無法發揮驗證的功能，故格內空白；反之，實驗法最擅於驗證，故也以☆☆☆表示之，實驗法也能作部分詮釋工作，故以☆☆表示。

表 6-1　各種研究方法之性能

	描述	解釋	預測	驗證
質性研究	☆☆	☆☆☆		
調查研究	☆☆☆	☆☆	☆☆	
相關研究	☆☆☆	☆☆	☆☆	☆
歷史研究	☆☆	☆	☆☆	
評鑑研究	☆☆	☆		
單一樣本研究	☆☆	☆☆	☆	☆☆
發展研究	☆☆☆	☆	☆☆	☆
實驗研究		☆☆	☆☆☆	☆☆☆

☆☆☆最具此一效能　　☆☆尚具此一效能　　☆略具此一效能

第二節　研究的對象與分析單位

教育研究在設計的時候，先要決定研究的對象，俾便據以設計資料蒐集的方法及工具，以及分析的方法與技術。教育研究以什麼為對象，並無限制。通常以學生最多，其次是教師、

教育行政人員、學校其他人員，或家長等；教育組織或團體也是研究的對象，如班級、學校、教師組織、教評會、學生社團、家長會、教育專業團體；教育組織內或團體內所形成的關係或互動行為，例如師生關係、同儕關係、教學人員與行政人員的關係……等亦是教育研究的對象；教育制度、學校制度，招生制度、選課制度、入學制度、點名制度、考試制度、教師聘用制度；教育內容、課程、教科書、教材、鄉土教材……等；教育方法，如教學方法、電腦輔助教學、遠距教學、多元評量……等等，亦可為研究對象。可見教育研究的對象包括頗廣，包含教育歷程所牽涉的個人以及所形成的組織、制度、運作的過程，所進行的活動及其產物或成果等，皆可為教育研究之對象。概括言之，教育研究的對象為教育結構裡面的個人、團體組織本身，以及教育活動的事實及其所形成的產物。

一、單位的決定

　　教育研究的對象至為複雜，必須先予明確掌握並界定。首先必須掌握的是觀察單位與分析單位，及其標的群體（targeted population）。教育研究雖然複雜，但進行驗證的科學研究，宜由所依附的單位進行觀察。所以決定觀察單位（units of obser-vation）是第一步。對觀察的結果蒐集數據或質的資料，等待以適切可用的方法來加以整理、分析，使產生意義，以印證假設或建構理論。決定分析單位（units of analysis）乃為第二步。

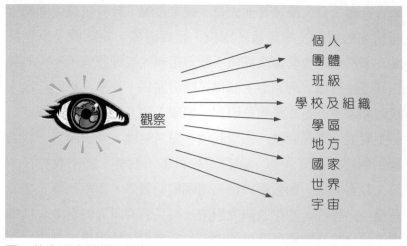

個人
團體
班級
學校及組織
學區
地方
國家
世界
宇宙

觀察

圖　教育研究的觀察單位

㈠觀察的單位

特質（characteristics）、行為（action）、取向（orientation）或產物（products），必有其表現或依附的個體或團體，自然人、社會人或法定人。在教育上來說，無論教育的任何特質都可能表現於學生個人（individual students）或學生團體（student groups），如班級、小組、學校、學生社團、教師、教師團體、學區、社區、教育學術團體，或教師會，省縣地方或國家的政府單位或民間組織等。進行研究的時候，先予決定，作為觀察對象，然後對觀察對象進行觀察。例如，對學生個人觀察或調查他們的性別、年齡、家境背景、智力、性向、成績、人格特質、同儕的關係、師生互動、教師的管教方式；對學校的向心力及態度、學習的習慣、策略、價值觀念及文化特性等。又如對班級觀察或調查他們的社會迎拒關係、師生語言互動、師生非語言互動、家庭社經地位、家長關心教育的態度、學科成績等等。同樣的，也可以學校為觀察單位，了解學校的學科成績、師生互動情形、家庭社經背景、師生互動情

形、家長對學生的態度與班級文化等。由上面的例子,可知對某一種行為、特質、或取向的觀察,可能對不同的單位來觀察、建立資料。例如,欲研究學生互動,可以由個人、小組、班級,或學校任一單位擇其一或若干,對之進行觀察,均未嘗不可。惟其中的意義及難度,未必相同。

(二)分析單位

由觀察或評量蒐集得到的資料(單位),如何加以整理,或分析、或綜合、或比較,如何描述或解釋,最能表現其規律性、顯現出原理,最有希望建構出理論,其中關鍵之一是以什麼為分析的單位。同樣的資料,以學生個人、性別、班級、學系、學院、學校、家庭別、社區別或族群別、世代作為單位分別分析,所能產生的意義並不相同,所能獲得的知識也不一樣。

決定分析單位,以概括描述,或解釋、比較單位別之間的異同,這種決定一方面要承續對研究主題的理論建構及假設來進行,一方面要不斷試探檢討、察覺有無更有意義的分析單位。對同一種特質,並不限於依一種單位來分析,常兼用不同單位的分析。例如,對學生成績的分析,固然可以學生個人為單位進行分析,但是,如果另由班級或學校為單位進行分析,可能會發現更新、更豐富的意義。又如,即使對學生家庭社經地位的分析,自然以學生個人為單位來分析;不過,如果能將一個班級或一個學校所有學生家長的社經地位合在一起(aggregate)來解說分析仍有其重要的意義,甚至發現更多的意義,所以同一個研究也可以同時進行一個以上單位的分析,分別作個人層次分析及組織(學校)層次的分析。

作者在「中等教育階層化之研究」,對高級中學升學率的實徵分析,即分別以學校與個別學生為分析單位。研究發現高

級中學階層化至為懸殊，而其主要基本因素為「歷史」、「文化」與「所在地區」此三個因素的作用。由學生個人為單位來分析，發現學校變因影響其大學聯考的分數變異最大，其解釋力超過學生家庭及個人的特質（林生傳，1993a）。

第三節　研究的內在效度與外在效度

一、內在效度與外在效度的認識

研究應力求正確有效，即具備足夠的正確性或效度（validity）。在測驗上，效度是指一個測驗能夠測到該測驗所欲測的（設計者所設計的）心理或行為特質到什麼樣的程度。在研究上，效度基本的意涵並無本質上的不同，惟因應用的情境略有差別，研究的效度係指研究結果（發現或結論）的正確有效程度。研究的結果不外指：研究對待答問題之解決所提出的答案，或對研究假設所作的驗證結果，或對於變項所作的描述，對兩個或兩個以上變項間所確證的關係；或對依變項間所作的預測。故研究結果是否正確是否具有效度，即指上述任一或任何研究結果是否確實可靠（credible），是否可據以預測下次的研究或解決問題，或建立正確的知識。

研究的效度實際上有兩種不同的評斷：一是就此一研究特定的情境以論；一是就一般情形以斷。依此，故研究上的效度區分有內在效度（internal validity）與外在效度（external validity）兩種。其意義有別，在設計上的意涵與考量也不同，且其間的關係並不一定是互相助長。內在效度係對本研究樣本而

言，利用一套研究方式與程序所得的研究結果，或所獲得的答案之正確程度；外在效度係指對標的群體而言，這個研究結果是否可以推論至他們身上，亦即研究結果的普遍性或推論性（generality）。換言之，如果從群體再依同樣的方法選擇任何樣本，利用同樣的工具，遵循同樣的程序來研究，是否得到相同程度的結果，即為外在效度。同樣的，如果條件許可，將同樣的研究處理方式用之於整個標的群體，所得的結果如果還是一樣，結論還是相類同，表示外在效度高。

　　以實驗研究的例子來解說。將某校國一兩個班級的學生分為兩組，一為實驗組，一為控制組；實驗組利用一種創新的教學法來教學，控制組仍利用一般教學方式來實施。經過一定的實驗期間，在實驗結束時，後測顯示實驗組的學習成就及學習興趣，相較於控制組的確顯著提高，經統計考驗結果，達顯著水準，確具意義。對此一實驗的樣本而言，此一結論是否正確，亦即實驗組之學習成就及興趣較高是否確實來自新的教學，此為內在效度的範疇。如果將此一結果應用到一般的國一學生，此特定的新教學法是否一樣能夠帶來明顯的正面效果，使學生的學習成就提高？學習興趣高昇？此為外在效度的範疇。

　　同樣的，利用測驗來抽樣調查三所國中國三學生的學習風格（學習式態），以及其學業成績，用統計方法描述學生的學習式態與學習成績的關係，結果發現學生視覺型的最普遍，聽覺型的其次；學生獨自學習為最愛，班級學習次之，小組學習及兩人共學最不喜歡；而學生的學習式態與學習成就未呈現特定的關係；但是，學習式態與教學式態卻對學生的學習成績有交互作用（ATI）（林達森，2001b）。此一研究所證實的結論包括：㈠國中學生學習風格式態有一定的分配；㈡學習風格與學習成就有關係；以及㈢學習風格與教學模式在學習成就上有

顯著的 ATI 效應。此等結論對接受研究的樣本學生與教師而言，是否確實可靠？如果是，即表示內在效度高；如果否，此一結論乃是另有別的原因引起，內在效度即有問題，結論應予存疑。由於此一實驗對可能影響實驗結果的干擾變項已經作了嚴密的控制，對於無法利用實驗控制的部分，也利用統計分析來析離，因此我們可以說，此一研究結論具有相當的內在效度。

　　進一步，由於此一實驗研究為一準實驗研究，以隨機的方式在高雄市以電腦作業隨機分派選取，其樣本應具有相當的代表性，且在一般教育生態中來進行，對於可能影響外在效度的干擾因素也多加注意，因此，外在效度在一定範圍內也可以接受。惟其實驗教材只是國一生物的能量概念部分，其外在效度也受到限制。所以，我們可以說，此一實驗結論，可以推論於高雄市國一生物能量概念課。質言之，如果對高雄市國一學生生物能量概念課再另外抽取樣本依同法實施，也會獲得相同的效果，學生學習式態的分配，以及與學習成效的關係是否相同？是否學生學習式態與教師的教學式態一樣會產生 ATI 效應於學習的成績上？如果是，或無顯著差異，表示所得研究結論具有相當高的外在效度。請參考圖 6-1，可以看出，所謂內在效度是經由抽樣研究得到的結論用來說明該一樣本的正確性。至於外在效度是把由樣本研究得到的結論推論應用到群體的正確性。

　　內在效度與外在效度的關係，一般說來是相互助長，但有時候會呈現相互消長的現象。太過講求提高內在效度，反而犧牲了外在效度。例如師法自然科學實驗室的研究，將學生另置於特殊設計的實驗室來進行教學，隔離所有想控制的干擾變因，發現實驗教學或特定的實驗處理帶來頗高的實驗效果，如成績大為提高。由於實驗情境控制頗為嚴密，此一實驗效果的確來自於實驗教學，其內在效度頗高，不必置疑。然而，若將

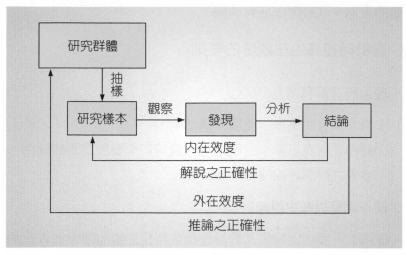

圖 6-1　內在效度與外在效度

此一實驗結果普遍應用於一般教室裡面的班級教學,由於一般教室不同於實驗室,可能未必見得會帶來同樣的結果,則此一實驗研究雖具有相當的內在效度,但它的外在效度則有其商榷之處,其研究結論之普遍性將令人質疑。因此,在設計研究的時候,要審慎考量如何提高內在效度及外在效度。內在效度與外在效度時有相得益彰、相輔相成的特性,一個不具內在效度的結果自然無法正確地推論至群體上;但有時也有兩者不能得兼的特性。如果兩者無法得兼,要考量如何拿捏得宜,收兼顧兩者之效。一般說來,在研究初期,研究者較關注於內在效度的提高,以證實確實有效力存在,到後來,其效力已確認無疑,接著會採取更積極的行動來提高外在效度,俾普遍化或推廣研究的效果(Krathwohl, 1998: 300-302)。

二、如何提高內在效度與外在效度

在設計研究的時候,如何提高內在效度與外在效度,是關

鍵的重點。其原理依下列準則：

(一)設計時提高內在效度的要則

1. 理論正確解釋清楚

(1)概念具有明確性：理論架構清楚。

(2)解釋要信而可徵：於原理上，釐清研究變項之間的關係，並表之於假設或待答問題。

2. 操作忠實以減少誤差

(3)概念及變項能夠依其理論建構或特定內容而給予操作化的定義，設計成為評量工具或測驗，經驗證確實可靠，供研究使用。並防範施測的不正確，嚴格遵守標準化（standardization）的程序原則，避免造成太大的誤差。

3. 樣本合宜且預防流失

(4)樣本要合乎所界定的範圍與不同組別的相等性，並注意樣本流失率及回收比率，前、後測樣本數的明顯差異可能影響結果的內在效度，問卷調查如果回收率太小也會影響。

(5)研究情境適當：研究情境要切實符合理論建構，並明顯地表現變項的變異，以及適合於研究對象的合宜程度。

4. 正本清源，排除無關變因

(6)認清並排除足以混淆或威脅結論的競爭性因素：研究期間同時發生的事件，測驗時的誤差變因，取樣選擇時的偏頗，記錄的錯誤，對實驗組的偏愛……等等。同時與研究變因（如實驗操作變因）出現，並可能競相解釋實驗效果的變因，會造成研究成功的威脅，足以降低內在效度，對於此等變因要確實排除。

㈡設計時提高外在效度的要則

1.解釋應具普遍性

(1)概念明確、理論合宜，適合教育的需要。

(2)解釋信而可徵：釐清變項間的關係，且此項關係須具普遍性。

2.操作化可以普遍適用

(3)對抽象概念之意義建構要精確，並加以操作化俾便處理之外，同時要考慮其範圍的廣度是否真正反映於工具的使用、研究程序及方法的設計。

(4)樣本要具代表性，優先考慮具有標的群體的特性，樣本的結構要能反映群體的結構。

(5)研究的情境合情合理，不僅要標準化而且要優先考慮合乎情理，務求逼真於一般的教育環境與生態，所得結果才能有效推廣普遍應用。

3.觀察具普遍性，說明盡求忠實

(6)評量要採取多元性交叉評量，以符實際。

4.控制可能發生之意外狀況，避免牽強附會的解釋

(7)排除無關但足以影響研究的它項因素。

(8)慎防實驗可能發生的效應：實驗組覺察正接受實驗，受到暗示，於是會加倍努力，表現異乎尋常，發生所謂的霍桑效應（Hawthorne effect），實驗的結果便不具普遍性，外在效度必低。反之，控制組發現未接受實驗處理，心生不平，「輸人不輸陣」，拚命加油，表現異乎常態，發生所謂的「亨利效應」（Henry effect），結果外在效度也會降低，一樣不具普遍性。

上述諸要則，皆須在研究設計時妥善安排、考慮，並作有效因應，俾使研究設計縝于嚴密，獲得之結果具備足夠的效度。

第四節　資源的取得與配置

　　設計一個研究如何進行，除上述三節所述內容應考慮之外，資源是否能夠取得以及如何分配，是另一項應考慮的層面。資源，對於一個研究計畫的推行是不可或缺的必要條件，缺乏資源，研究者即使有心，也是心勞力絀、力不從心，無以完成；或因陋就簡，勉強為之也難被認同。不過，即使有資源，未能明智合理的分配利用，也會浪費資源，未能發揮其效益，所以資源的取得與配置對研究設計極具重要性。然而，在一般書中卻又罕予提及此問題。

一、研究資源的涵義

　　研究資源包括圖書期刊、電子資訊網路資訊資源、時間、人力、物力、財力經費、研究者自己的研究素養、研究專用的設備、指導資源、社會支持網絡，以及制度或機構的限制（負面的資源）等等。茲略述分析各項資源的取得在研究設計上應如何考慮。

二、資源的取得與研究的設計

㈠經費

　　研究資源的取得關係到研究設計，沒有相當可靠的經費來源支持研究，只能作不太費錢的研究，如採理論分析、內容分析或簡陋的實徵研究。擬進行精密的實驗或較龐大的調查研究，常需一筆相當可觀的研究經費，除非有強大的壓力或動機，如為了完成學位而寫作的學位論文，或為了升等而不能不進行的升等論文，否則進行研究之前要審慎評估。

㈡文獻資料

　　其次，文獻資料及其他資訊來源，也是設計時不能不考慮的因素。不能順利取得充分的文獻，不宜進行文獻調查的研究。目前資料取得管道較多，除了書面資訊之外，可以利用電子網路資訊及館際合作，使這種資料限制已較不成問題，惟各個研究者身處不同的研究環境，仍須作適當的考量。

㈢時間與分配

　　其次，時間是重要的關鍵因素，許多不佳的研究常是因受限於時間，不能不來個急就章勉強應付。研究時間常有一定的限制，不論是研究生趕寫學位論文，或是學者專家從事專題研究，時間既有限制，在有限時間內如何進行研究，是宜事先規畫分配的。沒有長期的時間，不便冒然進行縱長的研究，或需長期觀察的俗民誌研究，也不便作需要較長時時準備及實驗的實驗研究，否則最後常常倉促應付，草草結束，自然不盡理想；或者錯過規定的研究期限，誤了學位或違背原來的合同。

研究時間常為一定，如何分配於整個研究各階段的工作，亦應依一定的模式作規畫。耗太多時間於文獻探討分析，可能減少在驗證工作上所應有的時間；資料蒐集耗掉時間，可能減少分析資料的時間。所以各項行動預估需要多少時間應作詳細分配，並隨時檢核。在教育研究上利用「計畫評估檢討技術」（Program Evaluation and Review Technologies, PERT）來安排時間。此方法使用廣泛，風評也佳，讀者可以嘗試。

　　PERT 運用的步驟（Borg & Gall, 1987: 74-77）：

1. 利用 PERT 來分配時間，首先要分析整個研究由哪些活動或步驟組成，其間關係如何。

2. 檢核每一步驟的進展速度是否符合預定，並隨時改進加速，發現有落後情形即時補救。

3. 注意在執行研究當中可能發生的問題，或真正發生的問題。

4. 預估各步驟的時間可依下面公式來作預估。

$$te = \frac{a + 4m + b}{6} \quad \text{（Borg \& Gall, 1989: 76）}$$

te 為某一步驟所需的時間

m 為最可能需要的時間

a 為事情進行意外順利所需要的時間

b 為事情進行意外不順所需要的時間

5. 例：如果進行測驗施測，最可能的時間（m）為二週（14 天）；意外順利所需時間（a）可能是一週（7 天）；遇到放假或各校施測時間撞期，接洽不順，由於意外延擱，可能需要三週（21 天）才能完成整個施測工作。依此，估計施測工作所需時間，應為二週。

$$te = \frac{1 + 2 \times 4 + 3}{6} = \frac{1 + 8 + 3}{6} = \frac{12}{6} = 2 \text{週}$$

　　如同上述，依每一項活動所作的預估，並合計所有活動所需的時間，與所能獲得的研究時間作比較，再作修訂，將可能同時進行的活動並列以節省時間，並調整，直至各項活動預估時間的合計總時間與研究可能的期限相符為止。

三、研究者的素養與研究設計

　　研究者本身所具備的特質與條件，如能力與經驗。尤其應考慮研究者是否具備研究上所需要運用到的方法與技術等。第一篇研究對研究者來說，是艱鉅的工程，因為研究者缺乏足以勝任的素養。因此，進行研究的時候，應對自己的研究作一番客觀的評估，對照於研究所需要的方法、技巧與特殊要求，來設計或改變、調整設計。如果自己本身缺乏研究所需要的能力與經驗，又無法獲得其他的資源人物指導，最好先改變設計。譬如，對統計方法不熟悉，對套裝程式，如SPSS、SAS等的運用完全陌生的研究者，要進行大量資料的複雜統計分析，如因素分析、典型相關分析、路徑分析，恐甚為不宜，宜改變設計。同樣的，不善於觀察，又不善於詮釋解說的研究者，也不宜進行俗民誌的詮述研究。

四、社會網絡的支持

　　研究的進行，也需要社會網路（social network）的支持，沒有人脈的支持與協助，常會使研究進行遲滯甚至停頓。不同

類型的研究，對社會網絡的需要性與依賴程度不一，有些研究則未有如此必要。前者如實驗教學的研究，沒有實驗班級學校的師生、校長、家長的支持，根本無法進行，遑論實驗有效。實地臨場的集合式問卷調查或測驗亦然，所以設計研究，須預先評估能夠取得多少社會網絡的支持，如果不高，寧可採用較不需社會網絡的研究，如郵寄問卷法、內容分析法或理論分析法來進行研究。

五、制度的限制

教育的決策制度、行政制度、學校的運作制度，各司其預期之功能；研究也有本身的功能，兩方面的功能有時候並非完全配合，有時甚至難免互相牽制。教育研究的進行，有時可能干擾或妨礙教育制度的運作與進行，此為教育研究的制度限制（institutional constraints）。遇到這種制度的限制，可能放棄原來的途徑，待適當的時機再議，或透過協商溝通來化解。例如，研究抽樣本來要完全隨機抽樣，可以改用叢集抽樣來進行。研究進行的時間可以協調，一方面接受研究學校的安排，一方面也在不違研究要求的原則下來協調出適當的時間。有時候學校因為某些方面的資料被公開研究，可能對學校有不利的影響，故拒絕配合，此時須作適度的保證，俾獲學校的接受合作。設計研究時，須預估可能遇到的制度限制，設法克服或權宜改變調整計畫的內容與方法。

綜上各節所述，設計研究計畫，有幾項關鍵性的思慮應先進行，包括：㈠研究的目的與功能；㈡研究的對象及分析單位的確實；㈢維持相當的內在效度與外在效度；㈣評估資源的取得與配置，預估可能遇到的制度限制。對此等關鍵性的問題先作思慮，才能順利進行研究設計。

7 研究群體與抽樣樣本

本章綱要

研究的主要目的之一就是要獲得正確的知識，並能應用所得知識於母群體（population）。雖然有部分的研究直接向母群體蒐集資料，以便於應用，這種研究即是所謂的普查（census）；不過，大部分的研究在蒐集資料的時候，限於實際的困難，常就由群體所抽取的樣本（sample）來進行資料蒐集，經予分析，所得結論在理想情況下，一樣可正確應用到母群體。所以，在研究的設計上，群體如何界定，樣本如何抽取，是一項重要的選擇與決定。本章即是探討如何界定群體及如何由群體抽選樣本。

第一節　母群體的界定

　　研究者要先確定研究的母群體為何。母群體常是人，如學生、教師、家長、行政人員；或事件（events），如休閒活動、考試、震災救濟、學校地震災害、學校的升學情況、推薦甄試……；或物（objects），如各校運動設施、圖書館、行政組織、教科書、教學媒體……等等。群體可大可小，大至世界性的群體，小至一所學校、甚至一個人。如世界上的大學生、圖書館藏書、電子教學媒體的應用、大學院校，均分別可以為一研究的母群體；小至某一學校的教師、學生、學生問題輔導等。群體大小相差如此，研究者如何界定母群體的大小？研究者界定群體的範圍，通常遵循下列四方面來決定：

一、依理論來決定

　　研究者在進行研究一個問題時，已有相當的理論依據或自己已建構了理論基礎。在此一理論基礎上，有時候也已界定了群體。例如，「都市化中高雄市遷入人口的教育與生活適應研究」（林生傳，1979c）。作者在民國六十年代的時候研究此一

主題，係因感於高雄市在當時是一個新興又快速成長的工商業港都，人口遷入相當快速且數量龐大。理論上，大量的遷入人口在學校教育的適應，由於文化的斷層以及成人忙於工作疏忽管教，以致學生在學校適應上遭遇困難問題。因此，這個研究主題本身依理論當然界定母群體為高雄市的學童。

依理論來界定群體時要考慮，這一群體有別於其他的群體，或者此一分群體（subpopulation）有別於其他分群體。換言之，所選擇的標的群體在理論上可以特定的理論來分析，不屬於這一個標的群體者，不適合以同一理論來理解分析。

二、依應用的需要來選定

母群體是研究結果要推論或應用的範圍。倘基於實際應用的需要，進行某一項研究主題的研究，例如，擬研究九二一震災受害學生的心理適應問題。這個研究題目在實際上已經明確地界定了研究對象，受災的學生當然成為此一研究的母群體，或更明確的稱為標的群體（target population）。對九二一大地震受災學生的心理適應研究，乃為了解災區學生的心理狀況與問題，以便輔導安置或治療，基於實際的情況及應用的需要，這個研究的標的群體已然明白界定。

又如每一任總統大選所作的民意測驗，調查所有選民心目中投票的意向，藉以預估各組候選人的勝算機率有多大，目的乃為此一實用需要，自然以全國選民為母群體。

作者最近完成一項國中教師專業成長需求的調查（林生傳等，2001）。目的在了解為配合教育改革政策，如何使教師能夠知道如何貫徹教育改革，積極參與教育改革工作使教育改革能夠成功，應有的配套措施如何規畫，教師自覺需要什麼樣的專業成長，需要提供如何的進修機會與管道。為妥善規畫可行有效的進修活動，必須依教師自己覺察進行某一項教育改革政策時，本身或同仁須進一步進修什麼課程、用什麼方法、循哪

些方式才能夠接受，以獲致預期的效果。由於此等教育政策的教育改革是全國性的，當然此項調查的實際需要也是全國性的，因此，此一研究的標的群體乃定為全國的國中教師（林生傳等，2001）。

三、依預期的效果需求

為使研究更有把握如所預期收到研究的效果，常常縮小研究的標的群體，以特定的群體為標的，而捨棄太大或混雜的母群體，使效果更單純，也較容易把握。例如，研究「坐的姿勢與人格特性的關係」，這項研究可能於女性與男性各有不同，為使研究更容易收到效度，也更便利進行，可以只限於女性為研究群體。

又如進行一項實驗研究，為使實驗處理（因）與依變項的變化（果）之關係更明確，對於干擾的個別特質變項常予以排除或控制，因此，限制研究的標的群體之範圍俾符效度要求，是一常用的設計策略。

四、研究的可行性

選定群體有時候難免要考慮以研究的可行性（accessibility）來決定。依理論、依實用都具意義的群體，如果就據以界定為標的群體固然理想，然而，對於某些研究者，尤其是研究生來說，既乏財力的協助，又乏大量人力的支援，盱衡實際的條件，難免有某種程度的困難。如果此種困難達到難以克服的程度，則應予縮小範圍，重新界定為可及的群體（accessible population），尤其在實驗研究上，故又稱為實驗可行的群體（an experimentally accessible population）。當研究者擬研究「概念教學法對 XX 科學習的影響」，在理論上與實際上都值得研究全國的群體。惟限於現實的條件，可以改界定以 XX 地區（市、縣）的班級為研究的群體。倘若透過嚴密的設計，執

行上無瑕疵，具備足夠的外在效度，則其推論至可及的群體，不必懷疑。如果能夠再佐以其他資料，並檢驗證實可及群體與理想中的群體並無顯著差異，仍可以據以推論至理想群體。

例如，如果能夠證實一種概念教學實驗能夠顯著提高學生的閱讀成就，此項實驗由於限於現實條件，只選定大台北地區的學校為可行群體，而實驗的樣本只抽樣某幾所學校。此項研究所得的結論，推論本只及於大台北地區的學校。惟如果能夠蒐集與閱讀重要相關的資料，如 IQ、實足年齡（CA）、社經地位（SES），研究者就可據以建立一某種程度的母群體效度（population validity），那麼所得結論也容許推論至全國的母群體。

能夠由上述四方面來考慮決定標的群體，在研究的進行上應較容易，且所得結果在學術上的意義及其實用價值，也不會遭致太大的質疑。

第二節　抽樣的基本概念

從群體抽取樣本來接受研究，謂之抽樣（sampling）。是否能抽取到真正具代表性的樣本（a representative sample），使研究的結論能夠正確有效地推論到群體上，事關研究的外在效度及研究目的是否能夠達成，因此非常重要，不能不謹慎。

由此一樣本得到的統計數據（如平均數、標準差、相關係數等等）是群體參數（parameter）的估計值。為此，抽樣特別注意兩準則：第一、務求抽取的樣本能夠代表母群體；第二、群體確定之後，謹防抽取的樣本隱藏無關的其他變因（hidden extraneous variables），以致混淆了已確定的自變因（Black, 1999: 116）。

抽樣有兩大類型，一為隨機抽樣（random sampling），另

一為非隨機抽樣（nonrandom sampling）。隨機抽樣，是依數學的機率理論（probability theory），使群體內的每一個體均有相等且獨立的機率被抽取到。例如摸彩，每一張彩券皆印有流水號碼，將彩券徹底洗牌，然後隨機抽取。

隨機抽樣實際運用的時候，可採簡單隨機抽樣（simple random sampling）、分層隨機抽樣（stratified random sampling）、叢集抽樣（cluster random sampling），以及兩階段隨機抽樣（two-stage random sampling）等四種策略。

非隨機抽樣應用的時候，可採取立意抽樣（purposive sampling）、系統抽樣（systematic sampling）、便利抽樣（convenience sampling）及滾雪球抽樣（snowball sampling）等策略。

第三節　隨機抽樣

本節依序分別介紹各種隨機抽樣策略：

一、簡單隨機抽樣

群體中的每一個體均有相等且獨立的機率被抽取為樣本，若樣本夠大，所形成的樣本即能代表群體。如某一國小學生數有一千人，每一個人被抽取到的機會均為 1/1000，且任何人的抽取機會都不會影響其他人。理論上來講，樣本愈大，樣本代表群體之可能性愈高。在社會科學的研究中，低於一百人的樣本，其作為群體代表性之可能性就顯得不足。

為貫徹隨機抽樣之意旨，抽樣時常依亂數表（random numbers table）來進行（參見附錄一），其程序如圖 7-1 所示說明如下。

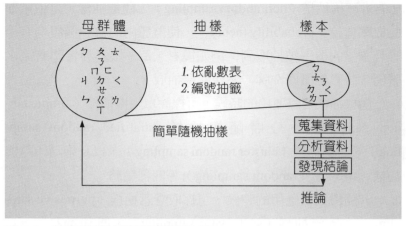

圖 7-1　簡單隨機抽樣的原理與方法

　　簡單隨機抽樣適用於母群體不太大的研究，且母群體的結構較單純，亦即同質性（homogeneity）較高的群體。

二、分層隨機抽樣

　　倘使母群體的結構較為複雜，具有較高的異質性（heterogeneity），一個母群體之內含有若干分群體，則抽樣時須按分群體先予以分層（類），再就各層分別依隨機的方式抽選一定比率的樣本，再合成一完整的樣本，此即「分層隨機抽樣」。至於結構是否複雜？其異質性高不高？是否屬於異質性群體，是否需採分層隨機抽樣？如果是，應如何分層？這些問題應針對所欲研究的特性或特質之概念來判斷。

　　例如，測量大學新生的體適能時，由於大學新生群體的體適能，於理論而言，會因性別而有差異，故依性別，大學新生群體可以再分為男生分群體、女生分群體，抽樣時宜按性別加以分層，再分別就男生與女生抽取一定比率的人數，如此構成的樣本較能代表母群體。

　　設若所擬研究的主題是大學新生對核能發電的態度，則性

別的差別就不那麼重要，更非唯一，主修的學系類別，可能比性別來得重要。因此，在這一個研究主題下，可能因主修類別而形成不同的分群體，所以可以先按學院別（或學系別）分層，再按各學院類別的結構比率抽選一定的比率組成樣本。其抽樣可參閱表 7-1：

表 7-1　大學生對核能發電態度的研究之樣本抽樣

總數	醫學院	工學院	生命科學	自然科學	人文學院	社會科學	教育學院	商學院
母群體 100,000 人	5000 人	10000 人	5000 人	20000 人	20000 人	20000 人	10000 人	10000 人
樣本 1000 人	50 人	100 人	50 人	200 人	200 人	200 人	100 人	100 人
樣本／群體 比率 1 %	1 %	1 %	1 %	1 %	1 %	1 %	1 %	1 %

比率分配抽樣與等量分配抽樣

　　每一層次（分群體）應選多少比率，像上例係依結構比率來決定，謂之比率分配抽樣（proportional allocation sampling）。不過有時候，宜依相等的數量（人數）來分配，謂之等量分配抽樣（equal allocation sampling）；例如，研究不同程度國中生接受電腦輔助教學（CAI）的效果之調查研究。

　　研究國中生接受電腦輔助教學的效果如何，在這個研究中的主要變項是國中生是否能受益於 CAI。依理，學習成就或學力基礎等可能為主要的關係變因（moderator），乃按學力基礎區分為上、中、下三層次，再按層次分別進行隨機抽樣較具代表性。各層次可以相等的人數來抽樣，以便於比較各不同程度學生的成就。

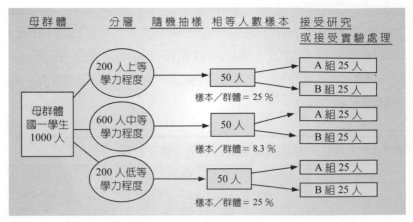

圖 7-2　分層等量隨機抽樣示例

　　上面分層如何決定各層相等人數或相等比率，應依研究目的而決定。如果主要用意在於調查一個能夠高度代表整個母群體的樣本之實況或成果，則採比率分配抽樣；反之，如果主旨在比較各分群體之實況或效果之異同，或讓各分群體（各層）均有相等機會表達意見或接受實驗，則應採相等數量分配抽樣。

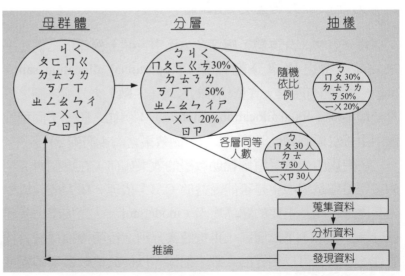

圖 7-3　分層隨機抽樣的原理與策略

三、叢集抽樣

　　上述簡單隨機抽樣與分層隨機抽樣均以群體內的個體（individuals）為抽樣的單位，且依機率理論來決定個體的去取。理論上，這種抽樣是合理的，不過，有時候卻會遭遇困難，便不能不改以「叢集」（clusters）為抽選的單位，並依機率理論來決定叢集之去取。叢集是一群具有某類似特性而原封未更動的組群（an intact group），本來即以此種狀態存於母群體的個人或各個事物。例如，一個班級的學生、一群住於同一公寓的住戶，或一所學校內的學生。以叢集為抽選單位，並使每一叢集皆有相等的機率被抽選的抽樣方式，即為叢集隨機抽樣。

　　叢集抽樣主要運用於兩種情況。第一種情況是由於行政的原因，執事者不同意將一個叢集內的個體隨機抽選而被支解分散時，例如，擬調查或實驗於國小學生樣本，校長及任課教師只同意原班或原校不動受測或接受實驗，而不願意從中隨機抽選若干班或進一步打散原班，再重新編為實驗班。換言之，只允許抽選若干班的所有學生，而不允許抽選全部班級內的少數學生。這時候，只能以班級為單位來抽選。於是本來擬由全校三年級十班學生隨機抽選八十名，只好改以抽選兩班，計八十名為樣本，如此，在行政上才不會造成困擾。假如，一群體內的各叢集所包涵之個體其特定特質分配相類似，以此例而言，學校若貫徹常態分班，各班內的學生身心分配無太大差別，則叢集隨機抽樣仍可代表群體，研究的結果仍然可推論。

　　另一種情形是母群體數量龐大，且分布範圍頗廣，交通不便，人力、財力不足。如擬施測於全部群落（叢集），每群落只有少數人接受施測，則勞民傷財，可行性不大。乃改抽選若干群落，被抽選上的所有個體都接受施測。例如，一位研究生擬調查國中學校教師對於九年一貫課程的認識與需要程度，擬抽取全國的教師樣本來接受問卷。基於各國中的教師對九年一

貫課程的認識與需要應不致有太大差異，為求時效並避免執行困難，乃隨機抽選二十校，被抽選到的學校之所有教師皆為受測樣本。

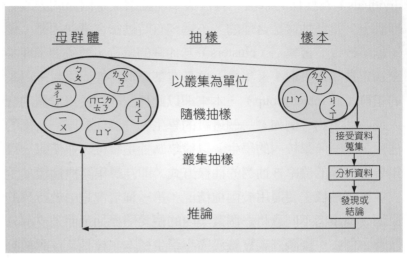

圖 7-4　叢集抽樣的原理與策略

四、兩階段隨機抽樣

有時候可將個體隨機抽樣（即包括簡單隨機抽樣與分層隨機抽樣）與叢集隨機抽樣併用成兩階段隨機抽樣。首先，依叢集隨機抽樣方式抽選若干叢集，再於各個叢集內隨機抽選若干個體，合各叢集被選到的個人為樣本，此即為兩階段隨機抽樣。這種方式與叢集隨機抽樣不同之處，在於叢集抽樣是在隨機選定若干叢集之後，被選上的各叢集內之所有個體皆為樣本，限於條件限制，被選上的叢集不能太多，以致代表性常受到限制。兩階段隨機抽樣，乃隨機抽選叢集之後，被選上的各叢集之個體並非全為樣本，而是另再進行一次隨機抽樣，每一叢集內的個體，只有若干被隨機抽到為樣本，故第一階段所選的叢集數可以較多，代表性較不成問題。

這種抽樣的實例，以上例來說，與其抽選二十校，全校教師皆為樣本，合為六百人；不如抽選六十校，每校再依簡單隨機或分層隨機再抽選十人，合為六百人為樣本，如此可以提高其代表性。

兩階段隨機抽樣法請參見圖 7-5 圖示。

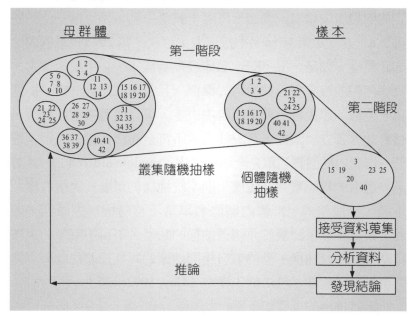

圖 7-5　兩階段隨機抽樣示意圖

第四節　非隨機抽樣

從母群體抽樣，除上節所介紹的隨機抽樣的方式外，還有非隨機抽樣。非隨機抽樣可用的方式有四種：系統抽樣（systematic sampling）、立意抽樣（purposive sampling）、便利抽樣（convenience sampling）與滾雪球抽樣（snowball sampling）。使用非隨機抽樣，群體內的個體是否被選取，或依研究者的判斷刻意決定，或依一定的規則，或因其便利性而定，並

不像隨機取樣，故每個個體被選取的機率並不一定相等，更非
獨立。

一、系統抽樣

　　系統抽樣，顧名思義，乃有系統地按名次從群體內選取一
定的個體組成樣本。例如，每隔十號選一名，如果第一位的號
碼為a，其次，第10+a名即被選取，再次，第20+a也被選取，
如此類推。如是，每 nK+a 名即被選為樣本。在系統抽樣中，
每個個體並沒有相等被抽選的機會，且非獨立的，決定了抽選
第一位後，以後各名即不能自由決定，可見個體被選取與否，
機會並非獨立。因此，系統抽樣並不符合隨機抽樣的原則。惟
若一群體內的個體名單完全隨機排序（random ordered），且首
名被選取的程序屬完全隨機，則系統抽樣仍可屬於隨機取樣。
不過，一般情形，群體內個體名單常不符隨機排序原則，因
此，系統抽樣常歸屬於非隨機抽樣的類型，不可不察。如果按
電話簿作系統抽樣，恐怕來自相同地區的同姓氏選民就有可能
完全被排除於外，無法納入樣本（Gay, 1992: 135）。
　　系統抽樣的步驟如下：

1. 確定母群體。
2. 決定被抽選的樣本數（the desired sample size）。
3. 建立或索取母群體內個體的全部名單。
4. 決定選樣間隔距離（K），亦即隔多少個體抽選一位，通常
   依母群體與樣本數的比率來決定。
5. 以隨機的方式決定第一位被抽取的起點號碼。
6. 起點號碼以降，每隔一既定距離（K），即選一名。
7. 依此規則，選至足夠人數止。
8. 如果至名單末端，仍未足選取樣本數，可再循環從頭起。
9. 合併所有被選中的個體為樣本。

圖示如圖 7-6：

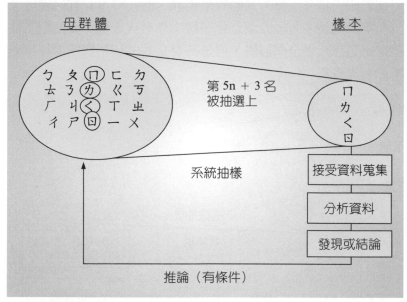

圖 7-6　系統抽樣的原理與策略

二、立意抽樣

　　研究者依對群體的了解、研究目的，與主觀的判斷，認為不按隨機取樣方式，而改循刻意的抽樣方式，更能便捷地取得有用的資料，回答待答問題，達到研究的目的。此即立意抽樣。
　　例如：

一、為調查現行各種進修方式，何者對教師專業成長較有成效。因此，乃就被抽選學校的教師，選出專業成長較佳的教師與較差的教師各三位，與他們晤談並問卷調查其專業成長的來源得力於哪些方式，此即採立意方式來抽選教師樣本（林生傳等，1999）。

二、為了解早期師範學校師資培育情形，選擇若干位教育界耆宿或老兵，與之晤談蒐集資料，用的是立意抽樣的方式（沈翠蓮，1999）。

第一個例子，乃是認定由專業成長較佳、較差的教師，可以比較出所接受進修方式的效果差異，此一樣本具有代表性。

第二個例子，並非認定此等樣本具有代表性，而是認為他們雖不足以代表全部群體，但是卻有足夠的資格與能力提供所需的可靠資料。

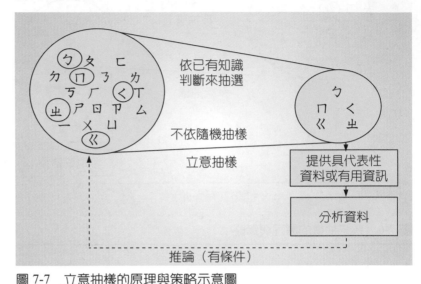

依已有知識判斷來抽選

不依隨機抽樣

立意抽樣

提供具代表性資料或有用資訊

分析資料

推論（有條件）

圖 7-7　立意抽樣的原理與策略示意圖

三、便利抽樣

便利抽樣，乃以方便易行為抽樣的主要考量，常為爭取時效，就所遇到的個體作為樣本，即時進行訪談或問卷。例如，記者為採訪民眾對新發生的時事有什麼感想，在街頭巷尾或站在立法院門口，即興地對所遇到的幾個人訪談，將所得資料視為大眾意見或反應，作為報導。

又如：在校門口就所遇到的學生，對學校剛發生的 XX 事件，訪問學生的感受或看法如何。

由於便利抽樣以便利性為第一，方便進行，常在小樣本抽樣時被採用，但其代表性值得質疑。由便利抽樣抽選的樣本所蒐集到的資料，用在學術研究上頗受限制。利用這種抽樣方法

進行研究,所得的發現不宜推論至群體,只能算是象徵性的表示,故應盡量避免採用為正式的研究抽樣方法。

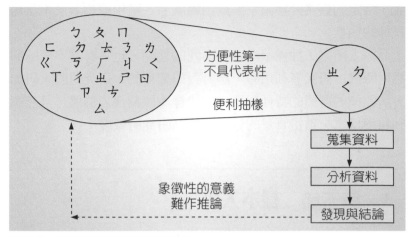

圖 7-8　便利抽樣的原理與方法

四、滾雪球抽樣

　　這是一種有趣的抽樣策略,先由找得到的特定少數對象起,再請他提供其所熟悉的朋友或熟稔的適宜對象名單,供研究接觸,於是一傳多、多傳更多,樣本乃愈來愈大,宛如雪球開始滾動時只是小小一團,沿下坡滾落,則愈滾愈大。

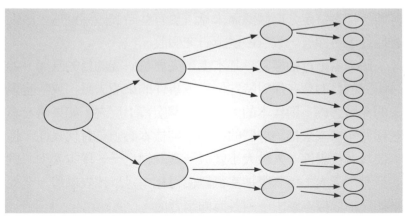

圖 7-9　滾雪球抽樣示意圖

這種滾雪球抽樣策略適用於未有明顯界定標的群體名單、也未知群體在哪裡的研究。例如對同志群體、特定樂器愛好者、特定同好業餘藝術家、政治異議者、濫用藥物者或不法居民等的抽樣。

綜上所述，抽樣策略各有不同的性能，也各有其不同的的適用時機，研究者利用時，應針對研究目的、研究假設、研究方法與標的群體的特性選用，俾使樣本能夠代表群體，且能順利利用樣本來獲得真實的資料，提高研究的效度。

第五節　樣本大小

無論採取何種抽樣的方式，研究者進行抽樣時都會關心要抽多大的樣本才夠。對於這一個問題，並沒有一個簡單一致的答案。有的研究法的書會提供你一個簡單的答案告訴你多少人或多大的比率，你也就信以為真，就照做了。但是等到對這些樣本實施問卷或進行測量完成，在整理與分析資料的時候才發現問題來了，有時候會發現回收到的資料太少了；有些時候經過把資料整理與分類之後會發現怎麼有的類別人數這麼少或根本付之闕如，所得資料頗為偏頗，只能看出群體中的一部分分群體，卻有特定分群體隱而未見；更有些時候頗感疑惑，該顯著為什麼不顯著，致無法驗證研究假設。

研究者進行抽樣時，基本上，先思量研究的目的為何。如果研究的目的意在探討特殊個案或事件的來龍去脈，或特定現象的深層意義，則樣本的大小並無關宏旨；反之，如果研究意在藉此一樣本來推論群體的特性，則樣本必須具有代表性。樣本要具有代表性，人數大小就成為其關鍵之一。樣本太少，例如只有兩三人，再怎麼抽都很難使得樣本足以代表群體。至於應如何抽取樣本應由下列各方面來考慮。

第一，就研究母群體大小來考慮。母群體大，樣本個數要

愈多；群體愈小，則抽樣個數也不能不相應減少。惟就抽取比率言而言，母群體愈大，比率可以小，也能代表群體。反之，母群體愈小，比率要放大，約 30%，甚至要提高到 50%；母群體太小的話，甚至建議採取普查的方式更為適宜。名教育研究專家 Gay 等（Gay & Airasia, 2000: 134）建議，母群體約一千五百人時，宜抽取 20%；母群體五百人，則要抽取 50%；母群體體只有或小於一百人，抽樣就無太大意義，最好採普查方式。至於群體大到相當程度，如超過五千人以上，群體大小則不重要，通常選四百人即已足夠。

第二，就母群體的結構來考慮。對結構複雜的異質性母群體抽樣時，須抽取較大的個數，才有可能照顧到母群體的各部分，使具有代表性。反之，母群體性質單純，結構簡單，樣本不必很大，就可以代表母群體。以大學生與小學生的母群體來比較，大學生母群體裡面，有男女生之別，有地區之異，更有公私立之分，所屬學系學院也不同，主修課程包羅萬象，同一學系還有主修組別與年級的不同，程度也變異甚大，性向志趣更各有千秋。研究的變項可能在這些區分上形成不同的分配而形成不同的分群體，因此抽樣人數須相當大，才有可能代表整個群體與各個分群體。反觀小學生，除地區的不同，年級之分外，分化並不顯著，即使天生有男女之分，分化尚未完全表現出來，抽樣時不必很大即可。

第三，就使用的研究法考慮。實驗研究，只操弄一個或少數變項，通常不會超過兩三變項，對於其它可能干擾實驗效果的無關變項加以控制或設法排除，樣本不大仍具研究效度。一般要求實驗組樣本約三十人即可接受。如果樣本不易取得或成本昂貴的實驗甚至個位數仍然可行。至於因果比較研究，如果對照組能配對得宜，可以比照實驗研究決定樣本的大小。描述性的研究通常要求樣本大，即使母群體同質性頗高，至少也要在一百人以上。

第四，就樣本人數可能的流失來考慮。對於研究對象愈難

掌控時，抽取的樣本須愈大，預防因流失而失去代表性。樣本小組縱貫發展研究與長時間的實驗研究需歷經較長的時間，無法預料的變數可能造成樣本的流失；利用郵寄的方式施測問卷時，沒有提供答卷者有力的誘因；請機關學校或職場轉發的問卷，未利用有效催答回收機制使回答者填答寄回，回收率均難以把握。類此研究抽取的樣本需提高抽取的比率，樣本要大。

第五，再就研究的技巧運用來考慮。同樣的效應或效果大小（effect size），藉個數較大的樣本所得的資料分析來推論，效果可達顯著水準，而藉較小的樣本，做同樣的推論可能不顯著。在大多數的情境下，研究者期望研究的效果顯著。所以當預期的效應或效果大小（effect size）不大，就要在抽樣時斟酌抽選足夠數量的樣本。例如：研究智力與學業的關係，依據文獻探討得結果，智力與學業相關約在 0.70 左右，樣本人數七人以上，0.70 的相關係數即會在 $p < 0.05$ 的水準顯著；倘若研究的是另一種人格變項或學生的社會環境變項與學業的關係，如果其預期相關為 0.20，樣本人數需一百人以上才有可能在 $p < 0.05$ 的水準顯著。

第六，最後復就資料分析來考慮。如果對所得資料擬作深度分析，並能做三角檢證，個數大小均可。若對所蒐集到的資料，擬進行統計分析，需考慮手分組區隔，分組類分多細。每一類分人數不能太小。例如卡方分析，列聯表上的每一方格人數不能太少，不宜低於十人。同樣的擬進行變異數分析或共變數分析，分的組別多不多，單因子或是雙因子或多因子，每一因子分成幾個水準，都要先設計規劃，作為決定抽樣人數的參考，不使每一細格人數太少，否則可能影響研究的預期結果。

學者設計研究時，應就上述各方面考慮斟酌決定抽樣人數大小，不宜僅聽信有人直斷說樣本多少人即視為通則，信以為真，並且依樣照做，以為行之有據。而需針對所將進行的各個研究，參考上述各項，斟酌考量決定。如果難以決定，那麼只要資源能負擔，就盡可能抽取最大的樣本。

8 研究計畫

本章綱要

第一節　研究計畫的功用

一、協助研究者思考與組織

二、訂定研究合約的依據

三、引導評估──管制研究的實際行動

四、驗收研究成果的依據

第二節　研究計畫的組成要素與格式

第三節　研究計畫的實例（簡式）

進行研究之前，需要作縝密的計畫，然後依計畫執行，才能有條不紊、按部就班，以確實的步驟來完成預訂的目標，所以需有一個詳明的研究計畫（research proposal）以為依據和規範。因此，撰述研究計畫成為研究的必要知能與要求。本節擬就教育研究計畫的功用、要項與其格式逐一說明於後。

第一節　研究計畫的功用

研究計畫並非教授或研究所控制學生的形式作業，而確有其實質的功能，不僅研究生要撰寫研究計畫，資深的學者專家、教授也要寫研究計畫。不僅為完成學位而寫的論文要先擬研究計畫，政府機關、民間基金會、企業組織委託或接受申請的專案研究也要研究計畫，且皆各具有特定的功能。研究計畫的功能，通常有下列幾項：

一、協助研究者思考與組織

研究者進行研究之始，對整個研究如何進行，從選擇題目、如何作此一研究、如何進行、研究結果到底是如何、可能需要什麼樣的資源與條件……等等，均須作完全的全盤思索，才能有效進行。研究計畫可供研究者進行思考並加以組織，這種功能尤其對研究生或資淺的研究者更為重要。上述各節研究設計的思索與探討，應完全表現於研究計畫的撰寫說明。

二、訂定研究合約的依據

除了為知識而知識，為興趣而自行研究，以自我期許相約定外，研究者與指導者、研究者與要求者、研究者與委託者或研究者與贊助者兩造之間，對研究均須先有計畫以為溝通與訂立合約的依據。想要滿足學位要求的研究生在撰寫論文前，指導教授要求其先提研究計畫，藉以決定是否同意擔任指導者，並依專業要求，提請委員會口試審查是否合乎學術要求，同意後方讓其依研究計畫進行。委託機構商請研究者先擬研究計畫，兩方經磋商溝通，對研究如何進行，需要多少經費支持，如何獲得有效資源，以及利用什麼方法來完成，研究期程需要多長，以及各項權利義務關係，皆須一一規定於研究計畫中。其他關係的研究亦如是，皆需要有研究計畫，以為合約之依據。故研究計畫的擬訂愈明確清楚，執行愈容易，且能避免引起兩造之間日後的爭議。

三、引導評估──管制研究的實際行動

研究計畫，不僅引導研究的進行，而且可藉以評估、管制研究的全程。由於研究計畫詳述研究的程序、步驟、方法與時程，在研究的過程當中，指導者對研究者隨時可依計畫加以監控並相機指導；委託單位亦可依需要，按計畫評估研究是否如期進行，而要求各種處置或應變作法。同樣地，研究者在研究過程當中倘遇到意外困難，可按計畫提出變通方法，或要求修正，商請同意，並由雙方評估可行性及有效性，再評估是否繼續進行或中止。

四、驗收研究成果的依據

　　研究生學位論文，是否可予同意並通過，無論指導教授或口試委員均應依研究計畫來考核，而非依個人一時的需要，更非憑情緒妄加判斷。詳明的研究計畫，加上嚴密的執行程序，自無通不過的道理；反之，含糊的計畫、偷工減料的程序，不通過也就屬意料中事。委託單位提供大筆研究經費，期望研究者能夠提出研究成果，俾利該單位急切問題的解決，或有助長遠企畫的設計與開展，自不能以臨時或新奇的期望與奢求驗收研究成果，而應以原先合約的研究計畫為驗收研究成果的依據才算合理。故研究計畫應求明白正確，以免執行困難，或驗收的時候引起無謂的爭議。

　　可見，研究計畫是研究設計的形式化與具體化，以明研究者對整個研究工程的歷程已經構思完成。研究者與研究指導者、委託者，均可由對研究計畫的同意來訂定合約，研究者即可依研究計畫逐步力求執行，指導者及委託者在研究過程中，隨時可依計畫來了解與監控。最後，研究一旦完成，雙方並依研究計畫來驗收。

第二節　研究計畫的組成要素與格式

　　撰寫研究計畫的時候，應關心的要項有四：

1. 研究什麼？為什麼研究此一主題？
2. 研究者憑什麼來研究？有何學理基礎？過去研究已完成至什麼程度？

3.如何研究？用什麼方法、策略，依什麼程序來研究？可行程
　度如何？

4.如何使人相信如此研究是值得的？以及其預期成果為何？

　　一個研究計畫應如何撰寫，通常各學術機構、研究機構，
或贊助研究之政府單位、民間基金會常為其特定的目的與功
能，規定一定的體例格式，應從其規定。一般而言，研究計
畫，尤其是學者的學術研究計畫之格式及要項如下：

題目

一、研究問題與緣起

　1.問題

　2.背景

　3.重要性

二、研究目的與範圍界定

三、研究的學理依據、文獻探討與研究架構

四、待答問題與研究假設

五、研究的方法與設計

　1.研究對象

　　●標的群體

　　●樣本及抽樣策略

　　●樣本的特性（人口學特質）

　2.工具及材料

　　●評量工具與測驗

　　●信度與效度

　　●前導研究（pilot study）

　　●測驗工具的描述

　3.實驗設計或調查進行細部規畫

4.程序（procedure）
- 資料蒐集
- 資料整理
- 資料分析——假設的驗證

六、經費預估

七、預定進度

　　甘梯圖（Gantt Chart）

八、預期成效

參考書目

附錄

第三節　研究計畫的實例（簡式）

學校本位經營的創新教學模式之研究

一、研究問題與緣起

　　我國傳統的學校教育在中央集權的教育行政箝制下，呈現一種上級預設的教育格式與外在控制的學校經營（external control management）型態。學校教育相關的各種屬性，舉凡課程、教學、人事、經費都被上級機關預先決定，學校被制約成只是執行上級指令的單位。然而這種強調教育對主宰的權威結構效忠，要求學校向規定的教育形式看齊之傳統學校教育，隨著時代變遷其所遭遇的質疑已然愈來愈強烈。

　　近幾年來，隨著我國政治、經濟、文化的急遽變遷，社會各界對教育的期望也與時俱增，我國教育已然走向改革的年代。

「行政院教育改革審議委員會」於民國八十五年底提出的「教育改革總諮議報告書」中，揭示了人本化、民主化、多元化、科技化和國際化的教改遠景，並提出了「建立以學校為中心的管理」、「教師共同經營課程」、「權責區分與多元參與」之類的建言。反映在當前教育改革實況的，則有攸關教育制度面的教評會自主聘任教師、教科書開放選擇、學校課程彈性自主等彰顯學校本位經營（school-based management）理念之教育權力結構關係改造運動，也有維繫教育基本面的英語教學、開放教育、田園教學等凸顯教學革新精神之學校教育核心功能提升行動。這一波教育權力的下放（decentralization）與教育效能的促進行動，一方面呼應教育管制鬆綁（deregulation）的要求，另方面也回應教育品質提升的期盼。易言之，國內教育改革已有朝向以學校為中心的管理和專注在學校教育核心的教學改進之趨勢。

　　雖然根據國外實施的學校本位經營，其相關的人事與預算經費自主涉及人事、預算法規與教育行政體系之外的其他行政部門，尚無法於一朝一夕間在國內完全實現。但是另一方面，在課程與教學部分，由於教育部與地方教育主管機關在這一部分擁有較大自主性，不受其他行政部門節制，課程與教學的權力下放與革新發展也就較快速。以高雄市和台北縣實施的開放教育為例，地方教育主管當局只是提供教育改革的輪廓，如實施原則、實施方式、預期成效，而把達成此目標的具體細節作為留給各校自由決定與實踐，又教育局站在尊重各校辦學自主的立場，提供各項支援，如經費補助、教師研習、實務觀摩、訊息流通。這些作法和學校本位經營的教學自主已然吻合。

　　然這種強調以學校為中心的管理制度改革是基於何種理論假定？在國外實際實施有何經驗可供借鏡？如何真正將學校本位經營與教學革新串連以提升學生表現？國內當前權力下放與

教學革新的實際情形如何？如何建構一個本土化學校本位經營促進教學革新的模式？將此本土化模式付諸實踐，其可行性如何？其實施步驟如何？需要哪些相關條件配合？凡此種種，皆是不斷賦權學校辦學自由，擴大教學革新成效之際，必須一併探索的議題。

二、研究目的

　　循上所述，研究者擬以學校本位經營的教學模式為題進行研究，其研究目的如下：

(一)探討學校本位經營理念之興起與理論基礎。

(二)探討與批判學校本位經營之內涵與設計模式。

(三)調查國內國民中小學推動學校本位經營的可行性、配合條件與發展步驟。

(四)建構能夠實現教育改革目標的本土化學校本位經營模式。

(五)探討國外實施學校本位經營的教學實際情形。

(六)設計學校本位經營的教學革新可行模式。

(七)實證調查本土化可行的學校本位經營模式與其在教學上可能嘗試之革新取向、策略與配合條件。

(八)研析調查結果，建構較合理可行的學校本位經營教學革新模式，並針對實施步驟、配合條件提出研究建議。

研究重要性

(一)了解歐美先進國家實施學校本位經營與相關教學實際經驗，供國內從事教育改革的借鏡。

(二)藉由理論探討，配合國內教育現實，建構一學校本位經營教學革新模式，進而發展成為提升學生成就之完整實踐系統。俾利於實現「以學校為中心的管理方式」、「帶好每個學生」的教育改革理想。

(三)補救將學校本位經營純視為學校組織管理改革之不足，將學

校本位經營導向學校教育的基本核心——教與學，使學校教師與行政人員同心致力於學校教育之改造，而非互相頡抗較勁。

㈣進行本土化的研究，以免一味抄襲導致逾淮為枳之弊，且有助於國內有關學校本位經營學術研究之提升。

三、研究的學理依據與文獻探討

吳大千（民86）和曾燦金（民85）的研究都指出學校本位經營的理念和作法受到學校相關教育人員的支持，且在我國國民中小學實施具有相當可行性。這些研究成果為國內學校本位經營的相關學術研究建立初步的基礎，只是這兩份研究都偏向組織管理的改革，而忽略了進一步將學校本位經營轉化成促進教學革新機制的研究。且研究對象都局限在台北縣市，無法普遍推論至全國各地。

Smylie、Lazarus 與 Brownlee-Conyers（1996）在美國中西區一個k-8學區，對3300個學生和200位教師所作的五年縱貫研究結論中提到，教師參與學校本位的決策跟教學改進、學生學習成果具有積極的關係。其研究結果已經證實教師參與決策的學校本位經營模式結合控制、激勵、學習的改革機制，可以提升教學進而改善學生表現的線性關係。這個建構模式彰顯了學校本位經營要發揮提升教學、促進教學功能必須透過改革促進機制，頗具進一步研究價值。

另外，Wohlstetter、Van Kirk、Robertson 與 Mohrman（1997）對美國、加拿大、澳大利亞等地區40所學校的行政人員、教師、社區成員等進行有關課程和教學上的創新及SBM等問題的探討的研究，其研究結果也指出有效的學校本位經營模式，必須具備有助於參與的組織機制，此等組織機制提供了助長組織學習和組織統整歷程所需的情境脈絡，進而促成學校參

與人員去實施教學革新。教育具有社會文化的特殊性，教育改革與運作方式必須符合國情，至適應教育生態環境。國外已建構的模式雖可做參考，在本國甫啟始之際仍有待做有系統地客觀研究。

四、待答問題

㈠學校本位經營的意義與概念為何？其主要理據為何？

㈡國外學校本位經營的發展及演變如何？運用這種經營方式所帶來的效果如何？

㈢國內在國中小推動學校本位經營的必要性如何？

㈣國內在國中小推動學校本位經營的可行性如何？

㈤國內在國中小推動學校本位經營其主要的內涵為何？

㈥如何藉學校本位經營來創新教學？

㈦如何建立藉學校本位經營的配套措施？

五、研究方法

為達成研究目的，研究者擬以文獻分析法、實地訪談法、問卷調查法、座談會商法來進行。茲進一步說明各研究方法如下：

㈠文獻分析與比較研究

文獻分析涵蓋學校本位經營與教學相關的理論假定和研究。在理論探討部分，首先理解學校本位經營依循何種核心理念、基本原理和邏輯假定，以論證學校本位經營提升教學成果之路徑；並赴美國訪視先進有代表性的學校本位經營行政與教學系統，吸取其實際經驗及如何有效實施的相關經驗，作為借鑑，據此作為本研究實證與建構的理論基礎。

㈡實地訪談

文獻分析與比較研究探討的是國外實施學校本位經營的管

理促進機制與教學革新情形，其實施內容與本土實況不一定完全吻合。因此，接著實地訪談實務工作者之意見，據以創建適合國民教育階段的學校本位經營與教學革新可行模式，研擬實施步驟，探討配合條件。其設計如下：

1. 訪談對象：擬以立意取樣方式，選擇10所教育主管當局認定展現高度教育改革取向的國民中小學，以其學校校長及二名教師代表為訪談對象。合計30名。

2. 訪談設計：訪談問題擬根據文獻分析結果，探討國內強調教育改革的學校相關人員對於學校本位經營與教學革新可行模式、實施步驟、配合條件之意見。訪談問題兼具結構性問題與開放性問題。

3. 訪談方式：首先與受訪學校建立良好的關係，然後說明研究目的與預期成果，並強調受訪者的合作對於研究進行的助益，接著聯繫學校安排時間，進行實地訪談。訪談型態依照受訪學校配合狀況，採一對一或者一對二、一對三方式進行晤談。

4. 資料分析：對於結構性問題所得資料進行簡單的次數統計與百分比計算，對於開放性問題則歸納成若干核心範疇之後，再統計次數與計算百分比。

(三)問卷調查

　　根據上述研究結果編製問卷，經預試、修正、考驗信度效度後，以此問卷調查受試者對理想學校本位經營模式及可行的創新教學模式、實施步驟、配合條件之意見。其設計如下：

1. 調查對象：受試者分層隨機抽樣全台各地區有代表性的樣本接受問卷調查。據此研訂建構能夠實現教育改革目標的本土化學校本位經營及創新的教學模式。

2. 問卷編製：擬參考Robertson, Wohlstetter & Mohrman（1995）與Smylie, Lazarus & Brownlee-Conyers（1996）的研究工具，根據訪談結果加以修正後，進行預試以及項目分析、信效度

考驗。

3. 調查方式：擬採郵寄問卷方式調查。

4. 資料分析：擬以次數分析、百分比分析、Kai-square 考驗、多元迴歸分析、多變項變異數分析等統計方法對研究資料進行分析。

㈣座談會商

　　擬召開兩次座談會，每場座談會邀請16位學者專家，合計32位。根據問卷調查結果提出修正補充意見以及相關建議。資料彙整之後經由內容分析歸納成若干核心範疇之後，再統計次數與計算百分比。

六、研究步驟

　　研究之進行程序循下列程序，逐步執行。

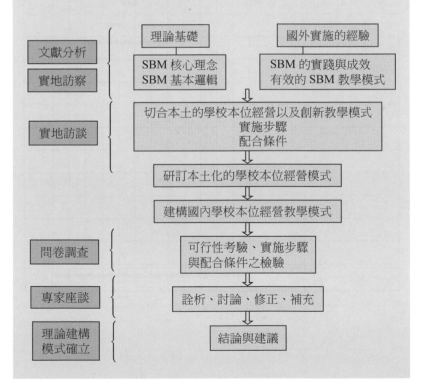

七、經費預算（略）

八、預定進度

預定進度甘梯圖（Gantt Chart）

月次 / 工作項目	第1月	第2月	第3月	第4月	第5月	第6月	第7月	第8月	第9月	第10月	第11月	第12月	備註
文獻分析相關理論基礎	■	■	■										
實地訪視美國實施經驗		■	■										
實地訪談國內實務工作者					■								
建構初步的本土化模式						■							
問卷編製與預試							■						
問卷調查本土化模式可行性								■					
專家座談銓析討論									■				
資料彙整與分析處理						■	■	■	■	■	■		
結果解釋與討論											■		
推論與撰寫建議												■	
預定進度累計百分比	■	■	■	■	■	■	■	■	■	■	■	■	

九、預期的具體成果

㈠確立學校本位經營理論基礎與學校本位經營模式，俾便於實施學校本位經營依循。

㈡建構能夠有效達成「以學校為中心管理」、「帶好每個學生」的學校本位創新教學模式，以利學校本位經營理想的實踐。

㈢揭示學校本位經營教學成功的配合條件及相關措施，釐定學校本位經營教學模式的實施策略與步驟，減少教學創新的阻力與變數。

㈣在研究的過程中，訓練參與研究的研究生，增益學習效果，提高研究教育的成效。

資料出處：林生傳主持，廖仁智、李新民助理（2001）：學校本位經營的創新教學模式之研究，國科會 1999 專題研究。

篇二

描述性研究

描述性研究（Descriptive Research）是以了解事實與現狀為目的的研究。描述性研究藉資料蒐集與統計分析來驗證假設或回答待答問題，來描述事實與真相。在教育研究上，描述性研究最常被利用，占了很重要的地位。過去有許多學者客觀調查教育研究文獻，發現屬於描述性研究者占最大的比率。描述性研究相對於實驗研究，是在未加控制的情況之下進行的研究。甚至，為求了解真相，研究者必須謹慎進行，以絕對不干擾被研究者為期許和圭臬。由於所使用的工具及分析的重點不同，描述性研究法可以區分為調查研究法和發展研究法。相關研究法有時候也被視為是描述性研究法的一種，因為它也是用來描述存在的現狀（existing conditions）。現狀很複雜，不是恆以單一變項存在，往往是多個變項共存，呈現為複雜的結構，牽一髮而動全身，有時候呈現盤根錯節的狀態。欲描述存在的現況，只藉著調查或訪問來蒐集資料，然後以個別變項來孤立呈現各變項的分配，難以滿足人們好奇心與實用的需要，更難滿足科學研究的需要；故而仍然要更進一步去探討各變項彼此之間的關聯狀態，且以適當的相關數據呈現出來。這就是為什麼吾人在知悉調查研究法、訪問研究法、發展研究法之後，需要更進一步學習相關研究法的原因。本篇將逐一介紹調查研究法、發展研究法與相關研究法。

9 調查研究法

引題探索

1. 調查研究的主要目的為何？其性能如何？
2. 從研究對象來看，調查研究可以區分為哪兩種研究？
3. 調查研究按實施的方式可以如何區分？各有何長處？有何限制？
4. 問卷調查通常循哪些步驟來設計？
5. 問卷調查的實施有哪些方式？如何選用？
6. 如何提高問卷的信度與效度？試從問卷形式、內容的設計來探討。又如何檢驗問卷調查的信度與效度？
7. 如何提高問卷回收率？對於無法回收的問卷要如何有效處理？
8. 訪問調查有哪幾種不同的類型？如何選用？
9. 訪問調查通常遵循哪些步驟來實施？
10. 訪問調查如何實施？應把握哪些要領？
11. 使用資訊網路調查，應注意什麼？
12. 德懷術用於什麼時候？循哪些步驟來進行？

本章綱要

第一節　調查研究的類型

一、普查與樣本調查

二、問卷調查與訪問調查

第二節　問卷調查法的功能

一、問卷調查的長處

二、問卷調查法的限制

第三節　問卷調查的步驟

一、確立調查的目的

二、決定所要蒐集的資料

三、擬定資料分析的表格和模式

四、選定問卷調查的方式

五、選定普查還是樣本調查

六、設計問卷

七、預試與修訂問卷

八、修訂樣本與洽商聯絡

九、印製與寄發問卷

十、回收問卷暨整理問卷

十一、分析資料

十二、撰寫報告

第四節　問卷調查執行的要領

一、問卷的實施採取適當有效的方式

二、問卷編製得當以確保品質與可行性

調查研究（survey）是最早的研究方法，早在中國的漢代及古埃及時代就已經被使用來調查社稷及人口，以了解農業生產、人口成長與分布的情形，供作治理國政的參考。社會及行為科學建立以來，調查研究法更被視為典型的方法，在實證主義的引導下，藉著統計方法的應用，成為社會科學、行為科學學界的最愛，所以在教育研究中，調查研究的運用非常廣泛。一九七二年「英國社會科學研究協會」調查發現，在社會科學的研究報告裡面有 60%是利用調查研究完成的（Marsh, 1982）。我國學者調查研究生學位論文，利用調查研究法完成的也大抵占相近的比率60.66%（伍振鷟，陳伯璋，1987）。而在教育專案研究當中比率更高。有人非常鄙視調查研究法，這常是由於其所接觸過的調查問卷或調查研究報告留下來的主觀印象。一個設計精良的調查研究可以發揮其特殊的功能，對於事象的全面了解頗有幫助。

第一節　調查研究的類型

一、普查與樣本調查

調查研究法的目的在了解整體性的一般事實或整體現象，而不在特殊個案的深入了解與特別的詮述，所以調查研究法的研究對象，是群體或具有代表性的樣本而非個案。如果客觀條件允許的話，對母群體做普查是最正確、周延的方法。不過，通常由於現實的限制，只能從母群體中抽取樣本來從事調查，所以依研究對象來區分可以分為群體普查（census）與樣本調

查（sample survey）。

二、問卷調查與訪問調查

調查研究基本的前提是，假定事象的存在是客觀的事實。例如，教師通常花多少時間來備課？青少年從事什麼樣的休閒活動？您的消費習慣……等等。對於這些事象藉著直接的感官覺知或經驗所留下來的印象，一般人對自己的實況應有所認知，如果不刻意掩飾的話，皆能夠自我報告。因此，可以透過自我的陳述或藉助其他的工具，例如測驗或問卷來進行調查，提供實況給研究者。不過，如果研究對象有所顧忌，也很容易心生懷疑而做出不實的回答或提供不正確的資料。研究者透過當場的察言觀色、啟發引導，可以使研究對象減少疑懼願意回答，即使有不正確的資料也能即時察覺加以篩選，進一步能夠由彼此的互動蒐集得到原來沒有預想到的答案。所以，依調查進行的方式可以分為問卷調查及訪問調查。

第二節　問卷調查法的功能

問卷調查是由研究者先編好問卷，以郵寄的方式或現場發給調查者來填答，藉以蒐集所需要的資料。一般認為這種研究方法頗為簡單，因此被廣泛的使用。但是這種方法所遭致的批評相當多，有人認為最好不要採用問卷調查法。事實上，問卷調查有其長處與優點，當然也有其限制與缺點，能夠事先確實了解它的性能妥善設計，就可以發揮其長處而避免其限制。

一、問卷調查的長處

㈠經濟方便

問卷調查藉由問卷來蒐集資料，一般認為相當的經濟方便。問卷的印製和郵資所費有限，而且容易實施，比起其他的研究方法，成本較低，蒐集的資料可以更為龐大、經濟方便。

㈡可以超越時空的限制

不管是利用平面的問卷或者以電子郵件來傳遞，都可以無遠弗屆，時間上也非常的經濟，為其他的方法所不能及。

㈢自選時機來作答

對被調查者來說，收到問卷之後不必急著馬上回答，通常有一段相當的時間，在這時間期限內他可以選擇任何便利的時間作答，且作答時可以自己回答也可找人商量，亦沒有不喜歡的人在場。

㈣回答自由，減少情緒困擾

被調查者基於其感覺或認知與判斷來回答，對於不喜歡或不清楚的問題不必被強迫作答，選答的空間很大。由於不是面對面的直接回題，可以減少情緒困擾。

㈤題目問卷內容劃一，便於比較，容易標準化

每個人所收到的問卷題目、形式、內容與說明完全一致，因此所提供的資料便於分析比較。

二、問卷調查法的限制

(一)溝通困難

問卷調查法只藉助文字或圖表作為溝通的媒介有其限制，如沒有臨場的互動、缺乏社會助長作用，被調查者對於問卷內容的了解即使有困難也無從得到協助。

(二)無法把握

問卷調查完全要靠被調查者願意提供資料、誠實作答，因此，研究的結果跟被調查者的動機、意願、興趣、周遭的環境與特殊的狀況很有關係。然而，研究者是否能夠獲得被調查者的合作，不易把握。

(三)不易深入

問卷的內容常受篇幅所限，不能太繁複也不能太長，因此對所調查的事項，常無法獲得較詳細、深刻的答案。

(四)認知理解問題不易

問卷調查要靠自我的陳述或報告，必須要在被調查者的認知範圍內來作答，所編製的問題很難掌握，是否能為調查者所正確認知，而即使作答者有清楚的認知，是否願意回答亦有疑問。

(五)回收率難以掌握

問卷調查法使用太頻繁，收到問卷者常會感到厭煩，不願意作答，如果誘因不足或問卷不夠吸引人，常常問卷寄出去便

猶如石沈大海沒有回音。

㈥資料龐雜

如果設計不夠精緻或回答者不遵照說明來回答，常常使收回的資料難以分析，或者是分析了以後也沒有辦法滿足研究的需要。

第三節　問卷調查的步驟

為求能夠真正發揮問卷調查的功能，先要了解問卷調查的步驟，並作嚴密的設計。一般調查研究法大概可循下列步驟來設計問卷：

一、確立調查的目的

如果一個專題的研究，調查研究只是其中的一項方法而與其他方法並用，首先，就要了解問卷調查在這個專題研究中的地位、所期望發揮的功能，然後據以明確應該達成的目的。反之，如果獨立使用的調查研究，也應該確實把握研究的目的以及具體的目標。

二、決定所要蒐集的資料

應該依據研究目的以及所預期的研究結果，對想要利用問卷調查蒐集到什麼樣的資料，加以明確的界定。例如，作者曾藉問卷調查來進行學校本位經營的創新教學模式，其中主要探

討在我國的中小學中，學校本位經營應如何來建構，藉以推動教學的創新。這是問卷調查的目的，在這個目的之下，我們期待問卷調查能夠蒐集到下列幾項資料：*1.*學校本位經營的必要性；*2.*學校本位經營實施的可能性；*3.*學校本位經營賦權的內容與範圍；*4.*有效推動創新教學的機制；*5.*學校本位經營的架構下可推行的創新教學方案；*6.*運作學校本位經營，推動創新教學的配套措施（林生傳，2001）。

三、擬定資料分析的表格和模式

在問卷設計之前、尚未進行調查的時候，就要預先設想蒐集到的資料性質將如何作分析，才符合研究的需要，以此作為問卷設計時考量的要點。

四、選定問卷調查的方式

調查研究有各種的方式可以用，不同的方式所需的資源、人力、時間可能都不同，先要考量可以利用的資源，決定適宜的方式，如以郵寄的方式或是現場實施、到底問卷應如何設計等等。

五、選定普查還是樣本調查

基於上面的考量，同時要決定是對群體作普查，還是從群體中選出樣本來做調查。當資源不足的時候，通常要選擇樣本調查；反之，當資源充裕的時候，可以選擇群體調查或全國性的樣本調查。上面兩個步驟的實例，同樣以上面所舉的專題研究為例來說明，「學校本位經營的教學創新模式」，在理論上

及研究目的上，期望能夠了解全國各種不同類型學校、教師及行政人員對學校本位經營的看法；而且，這是一項國科會所補助的專題研究，所以在人力、物力、財力、時間的規畫上，都能夠依據研究目的的需要提出申請並經過核定，所以能依據研究的需要，以全國的中小學教師為抽取對象，依照抽樣的原理，抽取全國樣本來接受問卷調查。

六、設計問卷

依上面五個步驟的設計，並經探討有關的文獻之後，就可以著手設計問卷。問卷的設計要遵照問卷設計的原理原則來進行，從問卷應包括的內容、長短及問卷的結構、體例、格式，都應該加以考究。此外，問卷要能引起回答者的興趣與意願，使回答者願意提供真實的資料，而所提供的資料也必須能夠滿足研究的需要，並且便於統計的分析。

七、預試與修訂問卷

問卷設計初步完成，並針對字句與內容斟酌修訂後，即可印製為初步的問卷，然後選擇樣本接受預試。根據預試的結果，可以對問卷做項目分析、信度、效度的考驗，並作修訂。

八、修訂樣本與洽商聯絡

依預試的結果，可以對原定的樣本重新考慮其適當性與可行性，增減原定樣本成為調查的對象，以確保調查能夠順利進行。樣本確定之後，開始接洽聯繫，以電話、公函或透過電子信件來進行，均無不可。

九、印製與寄發問卷

　　樣本修訂完成後，就要覓妥廠商印製成正式的問卷，然後按計畫來寄發，寄發的同時也要建立檔案資料，編號儲存，同時，擬好催函及備份資料以供應用。

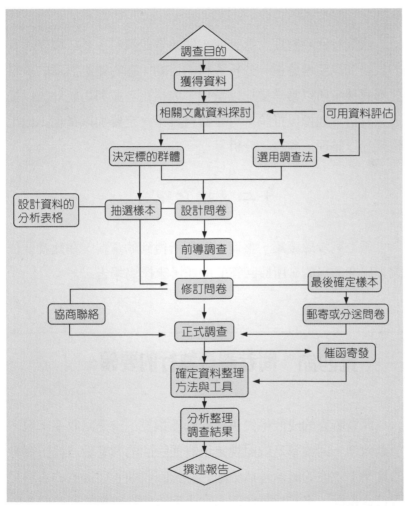

圖 9-1　問卷調查步驟流程

十、回收問卷暨整理問卷

由專人負責回收問卷並即時整理、加以編碼，並記錄核對原來檔案資料，發現逾越期限者，即時再催函並加以追蹤。

十一、分析資料

俟問卷回收整理大抵完成，開始登錄資料，並按原先設計的表格加以整理分析。分析資料的目的，在對雜亂無章的資料建構意義，所以常常要加以量化、表格化，並利用統計加以描述與分析，並據以推論。有些資料雖不一定要加以量化，但是也要加以整理、詮釋、分析。

十二、撰寫報告

循上列步驟蒐集、整理、分析所得到的資料，在此就要依調查研究的目的、所擬回答的問題，來撰寫報告。

第四節　問卷調查執行的要領

問卷調查的成敗得失決定於兩項指標，一是回收率，另一項是效度。回收率是依照規定填寫並送回的問卷數占發出總數的比率；效度的概念包括兩觀點：㈠回收問卷所提供的資料是否符合實況，沒有故意作假；㈡未回收問卷無損於回收問卷的代表性。為提高問卷的回收率與調查的效度，須把握下列若干

要領：

一、問卷的實施採取適當有效的方式

　　問卷調查有面對面的方式、有郵寄的方式，前者費用高、樣本比較難具有代表性，後者樣本較容易保持高度的代表性，費用也比較低，但回收率往往較不理想。到底要如何選用，應依據研究目的、調查問卷的內容、樣本分布的性質來選擇。有時候，不能不採用郵寄問卷，但是為確保問卷的回收率於可接受的範圍，可以採取一種較為折衷的方式，按照地緣、分區或是分類，先覓妥有權威、有關係的聯絡人負責仲介、轉發，也是一種較為可行的方式。因為在問卷調查研究上，樣本的配合度常常是一個關鍵的因素，所以此一要領應予重視。

二、問卷編製得當以確保品質與可行性

　　問卷除依測驗工具的原則來編製，有時並須作項目分析、信度、效度考驗之外，有其特殊編製要領。因為一般測驗工具，常是由調查者與被調查者面對面來實施。但是，郵寄的問卷或是託人實施的調查問卷，只能藉助問卷上的文字、圖表為媒介，即要求被調查者能夠坦誠合作、據實作答。因此，問卷必須要清楚、醒目、明確、容易閱讀、容易回答、容易送回。問卷的設計必須要能讓被調查者自願、樂意作答，絕對不能使其有感受到威脅、疑慮或困惑的情形。因此，問卷開頭的說明非常重要，常以特別醒目的字體、顏色、線條或花邊來設計編排。而這裡的說明，要把調查的目的、意義，問卷調查者的背景、地位、可靠性，研究主題的重要性說明清楚，以取信於被調查者。而且，要能時時為被調查者設身處地思考，如有什麼

會引起其疑慮，須預先加以消除。有時還需要對被調查者加以恭維，並說明此研究對他的意義，引起其作答的興趣。當然在作答說明的地方，更要把如何回答問題說明清楚。表9-1以「學校本位經營與創新教學」研究的問卷說明及例題為例，請讀者參考。

表 9-1　學校本位經營與創新教學問卷

學校本位經營與創新教學問卷

國中部分　　　　　　　編號：＿＿＿＿＿＿

各位教育界同仁：您好！
　　本研究為國科會「學校本位經營創新教學模式之研究」專案，目的在探討學校本位經營教學創新可能模式，本問卷即在了解學校本位經營可行模式以及如何運作學校本位經營實踐創新教學相關問題。素仰　先生對學校教育改革富有熱誠及經驗，敬請專予提供寶貴意見，作為引導國民中小學學校經營方向以及規畫學校本位創新教學工作之參考。
　　謝謝您的協助！

國立高雄師範大學教育學系
學校本位經營創新教學專案研究小組
主持人：林生傳

※填答說明

　　下列題目都是針對學校本位經營的內涵及如何實施來設計，所謂學校本位經營是指把教育權力下放給學校，讓學校自己管理自己。以下每題均有非常同意至非常不同意四個選項，請依據您的經驗與實際感受，在適當的方格內打「∨」。

題目舉隅

9. 學校本位經營讓學校基層人員不知道如何運
　 用上級釋放的權力。……………………… □ □ □ □

10. 實施學校本位經營要學校研發符合自己需要
　　的改革方案，會出現力不從心現象。……… □ □ □ □

11. 讓學校自己管理自己，可能有助於學校願景
　　的實現，並發展學校辦學特色。…………… □ □ □ □

12. 實施學校本位經營，讓教師、家長覺得對學
　　校更有影響力，因而對學校更有向心力。… □ □ □ □

13. 讓學校自主管理，可能使得教育經費運用在
　　實際的需要上，避免浪費。………………… □ □ □ □

14. 將權力下放給教師，讓教師覺得更有教育專
　　業自主權，有助於教師士氣的提升。……… □ □ □ □

15. 實施學校本位經營教師要參加許多課外的校
　　內會議，消磨不少教學準備時間而影響教學
　　品質。………………………………………… □ □ □ □

16. 學校本位經營使教育基層人員受到應有的重
　　視，而更願意支持教改措施。……………… □ □ □ □

17. 學校本位經營呼應家長參與校務需求，有助
　　於學校和社區互動關係的改善。…………… □ □ □ □

三、檢驗並提高問卷的信度與效度

　　問卷內容、格式也都要加以講求：1.題式以是非題、選擇題或評比等次最為常用，以容易回答、簡單、避免書寫過多為原則。2.至於問題的內容，必須考量填答者認知的範圍與回憶所及的範圍為原則，3.並且盡量避免引起情緒困擾，或引起反感的題目。4.文字的運用力求淺顯，盡量避免學術上的用語。5.在形式方面印刷精美、層次分明、字體大小適中，強調的部分，有時可利用不同的字體或套色加以顯示。6.需要分階段作答，更需要以不同的層次來呈現，便於回答者容易閱讀、區辨、選擇。7.問卷的長短要適中，最好不要花費作答者太多的時間，通常郵寄問卷答卷時間通常以不超過二十分鐘為原則，而面對面的問卷則以不超過五十分鐘為原則。

　　問卷編製完成要檢驗其信度與效度，才能確知問卷是否能蒐集到可靠而正確的資料。問卷的信度檢驗可以採取重測信度及內在信度兩種。

㈠重測信度。將所編製完成的問卷對同一群樣本施測兩次，相
　　隔時間約在兩週到六週，視問卷的性質而定。將前後兩次測
　　得的結果求其相關，為其信度係數。
㈡內在信度。可以採取 α 係數（Alpha Coefficient），可以依照
　　問卷的各量表個別求內容信度，建立各量表及整體問卷的內
　　在信度。

　　問卷的效度可以利用因素分析與效標來檢驗。
㈠利用因素分析可以檢驗所得到的因素是否與理論架構相符。
㈡效標效度。可以蒐集效標求得問卷所得到的結果與效標之間
　　的相關。所謂「效標」是指問卷分數以外，被調查者在問卷

所調查的事項有關的實況或意見、其他來源所得到的資料。
例如，教師所評定的操行分數可以作為學生自己在偏差行為
問卷上所填寫的結果的效標。把學生在問卷上所得的分數與
操行分數求相關，可以作為檢驗問卷的效度。

四、問卷寄發得宜

1. 寄發問卷的時間要盡量避開重大慶典節日、或可能會發生重
   大事件的時段前後，使被調查者能以平常的心情或態度來作
   答。
2. 回答的期限也不宜太短或太長。若是太長，問卷可能會被擱
   置、忘記作答或遺失；若期限太短，則可能會影響作答者的
   作息，影響其正常工作，導致作答者不願作答或配合。
3. 郵寄問卷通常以收到後一個禮拜完成作答寄回為原則。
4. 問卷寄發有時要附說明函，對於問卷調查的緣由、意義、目
   的及研究者的期許作進一步的說明，並表達感謝的誠意。
5. 如果條件許可，能夠附上贈品或其他誘因，則將有助於問卷
   的回收。透過聯絡人來轉發有時亦有助於回收率的提高。

五、即時追蹤

問卷的回收率至少要 50%才可勉強接受，60%算好，70%
以上才算是理想。問卷的調查若採面對面的方式，當然回收沒
有問題，可是如果利用郵寄的問卷，要達到 70%這個標準，須
依上列各項要領，從問卷實施方式的選擇、問卷內容、形式及
寄發都要加以有效的把握。即使如此，有時仍然無法達到有效
的標準，因此要予以即時追蹤，或者寄上備份的問卷。

六、有效因應不回答者的要領

萬一仍然無法達到預期的標準，要如何因應不回答問卷的被調查者？首先，要了解未回答問卷的樣本與回答問卷的樣本是否只是純屬機率的問題？或是回答者與未回答者在性質上確實不同？回答者與未回答者的心情、動機、背景、目前的處境、期望屬於不同的分群體？例如，在一個對大學畢業生畢業後生活適應的調查裡，就業者與失業者對此問卷的反應可能會有不同，就業者回答率可能相當高，而失業者可能就不回答。所以，如果我們比較回答者與未回答者，馬上可以發現這兩種人口雖然同屬大學畢業生這個群體，但是，從影響作答的幾個因素來分析，他們應該是屬於不同的分群體。那麼，對於這些未回答者，就需要進一步的訪談。如果訪談的結果與原來的調查問卷結果相類似，那就不必再進一步深究；但如果結果不同，就有必要另做研究。如果不另做研究，只對原來調查資料加以分析，那麼，我們的樣本就必須重新限定為畢業後有工作的畢業生，推論的範圍也要縮小為大學畢業後有工作的畢業生（Gay, 1992: 230）。

第五節　訪問調查的性能

訪談是兩個人之間的會話，由訪者主動、受訪者被動來進行，這種會話在日常生活中也很常見。訪談用在研究上是透過這種會話來獲得研究主題有關的資料，它的內容由研究目的來規範，訪談研究可以用在俗民誌研究，也可以用在調查研究。

訪談調查，是利用訪談來蒐集大量的資料並進行量的分析，這種訪談調查在調查研究中被廣泛運用，僅次於上一節所述之問卷調查，有時也藉助於電話、網際網路及電子郵件來進行。

一、訪問調查的優點

訪問調查比起問卷調查具有以下優點：

㈠訪問調查可以提高回收率。如前述，問卷調查固有許多長處，但問卷調查回收率低是一個最大的問題，訪問調查可以提高回收率。因此，調查方式以問卷調查最多，其次就是訪問調查。訪問調查比問卷調查的回收率高出很多，一般估計，訪問調查的可用率大抵可以達到 80~90%之間。

㈡訪問調查由於是面對面的對話，當受訪者對調查的內容感到疑惑的時候，訪問者可以適時提供協助澄清問題、解說問題的內容，幫助受訪者了解。遇到受訪者對調查的內容與動機有所質疑時也可當面澄清，取得其信賴而願意作答。

㈢問卷調查要盡量力求簡單，不易問取太深、太複雜的資料；訪問調查比較不受限制，可以由簡單慢慢進入複雜的問題，由粗淺的進入深入的問題。

㈣訪員可以聽其言、觀其行，可就受訪者回答的表情及周遭的環境加以觀察，幫助資料的篩選、鑑定與分析，所以研究的正確性會比較高。

二、訪問調查的缺點

㈠訪問調查的信度常會受到質疑。不同的時間、不同的訪員從同一個受訪者蒐集到的資料可能會有相當的出入。

㈡訪問調查成本很高。訪問調查通常採一對一的訪談，團體調

查不易。所以訪問調查在時間、人力上所費不貲，成本很高。

㈢訪談的記錄不易。在訪談中進行記錄需要特別的訓練，訪談的資料可能由於記錄的不確實而降低研究的信度與效度。

第六節　訪問調查的類型

訪問調查可以分成三種類型：

一、結構性的訪問

結構性的訪問（structured interview）是一種標準化的訪談（standardized interview），其訪談的內容（content）與程序（procedure）事先都已經設計成固定的訪問調查表，而受訪者的回答，也是從已經固定編好的答案中選擇。訪者只依照調查表來問問題，少有自由運用的空間可以隨意變化，而受訪者僅就預先設定好的若干答案來選答，所以這種訪問是在封閉的情境（closed situation）中來進行的。

二、無結構性的訪問

反之，無結構性的訪問（unstructured interview）是非標準化的訪問。它是一種開放性的訪問，盡量提供充分的彈性與自由供訪者與受訪者運用，通常不事先預備好訪問調查表，而由訪者在既定的研究目的規範之下，自由選擇訪問的內容、程序和用語，也容許受訪者有開放的空間來自由回答。通常研究者都積極的鼓勵受訪者盡量表達自己的意見，並說出所要講的

話。無結構性的訪談還可分為非指導性訪談（non-directed inter-view）與焦點訪談（focused interview）。非指導性的訪談目的在深入人格的底層，探究受訪者潛意識的世界，這種訪談最早用於精神醫學（psychiatry）或心理治療（psychological thera-py），後來被運用到質性研究上。在調查研究中我們通常使用焦點訪談，雖然盡量保留給受訪者較大的自由空間，但是訪談的內容與範圍仍受研究目的的限定，避免浪費時間。

三、半結構性的訪問

半結構性的訪問（semi-structured interview）介於結構性訪問與無結構性訪問兩者之間，其結構所給予的彈性範圍與折衷方式可能不盡一致。通常預先設計好調查表，但沒有設計供受訪者選擇的答案，受訪者可以就所問的問題來自由回答。不過，如果離題太遠，訪問者可以伺機給予引導。至於訪問者呈現問題的時候，也不必完全按照訪問調查表來發問，可以依照受訪者的經驗、背景來理解情況並做修訂、補充。這種方式使用得十分廣泛。

第七節　訪問調查的程序

訪問調查通常遵循一定的步驟來實施：

一、確定訪談的目的、訪談的功能，以及為什麼訪談的理由，來指引整個訪談工作的進行。

二、選擇訪查的樣本。訪查的樣本通常比問卷調查的樣本要少且配合度要更高，因此，選擇的程序更要嚴謹。採用的選

擇策略常常是採取立意抽樣，取得受訪者合作的意願是必備的步驟。

三、安排訪查的時程。依訪查的目標，設計訪查的工作項目然後安排進度。

四、設計訪查內容與表格。由研究的目的決定訪查的旨趣是在於事實的調查或是態度、意見的調查，再追求特殊性（specificity）及其深度（depth），並考慮受訪者的（習）特性、教育程度及工作性質，以決定訪查要採哪一種類型。為了使受訪者能夠得到一個幾近相同的受訪背景，如何作說明、提供怎樣的說明，要經過事先妥善的設計。如果採無結構性的訪談，表格的設計較粗略，如果採結構性的訪談，則要設計一個較精細的訪問調查表，類同於訪問的問卷。請讀者參考下頁所附一個半結構性的訪問調查表的實例。

五、選拔並訓練訪查員。一般的訪問調查常用研究者親自進行。大型的訪問調查則需訓練訪查員。首先依照訪查的內容、工作項目的環節、所需的特殊才能，選拔訪查員。訪查員是實施訪查的關鍵人物，如同戲劇中的演員。訪查是否能夠順利達到目的，訪員最是關鍵，訪員的個人人格特質、儀態外貌、經驗背景都會影響訪查的進行。不過，到底哪一種訪員最適合，還須視訪查問題的性質、受訪者的特性來決定。如果訪查的對象是青少年學生，訪員當然要選擇有親和力、平易近人且對青年朋友的心理較了解的。如果訪查的對象是大學教師，那麼訪問員應該以學識較為豐富、對大學教育較有概念、對專門學科領域也具相當了解者較為適宜。除了訪員原來具備的特質之外還需要再加以訓練，才能夠勝任訪查的工作。

六、進行訪談。如何簡報訪談的用意，如何徵詢受訪者的同意，如何因勢利導，使其能夠做正確的回答，如何掌握訪談目的不要離題太遠，是進行訪談時或事先就應加以設計並確實實踐的。

七、記錄與整理訪談的資料。

八、分析資料。

實例

「教育學程訪問調查表」

訪問日期：

訪問者：

基本資料

受訪學校：　　　　　　　地　　址：

受訪者：　　　　　　　　職　　稱：

職　　務：　　　　　　　擔任課程：

一、貴校教育學程如何鑑選學生？

　　鑑選標準如何？

　　鑑選程序如何？

　　鑑選工具的適用情形如何？

　　有無必要開發什麼工具？

　　各系分配有無一定的原則？

　　有何困難？

　　有何改進之議？

二、所鑑選的學生表現如何？

　　分布於哪些學系？是否符合師資登記規定的需要？

　　學程學生從事教育工作的意願如何？

　　□以擔任教師為第一志願。

　　□主修科系領域第一，擔任教師為後備工作。

　　□其他

選學程的學生學習態度？

□很認真 □尚認真 □差強人意 □不認真。

選學程的學生缺課情形為何？

□ 很好 □ 尚可 □ 不好。

其他落選者反應如何？

三、學程學生的專業社會化情形如何？

學程學生與學程教授的關係如何？

尊重程度：

請益情形：

認同楷模：

學程學生接觸中、小學教育文化的機會如何？

參觀中、小學的機會？

對教育時事與問題的關心？

主動參與中、小學教育的服務工作？

學程學生的教育文化環境與參與情形？

本校教育專業用書期刊約有多少？

本校設置學程以來參與過多少教育專業性質的研討會與活動？（請列舉）

本校有哪些與教育專業有關的社團？（請列舉）

學程師生參加教育學術性組織的情形如何？

學程教師對於師資培育工作的熱心與專注程度如何？

本校同仁對教育專業化的接受程度如何？

四、學程有關的教學設備情況？

教育學程專用教室？

視聽教室？

微教學系統？

多媒體教學系統？

CAI 實驗設備？

心理實驗室？

測驗統計室？

教育資料室或教育專業圖書館？

教學常用教具？

教育專業圖書期刊有多少種？多少冊？

五、教育學程如何訓練學生教學技能？

　　□利用微教學　　□利用角色扮演　　□教師演示

　　□學生上課輪流試教　　□教師講解

　　□自然成長與模仿　　□其他：

六、學程教學是否符合認知發展的原理？

　　各科訂有明確的目標？

　　學程所開設的各科目有無構成嚴整的知識體系？

七、建構性與批判性的教學

　　容許學程學生形成自己的教育見解？

　　容許學程學生對教育知識作批判性思考？

　　教授上課重視現有的理論知識？

　　教育問題的答案或解決方案之多元性如何？

　　教育學程對分組專題研討之重視程度如何？

八、歷程取向的教學

　　教育學程的教學對所授學科的知識內容與方法歷程重視的相對程度如何？

　　教育學程的教學是否以配合學生的程度與時間為優先考慮？

　　教育學程的評量以什麼為主要依據？

　　教育學程的教學是否常作現身說法，希望作為各科教學的典範？

　　教育學程的教學是否想作為學生未來教學的模範？

九、學程與其他課程的關係

　　教育學程的教學對其他學科教學的影響如何？

學程教授與主修教授的合作經驗如何？

學程教授與主修教授相處情況如何？

學生修習學程是否對其主修科目的學習造成負面的影響？

學程開課的主要考慮是什麼？

□教育專業的需求

□學生的興趣

□教師的專長

□學校的經費

□教學環境與設備

十、組織與支持

本校校長是否重視教育學程？

本校校務會議是否重視教育學程？

本校教育學程是由哪一個單位負責？

本校教育學程的目標在於（按順序編列號碼）：

（　）訓練熟練教學技術的教師？

（　）鑑選有志教學工作的學生？

（　）充實專業知識的教師？

（　）有批判教育思想的教師？

（　）增進學科知識的專家？

（　）認同教育專業文化的教師後備人員？

教育學程的目標與本校傳統教育目標是否相容？

本校教育學程課程的設計主要考慮哪些方面？

本校教育學程的教授對於有關教育專業方面的決定是否具有相當的自主權？

本校教育學程的功能如何？（按順序編列號碼）

（　）訓練師資

（　）吸引更多不同志趣的學生

（　）拓寬學生的出路

（　）提高本校的教育文化氣氛

（　）提高學校的入學率

本校教育學程的特色如何？

十一、教育學程的教師

教育學程的教師在學校的社會地位如何？

教育學程的教師是否有被排擠的感覺？

教育學程的教師在工作上是否感到特殊的困擾？

教育學程的教師工作環境如何？

你覺得各系教授對教育學程的重視程度如何？

學校行政單位或人員對教育學程的重視程度如何？

教育學程的教師在該校對教育專業文化水準的提升是否有很大的貢獻機會？

十二、教師的信念與思考

教育學程的教師是否看好教育學程在本校的發展？

教育學程教師認為教育學程對本校未來的計畫與發展是否重要？

如果是，其重要性為何？

教育學程教師是否感受到教育學程在本校實施有特殊的困難？

一般大學進行教育學程的教學，與傳統師範校院的教育專業課程比較，其難度與效果如何？

教育學程教師是否認為本校傳統的文化形成不利於教育學程的環境？

教育學程教師是否覺得有很大的成就感，其主要成就在哪些方面？

十三、教育學程的行政

本校教育學程是否有專責單位負責？

鑑選辦法的決定過程如何？

鑑選工作如何推動？

課程設計與開課如何決定？

學程教師歸屬哪一單位？是否適宜？

學程教學設備的增購由哪一單位申請？

平常業務由誰負責？

十四、對教育學程的建議

學程設置的申請程序方面

學程班級數與人數的規畫方面

學程教師員額的編制方面

必修科目的設置方面

選修科目的設置方面

學生的鑑選方面

教學評量方面

分科教材教法的實施方面

增進學生的教育專業技術方面

教師供應的管制方面

教師供求面的配合方面

資料出處：林生傳主持（1997）。多元化師資培育制度下的教學研究，
國科會專題研究報告。

第八節　訪問調查的要領

　　訪問調查所得的答案與資訊是否正確可用的資料是訪問調查需注視的問題。訪問時最容易發生的狀況是受訪者回答不實，所提供的回答也許是一種偏見，或故意掩飾導致錯誤的答案，這種訪查結果效度就有問題。當受訪者面對被詢問的情境

時，常會有防衛的心理。例如，當訪問者詢問受訪者家中的存款時，受訪者常會提供不實的答案，所提供的數字常常低於真實的數字，這是一種系統性的錯誤，常會有高估或低估的情況發生（Cohen & Manior, 1994: 281）。偏見（bias）的來源通常來自於訪查者的特性、態度、意見以及所使用的策略，如其是否懂得旁敲側擊、因勢利導。也可能來自受訪者的成見、顧忌及認知，也可能來自訪者與受訪者之間的交互作用，也可能關係到訪談的內容是否具有敏感的特性、是否牽涉到文化的禁忌或是利害關係等。因此，如何才能提高訪查的效度，是訪問調查的關鍵性問題。訪問調查的另一個問題是信度的問題，不同的時間、不同的訪員是否能夠得到相同的資料與結果，是另外一個主要的問題。

訪問調查除依照上面的程序，在訪問之前做好準備的工作，編好訪問調查問卷、安排訪問時程表、選妥接受訪查的樣本、選訓訪查人員之外，在訪查進行中必須要把握訪查的要領，才能確保訪查的信度、效度。Fowler（1993）提示訪查必須要注意五個方面：

1. 研究目的用什麼方法來說明？
2. 問題如何提出？
3. 如何試探不適當的答案？
4. 如何記錄所提供的答案？
5. 訪談進行過程中的人際互動如何應對？

在訪查當中應針對這五個方面，把握適當的要領，在訪者與受訪者會談當中獲得有用的資料，達成訪查的目的。下面提供幾個要領：

一、營造友善的氣氛

由於訪問調查是一種面對面的會談，訪者有其目的待完成，但受訪者並沒有特殊的職責一定要配合，所以訪者要爭取主動、認清自己的角色，營造一個良好的氣氛。訪者要給予受訪者一個舒服愉悅的印象，衣著外觀應避免與受訪者格格不入，如果能在外表、儀態、穿著方面與受訪者表現類似的風格，言談方面與受訪者相差不多，自然會給受訪者一種親切的感覺。例如訪談一個立場保守、觀念傳統的教師，如果表現出一副辣妹、酷哥的打扮，還沒有開始訪談，就可能先受到受訪者的排斥。所以訪者首先要給受訪者一個令他感到舒服的印象。其次，訪者首先要自我介紹，說明來意，而且預先對受訪者蒐集資料、認識受訪者的各種特性，包括受訪者的名字、地位、工作性質、特殊的習性，揣測受訪者的心理，因勢利導，引起受訪者樂意跟你交談、共同合作的興趣，可以毫無自我防衛、暢所欲言的興致。遇到過度緊張、表現得非常焦慮的受訪者，更要談一些輕鬆的話題，製造融洽的氣氛、拉近彼此的心理距離，對於其所感到憂慮的部分加以說明、消除他的緊張，絕對不可說教、表示輕蔑、嘲笑或加以苛責，以免影響受訪者的反應。

二、講清楚、說明白研究目的

訪查者在營造了友善的氣氛之後或之中，要很清楚的說明訪查的目的、重點在哪裡？為什麼要訪查他？訪查的結果要做何用途？盡量把研究目的與受訪者的認知、權利觀念或信仰連結起來，使我們的目的也成為受訪者目的的一部分。盡量使受

訪者覺得他的意見非常受到重視，他花費時間接受訪問是有意義的、值得的，訪查對象非他莫屬，他是最適合的訪查對象，聰明的訪問者一定會找他、也會讓他覺得接受訪查不會為他帶來無謂的困擾，而在訪查工作完成之後他會分享訪問者一部分的成就，並且進一步讓他知道大約要花多少時間，不會影響到他的生活起居和工作，也知道如何應對。

三、熟悉內容，抓住要領，靈活提出問題

　　訪問者在訪查之前，預先要熟悉整個訪查調查表的內容。一個訪員進入訪查的情境，就像一個演員進入戲劇的情境一樣，對於訪查問卷能很流暢地問出訪查的問題，就如同演員背出台詞一樣。如果是結構性的訪查，要遵循問卷的語言或熟悉訪查問卷及訪查調查表的說明，不必看訪查調查表即能夠講解、說明，遇到受訪者有困難的時候，也能針對問題做詳細的說明。一個訪查者如果未能事先熟悉訪查的內容、抓住要領，臨場可能會手足無措、表現緊張、怯場更甚於受訪者，如何能引導受訪者來接受訪談。更重要的，訪查者對於訪查的問題、內容絕對要忠於原意，不能隨便加以臆測引申或誇張以至於失去研究設計的原意。最好能夠預先想出受訪者可能的反應，並且針對不同的反應應如何應對，來引出受試者更適當的反應。且每個問題皆要問。

四、旁敲側擊，引出答案，耐心等待

　　對於所問的問題，受訪者如果不能即時回答，要給予充分的時間等待，如果其有所猶疑，要旁敲側擊提供線索，以誘引他的答案。回答者在思考時要耐心等待，或給予鼓勵，要其勇

敢的回答。對於開放性的訪談、無結構性的問卷，要事先設想各種不同的假設，以便於繼續追問其真正的意思。有時可以利用適當的口頭追問，例如，有沒有其他的？你的意思是哪方面？不過在旁敲側擊提供暗示，繼續追問引發作答的時候，訪查者要能謹守中立的立場，不要去左右受訪者的原意或誤解及有意曲解受訪者所提供的答案。

五、忠實地正確記錄答案

在訪查當中如何正確地記錄答案，是重要的要領也是一個艱鉅的工作。記錄的時候不能只摘要、改寫或刪減受訪者粗糙的對話，務必保持對話的原貌。至於如何歸類，除非已先經過先導性的研究（pilot study），設計好如何分類的標準，否則無法當場進行分類。遇有受訪者回答不清楚時，必須予以當場澄清，或記住他的表情、動作、身體語言來了解他的意思，並且作正確的記錄。至於無結構性的訪談記錄有二種方式，一個是在訪談中邊進行邊隨時摘錄問答，把他回答的要點作摘要記錄下來。不過，也可能會製造回答者的壓力，或者只記下自己喜歡聽的部分，而對於表達的內容恐怕沒有辦法完全掌握，此時，可以借助錄音機，但要受訪者首肯才行。另外訪問結束後馬上記錄其要點免得遺忘，不能隨意按照自己的期望來補白。

六、編印訪談指引

訪談實施的整個流程及應把握的要領：如何進場、如何建立友善的關係、如何說明作答的方法及進行的方式、受訪者可能的疑難問題或可能的反應、時間的掌握、如何記錄等，可預先加以設計並把握上述的要領，在訪談之前編好訪談指引，作

為訓練訪談員的內容，並且嚴謹的要求、嚴格遵守指引，以標準化訪談的程序。

第九節　其他調查研究法

除了問卷調查法、訪問調查法外，其他還有利用電話、電視、最新的資訊網路系統及其他傳輸系統來進行調查的電話調查、電視調查、網路調查以及德懷術（The Delphi Technique）。電視調查與電話調查、網路調查，快速、便捷是其主要的特色。但什麼主題適合利用，什麼題目適用，什麼樣的群體與樣本適合，都要斟酌考量。早期電話不普遍的時候，藉電話來進行民意測驗，會使樣本偏向中上階級的群體，以致所得發現不具代表性，無法作普遍的推論，如果忽視此一限制，將使推論錯誤。例如：一九三六年美國 *Literary Digest* 利用電話簿名錄抽選一千萬人為全國樣本，預測美國大選，結果顯示支持共和黨候選人 Warren Harding 者為 57%，支持民主黨候選人 Franklin Rooselvelt 者為 43%。正式投票結果，Rooselvelt 卻以 61%的得票率大勝 Harding。如今網路資訊所構成的資訊網，成為新的溝通高速捷徑，故有人開始搶先利用網路調查。但是網路常客因年齡層與教育程度不同，青少年是最大的常客，老人較少；中上教育程度者較多，低教育程度者較少。因此，如果想透過資訊網路調查，應考慮調查對象標的群體。如果調查對象標的群體是青少年層較為適合，如果是調查老年人的標的群體就不適用。

德懷術

　　另一種調查是德懷術（Delphi Technique）。這是藉書面問卷往返於被調查者與調查者之間來進行的訪問調查，兼具會議與問卷調查的功能，也避免會議與問卷調查的若干缺點，但也多了一些限制。德懷術宜調查主題常有不同的面向、層次思維方向見仁見智的問題，或者一般人仍不太熟悉又期盼知道的題材，故調查對象通常是對調查主題有各種見解的學者，或熟悉實況的專家或參與者。德懷術調查，類似傳統開會討論商議，惟會議中發言者常只限於少數人，有的人占取大部分發言時間又善於社會技巧，亦造成社會影響；反之，有的怯於表達，不輕易發言。換言之，會議時間資源的利用與權力的分配常常頗為不平均或不合理，以致所得結論不夠客觀，易受少數人壟斷或支配。德懷術利用書面往返，則無此顧慮。另外，與問卷調查法比較，一般問卷只實施一次，答者自行回答，缺乏人我互動，沒有參考意見與資料。德懷術則將每一次大眾問卷的意見結果之集中趨勢或分歧情形，提供給個別回答者在第二次作答時可以參考，並考慮是否改變自己的意見。

　　為有效利用德懷術進行調查，可循下列步驟進行：

　　步驟一：選擇適當的題目。適於利用德懷術的題目常是較為新鮮、一般人認識不深，或爭議性較大、見解較為分歧的主題。

　　步驟二：選定接受書面訪問調查的樣本。所選的樣本通常是對該主題學有專長或深有經驗，能夠提供最豐富資訊的人物，常為學者專家或資深業者。所選樣本也必須能夠代表各種不同見解的人物，所得結果才能集思廣益，也具有全面性，而避免偏失。樣本人數不必太大，約在十至三十人即可。由於需

要幾次書面往返,故須找有意願且較有時間與耐心配合的人士擔任。且應於邀請受訪者時即說明調查目的、需要,與配合作業過程。

步驟三:設計編製初次問卷。為便於第一次訪問調查實施,應由研究者先行設計好初次問卷。這種問卷應仿訪問問卷來設計,有兩種方式可以考慮應用:一種是完全開放式,一種是半結構式。前者只提出問題,不擬答案,由接受書面調查的學者專家自由提出各種見解與看法;不過,唯恐被訪談的專家學者沒有時間,研究者最好還是能先設計好基本的題項與答案或意見,然後留有充分的空間讓受訪專家學者能夠作充分的補充或表示意見,亦即採半結構方式較為適宜。

步驟四:實施第一次回答問卷。第一次寄發問卷,如同一般內容施測,可以採郵寄方式,如能差人或親自送達並當面說明更佳。第一次實施問卷應附上說明,讓回答者知道德懷術的用意及配合作業流程,並加上回郵信封。由於接受德懷術調查的作業較繁複,通常需要支付一點酬勞,使接受調查者更認真作答。

步驟五:整理第一回合收回的問卷。寄回的問卷,要即時作整理,一方面需要數據以了解各種選答次數比率的次數分配表,計出各題項的集中量數,如平均數、眾數(mode)和差異量數,如標準差、四分差、全距等;一方面整理開放式的問題,分類列出相同見解與不同的見解。第一回合的問卷結果,原有的題項如果顯然無作用者可以刪除,對於大家提出的項目可以再整理增訂為第二次的施測題目。如果第一次問卷為全開放式問卷,收回來的是自由作答的結果,須費較大工夫設計成為結構性問卷,題項寫成李氏四點或李克特五點量表式(Likert five point scale)。經過整理及重新修訂後印製成新問卷供第二次實施時應用。

步驟六：實施第二回合問卷。第二次施測時，將新修訂的問卷及第一次的結果一起寄發送達，並附加說明上一次施測的大概情形，並告知本次可以重新考慮如何選答，也可以維持原意，亦可參考別人的見解重新考慮，做新的選答，更可以有其他的新見解。仍應留有充分的篇幅，讓回答者可以再經由書面的互動，寫下新激發出來的見解。

步驟七：整理第二次回收問卷。對所收回的第二回合問卷，整理出各題項選答的次數分配表及基本統計，以了解答案分配情形與集中、離散趨勢，提供下一次實施時專家學者再作答時的參考。

步驟八：實施第三回合問卷。如同步驟六，將整理後重新編印的問卷，附上第二回合大家表示的意見及結果，連同說明再送請原來樣本作答。作答時他們可以不受他人回答結果的左右而維持原先答案，也可以參考大家的見解決定如何作答。並說明這是最後一次決定，調查會將這一次的作答作為最後的結果，且須再表達最後的謝意。

步驟九：整理第三回合的問卷。將第三回合的問卷，依研究目的整理出最後的結果。此為實施德懷術，徵詢專家意見對研究主題所提供的最後答案，之前兩次施測皆是過程，這一次的作答才是最後的結果。必要時，可以再比照之前的步驟，再實施第四回合。無論哪一回合的問卷實施，在德懷術的應用當中，每一次均須附加說明，解釋作法及上次結果，並附上必要酬勞。

綜觀上述步驟，德懷術是一種書面會議的調查方式，讓參與的學者專家都有自由、均等的機會充分表達自己的意見，又可以與他人作書面磋商，經多次互動來凝聚大家的意見，收到集思廣益的效果。此法最適用於富爭議性、新奇性、挑戰性，且希望最後能作一個較佳決定的議題的研究。

第十節 調查研究法的實例

一、問卷調查研究實例（註）

國民教育階段教師在教育改革政策下
的專業成長需求調查研究

——以九年一貫課程及教育鬆綁為例

林生傳　陳慧芬　黃文三

緒論

本文擬就研究者所完成的國科會專案「國民中小學教師成長指標及有效途徑」中摘取有關教育改革政策下的教師專業需求發表於此，供教師及師資培育機構及學界參考。基於此，本研究目的在於：㈠探討國民中、小學教師在教育改革之下有無覺察明顯的專業成長需求；㈡就目前代表性的教育改革政策，以九年一貫課程為例，探討他們的專業成長需求之內涵及程度；㈢比較不同背景之教師與專業需求之差異性；㈣比較國民中學與國民小學教師在「九年一貫課程」之教改政策下，專業成長需求的異同。

註：本實例為舉例性質，僅摘取特別有用部分，其它均予刪略，以節省篇幅。且為方便讀者參看原論文，附註、編碼及寫作體例，仍維持原文操作時流行的體例格式。讀者現今撰述論文時仍應依本書第二十章現行格式體例，不宜按本實例的格式。

在新舊世紀之交，教育改革正如火如荼地展開。在台灣，教育改革的速度更快，程度更深，而幅度也更廣，有人稱為教育革命，實不為過。這些改革，有來自民間的社會運動人士所倡議者，有來自官方的版本者。前者如教育改造聯盟所大聲疾呼的「廣設高中，普設大學」、「家長選擇權」、「學生學習權」、「教育鬆綁」等訴求；後者如行政院教育改革審議委員會所倡議的「教育鬆綁解構」、「入學多元化」、「九年一貫課程」等等主張與建議。很多都已形成教育改革政策，正雷厲風行，推動實施。此等改革政策，並非悉來自教育界內部的反省需求，也不盡為解決學校教育內部的問題。事實上，有不少係來自外界的壓力與張力，衝激著學校教育而來的。所以，學校教師對於來自內部的改革，有較大的心理準備；而對於那些外因造成的教育改革，並沒有這樣的心理準備，但是面對這樣的改革仍然必須有力回應，對政府的教改政策更必須勵行實踐，有效貫徹。否則，徒法不能以自行，教師若不能作適當的改變，教育改革政策必無法落實，則教育改革必然失敗。

今日教育行政當局在反映民意的要求及大局情勢之下，推出各種教育改革政策，各種政策的宗旨、內容要求不同。政策要求的配合自亦不同，其程度深淺也不盡相等。教師在不同教育改革政策要求之下，是否會感受到成長的必要，並不一定，即使感受到願意配合，亦難予把握，若願意配合所感受到的專業成長需求未必相同。

今日吾人研擬如何發掘教師專業成長的需求，以及如何規畫教師專業成長的途徑；徹底精研闡析在主要教育改革政策之下，教師應具備何等教育素養，才能實踐教育改革政策，然後徵實教師的實際需求，以及他們所希望以何種方式來進修，據以規畫教師成長方案與策略，是一項可行的模式。

研究設計與實施程序

一、研究工具設計與發展

　　為了解在當前教育改革重大政策陸續決定並實施的時段，教師對此等改革政策的認知及需求，俾能作相應的專業成長，有效參與此等改革，乃研擬「教師專業成長需求問卷」，便於調查實施。「教師專業成長需求問卷」旨在調查教育改革中，國民中、小學教師專業成長之相關需求。

　　本問卷除採「內容效度」，俾符合政策內涵外，並利用因素分析，以確保其建構效度。問卷內容除信函與基本資料外，共分兩大部分。第一部分基本資料包括性別、年齡、任教年資、最高學歷、專業教育背景、擔任職務、學校規模、服務地區、進修學分與研習時數等。問卷第一部分主要在了解國民小學教師於「國教九年一貫課程」、「小班教學與創新教學」、「學校本位經營」、「解除教育的不當管制」等教改四層面中，國中教師在「國教九年一貫課程」、「創新教學與適性教學」、「學校本位經營」、「解除教育不當管制」、「加強學生問題的輔導」、「入學多元的政策」六項教改政策下專業成長的需求程度。第二部分則在調查國民小學教師對如何有效滿足前一部分專業成長需求的經驗或看法，針對進修類別、活動方式、授課或指導人員等了解教師的意見。惟本文因限於篇幅只擇取第一部分國中、國小㈠九年一貫課程。

二、研究樣本與抽樣

　　本研究正式調查對象係以台灣本島地區國民中、小學為範圍，依照北、中、南、東等四區域，先抽取台北縣市、台中縣市、高雄縣市、台東縣等七個縣市為樣本地區，再以縣市地區的學校規模作為分層依據，隨機抽取樣本學校。24班以下每校抽取 10 位教師；25 班以上每校抽取 20 位教師為原則；總計選

取樣本國中 44 所，國小學校 48 所。國小含 24 班以下學校 23
所；25 班以上學校 25 所，教師樣本 730 人；國中 24 班以下學
校 18 所；25 班以上學校 26 所，計抽取教師樣本 760 人。國小
回收 694 份，回收率 95.21%，國中回收 696 份，回收率
91.57%。其中，問卷第一部分可用率達 89.6%，第二部分為
81.9%。

三、問卷實施

　　本項問卷的實施，採郵寄委請專人實施，委請校長、主任
與其他聯絡人分發與回收。又唯恐教師將問卷交給校長或主任，
產生不信任的偏差作答，因此，設計問卷對折線，並附封貼名
條，請教師填寫完後對折封貼起來再交給聯絡人員。問卷回收
時間拖很長，許多學校因忙碌無法按時寄回，經研究小組電話
催收，才陸續寄回。問卷於 88 年 12 月底開始回收，直到 89 年
1 月下旬才回收完畢。

研究結果

一、教師專業成長需求

　　教師的專業，依當前教育改革的主要政策，應作如何的成
長？問卷調查的結果依國中部分與國小部分分析如下：

(一)國中部分

　　國中教師應國民教育九年一貫課程的教師專業成長需求

　　1998 年 9 月教育部頒布的「國民教育九年一貫課程總綱綱
要」，預訂 2001 年開始正式實施。教師面臨這種改革，感受深
刻，迭有不少的反應。由於課程改革牽涉層面甚廣，且與教師、
學生、家長均有切身的關係。而在實施的層面來說，教師是改
革的主角，意欲使此一重大改革能夠順利上道並有效實施，教
師在問卷上顯示許多方面的成長需求。教師反應依「最不需要」
到「最需要」的需求性程度分為 1 至 5 等五等級，對全部二十

一項的需求敘述，選答 "4"，"5" 級者，即覺得「最需要」及「很需要」的百分率皆在67.5%以上，換句話，回答者當中，約有三分之二以上，很需要在這些方面進行進修，力求專業成長。相對的，選答 "1"，"2" 等級者，即認為「最不需要」或「很不需要者」在百分比率上面，皆屬個位數，在 7.9%以下。選擇 "3" 者需要，約在五分之一。由此可看出，教師同感要有效地實施九年一貫課程，目前仍多所欠缺，需要多充實進修，求得專業成長，才能勝任。如按平均數由高而低排序，顯示其中最感需要的八項如表1。

表1　國民中學「九年一貫課程」層面各題得分平均數及排序

題　　　　別	平均數	排序
10. 嫻熟統合式的教學，有效實施統整課程	4.15	1
20. 如何由「學科教師」轉換為「學科領域教師」	4.13	2
17. 精選現在所教的學科及相關領域的知識內容、概念架構和探究方法	4.12	3
12. 知道如何與其他教師同仁合作進行協同教學	4.10	4
11. 充分了解單元課程、大單元課程的原理與實施方法	4.08	5
21. 如何與教師同僚形成成長團體，交換教學及工作上之經驗與心得	4.07	6
9. 充分了解統整課程的原理與實施方法	4.04	7
4. 知道如何有效參與學校本位課程的設計	4.00	8

　　由此等結果可見，意欲貫徹國教九年一貫課程改革政策於學校教育的實際，在國中教師的認知上與感覺上來說，有許多方面亟須充實、改變、與調整的。首先，新的教學策略的嫻熟是第一需要，傳統沿用的教學，講述的教學個別班級自足獨立，按教科書照本宣科的教學，並不足以進行有效的一貫課程，從第 10 題的反應可知如何進行統合式的教學，是教師的最感需

要，亟待進修。其次，從教師在第20題所反映的教師角色的調整，如何由「學科教師」轉換為「學習領域教師」，也是亟待調適的。傳統上，教師只對自己的學科，特定的班級負責，與其他科目教師界限分明，不相跨越，各授自己的學科，並已發展出自己的授課知識體系。唯九年一貫課程的綱要，將打破學科的界限，重整為「學習領域」。在教師擔任某一學習領域的分配裡面，很少可能是只有一位教師，通常的情況是若干位教師共同擔任一個學習領域，在這樣的班級體系裡面，角色如何扮演，其理想的形象如何？其角色期望如何？並不單純，也不習慣，這需要教師在角色方面重新調整與定位，才能使同一領域的教師相互合作，成為工作的夥伴，而非競爭的敵人，需要學習的地方甚多。其次，教師在這樣的課程中，不僅只精通過去自己的專長科目，對相關領域的知識內容，猶待充實。對整個領域的概念架構，也要建立明確；對如何進行學習與研究，也有待歷鍊。故教師反映結果的排序第三即為第17題的「精通現在所教的學科及相關領域的知識內容，概念架構和探究方法」。不僅此也，在多位教師共同任課當中，也可能牽涉到彼此關係的協調，資源的分配與共享的問題，所以排序第四即為「知道如何與其他教師同仁合作協同教學」（第12題）。定期實施九年一貫課程，教師首先覺得有待學習成長的是有關角色扮演及教學的相關問題。課程本身的設計也是另一個自覺不知什麼，也不知如何的問題。排序第五、第七與第八都屬於課程的問題。按九年一貫課程的結構比率，留有20%的空白空間，給教師和學校去設計，由教師和學校視學校、社區、學生、與家長的需要去設計，這在教師來說，是新鮮的工作，不知是什麼，也不知怎麼設計，毫無經驗，教師急切需要的是「充分了解單元課程、大單元課程的原理及實施方法」（第11題），「充分了解統整課程的原理及實施方法」（第9題），這樣的

新鮮課程誰來負責設計，如何參與？故排序第八即為「知道如何能夠有效參與學校本位課程的設計」（第4題）。並且希望有大家共同交換經驗心得求成長的機會，第21題「如何與教師同僚形成成長的團體，交換教學及工作上的經驗與心得」即為他們的優先需要（排序第六）。

(二)國小部分

　　本部分依國民小學教師在教育改革各層面之成長需求調查結果，分析如下。

　　國小教師應國民教育九年一貫課程的教師專業成長需求

　　國民小學教師在「國教九年一貫課程」層面之成長需求狀況，如表3教師在本層面各題之需求程度偏高，平均數均在4.04以上。若從需求程度「最不需要」到「最需要」五個等級分析，則填選 4、5 兩等級的人數百分比均在 75.3%以上，最高達86.5%，可見國小教師對於預定於九十學年度即將推展之九年一貫課程相關知能，成長需求殷切。若依本層面各題之需求情形比較，由表3發現需求最高之前五題依序為：(10)嫻熟統合式的教學，有效實施統整課程；(20)如何由「學科教師」轉換為「學習領域教師」；(4)知道如何有效參與學校本位課程的設計；(9)知道如何與其他教師同仁合作進行協同教學；(12)充分了解統整課程的原理與實施方法（與前題同列第四），均與統整課程的設計與實施具直接關係，且偏屬九年一貫課程實施中與教師切身相關之實際參與層面，可見教師最關心並最需要成長的是「如何做」的問題。而其餘各題亦均為因應國教九年一貫課程推展，所需之相關知識、方法與要領，因此教師普遍顯現再成長的需求，以因應教育的變革。

表3　國民小學「九年一貫課程」層面各題得分平均數及排序

題　　　別	平均數	排序
10. 嫻熟統合式的教學，有效實施統整課程	4.38	1
20. 如何由「學科教師」轉換為「學習領域教師」	4.34	2
4. 知道如何有效參與學校本位課程的設計	4.31	3
9. 充分了解統整課程的原理與實施方法	4.30	4
12. 知道如何與其他教師同仁合作進行協同教學	4.30	4
11. 充分了解單元課程、大單元課程的原理與實施方法	4.29	6
21. 如何與教師同僚形成成長團體，交換教學及工作上之經驗	4.26	7
5. 充分了解九年一貫課程七大領域	4.24	8

二、國中、小教師成長需求的相對比較

在同樣的教改政策下，國民中學與國民小學教師要求專業成長的需求是否有所不同，茲以「九年一貫課程」及「鬆綁：解除不當教育管制」政策為例，比較如下：

(一)以九年一貫課程改革政策為例來比較

表6　國民中小學教師九年一貫課程層面各選項次數、
百分比、平均數及排序

題別	國中教師				國小教師				差異考驗	
	正向選答		平均數	排序	正向選答		平均數	排序	次數比較	平均數差異
	N	%			N	%			χ^2	t
1	469	68.6	3.19	20	513	78.9	4.17	15	14.4456*	-19.6000*
2	499	72.7	3.98	10	517	79.3	4.21	9	6.3458*	-4.6939*
3	503	73.8	3.99	9	529	81.4	4.19	12	8.6774*	-4.3668*
4	492	71.8	4.00	8	542	83.4	4.31	3	20.3728*	-6.2500*
5	486	70.7	3.97	12	535	81.8	4.24	8	18.0869*	-5.4000*
6	464	67.5	3.93	17	514	79.1	4.17	15	18.1877*	-4.7059*
7	487	71.2	3.97	12	525	80.4	4.21	9	12.2367*	-5.0000*
8	470	68.6	3.90	21	523	80.0	4.21	9	17.9600*	-6.3265*
9	503	74.0	4.04	7	535	82.1	4.30	4	10.0113*	-5.4167*

10	529	77.1	4.15	1	564	86.5	4.38	1	15.7311*	-4.9041*
11	520	76.1	4.08	5	560	85.6	4.29	6	15.5386*	-4.4776*
12	534	77.8	4.10	4	553	84.6	4.30	4	8.0951*	-4.1667*
13	484	70.6	3.93	17	507	77.6	4.09	18	6.7716*	-3.2653*
14	501	73.2	3.97	12	502	77.0	4.09	18	2.0408*	-2.4490*
15	488	71.3	3.97	12	506	77.6	4.08	20	5.5260*	-2.2449*
16	472	69.0	3.92	19	492	75.3	4.04	21	5.2103*	-2.3077*
17	527	77.0	4.12	3	521	79.8	4.19	12	1.2248	-1.4583*
18	489	71.2	3.98	10	511	78.1	4.10	17	6.6785*	-2.6201*
19	487	71.4	3.95	16	530	81.0	4.19	12	13.4258*	-5.0000*
20	535	78.8	4.13	2	546	83.6	4.34	2	3.9669*	-4.3750*
21	514	76.3	4.07	6	506	77.4	4.26	7	.1776	-4.2411*

*P<.05

　　教師反應如表6，國中教師覺得「最需要」及「很需要」併為「正向選答」，其百分率皆在 67.5% 以上，國小教師則為 75.3% 以上。換句話，國中教師約有三分之二以上，國小教師約有四分之三以上，很需要在這些方面進行進修，力求專業成長。相對的，選答 "1"，"2" 等級者，即認為「最不需要」或「很不需要者」在百分比率上面，皆屬個位數，國中教師在 7.9% 以下，國小教師在 4.9% 以下。國中教師選擇 "3" 者需要，約占五分之一，國小教師亦約占五分之一。由此可看出，教師同感要有效地實施九年一貫課程，目前仍多所欠缺，需要多充實進修，求得專業成長，才能勝任。以卡方考驗（χ^2）來做比較國中與國小教師選答比率之差異，有顯著差異者有 18 題；t 考驗也證實國中、小教師在每題所得的平均值，二十一題皆有顯著差異。可見國中、國小教師雖皆同感有需要進修，惟在程度上國小教師顯然比國中教師需求更高。

　　不過，由於國中、國小教師選答的心情，拿捏尺度可能不一致，為滿足未來政策的需求，及配套措施的設計選答項目排序的相對性可能更為重要。準此，乃繼續比較最感需要作專業成長的題項及其相對地位是否有別，教師最感需要的八項來比較分析，請參看表2與表6，比較國中、小教師間的差異。兩

者皆以「嫻熟統合式的教學，有效實施統整課程」排序一（第
10題）；排序二亦同為如何由「學科教師」轉換為「學科領域
教師」（第20題）；國中、國小教師在前兩項的選擇相同，都
認為第10、第20題最需要。但排序三至排序八的項目則有出
入，其相對地位也有差別。國中教師以第17題「精通現在所教
的學科及相關領域的知識內容、概念架構和探究方法」排序第
三，國小教師所選的前八項，第17題卻不入圍，可見國小教師
對應九年一貫課程並不覺得在知識內容、概念架構、研究方法
上，有如國中教師，迫切需要調整或進修。國中教師另外選的
五個題項入圍排序八之內者分別為排序四、「知道如何與其他
教師同仁合作進行協同教學」（第12題）；排序五、「充分了
解單元課程、大單元課程的原理與實施方法」（第11題）；排
序六、「如何與教師同僚形成成長的團體，交換教學及工作上
之經驗與心得」（第21題）；排序七、「充分了解統整課程的
原理與實施方法」（第9題）；排序八、「知道如何有效參與
學校本位課程的設計」（第4題）。這五題國小教師亦選入前
八項之內，雖然順序並不全同，略有先後順序之出入。國小教
師所選擇的前八題除此而外，另有一題為國中教師所未選入前
八項者，為第5題「充分了解九年一貫課程七大領域」。而國
中教師的反應結果，該項只列為排序第12。

　　由此等結果可見，意欲貫徹國教九年一貫課程改革政策於
學校教育的實際，在國中小教師的認知上與感覺上來說，有許
多方面亟須充實、改變、與調整的。在程度上來說，國小教師
比國中教師更感覺專業成長的需求。在各項成長的相對地位來
說，大部分也相似，但有些項目卻是有顯然的差別。國中、小
教師皆認為新的教學策略的嫻熟是第一需要，從第十題的反映
可知如何進行統合式的教學，是教師的最感需要，亟待進修。
其次，從國中、小教師在皆以第20題所反映的教師角色的調

整，如何由「學科教師」轉換為「學習領域教師」，也是亟待調適的。九年一貫課程的綱要，將打破學科的界限，重整為「學習領域」。在教師擔任某一學習領域的分配裡面，常需要若干位教師共同擔任一個學習領域，在這樣的班級體系裡面，角色如何扮演，其理想的形象如何？其角色期望如何？這需要教師在角色方面重新調整與定位，成為工作的夥伴。接著國中教師反映結果的排序第三即為第十七題的「精通現在所教的學科及相關領域的知識內容，概念架構和探究方法」及國小教師反映結果的排序第三則為第四題「知道如何能夠有效參與學校本位課程的設計」。這種差異可能來自國中、小學現行課程結構的差異及教師任課制度，久來有相當的不同。國小本來課程即為合科的課程，國中則明顯的屬科目本位課程，且科目達二十二科之多；國中教師又採科任制，國小為級任制，科任是少數。故在國中通常一位教師只教授特定的專門科目，即他們大學畢業時的主修學系，新課程由科目改變為學習領域，必須要額外精通相關領域的知識內容與概念和方法。不僅此也，在多位教師共同任課當中，也可能牽涉到彼此關係的協調，資源的分配與共享的問題，所以國中教師及國小教師均排序第四即為「知道如何與其他教師同仁合作協同教學」。

復以課程設計的專業權威閒置不用已久，國中、小教師對課程本身的設計也是另一個自覺不知什麼，也不知如何的問題。國中教師排序第五、第七與第八及國小教師排序第五、第六及第八等都屬於課程的問題。教師急切需要的是「充分了解單元課程、大單元課程的原理及實施方法」（第5題），「充分了解統整課程的原理及實施方法」（第9題），這樣的新鮮課程誰來負責設計，如何參與？故排序第八即為「知道如何能夠有效參與學校本位課程的設計」。「如何與教師同僚形成成長的團體，交換教學及工作上的經驗與心得。」也是他們的優先需

要，國中教師對此選答排序第六，國小教師排序第七。

　　值此師資培育新制方才起步，教育改革政策不斷推出的現階段，教師的專業素養亟待力求成長，本研究透過問卷調查及訪談對教師專業成長需求作有系統的探討，得到的主要結論如下：

㈠因應教育改革的政策，教師表示有相當高的專業成長需求。

　　在目前重大教育改革政策之下，國民中、小學教師相應之，有無及需求如何的專業成長？由本研究結果，顯示教師專業成長需求甚為殷切與熱烈。在五點量表中回答在 4~5 之間。以「國教九年一貫課程」的政策而言，國中教師對問卷裡面二十一項敘述需求，回答 "5"（最需要）；"4"（很需要）者的百分比率全部在 67.5% 以上，反之，答 "1"（很不需要）及 "2"（不需要）者的百分比率皆屬個位數，合之，最多只有 7.9%。而國小教師對回應九年一貫課程改革政策新作的進修需求更高，回答 "4" 與 "5" 者，皆在 77% 以上，而回答 "1"、"2" 者，最高也只有 4.9%。

㈡國中、國小教師回應同一教育改革政策，所作的回應需求大略相同。

　　國中、國小教師同屬國民教育，面對同樣的教育改革新政策，所作的回應，頗有出入。例如對國教九年一貫課程，國小與國中教師所回答的教育需求內涵則出入較大。如在國中教師排序第三的「精通現在所教學科及相關領域的知識內容、概念架構和探究方法」，在國小教師則排序退後至十二，可能與國中、小教師的任課制度不同應有密切的關係。另外，對九年一貫課程整個的反應，無論就其回答比率或集中趨勢，略可見國小教師對追求專業成長的需求，在程度上大於國中教師。

　　在教育專業知能日新月異、教育改革政策不斷推陳出新的新千禧開始的時代，許多教師感受到從來未有的壓力，以致覺

得不知何去何從的有之，提早退休的有之，以不變應萬變、得過且過者有之。而渴望及時進修，立即作有效調適，趕上時代的更多。是以如何規畫有效合理且切合教師需要的進修方案，據以增進教師專業成長，實乃刻不容緩。

參考書目

請參閱原論文。

資料來源：節錄自林生傳、陳慧芬、黃文三（2001）。國民教育階段教師在教育改革政策下的專業成長需求調查研究：以九年一貫課程及教育鬆綁為例。教育學刊，**17**，23-44。

* 原文摘取自林生傳主持的國科會專題研究「教師專業成長指標及有效途徑之研究」有關部分經改寫完成。

二、德懷術研究實例

德懷術研究的研究程序與標準實例

呂錘卿　　林生傳

一、德懷術研究方法

根據研究目的，本研究主要以德懷術。

德懷術之運用一般都採用四個回合的往返過程，本研究採用三個回合進行。第一回合乃由研究者依據相關文獻歸納教師專業成長指標項目，要求評鑑的樣本針對每一項目，以五點量表評定其重要性，並補充問卷所沒有的項目及層面。

第二回合的問卷乃增加第一回合補充的項目，且呈現第一回合全體樣本在每一項目反應的眾數、平均數及人數，並影印受試者第一回合的問卷，要求評鑑樣本再予評定。填答時要求

評鑑者參考所提供的資料，個人可改變或不改變原來的評定，如果堅持與多數人不同的意見，評鑑樣本須說明理由。問卷回收後仍統計每一項目反應的眾數和平均數，並整理歸納學者專家堅持原來意見的理由。

第三回合的問卷仍呈現第二回合全體樣本反應的眾數和平均數，以及他人對某一項目堅持己見的理由。

一般言之，意見改變最大的是在第二回合調查中。而研究者對問題項目的分析，以最後一次問卷的反應為主，計算每個項目的評定結果，排列優先次序。此外尚須指出一致及不一致的項目，列出不一致的理由，研究者可分析後三次問卷，找出樣本堅持不改變的程度（黃政傑，1987：197；Postlethwaite & Husen, 1985）。

二、研究樣本

德懷術（Delphi Technique）調查是要獲得對教師專業成長指標項目重要性的共識。因此，徵詢對教師的培育、輔導、督導有實際經驗的學者專家。參與德懷術意見徵詢的專家樣本，包括師資培育機構的教授、縣市教育局督學（局長）、國民小學校長、主任、輔導員。本研究共徵詢19位學者專家，包括：師資培育機構8位、國民小學校長6位、國民小學主任1位、國民教育輔導團1位、教育局督學（局長）3位，樣本涵蓋北、中、南、東地區。

三、實施過程

本研究德懷術分三個回合進行，其過程說明如下：

1. 德懷術第一回合調查：

問卷於一九九九年一月底前後分兩批寄出。問卷回收後，做五項整理工作：(1)統計每一項目每一選項（1到5）被勾選的

次數。(2)統計每一項目的眾數（Mode）。(3)統計每一項目五點量表的平均值。(4)統計填答的德懷術專家樣本數（N）。(5)整理專家樣本所補充的項目及層面。

專家樣本補充的層面和項目，在 18 個層面內補充了 102 個指標項目。18 個層面外補充 9 個層面、29 個指標項目。總共補充了 9 個層面、131 個指標項目。因此，列入第二回合問卷共有 27 個層面，220 個指標項目。

2.德懷術第二回合調查：

填寫說明除依照第一回合的方式填答之外，重點有二：(1)請樣本專家依自己的觀點，並參考大家的回答情形，再評估每一個層面和項目的重要性。(2)為了讓樣本專家了解第一次的意見反應，附上第一回合的問卷影印本以供參考。請樣本專家再仔細思考每一項目的重要性，可參考全部專家樣本在第一回合的反應結果（眾數與平均數），或是維持原來的意見，或是改變或修正原來的回答。

第二回合調查郵寄的資料有：(1)第二回合的問卷。(2)第一回合問卷的影本。問卷於八十八年三月中旬寄出，於四月底前回收。第二回合問卷整理工作主要是統計各項目反應的眾數、平均數及填答者樣本數。

第二回合問卷的整理，研究者提出四個修訂原則：(1)項目平均數在 3.5 以下者刪除。(2)專家樣本補充的項目，其內涵已包含在原有項目的範圍內者，刪除之。(3)專家樣本補充的項目，其內涵相似或部分相同的項目，統整為一個項目，並適度地增加其內涵。(4)專家樣本補充的項目，文字敘述不同但內涵相同者，合併成一個項目後修飾文字。專業成長指標的重點在於「已具備教師專業基本能力之上的成長」。凡屬較基本能力、或屬於一般人格素養的部分，排除在「專業成長」的重點之外。根據這些原則整理第二回合的問卷，專業成長層面歸併成 23 個，

指標項目縮減為 154 個。以這些層面及項目作為第三回合的問卷內容。

　　3.德懷術第三回合調查：

　　第三回合的問卷內容層面有 23 個，指標有 154 項。填寫說明強調一個重點：「本研究所訂的專業成長指標，著重在已具備教師專業基本能力之上的成長，凡屬較基本能力、或屬於一般人格素養部分，不屬於專業成長的重點。依此，教師本應或已具備的特質或表現的項目，雖然重要，但若以教師專業的觀點及目前教育的需求，這些項目可能沒有那麼迫切性需求，重要性應較低。反之，在基本專業素養上面，應力求進一步成長，以應專業的需求與發展的層面與項目，權屬重要的指標，重要性應較高。

　　第三回合的問卷於八十八年五月初郵寄，五月中旬回收。統計每一項目的眾數、平均數及標準差。由於項目仍覺得太多，決定再予合併及刪減。最後整理結果有 18 個層面，103 個項目。德懷術第三回合整理的結果，就是「國民小教師專業成長問卷」中的指標項目。

資料來源：呂錘卿、林生傳（2001）。國民小學教師專業成長指標及現況之研究。教育學刊，**17**，45-64。*

10

發展研究法

引題探索

1. 發展研究法適用於什麼樣的問題？
2. 發展研究法的類型可以作如何的區分？有哪些層次？各層次分為幾類？
3. 縱貫研究是什麼？適用性如何？
4. 何謂樣本小組縱貫研究？何謂期群縱貫研究？有何異同？
5. 橫切研究的特徵如何？有何長短？
6. 比較各種不同類型的發展研究之性能？
7. 如何整合並用縱貫研究與橫切研究，得以兼顧兩者之長？
8. 趨勢研究之目的何在？如何應用？

教育的研究大部分是描述性的研究，上兩章已經論述了問卷調查研究與訪問調查，這一章接著介紹發展研究。描述性的研究固然關心現行的情況如何，所持的信念與觀點怎樣，表現的態度如何，進行的歷程是什麼，覺察到什麼的效果。不過，有時候描述性的研究也關心為什麼是這樣（how is that）或現狀（what exists）如何關聯到以前的事件（Best, 1970）。當我們研究者關心的是現狀如何發展而來，隨著時間事象有什麼變化，這種變化呈現是否有一定的律則。這種研究仍是屬於描述性的研究，但已有別於上一章所論述的調查研究，而可別稱為發展研究。不過，有的書不另名為發展研究，而稱為縱貫調查與橫切調查（longitudinal surveys vs. cross-sectional surveys）（如 Fraenkel & Wallen, 1996）。所以發展研究是探討事象的變化如何？呈現什麼樣的規律？依循程序如何？表現類型有何？這種變化通常是隨著時間、年代、或年齡、階段有規律地發生。由於發展（development）的概念本來是生物的概念，所以常見用來研究個體身心發展的變化。例如，研究幼兒身體的發育、語言的發展、動作的變化，或兒童閱讀興趣的發展、認知的發展、道德認知的發展、社會心理的發展等等。不過，發展的研究不限於對個體的變化的研究，對團體、組織、機構、社區、制度、文化等，均可以進行發展的研究。例如，研究教育優先地區學童的身心發展、特定階段高等教育數量的發展、特定社區的發展、社群性格的發展、文教機構的組織與功能的演變發展。

第一節　發展研究法的類型

　　發展研究法可以分為兩種類型。一是生長研究法，另一是

趨勢研究法，前者可分為縱貫（longitudinal approach）與橫切（cross-sectional approach）研究法，茲說明如下：

一、縱貫研究法

縱貫研究法是對相同的研究對象，歷經一段較長時間的重複研究，由重複研究的結果去比較不同時間或年齡研究項目的變化，以了解其發展的情形是否呈現一定的變化，表現特定的類型，並探討其發展是如何產生的。這種縱貫研究長則連續數十年，例如推孟（Terman, L. M., 1959）對天才的研究，推孟從一九二一年以一千五百名天才為研究對象追蹤至一九五五年為期長達三十五年之久；縱貫研究法短則連續數個月或幾週。這種研究重點在於：1.對同一樣本研究；2.以同一個研究觀察的工具或系統，重複的施測或觀察，除非依年齡發展的需要，必須更定其內容或形式外，觀察的工具或系統，宜延續利用，不改其內容與構念；3.相隔一定的時間或年齡，重複施測，至於所隔的時間或年齡應依據研究者的理論或研究假設來決定。這種對同一群受試者作的研究有不同的名稱，在英國常稱為cohort study，在美國稱為 panel study。事實上兩者有所不同。

㈠樣本小組縱貫研究（panel study）

樣本小組縱貫研究是指對同一小組樣本重複多次觀察的研究。在研究開始之初從群體中抽選樣本成為一個小組（panel），然後再依理論的需要隔一定的期間來給予評量或施測。所以每次重複施測的對象都是來自同一群體的同一樣本。這個樣本在第一次測量之前即由當時的群體抽樣決定，例如，我們以 T 大學二〇〇二年畢業學生三千人為群體抽樣，為了了解畢業後對教育工作專業訓練的發展，乃從中抽選一百個人做為樣

本，這個樣本即所謂的「panel」，然後每年對他們觀察或評量他們專業信念的改變，藉以了解 T 大學畢業學生畢業後專業信念是否隨著時間而改變、有無呈現一定的型態，並可進一步探討其影響的因素。

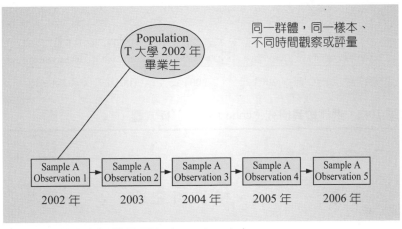

圖 10-1　樣本小組縱貫研究（panel study）

(二)期群縱貫研究（cohort study）

是指對特殊的群體如 T 大學二○○二年畢業生三千人來抽樣，研究他們畢業後對教育專業訓練後的信念改變或發展，於是每年從這一群體裡面分別抽選一百人為樣本，進行評量與觀察，每年的樣本可能包含不同的個人，當然其中也難免包含相同的個人，不過依據抽樣的原理，由於是由同一個群體按隨機的方式抽樣出來的，因此，雖然每個樣本所含的個人不一定相同，但是各個樣本依理均能代表原來的群體，所以重複測量的結果是可以互相比較的，而比較所得的改變或呈現的類型，就可以代表這個群體改變的實況或類型。

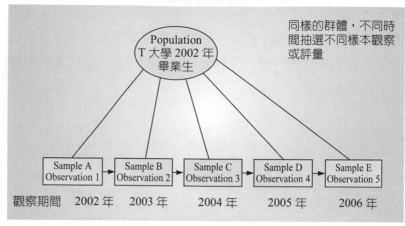

圖 10-2　期群縱貫研究（cohort study）模式圖

二、橫切研究法

　　橫切研究是指在同一個時間，依理論架構或研究假設選取不同年齡層或發展階段的對象構成的研究樣本。對研究樣本在同一時間進行觀察或測量研究變項，然後分析所蒐集到的測量資料，比較不同年齡層或發展階段的差異情形，藉以了解發展的實況是否呈現一定的發展程序，表現特定的類型，或探討發展如何產生。至於到底要抽測哪些發展階段或年齡層的對象，應依據研究者的理論架構來決定。評量的工具或觀察的系統應該是相同，至少在它的理論構念與內容要一致。例如，為調查個體認知的發展是否符合皮亞傑（Piaget）的認知發展理論，於是依照抽樣原理以分層隨機的方式就兩歲的群體、四歲的群體、七歲的群體以及十一歲的群體，分別抽取二百人做為樣本，同時間分別接受「皮亞傑認知發展量表」（An Inventory of Piaget's Developmental Test）的測驗，並由測驗的結果比較各階段樣本認知發展的差異。依測驗的結果檢驗其發展的實況與特

徵是否符合皮亞傑的理論。在這種研究裡面，整個研究是在很
短的時間內完成，在同時間，依不同的發展階段群體來抽取不
同的樣本，並且在同一時間接受測驗。

第二節　**縱貫研究與橫切研究的性能**

　　不同類型的發展研究性能不同，各有其長短優劣之處，應
先了解其性能的差異，才能作明智的運用。發展研究法觀察或
評量不同年齡、時間點的個人或群體的差異與變化情形，如果
我們仔細地分析其所得結果的變異來源，大概可以區分為三方
面。第一，隨著年齡或階段不同所發生的正常發展。例如，人
的身高隨著年齡而增高，牙齒隨著年齡而增加、智力隨著年齡
而成長。第二，特殊的歷史事件或文化背景所造成的影響。例
如，政權的轉移、政局的動盪不安、經濟的不景氣、教育改革
等等對於學生、家長、教師、教育行政人員都難免帶來顯著的
影響。第三，同一期群的人的特質與累積的經驗。例如，每年
大一新生的特質不一定都等同，每一個地區每年新聘的教師其
個人特質、專業背景與教育素養可能也有差別，以後所累積的
經驗也會不同。發展研究法必須要能夠區別真正來自於正常發
展的變異數是多少、前後的發展是否循一定的步驟或順序（se-
quences），表現一定的類型（patterns），並能探討是受哪些因
素影響。另一方面，任何的研究都要講求可行性與研究的效
率，各個研究有其各自的目的與時限，當然投入最少、執行容
易、馬上可以得到效果的方法較受歡迎。再其次，研究要有信
度與效度，樣本是否具有代表性，觀察、施測是否容易進行，
所得的資料是正確可靠，是所有研究必須確實講求的。我們以

上述衡量的標準，可以據以評估縱貫研究法與橫切研究法的優劣長短。

一、縱貫研究

縱貫研究法是研究教育對象、學校組織、與社會發展較為理想的方法，它可以研究發展與演變的連續性、穩定性，甚至可以試探因果的關係。茲就樣本小組縱貫研究與群體縱貫研究分析其性能優劣長短如下：

㈠樣本小組縱貫研究

由於是對相同的樣本做長期而連續性的觀察與評量，故有下列優缺點：

1. 優點

(1)透過長期的重複評量，因此能夠顯示個別發展或變化的真正變化情形。

(2)整個研究的過程維持同一個樣本，能夠避免由於抽樣技術不夠正確，以致樣本的本來差異模糊了發展的真相。因此，可以控制樣本差異所造成的偏差。

(3)在長期的觀察與測量的過程當中，可以使研究者辨識影響研究變項的歷史事件或社會文化的變遷等外在發展因素。

(4)這種研究可以深入了解個別的發展真相，又能夠控制不同樣本本來的差異，且能分析歷史事件與文化發展變遷所造成的影響，因此較能夠顯示真正由於年齡或時間所形成的發展實況。

(5)能夠顯示突然加速的發展（growth spurt）或遲滯發展的高原現象（plateau）。在成長的某一階段中，身心方面的某

些特質會特別快速成長，在另一階段發展會比較遲緩，其他的階段就以普通的速度來成長。在樣本小組縱貫研究中比較能夠釐清它的真相，在橫切研究中就很難得到真正的了解。

2.缺點

(1)研究的期程太長，如果沒有穩定的經費，與持久的耐心和毅力很難完成。

(2)受試者難免會流失而使原來的樣本人數會越來越減少，樣本的代表性將會受到質疑，而增加推論的困難。

(3)由於重複一再接受測量與觀察，令研究對象感到厭煩，其是否能夠忠誠合作是一大問題，研究信度將令人擔心。

(4)無法改善原來研究計畫不周之處，也很難隨著教育工學的發達而更改研究的工具與方法。

(二)期群縱貫研究（cohort study）

從同期群中隔一定時間抽取樣本來進行研究，對同期群做重複觀察與測量，因此具有下列優缺點：

1.優點

(1)可以對同期群追蹤他們的發展與演變的情形，真正了解發展的實況與演變的情形以及受到哪些因素的影響。

(2)可以控制不同期群間的差異，避免不同期群的差異模糊混淆發展與變化的真相。

(3)可以了解同期群間特殊的歷史文化與經驗造成的影響，以了解發展的來龍去脈。

(4)較能顯示並證實特定方式的發展、事實實況及類型，這種研究很適合對特定群體的研究，例如某一年的畢業生、某一群授課教師、某一特殊年代出生的人口，例如：千禧

年、龍年出生的人口。

(5)此外，相較於樣本小組縱貫研究，它可以維持樣本人數與固定的人數並且適度的維持它的代表性，不易因為樣本的流失而造成信度的問題。

(6)另外，可以減少受練習的影響，雖屬同期群但樣本不同，因此對調查對象不會覺得厭煩而不願意合作。另一方面也避免由於一再練習而影響評量的效度與信度。

2. 缺點

(1)研究的期程太長，如果沒有穩定的經費，與持久的耐心和毅力很難完成。

(2)無法改善原來研究計畫不周之處，也很難隨著教育工學的發達而更改研究的工具與方法。

(3)如果抽樣的策略與技術不精密，樣本間抽樣的差異可能會影響到研究的成果。

二、橫切研究

如上所說，在同一個時間點上分別抽樣不同年齡或發展階段的受試者，同時實施觀察或評量，比較觀察或評量的結果，來調查發展的真相及類型，這種方法用得很普遍也很容易實施。其性能與優缺點如下：

1. 優點

(1)研究的期程可以很短，實施方便。可以在很短的時間內，同時觀察和測量很大的樣本，對於滿足嚴格規定期限的研究，例如滿足學位的要求或有特定目的專題研究很適合。

(2)樣本具有代表性。即時抽樣不用擔心樣本會失去代表性，只要抽樣精密，樣本可以十足代表母群。

(3)測量信度較高。由於橫切研究不必對同樣受試者一再的觀察，研究不會引起厭煩，也可以避免受測者因對施測材料的熟悉而影響測驗結果的信度。

(4)研究的工具可以隨時更新、研究計畫可以儘求理想。研究者可以就研究當下採用最新的評量方法與工具來施測，研究計畫也可以不斷求精，以避免受到先前已做過的工具、方法的牽制而不能隨時改變。

2. 缺點

(1)無法進行或不易進行連續性、穩定性的發展研究；對演變經過、歷程的發展研究也不易探究，對於發展的事實無法全面了解。

(2)無法了解歷史演變、社會文化變遷、特殊事件對發展所造成的衝擊。不同年齡階段的樣本，所顯示的差異，有哪些是由於上述的原因，很難加以分析。

(3)無法控制同期群本來的差異。不同的同期群之間可能本來就有差異，這種差異可能會與發展的差異混淆不清而影響到研究的效度。

(4)不同的樣本所得的結果常因為抽樣的技巧不精密，而使得研究的結果缺乏比較性。橫切研究法依不同的年齡而抽取樣本，常因抽樣的方法不佳而有偏差，使得觀察或測量的差異無法確定是由於成熟與發展造成，抑或是來自樣本本身的不同。

三、縱貫研究與橫切研究的比較與適用性

期群縱貫研究、樣本小組縱貫研究與橫切研究的優劣長短比較，可以整理如表 10-1。

各種研究仍有它的適用性，期群縱貫研究適合研究某一特定的分群體（subpopulation）之特殊成長情形，通常在時代的巨變當中，躬逢其會的特殊族群當時如何適應？以後如何隨時間而演變？例如二十世紀三十年代，經濟不景氣的青年；第二次世界大戰嬰兒潮出生的人；新千禧年的龍兒龍女；在這一波教育改革之下的新進教師；台灣第一次的政黨輪替、新政府成立後的經濟人口；這些都是適用期群縱貫研究的研究對象與題材。

表 10-1　各種發展研究法的長短比較

比較的規準	縱貫研究		橫切研究
	Longitudinal		Cross-sectional
	Cohort study	Panel study	Cross-sectional
研究經濟效率	?	×	✓
控制個別間差異	?	✓	×
控制不同時期群體間差異	✓	✓	×
能知道歷史、文化的影響	✓	✓	?
能了解發展的來龍去脈（效度）	✓	✓	?
較能確知發展的真相及轉型	?	✓	?
研究容易實施	?	×	✓
研究樣本不虞流失影響其代表性	✓	×	✓
不虞練習影響信度	✓	×	✓
可以即時利用最進步的研究工具	?	×	✓
有效掌握期限完成研究滿足學位需要	?	?	✓

✓長處；強勢　×短處；弱勢　?不一定

　　樣本小組縱貫研究適合對小樣本做長期研究，持續性的觀察以實徵是否符合發展理論或假設？例如抽樣五十個嬰兒，長

期觀察其動作發展、語言發展，記錄每個月的進步情形、發展的順序、快慢是否符合理論類型？另外，在選舉期間所進行的民意調查，為了了解選民對候選人所提出的政見或所進行的選舉活動，往往對樣本進行持續性的調查以了解對候選人的態度是否改變，正面或負面。另外，為了了解人民對政府的某一政策的反應以為調整或因應，也常適用此種方式。例如為了了解一般教師對九年一貫課程所持的態度如何？是否因政策的宣導而有有效的改變？可以對樣本重複調查訪問，所採取的也是一種樣本小組縱貫研究。

至於，為全面了解不同發展階段的群體是否有差異的事實，而研究時間又無法延續太長，這種情形比較適合橫切研究，例如比較不同年資、不同經歷、不同教育階段的教師專業成長需求，就要採用橫切研究。

第三節　縱貫與橫切的整合研究

從上面的分析比較，可以發現縱貫研究與橫切研究各有長短、優劣，縱貫研究是對研究對象依照發展的理論在各時間點上實施重複的觀察或測量，經由長期的資料蒐集，可以了解研究對象的發展過程及變化，也可以辨識歷史事件或社會文化的變遷對其發展所發生的影響，對於特殊的發展現象也比較容易察覺；也可以減少由於抽樣的技術造成的偏差，所以比較能夠確定真正屬於年齡、年級或時間形成的發展真相，建構它的發展型態。縱貫研究的效度可能較高，但是實際實施的時候，由於期程太長、長期追蹤，樣本難免流失，研究的資源很難維持長程的研究，而研究樣本的流失、評量工具的信度也會有一些

實際的問題。反之，橫切研究研究的期程很短，樣本不易流失，測量程度比較容易標準化、實施也比較容易，信度也比較高；但是，由於它沒有辦法分辨出是歷史文化的影響還是正常發展的結果，也無法控制不同期群之間本來的差異，對於發展的真相無法明確地檢定，因此其效度不免令人質疑。

為了能夠兼取兩者的長處，使發展研究的目的更容易達成，也能確定變化是真正的發展還是由於外在因素的影響，同時在研究的實施上也比較具有可行性，可以採取一種整合的辦法，這種研究法有的學者稱它為輻合研究（convergence approach），或謂之加速縱貫研究法（accelerated longitudinal approach），也可稱為延遲設計橫切研究法。其設計的要點，在研究對象方面，仍然如同橫切研究，依理論的假設，同時對不同發展階段的群體分別抽取樣本作為研究對象；在觀察或評量的實施方面，則又如同縱貫研究法一樣，使觀察或評量對同樣的研究樣本重複施測一段相當長的期間，不若橫切研究只有實施一次。不過，通常重複施測次數也比縱貫研究少、研究期程也有縮短。例如，對幼兒階段的語言發展進行發展研究，如果我們採用這種方法、模式的話，可以從一歲、兩歲、三歲、四歲的群體各自抽取一個樣本，然後隔一年實施語言的評量或觀察他的語言的發展，持續兩年計實施五次，例如對一歲組樣本，在一歲、兩歲、三歲、四歲時各實施一次。二歲組樣本，在二歲、三歲、四歲各評量一次。雖然只有三年的時間，我們卻可以得到四個發展階段的語言發展資料，這裡面包含有縱貫研究與橫切研究，所以它不但可以對同一年齡組持續進行若干次的評量，使評量的結果可以更正確，而研究持續的時間也只有三年，並不會太長。另外，可以比較不同時期出生而等到成長到同一年齡時是否不同，來了解不同期群之間是否有所不同，且由於長時間的觀察、測量，也可以幫助研究者知道是否

有特殊的歷史事件或社會文化變遷所造成的影響。

通常，我們在發展研究裡面，必須要能分辨㈠真正是由於年齡或發展階段所發生的正常發展，在測量結果造成多大的變異；㈡同一出生年代或同期群的人共同累積的經驗、特殊的境遇形成的變異又多少；㈢由於測量時間的不同所發生的變異有多少。如果能確實分析清楚、區辨各項不同來源的變異，然後確定真正由於發展的原因所導致的變異如何，研究的結果必定相當精確。

在此舉一例說明。當我們擬以大學一年級到四年級的學生為對象，評量他們對「自我認定與統合」（self-identity）的發展。可依輻合研究法設計一個研究的架構如圖 10-3。於二〇〇一年依照隨機抽樣的原則，抽選大一、大二、大三、大四各年級一百人為樣本，對這四個樣本同時調查他們的自我認定與統合，每年重複調查一次，直至畢業為止，所以大一學生在二〇〇一、二〇〇二、二〇〇三、二〇〇四年重複接受自我認定與統合的測驗；大二學生在二〇〇一、二〇〇二、二〇〇三年重複接受自我認定與統合的測驗；大三學生在二〇〇一、二〇〇二年重複接受自我認定與統合的測驗；大四學生在二〇〇一年接受自我認定與統合的測驗；所得資料包括縱貫研究資料和橫切研究資料。對於這些資料我們可以做下面分析：

㈠同一評量時間對不同年級評量所得資料：如圖上實線內的資料，這一項資料相當於橫切研究所得的資料。例如二〇〇一年評量大一、大二、大三、大四各期屆的學生所得的資料，可以看出各年級自我認定與統合測驗分數上的變異，這一項資料是同一測量時間不同年級中所得資料，其變異來源是來自於 1. 年級（年齡）的差別，即發展的結果，與 2. 不同期群間本來的差異。

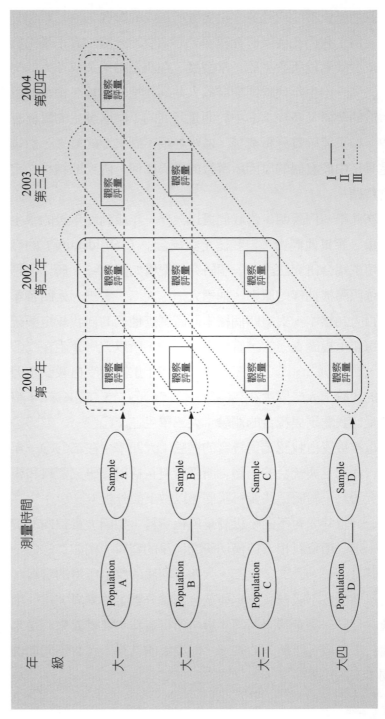

圖 10-3　輻合研究架構圖

㈡同一樣本不同測量時間評量所得資料，如圖上粗虛線圍起來的資料，這一項資料相當於縱貫研究所得的資料，例如，研究剛開始為大一的這一屆連續四年評量所得的資料，這一項資料變異的來源，各次評量所得資料的變異來自於1.評量時間的不同，與2.年級（年齡）差異，即發展的結果。

㈢同年級在不同測量時間接受測量所得的資料，如圖上細虛線圍起來的資料即各對角線上所呈現的資料，這一項資料是不同時間同年級的資料，資料的變異來源是來自1.各測量時間不同，2.不同期群間本來的差異。

對這三項資料的分析比較可以解析，真正來自於年齡或年級的增高所帶來的發展真相，與自我呈現的類型。此外亦可分析來自於歷史文化、社會變遷、特殊事件的影響。另外，還可以分析各期群間本來的差異，而研究的期程也不至於太長，具有很大的可行性、信效度較高。

若要真正了解多大變異係由於年級或年齡增高帶來的發展，可以合併上述三項資料的變異除以 2 為總變異，再與第㈢項資料的變異相比較，所得的結果，即可以權衡分析出真正發展的事實。

第四節　趨勢研究與追蹤研究

趨勢研究（trend study）是在探討某一群體過去的實況、現在的情況，藉以預測未來的發展趨勢。回顧過去、推測現在、預測未來，研究對象可能是一個群體的發展變化、也可能是一種現象的發生、演變和延續。例如，某一學區的學生人口成長數、學校數量的發展、教師退休人數的成長、遷出人口的變

遷、教育經費的增刪、教師數量的需求、高等教育人口性別結構的改變、離婚率的改變、輟學率的變化、犯罪人口的增加、學生偏差行為的改變、研究生學生數的成長等等皆可以做為研究趨勢的對象。趨勢研究對教育與行為科學方面可以幫助我們由了解過去，更正確地探討目前的情況，對未來發展的情形預先規畫、有效因應。例如若能預測教師在某一時間有很高的退休潮，就可以早先規畫遞補的教師；趨勢研究可以提供我們採取預防或補救的措施，我們可以預估青少年的問題和未來可能的演變，因此，及早採取有效的辦法來矯正青少年的偏差行為，有效降低青少年犯罪比率。

趨勢研究的研究方法，通常先要從理論方面假設群體的成長或某一現象的改變可能是由於哪些因素，然後，對這些因素蒐集資料做延續性的觀察和分析，從過去和現在的資料去推測未來及研究模式，如圖 10-4。例如要研究高雄市國民教育在民國五十七年到六十四年間班級數的成長，於是研究小組蒐集五十七年到六十四年學生數、出生數、遷出人口以及班級規模大小等因素的資料，然後可推估六十幾年到七十幾年的成長（林生傳，2000c: 172-177）。又例如，要預測台灣省未來六年國小教師需求量（黃昆輝等，1977），研究小組認定影響國小教師需求量的因素為出生數、遷出人口以及班級規模大小，因此蒐集八年來此等因素的資料，並探求此等因素與教師需求量的關係，據以預估教師需求量的未來趨勢。同樣，我們可以由過去若干年來女大學生人數的成長來預測未來的發展趨勢，女大學生的人口數的推估可以由過去的發展演變情形來推估，但更求正確，恐怕不僅是由過去的發展演變情形推估，而是應先分析哪些因素是女大學生比率增加的因素，如經濟成長、女權意識抬頭、國民平均所得提高、女性就學的意願、中小學女生數的結構、新出生的女性人口等等，蒐集完整才能做正確的推估；

這種研究還可用在公立教育經費的發展、高等教育經費的成長、原住民高等教育就學發展趨勢等等皆很適合。

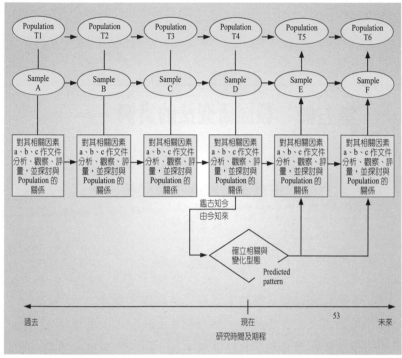

圖 10-4　趨勢研究

　　廣義的發展研究還可以包括追蹤研究（follow up study）。追蹤研究有三種類型。第一種係對接受過調查的人隔一段相當的時間之後重新調查，來了解這一段時間內有無發生顯著的差異與變化，並進一步探討是否受哪些歷史事件與社會文化的影響，關心的重點通常是在重大事件或歷史演變所帶來的影響。第二種類型是研究對象在接受一種實驗或一種特殊的課程或專門的訓練之後，接受了後測，來了解學習的效果。為了進一步檢定長程的效果（long-term effect）如何，確認所接受的訓練或課程有無持續性的效果，因此在隔一段較長的時間之後，再重

新測驗。第三種類型通常用來評鑑某一課程或政策試驗效果。例如，在教育優先地區給予經費補助，為評鑑這種教育方案的效果，因此，在一定的實驗期限之後，進行評鑑來追蹤此方案的效果。

第五節　發展研究法的實例（註）

我國學生概念發展的水準與特徵研究

林生傳

摘要

　　本研究先論述「概念學習與發展的階次理論」（CLD），據以開發適合我國應用的「概念發展測驗」，並予標準化，供教育輔導及各界應用。復抽選國小低、中、高年級，國中一、二年級，及高一，計1824位學生為樣本。「橫切研究」比較探索各層次概念發展情形，以了解我國學童概念發展之特徵與型態。

　　結果證實我國學生概念發展，從其發展之不變性、持續性、差異性，層次之連續發展與並行發展而言，頗符合「概念發展與學習之階次理論」。惟在內容差別性方面發現，與升學無關的知識內容之概念發展較慢。

註：本實例為舉例性質，僅摘取特別有用部分，其它均予刪略，以節省篇幅。且為方便讀者參看原論文，附註、編碼及寫作體例，仍維持原文撰作時流行的體例格式。讀者現今撰述論文時仍應依本書第二十章現行格式體例，不宜按本實例的格式。

據此結論建議：一、概念發展有其層次性，應利用「概念發展測驗」正確了解其實況與特徵，作為施教依據。二、各階段的教育，應配合學生的概念發展以增加效果。三、為增進學習的效率，可以依據CLD理論，設計教學，嘗試提高概念層次發展的實驗，開發有效概念教學系統，以便促進學生概念發展層次的提升。

緒論

　　有關概念的理論，除本於傳統古典理論（Classical Theory）（Bruner, Goodnow, & Austin 1956）外，有 E. Rosch 的 Prototype Theory; L. R. Brooks 的 Exemplar Theory，以及 Probabilitic Theory。CLD（Concept Learning and Development）理論為美國威斯康辛大學（University of Wisconsin-Madison）的「認知學習研究發展中心」（Wisconsin Research and Development Center for Cognitive Learning），在前任中心主任 Herbert J. Klausmeier 教授的領導下開發出來的模式。CLD 的理論提出概念發展四層次必須循序漸進，與 J. Piaget 的認知發展理論互相媲美，引起學者的興趣，許多實徵研究因之而起。

　　本研究主要在參據「概念學習發展理論」，實徵我國青少年學子概念發展的實況並發現其型態。「概念的學習與發展理論」（The Theory of Conceptual Learning and Development，簡稱為 CLD）是美國威斯康辛大學研究發展中心前主任 Herbert J. Klausmeier 教授提出且據以開發應用於教學的一種概念理論。此一理論主要在揭示概念有四個發展的層次，並探討發展如何發生，以及每層次所發展的概念對於日常生活問題的解法及其對學習有何用處。

　　按照「概念學習與發展理論」，概念的發展有四個層次：

1.具體層次（concrete level）

個體可以認出他曾經接觸過的事物，如先前個體看到一支筆，後來當個體在相同地方和位置看到它時，仍能夠認得它是相同的東西。

2.識別層次（identity level）

當個體面對一件他從前接觸過的事物，即使從不同的角度或者事物以不同的形式出現時，個體仍然可以辨識出來（趙寧，民71）。在具體層次時，僅涉及從其他物體區分一個物體；而在識別層次不僅是從其他物體區分相同物體的不同形式，而且能概括（generalizing）特定物體的形式為相同的東西（Klausmeier, 1979: 12-13）。

3.分類層次（classificatory level）

對於相同事物的兩個以上不同的例子能夠歸納為相同種類的東西。譬如以一種或更多的方法將牆上和桌上的時鐘加以分類，如具有相同的形狀或功能。

4.形式層次（formal level）

個體可以清楚地了解概念所代表的意義，它的一般與獨特之屬性，並且能夠分辨與此相似的概念其差異之所在。例如：提供給個體樹、灌木和草的一些例子，他可以辨別哪些是樹，區別並命名樹的定義屬性且能對予下一定義或界說從事評鑑樹，分別辨識是非正誤。

我國社會文化傳統具有特殊性，教育生態及課程教學也異於他國，概念發展可能因社會文化與教育而有不同，CLD的理論是否適用於我國學童及青少年值得實際了解。

研究設計與方法

本研究為欲客觀了解我國學生在階次模式上的概念發展水準，並探討其相關因素，作為教學輔導上的應用與參考，因此，

一方面必須依據CLD理論開發概念發展測驗，一方面必須妥予實徵設計，抽取樣本，進行施測。

為確實徵驗概念發展理論，本研究採用橫切法，首先比較不同階段樣本的概念發展。其實徵研究的設計如下：

一、研究對象

本研究以臺灣地區嘉義市以南，至臺東縣之國小、國中、高中學生為研究對象。採分層隨機之抽樣方式，就院轄市、省轄市、鄉鎮、海邊與山區之學校，同一學區內，抽取國中、國小各一班。國小以二年級、四年級、六年級為受測對象。國中以一年級、二年級為受測對象。高中則以一年級為受測對象。總計受測學生有 1824 人。

二、研究工具

本研究使用本專案開發之「概念發展測驗」，藉以測量研究對象之概念發展水準。本測驗之編製即以「CLD模式」為理論基礎，將概念發展區分為四個階段，即具體層次（concrete level）、辨識層次（identity level）、歸類層次（classificatory level）、形式層次（formal level ）。再決定「水果的概念」、「正方形的概念」、「文明的概念」三個主題，作為測量的項目。其中第一個項目代表自然科學的領域，第二個項目代表數理的領域，第三個項目代表社會科學的領域，藉此三個項目涵蓋學生所學知識的各項領域。

本研究參考預試之CR值，內部一致性及α係數，並參酌測驗題數的多寡，經過再三的研商之後，確定各分量表名稱及各題數如下：

CN 　　具體階段概念

　CNN 　自然—水果 　　　7題

　CNM 　數學—正方形 　　5題

　CNS 　社會科學—文化 　5題

ID	辨識階段概念	
IDN	自然—水果	7 題
IDM	數學—正方形	7 題
IDS	社會科學—文化	7 題
CL	歸類階段概念	
CLN	自然—水果	6 題
CLM	數學—正方形	8 題
CLS	社會科學—文化	5 題
FM	形式階段概念	
FMN	自然—水果	6 題
FMM	數學—正方形	10 題
FMS	社會科學—文化	6 題

　　重測信度全量表為.79。各層面之α係數均達.05 顯著水準，水果部分介於.49~.86 之間，正方形部分介於.50~.88 之間，文明部分介於.55~.83 之間，整個量表介於.81~.91 之間。

　　在效度分析方面採用對照群效度，首先依學生的學業成績，將學生分成高分組與低分組，以上下 27%為分界之標準，最高27%為高分組，最低 27%為低分組。接著比較高、低分組在CL和 FM 之差異（國小為 CN 和 ID）；數學得分之高低在 CL 和FM 之差異；歷史（社會）得分之高低分組在 CLS 和 FMS 之差異；自然（生物）得分之高低在 CLN 和 FMN 之差異皆其顯著性。

研究結果

　　我國學生由國小低年級學童，以至高一學生的概念發展情形，藉用「概念發展測驗」的評量與測驗，可見其實況以及所呈現的幾項趨勢。本章就㈠概念發展的分配；㈡概念發展的型態與特徵析述之。

一、概念發展的分配

我國學生在「概念發展測驗」上四層次的概念得分如表三。先就整個樣本綜觀之，見表三，在「具體層次概念」量表（CN）上的得分，小學二年級為 14.07；小學四年級為 15.31；小學六年級為 16.10；國中一年級為 16.12；國中二年級也是 16.12；高中一年 16.42。可以看出小學二年級與高中一年級在 CN 量表上得分並無很大的差距。換言之，小學二年級在具體層次的概念發展已至相當高程度。在「辨識層次概念量表」（ID）上，由小學二年級至高中一年級依序為 9.88；11.25；13.88；15.04；15.90；18.85，除小學中、低年級外，其以上各年級相差皆有限，國二、高一之落差頗大，但國中、高中學生選擇性不同，較難比較。在「分類層次概念量表」（CL），依序為 4.55；6.97；7.36；9.14；13.04。在「形式層次概念量表」（FM）的得分，按年級得分為 4.50；8.44；10.13；11.52；16.27。可以發現年級愈高，得分愈高。年級落差在 FM 與 CL 量表上皆頗大；在 FM 上高一得分平均幾近小學二年的四倍；在 CL 上幾近為三倍；在 ID 層次約為二倍，在 CN 層次，差距甚小，幾乎無差距。可見較低層次的概念——「具體層次」的概念發展至小學二年級幾已接近完成，其後無太大發展空間；

表三　概念發展層次～同年級在不同水準概念測驗得分平均

	CN	ID	CL	FM
	具體	辨認	分類	形式
小二	14.07	9.88		
小四	15.31	11.25	4.55	4.50
小六	16.10	13.88	6.97	8.44
國一	16.12	15.04	7.36	10.13
國二	16.12	15.90	9.14	11.52
高一	16.42	18.85	13.04	16.27

反之，在「分類層次」的概念與在「形式層次」的概念上，則在低年級都尚未發展。所以就同一年級比較，在四層次上的得分可發現有相當的差距。

由於各量表題目數不全等，不易確實了解其全貌，茲再查表四與表五所列各年級在四層概念量表的答對率（附註一）。在「具體概念層次」（CN）答對率，小學二年級已經達到82.76%，小學四年級達 90.05%，其上，小學六年級、答對率94.71%，國中一、二年級皆為 94.82%；高一為 96.59%；可見小學二年級答對率都已達80%以上，小學二年級與高一之差不到14%；在「辨識層次的概念量表」（ID），小學二年級至高中一年級的答對率相差較大，依次為47.07%；53.57%；66.61%；71.16%；75.67%；89.78%；高低全距差約為42%。在「分類層次的概念表」（CL），則分別依序為 23.89%，36.67%，38.74%；48.11%；68.63%。在「形式層次的概念量表」（FM），分別依序為 20.45%；38.36%；46.06；52.32%；73.95%。在具體概念層次（CN）上，國小二年生皆已能答對80%以上具體概念的題目；但在辨識層次上（ID）國小四年級的學生才能答對約一半的「辨識層次的概念問題」，國一則約能答對70%的題目，高中一年級則能答對近90%，至於在歸類層次（CL）的題目與形式層次（FM）概念的題目，國中二年才能答對約一半的題目，即至高一也才能回答約70%的題目而已。可見具體層次（CN）的概念，國小低年級已發展完成，辨識層次的概念（ID）約至國一、二才發展差不多，而對於分類層次（CL）與形式層次（FM）的概念則大約從小學高年級開始，有較顯著的發展，高一才有較高的發展。

表四　學生概念層次水準各年級的答對率

	CN	ID	CL	FM
小二	82.76%	47.07%		
小四	90.05%	53.57%	23.89%	20.45%
小六	94.71%	66.61%	36.67%	38.36%
國一	94.82%	71.16%	38.74%	46.06%
國二	94.82%	75.67%	48.11%	52.32%
高一	96.59%	89.78%	68.63%	73.95%

表五　學生概念發展層次各年級的答對率

	CN	CNN	CNM	CNS
小二	82.76%	88.29%	73.80%	83.80%
小四	90.05%	94.57%	82.00%	91.60%
小六	94.71%	96.86%	90.00%	96.20%
國一	94.82%	97.14%	90.80%	95.60%
國二	94.82%	97.85%	88.80%	96.80%
高一	96.59%	99.00%	91.50%	98.20%

	ID	IDN	IDM	IDS
小二	47.07%	56.28%	38.71%	47.71%
小四	53.57%	64.71%	50.00%	46.00%
小六	66.61%	70.86%	62.71%	64.71%
國一	71.16%	72.14%	66.57%	76.14%
國二	75.67%	73.86%	71.71%	81.43%
高一	89.78%	85.00%	90.29%	94.00%

附註一　答對率指該年平均得分佔全部題數的百分比率。

	CL	CLN	CLM	CLS
小四	23.89%	20.33%	35.25%	10.20%
小六	36.67%	26.17%	51.75%	25.20%
國一	38.74%	21.67%	57.63%	29.00%
國二	48.11%	34.83%	64.38%	38.00%
高一	68.63%	56.33%	84.49%	57.40%

	FM	FMN	FMM	FMS
小四	20.45%	18.67%	25.90%	13.00%
小六	38.36%	31.00%	44.62%	35.33%
國一	46.06%	33.33%	51.10%	49.83%
國二	52.32%	41.53%	54.81%	59.17%
高一	73.95%	67.00%	78.21%	73.83%

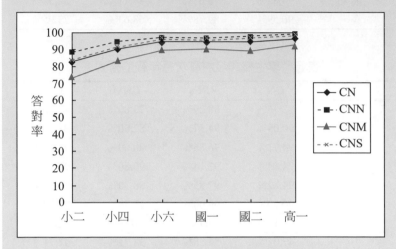

圖一～1　學生概念發展具體層次各年級的答對率

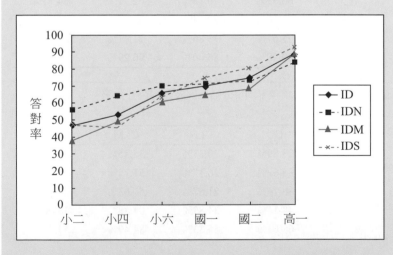

圖一～2　學生概念發展辨認層次各年級的答對率

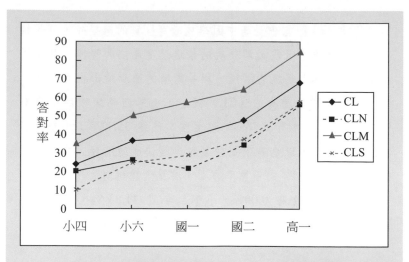

圖一～3　學生概念發展歸類層次各年級的答對率

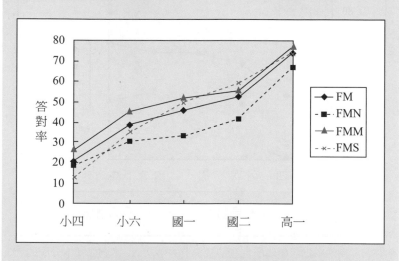

圖一～4　學生概念發展形式層次各年級的答對率

　　再觀其精熟率（附註二），如表六，除在「具體層次」的概念（CN）因其在低年級已有相當的發展，各年級增加有限，在「辨識層次」（ID）的概念，小學低年級精熟率只有0.78%，小學四年級6.23%；小六29.01%；國一28.53%；國二36.83%；

高一 79.29%。除國中至高中因學校教育性質的轉變外，可見精熟率增加最快的階段，即發展的精進速度最快的階段應數小學四年級至小學六年級的階段，與答對率的進步情形相互符合。

至於在歸類層次的（CL）概念，小學四年級精熟率只有 1.46%；六年級才有 8.78%；但至國二已達 35.72%；小學六年級至國中階段，以迄高中是發展精進趨快速的階段。在「形式概念層次」（FM）的精熟率方面，亦見大體相同的趨勢，其精熟率小學四年級為 0.00%，小學六年級 11.83%，至國二達 31.18%，高一 84.43%；從小學六年級以上是發展精進的階段。

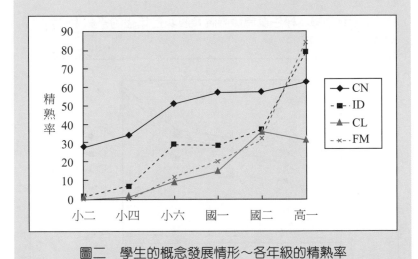

圖二　學生的概念發展情形～各年級的精熟率

附註二　精熟率指該年段學生在某量表上的得分 X_i 達全部樣本分配的 Q_3 之人數對該年級人數的百分比率。

結論

本文先析述概念學習與發展的階次模式理論（CLD），據以開發適合我國應用的「概念發展測驗」，復抽選高中、國中、國小各年級階段的學生計 1824 人為樣本，「橫切研究」比較探

索各層次概念發展水準，以了解我國學生概念發展之實況。

　　結果發現，我國學生概念發展表現幾項特徵與型態：㈠同一年級學生在各層次概念的發展水準高低有別，具體層次的概念發展較早，辨識層次的概念發展次之，歸類層次與形式抽象層次的概念發展最晚。㈡概念發展遵循固定的順序逐次進步，繼續不斷，無論答對率與通過率皆隨年級而進步。㈢概念發展因層次而各有其不同的加速階段，譬如具體層次的概念至低年級已大致發展成熟；辨識層次的概念在國小中年級至高年級發展加速；至於分類層次與形式抽象層次的概念則遲至國小高年級以上才見快速發展。

　　參考書目請查閱原論文。

資料來源：摘錄自林生傳（1997）。我國學生概念發展的水準與特徵研究。教育學刊，**13**，47-82。

11 相關研究法

引題探索

1. 為什麼相關研究法常用在教育研究？
2. 相關研究法具有什麼特性？較諸實驗研究法有何主要的差異？
3. 相關研究法可以區分為哪幾種類型？
4. 如何實施相關研究法？應把握哪些要領？
5. 統計上求相關的方法不少；如何應用方為適宜？
6. 多變項的資料如何區辨？
7. 相關的關係與因果關係應如何區辨？
8. 對於相關研究的結果應如何解釋方為正確？

本章綱要

相關研究法，在教育研究裡面，是運用極為普遍，貢獻很大的一種方法，因為教育本來即是一種錯綜複雜的交互作用歷程。在這個歷程裡面，教師本身的許多變項與學生的許多變項交互影響，應有關係；師生個人與組織文化的互相關聯、其他教育情境裡面的許多變項，無論是物理的、心理的、社會的、制度的與文化的變項都可能是有關的變項。教育研究對此等關係的探討自然極感興趣。探討此等關係固可用若干不同的方法，但利用統計上的相關分析來達到此目的的相關研究法可以說是最常見的方法。

第一節　相互關係及其類別

相關研究法研究變項的相互關係，因此，研究相關研究法須先認識相互關係的概念及其類型。

一、相互關係的認識

事件的發生、延續與消失，均有許多的變項牽涉其中，有些變項是顯然有關的，有些變項則不知是否有關係。為了探討真理，研究學術、裨益實際，研究者乃就其中擇定若干個變項來探討其間的關係，由此種關係進一步去預測事件的發生、延續或消失的可能性。譬如，在教育裡面，教育者可能要了解智力與學業成就、國語與英語、語文與數理、這次考試與下次考試、入學考試與入校以後的成績、課表安排與教學、教師教學法與教學成績、男女性別不同的師生搭配與數學成就、家庭背景與智力、情緒緊張與功課、學習風格與成績……等等關係；

也可能要試探關係學生功課表現的，到底有哪些因素，而關係一個人在升學考試成敗的，又到底有哪些因素……等。

二、相互關係的類型

相互關係簡稱為相關，相關的情形有許多種，歸納之，大體可分為下列幾種：

(一)第一種情形，兩個變項的變化是朝著相同的方向，當一個變項增加時，另一個變項也增加，當一個變項變項減少時，另一個變項也減少，而且按一定的比值來增減，如影之隨形，亦步亦趨。如果畫成圖，則如圖 11-1 所示。此謂之完全正相關。此種情形在於物理事件裡面最為常見，如虎克定律，在彈性限度內，施力與彈簧拉長的長短成正相關。在教育上也有，不過較少發生。

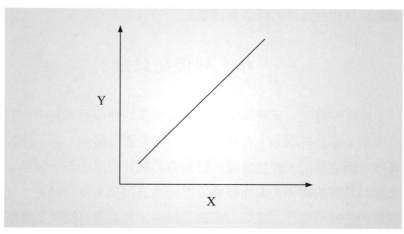

圖 11-1　完全正相關

㈡第二種情形，在學術上來看謂之普通正相關，兩個變項變化也朝著相同的方向。當一個變項增加時，另一個變項也增加；當一變項減少時，另一變項也可能減少，但並非亦步亦趨，亦並非按一定比值來共變。在圖 11-2 上可看出其分布的情形，並非是一直線，這種情形在教育與心理方面較常見。

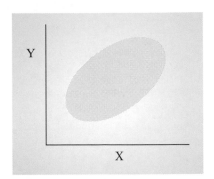

圖 11-2　普通正相關

㈢第三種情形，一個變項的高低變化，與另一個變項的高低變化沒有關係。當一個變項增加時，另一個變項可能增高也可能降低，並無一定規律的關聯性，其情形謂之無相關，如圖 11-3。

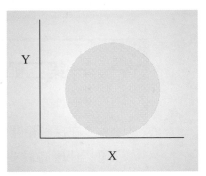

圖 11-3　無相關

㈣第四種情形，為普通負相關，其變化除了方向相反以外，類似普通正相關，當一變項增加，另一變項可能隨之減少；當一變項減少時，另一變項可能有隨之增加，有相互消長的趨勢。有如圖 11-4 所示。

㈤第五種情形，為完全負相關，當一變項增加時，另一變項按一定值減少，即一變項以一定比值與另一變項呈互相消長的關係。與第一種情形一樣成直線關係，但方向相反。如圖 11-5 所示。

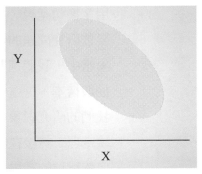

圖 11-4　普通負相關

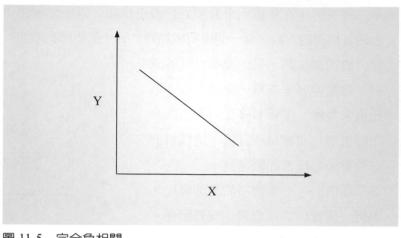

圖 11-5　完全負相關

第二節　相關研究法的特性

　　在探討相關研究法的時候，我們常常會問一個根本性的問題：什麼時候要應用相關研究法？什麼時候要應用成對的比較，做推論性的統計考驗？例如 t 考驗、卡方考驗、F 考驗。這兩種方式的研究是不是可以任意選其一來應用，還是可以併用？換句話說，相關研究法適用的情形如何？這個問題的回答要依研究問題的性質及樣本的特性來考量。如果，在許多的變項當中，我們選其中一個變項來刻意操弄，且從一個群體裡面抽取樣本，把這個樣本隨機分為兩個或兩個以上的組，以作為我們的研究對象；其中一組接受實驗處理，另外一組不接受實驗處理；然後在經過實驗處理之後，我們要問：是否自變項造成依變項的結果，這個時候利用相關研究就不太適合。

　　另外一種情況是，如果我們研究的對象可以區分為若干類別，如教育程度、社會經濟地位、收入多少、成就的高低等。

這些類別的生活經驗可能不同，所以我們就按照選定的類別（群體或分群體），利用隨機抽樣分別來抽取樣本，然後來調查或測量最有可能不同的依變項。例如，你想研究家庭社經地位與子女的學業成就，或子女在學校適應情形的關聯性，那這個研究所要回答的問題是，這些來自不同社經地位的樣本，他們在依變項上的分配是否有顯然的差異。進一步說，亦即不同的群體發展有不同的生活經驗，不同的生活經驗與他們表現於依變項的結果是否有任何的關聯（association）。對這樣的問題，就可以利用相關研究法來回答其關聯性到底有多大；不過也可以利用 t 考驗、F 考驗或卡方考驗來比較不同的群體是否有差異。

還有另外一種情形是，從單一的群體，利用隨機抽樣的方法來抽取樣本，再觀察或評量許多的變項，研究者著眼於每一個受試者不同變項分數或觀察值兩兩成對的關係，以及關係多大。這時我們研究關心的是與教育關係的可能性、關係的方向，以及關係的大小，這是一個適用相關研究法典型的情況（Black, 1999: 619）。

相關研究法有三項主要特性如下：

第一、能夠同時研究若干變項對某一變項或對若干變項的關係；不像實驗研究法（一般認為是比較嚴密的方法）只能操弄單一變項來研究此一變項所發生的效果。這種性能對於教育研究或其他行為科學研究極為有用。教育問題與社會問題常常都是牽涉到許多複雜因素而非單一因素，相關研究法最適合這方面問題的探討。

第二、它能夠提供變項間關係的程度之資料，而不只是提供或有或無的答案。在其他研究法中常只能指出兩組之間差別之有無，例如高焦慮組與低焦慮組學習結果有無差別，傳統教學法與發現教學法之間教學結果是否有別，而不能說明到底其

關係密切到何種程度；在相關研究法中，它能夠以相關係數的數值來表示其程度的高低。

第三、相關研究法常能應用在較接近自然或社會實際情境的研究。從實際情境中所得的大量資料，可供作執簡馭繁的分析、或綜合的探討，實施起來較為容易，也較能有所收穫，再加上電腦的廣泛利用，此類相關研究如虎添翼，在研究領域產生重大的影響。

第三節　相關研究法的類型

相關研究法的特性可應用在下面情況的研究：

第一、用於探索研究（exploration study），在理論基礎較為薄弱、文獻不足的情況下，面對繁複錯綜的眾多變項，用相關研究法可以試探發現某些關係存在於若干變項之間。例如，試探教學效能（teacher effectiveness）的相關變因。

第二、用於預測研究（prediction study），利用單一變項或若干變項預測某一事件或若干事件的發生與存在。例如，由學生的智力、成就動機、預試焦慮、學習態度、自我概念及人格變項預測學生學業成就（楊國樞、柯永河、李本華，1973）；又如由父母角色的扮演預測學生的行為困擾。對於文獻已經不少，發現若干因素與之相互關係頗為確定，可以依理論或邏輯關係選定預測變因與效標變因，藉多元迴歸或徑路分析來進行預測的研究。

第四節　相關研究法的實施要領

相關研究法的實施，宜把握下列各面向的要領以為進行。

一、研究題目的選擇

選擇一個適合相關研究法來研究的題目，除遵照一般選擇研究問題的原則之外，尚須注意下列要點：

(一)有一個確定的主題，此一主題至少牽涉兩個或兩個以上的變項。

(二)從已有的理論與過去的研究，發現可以推測或臆斷變項間可能有的相互關係。

(三)如果是一個錯綜複雜的主題，必先將之分析為具體而明確的變項。

(四)定題時要確定所要研究的是哪些變項。

(五)推測其相關的性質與程度。

(六)試探可能有的相互關係。

(七)以明確的敘述句將研究的意旨、變項及其關係寫成題目。

(八)實例：

1. 教師與學生的關係

   (1)老師的性別、年齡、出生背景、專業修養、教學方法、領導方式、期望水準、自我概念……。

   (2)學生的學業成績、學生的人格發展、學生的出席率、行為適應、攻擊行為、人際關係……。

2. 選定：教師的領導方式與學生的人際關係研究。

*3.*也可以寫成：教師領導方式及其對學生人際關係的影響。

二、研究樣本的抽選

　　一般抽樣的方法與原理均可應用於相關研究法中，但在相關研究中，其樣本的抽選需要特別注意兩項原則：

㈠樣本分佈的範圍不可過於狹隘

　　樣本的分佈範圍如果太狹隘，除了會失去對群體的代表性之外，在相關研究中往往也會低估了其相關數值。如果從資優班學生抽選樣本，研究智力與學業成就的相關，就難免有這種低估的情形發生。何以如此呢？為使讀者能夠了解其中道理，以圖11-6作一說明。在常態分配的代表性樣本之中，由於 X（智力）或 Y（學業）變異範圍大，各點沿迴歸線作相當集中分佈，故相關較高；但在特定範圍（小正方形）內的資優班學生，變異範圍小、分佈散亂，呈現星羅棋布之狀態，相關性低。

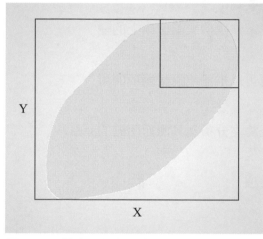

圖 11-6　樣本分佈範圍與相關

㈡樣本數量大小的決定

　　樣本數量很少時，相關係數值即使很高，也未必有意義，因不易達到預定的顯著水準（significance level）。反之，樣本數量大時，不必很高的相關係數值也會具有顯著性。相關係數值高低可以看出相關的程度，但是不適當的樣本數量大小常會

否定掉其價值，未免可惜。因此，如果期望一個數值相當的相關係數發生意義與作用時，必須在樣本數量的決定上有所斟酌，相關係數的顯著度臨界值可以提供我們一個有力的參考（請參考附錄）。例如，欲期望一個 0.250 的相關係數值，達到 $p < 0.05$ 的顯著度，必須抽選六十人以上的樣本；如果一個 0.400 的相關係數，預期在 $p < 0.05$ 以上顯得有意義，則只需要二十二人以上的樣本即可。

三、資料的蒐集

相關研究法蒐集資料的方式有許多種，包括標準化測驗、問卷、晤談、觀察、文件記錄資料分析等等。例如，研究者可以利用觀察法來了解教師的領導行為，再轉化為所區分的領導類型或領導分數，也可以用晤談、問卷來了解，可以行為困擾量表來蒐集學生的行為困擾，也可以經由觀察、晤談來蒐集資料。綜之，在相關研究，各種變項的資料均可同時蒐集。

四、資料的分析

㈠將上列各種方式所蒐集到的資料，加以整理，能夠數量化的
　盡量予以數量化。
㈡根據預定的研究目的與假設，必要分類的加以分類。
㈢分辨變項的性質，利用適當的統計技術求得相關係數。有關
　統計分析的技術將在第六、七節作詳盡的討論。
㈣根據需要，以表、圖表示統計的結果。
㈤就統計結果，加以分析與解釋。有關相關的解釋也將在第八
　節中加以詳述。

第五節　預測研究的要領

　　預測研究與相關研究實施的要領大抵相同,但在下列幾方面實施的時候有些許差異,應予特別考慮。在相關研究法裡面,自變項與依變項常常沒有很明顯的區別,可以不必刻意區分,測量的先後,也很少予以注意。但在預測研究裡面,自變項之測量常常先於依變項的測量。如果進行預測性研究,對預測變項(predictor variables)的有關資料應先蒐集,經過一段預定的時間之後再進行標準變項的蒐集(criterion variables),而兩者的區分也要預先區分清楚。其次,在相關研究裡面,對相關的方向及其大小,我們常持中立的態度;但是在預測研究裡面,研究者關心的是自變項和依變項的相關應該是正向的,而且是越大越好;太小的相關變項在預測研究裡面常常會先被排除。復次,預測研究主要的用途有下列幾種狀況:

1. 對特定測驗編製完成所做的預測效度研究。以測驗的分數為自變項,另外蒐集效標變項(criterion variables)為依變項,用測驗分數來預測效標變項的研究。
2. 預測某些行為效標在實際情境的應用。例如,藉著學生行為、學業行為的某些特性來預測其適應社會環境的成敗;或藉助學生一些身心家庭的特性,例如他的智商、家庭社會背景、經濟地位、動機以及其自我觀念來預測他的學業成就高低。
3. 為驗證某一理論假設,按照行為科學、或社會科學的理論建構一個研究架構,蒐集有關的變項,來驗證自變項、依變項、中介變項之間的徑路關係。

第六節　相關的統計分析

　　相關研究所蒐集到的資料，要利用統計上的相關分析來顯示相關的大小及方向。相關的統計方法與技術有若干種，須視資料的性質及目的來正確應用。初學者無論什麼資料均以皮爾遜（Pearson）的積差相關法來分析，這是不正確的。我們知道變項有不同的種類：名義變項（nominal variable）、等級變項（ordinal variable）、等距變項（interval variable）與比率變項（ratio variable），另外還可概分為連續變項（continuous variable）與間斷變項（discrete variable）。對研究的事象經過觀察或測量得到的數據資料，由於觀察的粗略或精細之別、評量工具的不同，可能表現為上面各種不同變項的一種。精密的測量所得的資料，可以是比率變項或等距變項，粗略的測量所得的資料可能是名義變項或類別變項，不同性質的變項須利用不同的統計方法來分析。另外，變項的多寡、資料的繁簡也是在應用各種不同相關分析的時候需要考慮的一個問題，只有兩個變項的相關跟多對變項的相關，適用的相關分析方法與技術不同。另外還要考慮變項的分配、性質，這是我們應用相關分析時所要特別注意的；無母數的資料與常態分配、t分配等所應用的統計方法也不同，這是初學者必須要特別注意的另一個問題。下面就變項的性質先作說明：

1. 等距對等距（interval variable）：或比率（ratio variable）對比率變項的相關；或是一個等距與一個比率變項的相關分析：例如，身高與體重、IQ對學業成就，像這樣的資料，其中有

一個是等距或比率，我們要分析這兩個變項的相關就可以利用皮爾遜積差相關來決定它相關的方向及大小。不過，這尚須限用於由隨機抽樣施測所得的資料。因為這種資料會呈現常態分配或t分配，如果顯然是一個非常偏頗的抽樣，例如，立意抽樣或啟智班學生的樣本，對這樣的樣本評量的結果，所得的資料顯然不是一個常態或接近於常態的一個分配，就不適用皮爾遜積差相關，否則將影響研究的正確性。

2. 等級變項對等級變項（ordinal variable）的相關分析：當所蒐集得到的資料中一個是等級變項，另一個也是等級變項。例如，社會階級與子女的教育程度，由於這兩項資料同屬於等級變項，如果我們要求社會階級與子女教育程度的相關就不適用其他的分析，而要利用等級相關的方式，如史比爾曼等級相關（Spearman's rho, rs），另外還可利用肯德爾（Kendall's）等級相關（τ），唸作 tao。

3. 等距變項對等級變項的相關分析：各班的英語科分數對全校秩序比賽的名次即是，一個是連續性的等距變項，另一個排名先後是等級變項。要處理這兩個變項的相關強弱，可以把等距變項轉換成等級變項，然後按上述史比爾曼等級相關或是肯德爾等級相關；或是找出秩序比賽的評分，然後與英語科成績求皮爾遜積差相關。但切勿將英語的段考分數直接和排名求積差相關，這是不正確的。

4. 等距變項對名義變項（nominal variable）的相關分析：當其中一個是等距變項，而另一個是名義變項時，如要看性別與數學段考分數的關係時，數學是等距變項，性別是名義變項，且這個名義變項只有兩類，那麼，就可以求點二系列相關（point-biserial correlation coefficient，r_{pb}）。

5. 名義對名義變項（nominal variable）的相關分析：如果兩個名義變項都只有兩類，例如一個變項是性別（只有男、女兩

類），另一個變項是升學與不升學，這兩個變項都是真正的二分變項時，就可利用Φ相關（phi coefficient）。如果這兩類是人為區分而非真正的二分變項，我們就用四分相關（The tetrachoric correlation coefficient, r_t）；而若求不同黨別與投票喜好的相關，兩變項均屬名義變項，就要利用列聯相關（contingency correlation）。

表 11-1　相關係數的適用性與變項的類屬

X Y	名義變項	等級變項	等距或比率變項
名義變項	• 列聯相關（c） • Phi 相關（Φ） • 四分相關（r_t）	• 將 x 視為名義變項，求列聯相關（c）	• 點二系列相關（r_{pb}） • 二系列相關（r_{bs}） • 將 x 化為名義變項求列聯相關（c） • 將 x 視為名義變項求列取相關（c）
等級變項	• 將 Y 視為名義變項，求列聯相關（c）	• 史比爾曼等級相關（r_s） • 肯德爾等級相關（τ） • 肯德爾和諧係數（ω）	• X 化約為等級變項再求等級相關（r_s）
等距或比率變項	• 點二系列相關（r_{bp}） • 二系列相關（r_{bs}） • 將 Y 化為名義變項求列聯相關（c）	• 將 Y 化約為等級變項，求等級相關 r_s	• 皮爾遜積差相關（r_{xy}） • 相關比（η）

第七節　常用的相關分析方法

將所蒐集到的資料利用相關係數來表示資料之間的關係，這種分析方法謂之相關分析，如上節所述。相關分析的方法不

只一種，應用的時候視變項的性質、變項的數目、相關的方向、研究的目的來選擇適當的相關分析，這是在相關法裡面非常重要的一個要領。上一節已將如何應用的原則說明清楚，本節將就常用的相關分析方法做說明。常用的相關分析可以分為兩大類，一為雙變項的相關分析，主要在處理變項只有兩個的資料，另一為多變項的相關分析，主要用來處理變項為三個或三個以上的資料。

一、雙變項的相關分析

用來處理雙變項的相關分析，常用的有下列幾類：

㈠積差相關（product-moment correlation, r）

積差相關係數通常為皮爾遜相關係數，為英國統計學家皮爾遜（K. Pearson）所創用。它適合利用等距量尺變項、比率量尺所測得的數據，或連續變量（continuous variable）。例如，利用魏氏智力量表所測得的智商，以及利用標準化成就測驗對一群常態分配或接近常態分配的群體所測得的成就分數，把智商當作 X，成就分數當作 Y，求兩者的關係，這是適用積差相關的標準情況。

積差相關是最穩定的相關係數，通常它的標準誤也比較低，是較佳的相關分析方法，惟其適用情形頗受限制，在教育研究上應用最多，不過，對於所得資料如果顯然違背常態分配或非連續變項，則不宜適用。

1.計算公式

$$r_{XY} = \frac{\Sigma XY - \dfrac{\Sigma X \Sigma Y}{N}}{\sqrt{\Sigma X^2 - \dfrac{(\Sigma X)^2}{N}} \sqrt{\Sigma Y^2 - \dfrac{(\Sigma Y)^2}{N}}}$$

2.顯著性考驗公式

$$t = \frac{r_{xy}\sqrt{N-2}}{\sqrt{1-r_{xy}^2}}$$

㈡史比爾曼等級相關（Spearman's rho）

是由英國學者高爾頓（F. Galton）所創用的相關分析方法，顧名思義，這種分析方法適用於等級變項的處理。當兩個變項的資料都是等級變項或順序變項，且樣本人數在三十人以下時最為適用。有時候因為基於研究的目的，或者是由於等距變項或比率變項不符合常態分配的原則，也可以把連續變項轉變為等級變項，這時候也可以適用等級相關。例如，將學生成績加以分等，即可適用。典型的情況如，全校有二十五班的學生，他們的秩序比賽的名次與整潔比賽的名次，求兩者的相關程度。

1.計算公式

$$r_s = 1 - \frac{6\Sigma d^2}{N(N^2-1)}$$ 公式中 d 為 X 變項之等第或名次與 Y 變項之等第或名次的差。N 為人數。

2.顯著性考驗公式

$$t = \frac{r_s}{\sqrt{\dfrac{1-r^2}{N-2}}}$$

㈢肯德爾等級相關（Kendall's tau, τ）

τ 也是一種等級相關係數，可以用來處理兩個變項都是等級變項的資料，它與史比爾曼的等級相關相比，性能上較優，但計算上較困難。它的優點在於人數十以下的時候，它的分配較接近常態，所以適用於樣本人數少的時候。對同一資料，它所計算得到的相關係數，其數值通常比史比爾曼等級相關係數

要低，但它的誤差較小，且它所計得的相關係數與皮爾遜所計得的較為接近。

1.計算公式

$$\tau = \frac{S}{\frac{1}{2}N(N+1)}$$

S是 x 依自然次序，y 變項與 x 比較起來，合自然次序的次數減以不合次序次數的加權量。

2.顯著性考驗公式

$$z = \frac{|S|-1}{\sqrt{N(N-1)(2N+5)/18}}$$

㈣肯德爾和諧係數（Kendall's coefficient of concordance）

它適用於對同一群樣本或群體經由不同方法或評分者，所評得的等級資料其一致性如何。例如，五位評分者對十二位參加演講比賽者所評的名次可能有很大的出入，當我們要分析各評分者評得的結果其和諧程度高低的時候。

1.計算公式

$$W = \frac{S}{\frac{1}{12}K^2(N^3-N)}$$

K 是評分者人數
N 是被評的人數
S 是每一個 Ri 距 $\bar{R}$ 的離均差平方和

2.顯著性考驗公式

將 W 值代入下列公式求 χ^2，再依 χ^2 之顯著性考驗其是否顯著。

$$\chi^2 = K(N-1)W$$

㈤二系列相關（Bi-serial correlation, r_bis）

　　適用在兩個變項均為常態分配的連續分數，其中有一個變項常為二分變項（係以人為的方式區分為兩個類別），例如，分數的及格與不及格兩種情形、或者是高分組與低分組，常常應用在試題的分析，並用來決定題目的鑑別力。例如，我們對試題進行項目分析的時候，求高分組通過的比例與低分組通過的比例來鑑定題目的鑑別度。二系列相關的符號通常是以 r_{bis} 來表示。

1.計算公式

$$r_{bis} = \frac{\overline{X_p} - \overline{X_t}}{S_t} \cdot \frac{p}{Y} \quad 或 \quad r_{bis} = \frac{\overline{X_p} - \overline{X_q}}{S_t} \cdot \frac{pq}{Y}$$

2.顯著性考驗公式

$$Z = \frac{r_{bis}}{\frac{1}{Y}\sqrt{\dfrac{pq}{N}}}$$

㈥點二系列相關（Point bi-serial correlation）

　　適用於一個變項是連續變項，而另一個變項是真正的二分類別變項。例如，當我們研究男女性別與數學分數的相關時，就最適合利用點二系列相關來處理。因為傳統上，性別本係兩分，非男即女，非女即男，類分清楚，而不屬於連續性的分布；數學分數則是一項連續性的變量，尤其當它通常以百分法來表示的時候。再舉一個例子，如經診斷為焦慮者與非焦慮者在考試分數上的表現為何？如果我們關心的焦點在於焦慮者的分數與非焦慮者的分數有無差異的時候，可以利用 t test 考驗焦慮者與非焦慮者平均數有否顯著差異來回答。倘若研究者關心的是，焦慮之分別與考試分數的分布有無關係，兩者的關聯性

如何？就須利用相關係數來處理，而最適宜的方法就是點二系列相關。由於點二系列相關與積差相關數理原理相同，故其顯著性考驗可利用相同的方式。

1.計算公式

$$r_{pb} = \frac{\overline{X_p} - \overline{X_q}}{St}\sqrt{pq}$$

2.顯著性考驗公式

$$t = \frac{r_{pb} - \rho}{\sqrt{\dfrac{1 - r_{pb^2}}{N - 2}}}$$

(七)列聯相關（Contingency correlation）

列聯相關適用於兩變項均為名義變項時。先求卡方值，再按下列公式換算為列聯相關係數。

$$C = \sqrt{\frac{X^2}{N + X^2}}$$

(八)相關比

當兩變項的相關為曲線相關時，例如焦慮與學習效果的關係，高度焦慮使學習者坐立難安，無法聚精會神；但學生太過懶散，對學習滿不在乎，兩種情形學習效果都不會高；倒是適度的緊張常使學習保持效率，顯示焦慮與學習效果兩者之間可能呈現曲線相關。如擬計量相關係數可利用相關比，其算法如下：

$$SS_b = \Sigma \frac{T_j^2}{nj} - \frac{T^2}{N} \qquad SS_t = \Sigma\Sigma X^2 - \frac{T^2}{N}$$

$$\eta^2 = \frac{SS_b}{SS_t}$$

二、多變項的相關分析

在教育研究裡面，常見多個變項與一個或若干依變項可能有關的情形，意欲分析多個變項之間的相關情況就要使用多變項相關分析（multivariate analysis）。較常用的多變項相關分析簡述如下，供讀者參考，欲理解其原理和計算方法，仍須研讀多變項分析統計學專書（林清山，1980）。

(一)複迴歸

複迴歸（multiple regression）可以用來計量若干預測變項（X_1；X_2；X_3；……X_n）和一個效標變項（y）之間的關係。例如：想預測大學入學成績，可以高中在校成績、智力分數、社經地位、學習態度共同或逐一來預測。在預測的方程式中，大學入學成績為其效標變項 y，高中在校成績、智力分數、社經地位、與學習態度為預測變項，分別以X_1；X_2；X_3；X_4表示。其迴歸方程式可寫成：

$$\hat{y} = \beta_1 X_1 + \beta_2 X_2 + \beta_3 X_3 + \beta_4 X_4$$

$$\hat{y} = a + b_1 x_1 + b_2 x_2 + b_3 x_3 + b_4 x_4$$

$\hat{y}$為效標變項估計值；

β_1；β_2；β_3；β_4分別為標準化迴歸係數；

b_1；b_2；b_3；b_4為迴歸係數。

複相關係數 R 即為 Y 與 $\hat{Y}$ 的相關係數，$R = r_{Y\hat{Y}}$。R^2為決定係數，表示這些預測變項可以決定效標變項多大比率的變異數，即預測變項對效標變項的解釋力有多少百分比率。

(二)典型相關

　　典型相關（canonical correlation），用在預測變項有若干個（X_1；X_2；X_3；……X_n），效標變項也有若干個（Y_1；Y_2；Y_3……Y_n），求預測變項與效標變項之間相關的時候。例如，當我們研究智力、動機、自我觀念、學習態度、成就動機、同儕關係、偶像崇拜、社經地位等八變項與學生智育、德育、體育、群育、美育，五育成績之間有何關係？有無相關？相關是正還是負的？相關有多大？這時候就可以利用典型相關。因為預測變項有八個；效標變項有五個，頗為複雜，逐一從預測變項與效標變項各選一項兩兩相關也太瑣碎，而且同屬預測變項的八變項彼此有相關，而五個效標變項彼此也相關存在。因此，用前述相關均不適宜。這時候利用典型相關，先從預測變項中找典型預測因素 X；同樣，也從效標變項找出典型效標因素 Y，然後求 X 與 Y 的相關。典型因素，無論在預測變項或效標變項均不限一個，可能有若干個，其形成的原理類同因素分析。

(三)區別分析

　　區別分析（discriminant analysis）如同典型相關，用在預測變項與效標變項均不只一個變項的時候。惟區別分析與典型相關不一樣的地方在於效標變項為類別或等級變項，更常為二類別或二等級，如升學或就業二類；念文科或理科二類組；上榜或落榜二層次；但亦可用於二類別以上或二等級以上。至於其預測變項則與典型相關適用的情形一樣，都是多個變項。例如，探求智力、學習時間、學習態度，上課專注時間（on-task time）、課後補習、同學討論、課外閱讀、考前猜題、家庭教師協助等變項與「升學上榜」與「失敗落榜」的關係則正可利

用區別分析。換言之，利用區別分析將智力、學習時間、學習態度、上課專注時間、課程補習、同學討論、課外閱讀、考前猜題、家庭教師協助等變項加權作線性組合，最能分辨出「升學上榜」與「失敗落榜」兩組。利用區別分析計算出區別函數係數（discriminant function coefficients），即能將該八個變項加權作線性組合，這樣的組合最能使兩組的差異變得最明顯。在應用上，如果將每一位學生依所計得的各變項分數，一一換算為標準分數，然後各乘以區別函數係數作加權組合，即能預測他可能屬於「升學上榜」組還是「失敗落榜」組。

㈣徑路分析

徑路分析（path analysis）是用來試探若干預測變項如何發生作用於效標變項的一種統計分析方法，藉此可以看出哪一個變項影響在先，哪一個在後，循同一途徑或不同途徑，是直接影響，還是透過中介變因影響。在相關研究裡面所處理的多個變項，若彼此有相關存在，而假設我們在理論上能夠先為各變項之間的作用建立出因果關係模式，述明預測變項循什麼途徑作用於效標變項，哪些變項直接影響；哪些變項透過什麼中介變項來作用，哪些作用在先，哪些作用於後？例如：

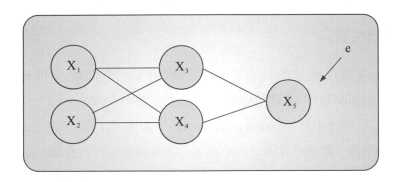

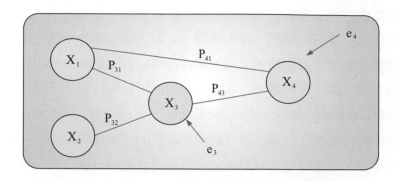

第一因果途徑：表示X_1影響X_4
第二因果途徑：X_1X_2分別透過X_3再影響X_4

$$X_3 = P_{31}X_1 + P_{32}X_2 + e_3$$
$$X_4 = P_{41}X_1 + P_{43}X_3 + e_4$$

我們即能依此一因果理論模式提出一組直線性迴歸方程式（linear regression equate），分別求得徑路係數 P_{ij}，以驗證此一因果模式是否合乎事實。P_{ij} 實即為標準化的徑路係數β_{ij}。

　　所以利用徑路分析時，可循下列步驟：第一、根據理論先建構一變項間的因果作用模式；第二、循此一模式提出一組直線迴歸方程式；第三、就迴歸方程式以實徵資料利用統計套裝程式，求得徑路係數，一一加以考驗。第四、依理論架構及實徵結果所得徑路係數畫出徑路分析圖。

㈤淨相關

　　在多個變項彼此有相關的分析裡面，有時候要析離掉（partialed out）某些特定變項才能真正看出正確的相關，這時候要利用淨相關（partial correlation）。如果我們要研究三個變項 X、Y、Z；而 X 與 Z；Y 與 Z，均有相當程度的相關，如果析離掉 Z 因素的影響就能幫助我們確定 X 與 Y 的正確相關，否則，我們對 X 與 Y 的相關可能會作錯誤的了解。以教育投資的

研究來看，有一種方法是把「教育投資佔 GNP 的比率」作為 X，「經濟成長率」作為 Y，求 X 與 Y 的相關係數，然後依此項數據證明教育投資越多，經濟成長率越高，因此教育投資可以有效促進經濟成長是真。但是在很多國家，教育投資很大，經濟成長卻仍低落不振，例如在二十世紀末期的菲律賓與印度。在這個例子裡面，學者懷疑有第三個更重要的因素 Z，被蒙混進去發生作用，那就是「政治安定」的因素。無論「教育投資」（X）或「經濟成長」（Y）與「政治安定」（Z）彼此分別均有密切相關，唯在將「政治安定」的相關先作控制析離，才能看清楚「教育投資」與「經濟成長」的真正關係並不是如此的高。如果未作控制，看到的「教育投資」與「經濟的成長」的相關，恐怕只是一個過於樂觀的假象而已。

　　圖 11-7 由 a 減掉 a 與 b 重疊的 ab 部分才是淨相關部分，故 a － ab 的部分才是教育投資與經濟成長關聯的部分。

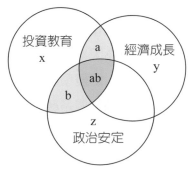

圖 11-7　淨相關舉例示意圖

　　又如國中生數學與英語兩科成績相關很高，是否表示數學越好，英語就越好；或英語越好，數學也越好；如果只加強英語使英語進步，數學是否也會水漲船高，跟隨進步？這是很值得懷疑的。因此，我們再作一智力測驗測驗，發現智力與英語

相關很高，同樣地，智力與數學相關也很高。這時我們就可以利用淨相關統計法控制析離掉智力的混淆部分，求出英語與數學單純的相關部分，果然並沒有原先數學與英語零次相關的高，這才是真相。

去除第三變項的兩項淨相關可用筆算，求法公式如下：

$$r_{12.3} = \frac{r_{12} - r_{13}r_{23}}{\sqrt{1 - r_{13}^2}\sqrt{1 - r_{23}^2}}$$

顯著性考驗公式

$$t = \frac{r_{12.3}}{\sqrt{\dfrac{1 - r_{12.3}^2}{N - 3}}}$$

㈥ 因素分析

在相關研究中，對繁多複雜的多項變項（有時候多達數十項甚至上百項），現在由於資訊科技進步，在處理上均無問題，但在解讀上仍感不易。為求化繁為簡，執簡御繁，常要利用因素分析把複雜繁多的變項化約成重要若干因素，使之仍具有代表性，這種統計技術視為因素分析（factor analysis）。

對於多變項的相關研究，因變項龐雜繁多，計算處理的時候常需藉助 SPSS 或 SAS 套裝軟體系統，惟對所得統計值的解讀仍須小心才不會誤解判讀。

第八節　相關研究的解釋

利用相關研究所得到的數據，來解釋研究結果並獲得結論，並非一件簡單的事。研究者必須謹慎地從事，才能使相關

研究法在合理的範圍之內，充分發揮它的功能。

第一、不論相關係數大小，必須先審查該相關係數是否有實質上的意義。研究者不能一看到統計得的相關係數值不小，如.80 或.85 以上，就覺得這個相關非常密切。在作這樣的判斷以前，先要檢討一下所取的樣本是否具有代表性，人數多大，蒐集資料的方式與工具是否正確與合理，資料分配的標準差大小如何。一般說來，標準差越小，人數多，且具代表性，則相關係數不必很大即具有實質上的意義；反之，標準差大，人數少，又欠缺代表性，相關係數雖大仍屬機遇而已。就積差相關係數來說，可以 $t = r/\sqrt{1 - r^2}/\sqrt{N - 2}$ 的公式加以考驗。只有經檢驗具有相當顯著性者才能據以作合理的推論。

第二、相關係數數值的大小不能看成比率或等距的差異。一般分相關係數有下列五級：

.80 至 1.00	很高相關
.60 至 .79	高相關
.40 至 .59	中相關
.20 至 .39	低相關
.01 至 .19	很低相關

不過，不論相關係數大小，相關係數只有經考驗具實質上意義者，才能參照此表來說明。雖然如此，但高相關與低相關也只表示相關密切程度而已，並不能引申為大小比率的關係。因為 r 並非比率變項，亦非等距變項，故不能說 r =0.60 為 r =0.30 的 2 倍，也不能說 r =.80 與 r =.50 的差以及 r=.30 與 r=.00 的差，兩個差距相等。

第三、相關係數可以換算為決定係數，用以解釋變異量的比率。當 X 與 Y 兩變項之間的相關為 r =.80 時，可以 r^2 =.64 來解釋在 Y 的變異之中，有 64%可以由 X 變項來解釋。r^2 稱為決定係數（coefficient of determination），可解釋的部分有多少，

而 1-r² 為未決定係數（coefficient of undetermination），為未可解釋部分所佔的比率。

　　第四、不能輕率地將相關解釋為因果關係。兩變項之間具有相關可能是因為兩變項之間存有因果關係，也可能沒有。可能的情況可分析為三種，(1) X 為 Y 之因；(2) Y 為 X 之因；(3) X 與 Y 並非因果關係，而是同樣受 Z 因素，或其他多項因素的影響或決定。因此，如果將相關解釋為因果，必須注意三點：(1)將其他有關的變項加以剔除或予以控制，例如要將家庭計畫如何與學童智力高低的相關，解釋為家庭計畫情形影響學童智力高低，則必須先將 SES 予以控制或剔除（林生傳，1977）。(2)在發生的時間來說，要能確定 X 發生於 Y 之前。(3)應先有充分堅實的理論基礎，例如欲解釋性向與成就之間的高相關為性向決定一個人成就，只要有理論上的根據，即可據以推論。

第九節　相關及預測分析實例（註）

高中生大學聯考分數的預測分析

一、學生聯考分數之分析的變因設定

　　(一)學生變因特性：

　　性別（SEX）

　　智力分數（IQ1）

註：本實例為舉例性質，僅摘取特別有用部分，其它均予刪略，以節省篇幅。且為方便讀者參看原論文，附註、編碼及寫作體例，仍維持原文撰作時流行的體例格式。讀者現今撰述論文時仍應依本書第二十章現行格式體例，不宜按本實例的格式。

高中聯考總分（ATPS）

高中入學志願（CHO）

自我教育期望（ASPS）

溫習功課時數（TMW）

每日溫習功課時數（TMD）

(二)有關家庭性的變項

社經地位（SESD）

父親教育程度（PED）

母親教育程度（MED）

父親職業等級（POP）

母親職業等級（MOP）

排行產序（BRO）

兄姐上大學（MDL）

兄弟姊妹人數（SBL）

父母教育期望（ASPP）

父母認定教育與事業關係（EDVP）

家庭文化資源（CULR）

辭典（DIC）

百科全書（CYP）

其它藏書（BOK）

家庭文化消費額（CLCP）

家庭文化消費百分率（CLPP）

有無人協助功課（HLP）

(三)有關學校特性變因

歷史長短（年）（HIS）

學校歷史傳統優良程度（TRD）

學校文化（讀書風氣優良程度）（CUL）

地區（LCL）

單位學生面積（平方公尺）（ARA）

學校規模大小（班級數）（SSZ）

單位學生經費（仟元）（CST）

單位學生圖書（PBK）

師生比率（全校學生／專任教師數）（STR）

教師學歷指數（TEDB）

教師教育專業訓練指數（TPRB）

對學生課業要求嚴格的程度（POL）

升學輔導作法㈠（獎勵措施多少）（TACT1）

升學輔導作法㈡（團體輔導）（TACT2）

升學輔導作法㈢（課外自習）（TACT3）

升學輔導作法㈣（甄選研習）（TACT4）

升學率高低層次別（LEVEL）

㈣學生大學聯考分數

第一類組分數（DEP1）

第二類組分數（DEP2）

第三類組分數（DEP3）

第四類組分數（DEP4）

㈤相關分析

　　　將此等有關學生本身特性、家庭特性等變項加上前述
有關學校歷史文化傳統、社區環境、學校資源、學校政策
與措施等變項先作相關分析。將符合理論架構及相關較為
顯著的特性變項摘擇出來，分別以四組大學聯考分數為依
變項，作各種不同結構的迴歸分析。

　　　從相關係數可以看出與個別學生聯考分數具有顯著相
關的變因為 IQ1，APTS，CHO，ASPS，EDVS，TMK，
TMD，SESD，PED，MED，POP，MOP，SBL，BRO，
MDL，ASPP，CULR，DIC，CYP，BOK，CLCP，

HLP，TRD，CUL，LCL，ARA，SSZ，CST，PBK，
STR，TEDB，TPRB，POL，TACT1，TACT2，TACT3，
TACT4。

迴歸預測實例

接續，先由學生本身的重要特性預測其聯考分數；次由學生家庭的重要特性預測其聯考分數；再以學校有關的重要特性預測其聯考分數；最後綜合之，合併前三種程式，並分析學生聯考分數在先由學生本身及家庭特性變因析釋之後，學校特性變因復能決定多少，尤其更探求在學校各項特性先予決定之後，明星學校與非明星學校之別尚能決定否？如果是，能增加多少的預測力。茲僅以由學生本身特性與由家庭特性為例述於下面：

㈠學生本身特性決定聯考分數之迴歸分析

本項分析輸入變項包括性別（SEX）、智力（IQ2）、高中入學分（APTS）、自我教育期望（ASPS）、溫習功課時間（TMW）、學校階層別（Level）等六項為預測變項，輸入大學聯考四類組分數第一類組得分（DEP1），第二類組得分（DEP2），第三類組得分（DEP3），第四類組得分（DEP4）為效標變項。

表二　高中生大學聯考得分之預測分析
（以個人特性因素為預測變因）

Step 自變項	依變項：第一類組得分			依變項：第二類組得分			依變項：第三類組得分			依變項：第四類組得分		
	R	$\triangle R^2$	Beta In	R	$\triangle R^2$	Beta In	R	$\triangle R^2$	Beta In	R	$\triangle R^2$	Beta In
1 SEX	.0870**	.0076**	-.0870	.0384	.0015	.0384	.664**	.0044**	.0664	.0570*	.0032*	.0570
2 IQ2	.4530***	.1976***	.4513	.3624***	.1298***	.3658	.3924***	.1496***	.3926	.4015***	.1579***	.4034
3 APTS	.7570***	.3679***	.6757	.7482***	.4284***	.7291	.7568***	.4188***	.7209	.7509***	.4027***	.7069
4 ASPS	.7591***	.0032**	.058688	.7482***	.0000	-.0061	.7572***	.0006	.0257	.7522***	.0019*	.0461
5 TMW	.7628***	.0055***	.0765	.7613***	.0198***	.1447	.7729***	.0240***	.1592	.7681***	.0242***	.1599
6 LEVEL	.7848***	.0341***	-.3192	.7892***	.0433***	-.3596	.7949***	.0345***	-.3209	.7943***	.0409***	-.3496

*P < .05　　**P < .01　　***P < .001

分析結果摘要如表二。學生本身特性，包括性別（SEX）、智力（IQ2）、入學聯考總分（APTS）、自己的教育期望（ASPS）、每週用功時間（TMW），與其聯考分數，在第一類組與考學生，複相關 R ＝.7628；在第二類組 R ＝.7613；在第三類組 R ＝.7729；在第四類組 R ＝.7681；四組非常接近，約在.77 左右，決定係數約在.59 左右，從.5796 至.5974，即聯考分數高低60%決定於學生本身。茲以第一類組為例加以分析，幾乎各項特性皆顯著作用於此項預測，其中 IQ2（Beta In ＝.4513）與高中入學成績（APTS）（Beta In ＝.6757）貢獻最大，前者可以決定 12.98%至 19.76%。而高中入學聯考分數決定的力量更大，在 IQ2 解釋之後，可決定 36.79%至 42.84%，Beta In 各為.6757；.7219。每週末、假日用功時間（TMW）的決定力量亦極為顯著 Beta In 由.0765 至.1599。至於較不顯著者為性別（SEX）及教育期望（ASPS）。在學生本身特性決定學生聯考分數之後，就讀學校是否為明星高中或一般高中抑或超低升學率高中之階層別（level）仍然顯著作用於聯考分數之決定，Beta In 由.3192 至.3596。所有四組之預測皆顯著得力於階層別（level）變項之預測（P＜.001）。顯示參加大學聯考分數的高低，約近60%決定於本身的能力、實力等知性、情性變因，其就讀學校之為明星與否也有顯著的影響。

㈡家庭特性預測聯考分數之迴歸分析

　　第二個方程式以家庭有關特性，包括社經地位（SESD）、兄弟姊妹人數（SBL）、父母教育期望（ASPP）、家庭文化資源與消費活動（CULR）、有無人協助溫習功課（HLP）等五項變因來預測其參加大學聯考分數，其分析結果如表三。

表三　高中生大學聯考得分之預測分析
（以家庭特性因素為預測變因）

	依變項：第一類組得分			依變項：第二類組得分			依變項：第三類組得分			依變項：第四類組得分		
Step 自變項	R	$\triangle R^2$	Beta In	R	$\triangle R^2$	Beta In	R	$\triangle R^2$	Beta In	R	$\triangle R^2$	Beta In
1 SESD	.1212***	.0147***	-.1212	.2033***	.0413***	-.2033	.2364***	.0559***	-.2364	.2467***	.0609***	-.2467
2 SBL	.2184***	.0330***	-.1901	.2342***	.0135***	-.1217	.2614***	.0124***	-.1166	.2740***	.0142***	-.1248
3 ASPP	.2345***	.0073***	.0867	.2418***	.0036*	.0610	.2803***	.0103***	.1030	.2896***	.0088**	.0955
4 CULR	.2458***	.0055*	.0844	.2530***	.0056*	.0852	.3064***	.0153***	.1414	.3111***	.0129***	.1298
5 HLP	.2552***	.0047*	.0688	.2766***	.0125***	.1125	.3274***	.0133***	.1160	.3291***	.0115***	.1081
6 LEVEL	.7221***	.4564***	-.7141	.7422***	.4744***	-.7281	.7454***	.4485***	-.7079	.7501***	.4543***	-.7125

*P < .05　　**P < .01　　***P < .001

　　五項家庭特性因素與聯考分數之複相關 R 在.2552 至.3291
之間，約可決定第一類組聯考分數的 6.51%，第二類組的
7.65%；第三類組的 10.72%，第四類組的 10.83%。分析之，各
項變因皆顯著作用於此項預測，預測的力量並不很大，最多也
只在 6%左右。值得注意的是，以第一類組來說，社經地位的靜
態結構變因影響最小，只佔 1.47%（Beta In -.1212），第四類組
最大，佔 6.09%（Beta In -.2467），兄弟姊妹人數、父母期望因
素、文化資源與消費，即文化環境因素（CULR）皆有顯著的
預測作用，Beta In 在.0844 至.1414。值得注意的是社會心理因
素、文化因素與結構因素都很重要，與新近文獻相符。在家庭
環境諸特性變因之後，就讀學校之是否為明星高中階層別（lev-
el），仍能大大增進其預測力，決定係數增加值（$\triangle R^2$）在
44.85%至 47.44%，Beta In 在-.70 左右，相當顯著。

資料來源：林生傳（1995）。高中生大學聯考分數的預測分析。刊載於
　　　　　教育學刊，**11**，51-72。

篇 三

因果性研究

在教育的科學研究裡面，由於教育現象變項太多，因果性的研究較為困難，也頗為複雜。其研究的取向有兩種：一種是依循邏輯實證論的觀點，提出研究假設，預測一個或若干自變項，或特定的特質或事件，x，決定另一變項或事件，y。例如，教師採用特定的一種新教學法（x）將可以顯著提高學生的考試成績結果（y）。於是設計特定的情境，變化此一或若干自變項，使教師利用新教學法來施教，再觀察依變項的變化，是否依自變項的變化而變，即學生的成績是否因新教學法的採用產生預期的變化。如果確實依自變項而變，則因果關係（causality）可以成立。

另一種取向係基於社會現象的複雜性為著眼點，假定一種事件結局來自多變項的考量，強調造成某一行為或效果可能有多項自變項，例如學生的學業的成績是來自多種因素作用的結果，於是蒐集相關的資料，分析其間的相關，並利用複迴歸及徑路分析來探討徑路過程。如果相關關係所得到的結果能夠符合四個條件，也能夠認定它們有因果關係存在。第一個條件：兩個或兩個以上的變項能夠證實共變關係存在；第二個條件：兩個變項或兩個以上的變項發生作用的時間有一定的程序，先有因，再有果，如排行產序作用在先，行為表現在後；家境背景作用在先，學校適應在後；假使產序與行為表現有確實的顯著相關，而家境背景與學校適應也有顯著的相關；第三個條件：兩個變項之間所觀察到的相關不是由於背後有另外的其他變項的介入造成，如數學與英語的相關，這種相關很難說是因果關係，何者為因，何者為果很難確定，真正的因可能是智力或學習的方法與習慣，數學與英語可能都是果，而是後面未實證觀察到的變項才是真正所求的因。另外一個條件是，在學理上，必須可能有因果關係的學理基礎。如果符合這四個條件，經由相關分析與預測的研究，也可以視為因果性的研究。這一

類型的研究在上一篇第十一章相關研究法已作了介紹，在本篇不再贅述。

　　本篇將就第一種類型的因果性研究，亦即就實驗研究來探討，分為三章來介紹，包括實驗研究法的基本原理與效度、實驗研究的類型與設計、準實驗設計與單一樣本實驗設計。

12 實驗研究法的基本原理與效度

引題探索

1. 實驗研究根據哪些基本原理？

2. 典型的實驗研究模式為何？試說明其要。

3. 實驗研究情境牽涉哪些變項？請加分析。

4. 實驗設計有哪三大功能？

5. 在實驗裡面，如何控制或排除干擾變項造成實驗效果的混淆？通常利用哪幾種方法？

6. 利用隨機法來控制實驗情境，為何優於其他方法？

7. 實驗研究與準實驗研究如何區分？

8. 實驗的內在效度與外在效度的意義有何不同？其間的關係如何？

9. 哪些因素可能影響內在效度？如何提升內在效度？

10. 哪些因素可能影響外在效度？如何提升外在效度？實驗的內在效度與外在效度之間的關係如何？

本章綱要

八、因素的交互作用（Interactions of Several Factors）

第六節　影響實驗外在效度的因素

一、測驗的交互作用效應（Interaction Effect of Testing）

二、選樣偏差與實驗處理的交互作用（Interaction Effects of Select Biases And the Experimental Treatment）

三、實驗處理的反作法效應（Reactive Effects of Experimental Arrangement）

四、重複實驗處理的干擾（Multiple-Treatment Interference）

實驗研究法在科學研究裡面，號稱為最嚴密的方法，在自然科學的研究，幾乎全應用實驗研究法。物理、化學的研究常在特別設計的實驗室裡面，刻意操弄（manipulate）自變項（independent variable），同時注意觀察並測量依變項（dependent variable）的變化，藉觀察測量的結果，確定自變項的刻意變化是否造成依變項的效應（effects）。在標準化的情況下，如果依變項確隨著操作自變項的系統變化，相應地發生一定的、有系統的變化，無論其方向為正向的互相助長，或為負向的互相消長；也無論其方向呈直線的，或曲線的曲折變化，皆可能被據以驗證研究假設為真或假。這樣的研究法號稱為科學研究法中最可能確定因果關係（cause-effect; causality）的方法。自從早期（十九世紀七十年代）科學心理學利用實驗法來研究人類的心理現象以來，二十世紀初期也用實驗法來研究教育心理學；晚近，在教育上應用實驗研究法也成為最具科學相的教育研究法。然而，這種研究法，在教育研究上是否真如所願，能夠證實預期的因果關係，就有賴對實驗研究的正確認識與實驗設計的精確講求。本章將按實驗研究的策略、準則、實驗設計的類型、實驗研究內、外在效度、實驗研究的應用及限制，逐節介紹。

第一節　實驗研究的基本原理

實驗研究，藉著操弄自變項來觀察依變項是否因而發生有系統的相應變化，以確定自變項與依變項的因果關係。首先，必須在學理上或邏輯上，假設自變項與依變項之間有因果關係的存在，在前一章已經作了解說，此處不再贅言。就實驗範疇

來說，實驗研究依據若干原理：

一、可操弄原理

實驗研究中的自變項必須是可操弄的，可以隨著研究者的意思來操弄進行。例如，研究者可以刻意決定施予新的藥，不同等級劑量的藥物，還是不給予藥物。教育研究者可以依專業判斷利用新的教學法來進行教學，也可以選擇給予學生不同的增強方式來回饋學生的學習行為。在教育研究上，如教學方法、輔導、評量方式、環境佈置、教材設計、媒體運用……等等，皆屬可操弄的自變項，可藉操弄來進行實驗。

實驗自變項的主要條件，應對依變項而言要是有意義的，且又是可操弄而並非是永久不變的變項。一個研究的自變項，可以在另一研究上，以依變項的角色出現，例如，閱讀速度這一變項，在「不同呈現方式對閱讀速度的影響」的實驗，它是依變項，但在「閱讀速度對閱讀理解的研究」中，閱讀速度卻成自變項。

二、可分析原理

實驗情境裡面，各種變項均可以分析，且彼此獨立。實驗情境有自變項與依變項。自變項之中，有一個或兩個自變項，為實驗變項（experimental variable），是可操弄的變項，固應先予確定。而依變項（dependent variable）係依從自變項變化而來，也是可對之觀察或評量，以決定實驗效果的變項，故謂之結果變項（outcome variable）或效標變項（criterion variable），對之，當然更應予明白界定。其他，尚有干擾變項（extraneous variables），亦屬自變項，但並非實驗處理變項。

干擾變項的變異也可能影響依變項的變異，此種影響與實驗變項對依變項之影響為有意的安排，有所區別，故稱為干擾變項。干擾變項通常可區分為二：其一為情境變項（situational variables），另一為個體變項（individual variables）。在實驗裡面，所有有關的或可能存在的變項，均應區分清楚，且加以確定，更須加以分析。

圖 12-1　實驗情境的變項

三、標準化原理－可控制原理

對實驗情境中的干擾變項必須加以控制，或保持恆定（hold constant），免得干擾變項對效果變項所發生的影響與實驗處理所發生的效應相互混淆（confounding），以致低估或高估實驗效應。干擾變項之影響與研究目的無關，非實驗者所感興趣的變項；但如果對此等干擾變項未能控制或保持恆定，則依變項之變化，就無法單獨歸因於實驗處理所發生的結果，勢必造成研究結果解釋的困難，研究目的也就難以達成。對干擾變項的情境變項加以控制，並對干擾變項的個體變項保持恆定是為標準化（standardization）的主要要領。如果能確實標準化，也就能夠經得起重複考驗，故又謂之恆定原理。

四、客觀原理

研究者或實驗者,與被實驗者、行動者在實驗過程中保持主、客的關係;研究者、實驗者是為主體;被實驗者、行動者是為客體。兩者必須嚴守分際,扮演適如其分的角色,便於研究者能保持客觀來觀察實驗的結果。在自然科學裡面,研究者與被研究者是人與物的關係,本極明確,而研究者通常就是實驗者,並無角色混淆的問題。但在教育科學及行為科學的研究裡面,研究者與被研究者是否能夠維持真正的主、客體卻頗有爭議;而研究者與實驗者也要畫分清楚,以避免發生實驗者效應(experimenter effect)。尤其為實驗之理想要求,教育實驗研究與行為實驗研究,最好能夠讓被實驗者對資料蒐集、實驗處理與效果測量,甚至實驗歷程,一無所悉,便能保持主、客分明,期望評量客觀,故有時候甚至所有實驗的詳情與機制也對實驗者有所保留。

五、真實原理

實驗雖然常在一個刻意設計的人為情境(artificial setting)中進行,但在另一方面,卻特別在意實驗情境應具有相當的真實性(reality)。以使所得的結果能夠有效應用於真實的世界。刻意設計一個容易控制,標準化的情境,俾便於研究的操弄、控制、驗證,可以使我們肯定所得的結果確實來自實驗處理的操弄,此為內在效度(internal validity);而使實驗情境逼真於真實的社會或教育世界,俾所得結論可放心應用於真實世界,此關係到的則是外在效度(external validity),或生態效度(ecological validity)的問題。

第二節　實驗研究的基本架構與程序

為此，實驗研究的基本架構係利用上述的原理來進行研究，其典型模式，可以圖示於后：

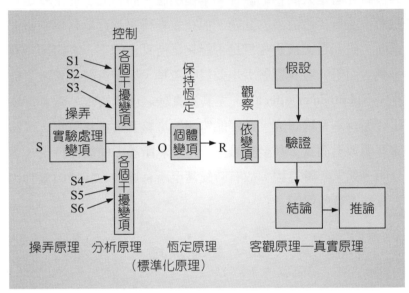

圖 12-2　實驗研究的典型模式

按此一模式，實驗研究的進行，應依下列程序運用上述原理來進行。

第一、擬定研究假設：依研究目的及學理基礎提出研究假設，作為實驗進行的依據及指引。

第二、界定變項並予操作化：分析並界定實驗情境裡面的自變項與依變項、實驗變項、干擾變項、情境變項與個體變項，並一一給與操作型定義，俾便測量觀察和進行實驗。

第三、設計實驗變項並決定如何操弄：準備相關的器材，熟悉操弄的程序。

第四、控制干擾變項：對情境變項與個體變項設法利用有效策略加以評估或測量，利用有效策略在實驗中加以控制，或考量如何作統計控制。

第五、據第四考量，選擇並進行實驗設計。

第六、觀察依變項，設計工具評量或觀察依變項及其變化情形。

第七、分析資料以驗證假設：對所蒐集到的資料作分析，據以驗證原先研究假設是否能夠成立，獲得結論，並考驗其內在效度。

第八、推論：依實驗樣本所得結論推論應用至標的群體，並考驗其外在效度。

第三節　實驗設計的策略

實驗設計（experimental design）是主要的研究設計之一，為實驗進行或實施之前的主要程序。實驗研究利用有效策略來安排實驗變項，恆定或排除個體變項，標準化實驗情境，決定如何掌握實驗的整個歷程，及觀察效果變項，設計如何控制並分析效果變項的變異情形，期使實驗具備應有的效度。所以實驗設計的主要目的便是「變異量的控制」（control of variance）（林清山，1978: 90; Wiersma, 1995: 92）；亦即使觀察或評量所得到的分數之總變異數能正確地分析出多少是屬於「實驗變異數」（treatment variance），多少是屬於干擾因素形成的變異量（extraneous variance），和多少是來自「誤差變異」（error variance），以驗證實驗的效果。

　　例如，進行一項國中數學科個別化教學的實驗，其中的變項包括有教學方法、學生的數學成績、學生的程度、性別與其他人格特性、教學時間、教師、年級、學校等項目。這些項目分別均可能以不同的數值或特性出現或存在，故皆屬變項（variable），此等變項間可能相互關聯或互相影響。在此一實驗研究中，研究者依研究目的、學理與假設界定教學法為實驗變項，其實驗處理為個別化教學法。相較於一般的傳統教學法有不同，此為自變項。學生數學科成績，不可能大家都相等，可能很多人彼此的分數都有差異，故亦為另一變項，高低參差不同，可藉由評量或觀察得到的觀察數值，再藉由統計計算出其變異量（variance），此變異量代表這一群被實驗者分數的變異情形（variation），即高低參差情形。為什麼在此一實驗中學生數學成績有變異情形，其一係來自教學方法的不同，為實驗變項造成的，這一部分稱為「實驗變異量」。其次，則為上述的學生程度與特性，或是教學時間、教師、年級、學校等所造成的變異量。因為此等變項非本實驗所關心的，故其所造成的變異量稱為「干擾因素造成的變異量」（extraneous variance）。

　　實驗設計，有三大功能：第一、使實驗變異量變為最大；第二、控制無關變異即干擾因素造成的變異量；第三、使誤差變異數變為最小（林清山，1978: 90-96）。

　　實驗設計利用哪些策略來發生此等功能，分述如下：

一、使實驗變項的變異量最大

　　實驗變項是研究者或實驗者最關心或感興趣的變項。在設計實驗時，應設法使此一變項的變異量最大。例如實驗「不同

教材呈現方式對學習效果的效應」，其實驗處理於學理上或預期效果上應設計兩種完全不同，或若干種相當不同的呈現方式，否則，似非而是的呈現方式，不易發生預期的效果。又如實驗「創新教學法對概念改變的影響」，所設計的創新教學法須與傳統教學方法完全不同，至少較諸傳統教學法有相當不同之處。在醫藥實驗上，大家都在意新發明的藥是否比舊的藥高明或價廉，才值得實驗，實驗成功即能量產出銷售供應醫療時選用。但在教育上的實驗，一般人甚至學者似乎並不十分注意此一功能與策略的運用。實驗處理變項越不同於一般教學，實驗處理對效果變項造成的變異量越大，那麼，在效果變項的總變量的分析裡面，來自實驗處理的變異量，較諸誤差變異才會量大又顯著。尤其在實驗情境較難標準化，對個體變項不易保持恆定的實驗設計，只有設法增大實驗變項的變異量，才有可能看得出實驗效果。例如，實驗一種新的教學法於實驗組，這種新的教學法應與控制組所接受一種傳統的講述法相差越大越好，也越容易凸顯出新教學法的效果。

二、控制干擾變項，或予以排除，或予以析離

　　對別於實驗變項的其他自變項，且可能發生影響於依變項的無關變項，其所發生的影響，將會與實驗處理變項所發生的效果發生混淆（confounding）。所以對於此等干擾變項必須加以排除，或施予控制，以保持恆定，至少要設法加以分析隔離，才能毫無疑問地確定「效果變項」的變異何者確是由於實驗處理的「因」造成的，以建立因果關係，實驗研究的目的才能完全達成。如何控制干擾變項呢？有下列五種方法：

㈠恆定法（constant method）

恆定法把某一干擾變項，保持恆定，視為一常數（constant），例如，研究「創新教學法在國中數學成就的實驗」，假定「性別」可能會是影響「數學成績」的一個干擾變項，於是將「性別」加以限定為同屬女生者，將男生排除在外，只限於女生。又如教師、學校、智力等干擾變項，在實驗設計時，為排除其可能對學生成績（依變項）產生的變異量，故限定為同一所學校，同一位教師，或具相同教學經驗、專業背景、性別相同的教師來進行研究；同樣的，也將學生智力限於中智力水準者，來接受實驗。於是教師、學生、智力皆一一由變項轉變為常數，也就不虞影響依變項的表現，不會對依變項形成顯著的干擾變異量。不過，雖然排除特定的干擾變項，其效果最能把握且徹底，屬釜底抽薪之計；惟相對的，其標的群體將大為縮小。例如只限定性別為女生，將使推論降低為一半對象，由女生實驗對象所得的結論將只能推論於女生。只限制為中智力者，將排除高、低智力者，於是標的群體再度縮為 1/3，成為全部的 1/6，結論只能推論至中智力的女性。

㈡納入法（building-in method）

納入法是把特定的干擾變項當做另一獨立變項，與實驗處理並列為實驗中的兩個獨立變項，成為多因子的實驗。例如，將學生智力這一干擾變項分為高、中、低三個水準，將實驗設計為 2 × 3 的多因子實驗，使智力與實驗處理並列為觀察、評量與分析的變項，如表 12-1 所示。所得依變項變異情形可用 two way ANOVA 作分析，分別統計來自教學方法的變異量有多大，而來自智力的有多大。

表 12-1　以納入法控制智力成為雙因子實驗設計

	高智力	中智力	低智力
方法一			
方法二			

例如，請看圖 12-3 總變異量為 250，來自智力的變異量為 120，來自方法的有 60，其他未確定因素造成的變異量為 70。

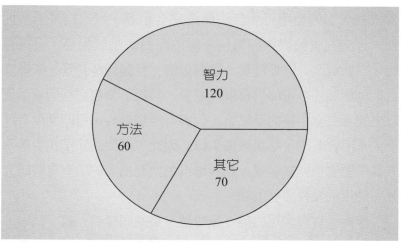

圖 12-3　雙因子實驗變異數分析

(三)配對法（matching method）

對效果變項顯然可能造成影響的干擾變項，通常是受教者或教育行動者的個體變項，兩兩加以配對。配對後，按高低排列順序，依次將成對的其中一個分派到實驗組，另一個分派到控制組，經由這道程序，使實驗組和控制組的受試人數相等，且在該項特質方面，成為相等的兩組。譬如，智力在「個別化

教學法對數學成就的影響」之實驗研究，如果性別與數學性向在這一研究裡面顯然是有力的干擾變項，則可以藉由配對法使實驗組與控制組的數學成就受性別及數學性向的影響完全相同。運用此種策略時，先要利用㊀區分性別；㊁評定數學性向，按性別分別選擇數學性向，完全相同的兩位受試者成對；㊂隨機分派同對的受試者，一人於實驗組接受個別化教學，一人為控制組，接受傳統數學。在學理上，效果變項的變異顯然只會受單項或兩項干擾變項影響時，藉這配對法可以使各組為等組，提高研究的內在效度（internal validity）。反之，如果可能干擾效果變項的數目不止一、二，即使在此一、二項方面配對成對，別的變項可能無法保證完全相等，以上例來看，性別、性向在實驗組與控制組，經由配對法趨於相等，但在動機、自我觀念、內外控制、學習習慣、家庭社經背景、家庭文化與同儕關係，可能仍有很大差異。其次，要找到兩個或兩個以上變項完全相等的受試者，代價可能相當高，可能發現有許多人都不合要求，必須被篩選掉。因此，配對法除了在少數研究其配對變項非常明顯，且抽樣自由空間很大的小型實驗研究外，使用的機會頗受限制。

　　配對法實際使用的另一種變型，是使同樣的一組受試者，均重複接受幾種實驗處理接受重複的評量。這種變型只適用於方便重複控制「隨機區組」（randomized blocks design）的設計。

㈣隨機法

　　由於配對法、納入法所受的限制頗大，恆常法主要使用來排除情境干擾變項。控制無關變項干擾時最常用的方法是「隨機法」（randomization）。在實驗設計上，「隨機法」就是利用「隨機分派」（random assignment）來接受實驗處理的一種

方法，是指每一個人均有相等的機會被分派接受不同的實驗處理，或控制處理。在上例中，指的是每一個學生接受個別化教學抑或接受一般教學的機率完全相等。所以「隨機分派」與「隨機選擇」（random selections），兩個概念雖類似，但不相同。後者指的是在母群體（population）的每一個人在抽樣的時候，均有相等的機會被選為樣本（sample）（Fraenkel & Waller, 1996: 265）。使用隨機分配，要先將全部接受研究者編號，然後利用亂數表（random number table）或自行用抽籤方式來抽選學生，絕不可刻意抽選特定學生。

假設上例，我們有 80 名學生要分成兩組，一為實驗組，一為控制組。第一步，列出 80 名學生名單，對每一位學生編予一個號碼，列名乃藉編號有無，依特定規律，順序無關緊要。第二步，打開「亂數表」，隨機地（完全隨機地）選定一個數碼，然後循既定的一定方向（向上、或向下或循對角線皆可，但必須是預先決定的，不能因人設定）來選定小於 80 的號碼。第三步，第一個被選到的號碼進入第一組（實驗組）；第二個被選進的號碼編到第二組（控制組）。第三個被選進的號碼進入第一組（實驗組）；第四個被選進的號碼編到第二組（控制組）。依此類推。

利用隨機法可以完全是公正無偏，不受任何偏見或成見的影響，是社會科學研究上被認為最能控制個體干擾變項的一種策略。

為何利用隨機法是最好的策略？因為「隨機分派」是完全基於數學統計學上機率原理（principles of probability）來決定的。機率原理說，倘若個體或物件（subjects）係依隨機（at random）分派成若干群體（groups），此若干群體在任何特質上可能的差異只限出自自由機遇（chance），而不含有來自別的來源造成的機運（Vockell & Asher, 1995: 258）。

完全來自機遇的差異，並不是說，分成的組，完全等同（identical）。不過此等差異在統計上是可以計量的，如此就便於與實驗處理造成的變異相比較，可以算出其信賴度（degree of confidence），以便於檢驗其效度，據以作結論（Vockell & Asher: 258）。至於來自於機遇是哪些因素並不一定是設計者所預知的，也非所能完全預知，但是預知與否並不重要，許多時候不是當時預先所能知道的（Vockell & Asher, Ibid: 259）。所以，無論什麼時機，只要可能，最好選用隨機法來控制干擾變項，尤其是個體干擾變項。

㈤統計控制法

對於無法藉上述各種方法在實驗設計預先予以排除，或加以控制的實驗，例如上述「個別化教學對國中數學」的實驗，要借同一或若干國中來實驗時，往往行政人員只能同意在原班級來進行；無法同意你按隨機法或配對法來抽選實驗樣本。雖然明知兩個班級在程度上有明顯的差異，仍然不能不勉強接受，在這種情況下，只有待實驗完成進行資料分析的時候，作統計的調整（statistical adjustment）或謂之統計的控制（statistical control）。有關統計控制等在準實驗的實驗設計再進一步說明。

第四節　實驗研究法的區分

實驗研究法如果由廣義上概觀，可以區分為幾種不同的類別。

實驗研究法，係利用上述基本原理並利用上述研究設計策

略來設計進行的。實際上，在教育及各種相關學科所進行或已完成的實驗研究，是否切實符合上述原理，是如何應用的上述的策略，在程度上有很大的差別，依此差別，實驗研究法有若干不同的區分。

一、實驗研究與準實驗研究

實驗研究依循可控制原理，可完全依隨機化來分配研究樣本，使接受不同實驗處理的各個實驗組與控制組達到等組的要求。然而，如同上一節所述，在教育的研究裡面有許多研究違離可控制原理，也不能實踐隨機化的設計策略，但是研究者仍執意進行實驗，利用分析的原理來分析情境裡面各個自變項，對情境中可能干擾的變項也盡量求其標準化，也設計實驗變項，俾能隨意操弄，並利用各種工具及系統的觀察評量，力求客觀，藉統計調整分析事先不能控制的部分變項以確因果關係，並據以推論至一般的教育情境裡面可以放心應用。這樣的研究，雖未完全達到實驗研究的理論要求卻仍是實驗，別稱為「準實驗研究」（quasi-experimental research）。

如上例「國中數學科個別化教學的實驗」無法將抽樣的班級打散，利用隨機分派另外成班。但如果研究者悉心設計的個別化教學為實驗處理，使別於一般的教學；對年級、學生、教師、教材、教室裡面的物理特性、教學時間、可能影響的情境加以標準化，兩班一致，並利用客觀編成的，具信度、效度的測量工具施予評量，再經細心觀察記錄、評量測驗所得的資料加以統計分析。基於原先兩組不等的顧慮，在實驗前就先予評量，將前測評量所得資料作為共變數（covariant），利用共變數分析來分析後測得到的成就變項資料，藉以分別來自共變數的有多少。如果事先加以調整使實驗組與控制組原來即是相等

的兩組，那麼，實驗組與控制組後測的平均數應調整為多少？變異數來自實驗處理的部分（實驗處理變異數）是多少？都能夠在相當範圍內確定。而在實驗情境中，實驗變項的操弄造成效果變項的變化，是以其因果關係也仍然可以確立。這種研究雖未完全符合真實驗的理論要求，仍為實驗，別為一類，稱「準實驗研究」（quasi-experimental research）。至於在推論方面，由於準實驗研究的實驗情境及對象更符合真實原理，故更具推論性（generability），也可能具有較高的外在效度（external validity）。簡言之，真實驗研究（true-experimental research）是能夠完全作隨機分派力求等組的實驗；準實驗研究則基於教育實際的限制，在不能貫徹隨機分派的策略的情境下，利用系統觀察，客觀評量，統計調整來力求符合實驗原理的一種實驗。

二、實驗室研究 vs. 自然或實地研究

實驗室研究與實地研究（laboratory experiment vs. field experiment）的分別，是廣義的實驗研究法的一種區分。

教育的實驗研究，可以在實驗室進行，也可以在實際生態的教育情境中來進行，通常視題目的性質及所具備的條件，以及研究者的興趣來決定。實驗研究希望能夠完全符合可分析原理、可操作原理、標準化原理與可控制原理等，因此，為求構建一個盡量少干擾的實驗情境，特別從現實複雜變項的生態環境中隔離出來，由研究者自己依理想要求刻意製造操作特定的情境，專供實驗用的實驗室。在這樣一個理想情況下，進行的研究為實驗室研究（laboratory experimentation）；反之，在一般教育生態的實地環境下，所進行的研究為實地研究（field experimentation）。前者便於實驗處理的設計與操作，也便於控制

使情境為一標準化情境，降低其他因素干擾的可能，且容易作隨機分派的分組處理，不虞發生其他干擾變項與實驗處理效果互相混淆（confounding）的現象。後者，教育實地情境進行，實驗變項之操弄難度增高，較難控制干擾變項，標準化與恆定性常受一定程度的限制，惟就真實原理的運用及推論應用而言，實驗室研究隔離真實生態環境所得結論內在效度固然較高，但所得結論是否能夠推論至標的群體頗受懷疑，故往往使外在效度受到限制，應用價值也可能受影響；實地研究，本來就在真實態環境進行，其外在效度可能較不成問題。

實地實驗研究是否與準實驗研究為同一概念，常令初學者感到疑問。實地實驗與準實驗兩者並非等同的概念。準實驗研究與實驗研究之區分是就其是否能夠隨機來區分的，對不能作隨意分派者為準實驗；實地實驗研究並非就能不能作隨意分派來分組，有許多研究雖然在實地情境進行，仍可以作隨機化的處理，兩者並非必然的關係。不過，一般言之，實驗室的實驗很少是不能隨機分派樣本的，也很少是準實驗研究。

實地實驗研究有時候是配合自然的情況來實施，有時候是利用特別設計但經隱蔽掩飾或偽裝來實施，如利用特別設計的考試來實驗學生的作弊反應。又如利用事先安排的空襲警報時刻，實驗接受不同緊急應變課程的人應變反應的差異，以驗證其實驗處理效果。又如依不讓學生覺察的方式分配學生為實驗組，與控制組，觀看不同的電影，一為促進族群和諧課程的電影，一為普通的電影，然後在一個看似偶發，實為特別設計的來自不同族群的選手的拳賽，觀察記錄兩組學生的反應有何差異，以驗證族群和諧課程的效果。

可見實地實驗，講求實驗的真實性，或逼真性，由於優先考慮其真實性，因此，對於變項的分析與選擇有待更精細的分析與選擇，在複雜的干擾變項中，有待實驗者事先作冷靜並仔

細的考量來作明智的判斷以及精心的設計。

第五節　影響實驗內在效度的因素

　　研究要重視內在效度與外在效度，已在第六章第三節討論過。實驗研究意在驗證因果關係，對於內在效度、外在效度更為重視，而其內在效度與外在效度更具特殊性。在設計實驗及進行實驗的時侯，如何能夠提高內在效度及外在效度幾乎是最重要的準則，故研究者隨時要警覺那些可能威脅實驗的內在效度與外在效度的情況，而謀求在設計上設法避免或防備。究其本意，整個研究設計包括如何選派受試者，分別為哪幾個組，實驗處理如何操弄，是否要實施前測，如何觀察或評量效果變項的變化及其變異情形，以及如何分析資料等，原意即在遵循研究的基本原理，利用設計策略，來提高實驗的內、外在效度。本節接著探討可能影響內在效度的因素，下一節再繼續探討可能影響外在效度的因素。

　　在實驗研究當中，哪些因素可能威脅或傷害一個實驗的內在效度，使研究的結論不能確定效果變項的變異確實可歸因於實驗處理之因。歸納一般的看法，主要因素有下列諸項（Cambell & Stanley, 1963；林清山，1978：Wiersma, 1995）：

一、歷史（History）

實驗期間發生的事件；研究對象的經歷

　　在實驗研究進行期間，有另外非預期的事件發生在研究對象的生活環境裡面，無意中，研究對象遭受的經歷或見聞，可

能影響實驗的結果。所以在此歷史並非指受試者或社會既往的歷史，而是指與實驗同時發生的，別於實驗處理的事件對於被研究者的影響。例如，國小新編社會科課程的實驗，在實驗期間正值電視播放「雍正大帝」、「雍正王朝」、「戲說乾隆」等歷史連續劇，可能對實驗效果會發生干擾而影響內在效度。

二、自然的成熟（Maturation）

自然的成長或隨著時間所發生的變化

實驗期間研究對象隨著時間所發生的例常性變化或身心自然的成長變化，這種變化，可能造成實驗效果的假象，也可能與實驗效果混淆不清，而使實驗的內在效度降低。因為這種變化是自然而然發生在同一階段的個體上面，即使不施加實驗處理的青少年學生一樣發生同樣的變化，所以這種變化與其說是實驗處理造成的，不如說是自然的改變。例如，一個輔導專家對一群過動兒實驗一項輔導專案，果然經一學期的實驗，這一群過動兒進步很多，專注的時間延長，過度的強迫性行動已經減少。這種進步也有可能並非來自實驗所施予輔導的具體成果，而是來自生物上的發育與心智上成熟。

三、選樣的偏差（Selection Bias）

實驗對象，起點行為或原本特質即異於控制組或一般人

有些實驗在進行抽樣的時候，採取便利抽樣策略，徵詢自願者（volunteer）接受實驗。像這樣組成的實驗組常在某種或若干特質方面，如動機、期望與信念方面本即異於控制組，以致降低或提高實驗效果。這種情形將會降低內在效度。又如在叢集抽樣進行的準實驗研究法，也常可能有同樣的效應，以致

干擾實驗處理的效果。

在閱讀電腦輔助教學（CAI）的實驗中，教師選擇對電腦較有基礎或自願參加者為實驗組，其他為控制組，這種選樣的偏差很容易影響實驗效度，如圖 12-4。

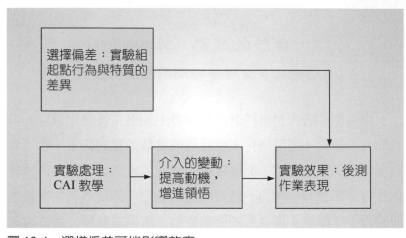

圖 12-4　選樣偏差可能影響效度

四、測驗影響（Testing）
前測對後測的影響

在教育與行為科學的實驗研究，有的在實驗之前或之初，先施前測（pretest），以評定起點行為或研究實驗組與控制組之間的差異。但有時候前測可能會影響後測（post test）。這種影響最容易發生在前測與後測為同一的測驗，或內容極度相似的測驗，以及測驗與實驗處理相當接近的實驗。由於接受前測，使受測者有機會認識或記憶熟練測驗內容與技巧，使實驗處理後測分數提高，不過也可能由於再作一次心生厭煩而降低後測分數。無論哪一種情形，都可能干擾效果變項觀察或評鑑

的結果。

五、研究工具使用不當的問題（Instrumentation）

研究工具使用未作好標準化，使所評鑑的效果變項差異來自於研究工具使用過程的改變或不一致，而非實驗處理的結果。研究工具使用包括測驗或問卷內容的不當改變以及實施測驗程序未謹守標準化原則，晤談過程、觀察進行或其他資料蒐集在前後實施或因不同人的實施而不一致，致降低所得資料的可信性及正確性。例如，在測驗實施，控制班由教師施測，實驗組由研究者施測，說明及情境控制兩組不同。後測以進行教室觀察來評估，但未作好時間抽樣的安排：部分作了錄影，事後詳細分析；部分只當場觀察記錄，卻未作觀察信度分析。這種情形都有可能影響到實驗的效度。

六、統計迴歸（Statistical Regression）

再測時，分數有向平均數迴歸的趨勢。換言之，在第一次（如前測）受測時，分布於次數分布圖，分配兩端的受試者，下次再測，在機率上，有自然向中間迴歸的趨勢。故原極端高分者在後測分數可能降低，原極端低分者可能提高，數的異動可能是來自次數分配的趨勢而非實驗處理的效果。例如某校實施一項智力測驗，將分數在標準分數-2.00以下鑑定為智能障礙者而編為啟智班，接受特教課程實驗。一年後再測，分數提高，這種提高就有部分來自測驗的統計迴歸的結果，而不盡然為實驗效果。

七、研究對象的流失
（Experimental Subjects Mortality）
實驗期間部分實驗對象退出或因各種原因而流失

　　為尊重受教權及學生家長的教育選擇權，任何的實驗皆須先徵得學生家長的同意，並保留給他們隨時退出的權利。可能產生中間會有或多或少的人中途退出的情形，或真正遇有困難，或由於訛傳致誤會退出。其他諸如遷徙或人口學上原因退出的情況均有可能。如果退出者與整個受試結構性質不同，可能造成干擾，以致降低實驗的內在效度，甚至影響外在效度。

八、因素的交互作用
（Interactions of Several Factors）
上述因素兩個或兩個以上的交互作用

　　上述的因素除各個單獨的作用外，也有可能是其中兩個因素或若干因素發生交互作用，對實驗處理的效應造成的交互作用。舉例如下：

㈠歷史與選擇的交互作用

　　歷史（history）與選樣的偏差（selection bias）兩因素可能有交互作用，經常發生在依自願參加實驗組的實驗上面，自願者可能較警覺於正發生或將發生在週遭的事情，所以實驗組比控制組對實驗期間同時發生的事情較為敏感且持以不同的反應。選擇或歷史單獨作用不成氣候，然而兩者間的交互作用卻不能忽視。例如，自願接受異性交往訓練的受試相較於一般受試，對於實驗期間所發生的兩性社會新聞或事件的訊息之接收

及反應程度會有差別，此種差別並非實驗處理，但是這種選擇與對相關事件之反應將發生顯著的交互作用，致使實驗效度降低。

又如，當研究者擇一所社經地位較高的學校為實驗組，另擇一所社經地位較低的學校為控制組，進行兩性平權教育課程的實驗。由於社經地位較高者較能夠接受兩性平權的觀念，復以實驗期間正在舉行世界婦女會議，媒體天天均有相同的資訊與專論，實驗組對世界婦女會議的議題興緻很高，感受也較強，選擇與歷史的交互作用必然發生。

㈡選擇與成熟的交互作用

所選的實驗組成熟較快，控制組成熟較慢，選擇（selection）與成熟（maturation）於是發生交互作用，影響實驗效度。例如，選擇商業區與文教區的學校，接受外語教學實驗，另選擇一所工人區的學校為對照組，由於前者語文發展較佳，在實驗終了，雖然後測顯示實驗主要效果，但是其中恐怕有一大部分係來自此種交互作用，而非全屬主要效果。其他仍有各種交互作用的可能，不再一一贅述。

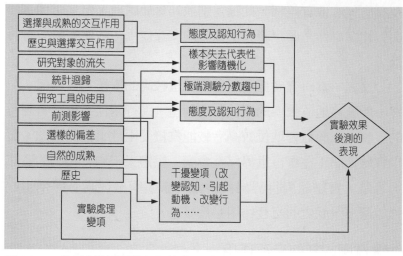

圖 12-5　實驗情境影響內在效度因素

第六節　影響實驗外在效度的因素

　　實驗研究得到的結論是否能夠推論至整個標的群體，這是實驗研究外在效度的問題。在實驗室裡面，發現理情治療（rational-emotional therapy），有效降低學生學習適應不良行為，此一行為是否能夠有效應用於實際的教育情境呢？這可能程度即為實驗研究的外在效度。影響實驗研究的外在效度的主要因素有下列四種（Campbell & Stanley, 1963）：

一、測驗的交互作用效應
（Interaction Effect of Testing）

　　在實驗前實施前測或在實驗中進行測驗的實驗，往往引起

受試者對實驗處理及其效果變項的提高警覺，保持敏感，由於測驗導致其行為受到暗示或明示，在實驗處理過程中做出特定方向的反應；如果未接受測驗，就不會有這種測驗與實驗處理交互作用的效應。所以實驗結果如果應用到未先接受前測的人，可能效果大減，其推論性勢必降低，也就降低了外在效度。

　　例如，在先施前測的「同理心訓練的實驗研究」，前測的內容有相當部分，其答案在訓練課程內。先接受前測的受試者在接受訓練課程實驗處理變項，從中可以獲得答案，與未接受前測者自然不同，與控制組在前測之後，沒能夠取得答案（因為未接觸訓練課程），當然也不一樣。這種研究雖證實有實驗效果，但由於缺乏足夠的外在效度，應用推廣的價值有限（Campbell & Stanley, 1963）。

二、選樣偏差與實驗處理的交互作用
（Interaction Effects of Select Biases
And the Experimental Treatment）

　　為了實驗容易進行，抽選特定性質的實驗樣本，此一特定的實驗樣本較容易接受實驗處理，且較容易獲得實驗的效果，如果是採隨機取樣，又是以隨機分派來成立實驗組與控制組，則實驗不易進行，且實驗效果也不易顯現。一般實驗常常採取前種方式，抽選自願參加，或願意合作的對象進行實驗。但是，利用這種方式證實有顯著的實驗效果，如果推論到群體，其外在效度頗有問題。這是由於選樣偏差與實驗處理的交互作用影響了實驗的外在效度。

三、實驗處理的反作法效應
（Reactive Effects of Experimental Arrangement）

實驗組知悉正在接受刻意的實驗處理，會表現得異乎尋常。如果他們覺得有意義，預期性較高，可能會表現得異乎尋常的好，如霍桑廠工人的表現之霍桑效應（Hawthorne effect）。西方電力公司霍桑廠的工人，由於他們知道正在被實驗，於是為符合期望，在工作條件很差的情況下，一樣工作得非常起勁。這在一般正常情形下，是不容易做到的。同樣的，當控制組知道他們未接受實驗處理時，感覺不公平，為什麼厚彼薄此，因此也可能故意表現「輸人不輸陣」，「拚給他們看一看」，所謂「亨利效應」（Henry effect），是即證例。

四、重複實驗處理的干擾
（Multiple-Treatment Interference）

當實驗採取單組重複兩種或兩種以上的實驗處理，並使之交替出現，所發生的效應互相重疊，也可能發生交互抑制或互相助長。因此，這樣的實驗所得到的結論只能推論到類似這種重複實驗處理的實驗，而不能推論到非重複處理的實驗上去。一位國中運動教練實驗如何訓練國中生實施慢跑訓練，他安排學生第一週每天跑一公里，第二週每天跑二公里，第三週每天跑三公里，第四週又每天跑一公里，第五週每天跑二公里，第六週每天跑三公里，第七週又回到每天跑一公里，如此重複訓練。假定實驗結果，發現每天跑二公里學生體能最好，這種結論，由於重複不同運動量的實驗效果前後持續並交互影響，故不能推論應用到每週就是每天跑二公里前後一致的慢跑訓練上

去，只能推論相同的重複處理的實驗研究。

　　從上面的分析，實驗研究必須兼重實驗內在效度與外在效度，才能確保實驗結論和正確性及推論性。內在效度及外在效度受特定因素的影響，在實驗設計時必要精心考慮規畫以避免可能威脅內、外在效度的因素。實驗的內在效度與外在效度有時候類似魚與熊掌難以得兼，有時候卻是相得益彰。過於嚴密控制生態因素影響的實驗室研究，固能確保內在效度，但可能限制外在效度；測驗實施的疏忽，抽樣的偏差，前測的信度差，都會降低內在效度，也會威脅到外在效度。實驗效度的高低有賴於實驗設計及執行，不同類型的研究設計，對影響內在效度與外在效度的效果也有差異。

13

實驗研究的類型與設計

引題探索

1. 前實驗設計有哪三種類型？為什麼前實驗設計是最弱的實驗？

2. （真）實驗設計有哪幾種類型？試述其義。

3. 何謂等組後測設計？其設計要點為何？試評估其效度，對所得結果如何分析？

4. 何謂等組前後測設計？其設計要點為何？試評估其效度，對所得結果如何分析？

5. 何謂所羅門四組設計？其效度是否比上兩種佳？如何統計分析所得結果？

6. （真）實驗設計除了上面三種設計外，還有哪幾種設計？試說明之。

本章綱要

在上一章已對實驗研究法的基本概念、基本原理、實驗效度、設計策略已做了說明，本章及下一章將探討實驗研究法在設計上的類型，按前實驗設計、真實驗設計、準實驗設計與單一樣本實驗設計、多因子實驗設計，及其實驗效度的評估，逐一分節解析之。

—— 第一節　**前實驗設計類型**

在未真正進入真實驗設計以前，先介紹一下常常使用，又過度誇張其效果的實驗。這一種實驗相當的簡便，為日常生活或職場上常利用來試用新點子或新產品的一種實驗，當我們每天早上六點鐘起床，幾位同好約好到操場上慢跑三十分鐘，二個月後，大家覺得體力增進，食慾大增，精神比以前振作，小毛病減少，體重減輕二公斤。於是，我們很自信地結論每天慢跑三十分鐘能夠減肥，增加食慾，促進身心健康。這是實驗得到的結論，所以你非常有自信。這樣的實驗，是前實驗設計。這種設計可分下面幾種類型：

一、前實驗設計類型 1：單組末測設計
（One-Shot Case Study）

這樣的實驗是一個雛型設計，一般稱為前實驗設計（pre-experimented designs）或弱實驗設計（weak-experimented designs）或無設計實驗（The non-design experioment），圖示於圖 13-1【設計 1】。

繪製實驗設計類型圖的時候，通常利用下列符號來表示：

X － 表示實驗處理。

O － 表示測驗或觀察。

R － 表示隨機分派。

M － 表示配對分組。

兩組中間用虛線區隔表示非等組。

設計一只用 X、O 兩個符號，其他符號陸續出現於後面圖上。

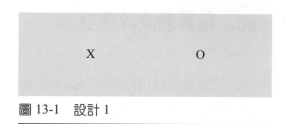

圖 13-1　設計 1

在這個實驗裡面，只有一個組，接受實驗處理一段期間，然後評量改變的情形。把改變歸因於實驗處理，這是最弱的實驗。基本上，未加任何特別的設計，未控制可能干擾的變項或標準化實驗情境，對於個體干擾變項也未予排除或作任何的分析，對實驗的內在效度、外在效度都沒有幫助。許多變項都可能干擾混淆實驗處理的效果，就連實驗變項也未加設計，使之便於操弄。故以上例言，有人會質疑：

- 慢跑一定會有這樣的效果嗎？是否是自然（如因季節）的改變？（成熟）
- 是否同期間每天早上特別另加營養品呢？（同時事件）
- 是否趣味相投的一群朋友在一起活動，心情愉快的效果？（選擇與成熟的交互作用）
- 是否在同期間家庭、職場、國家、社會有什麼不尋常的時事發生帶來共同的喜悅？（歷史的）
- 對什麼樣的人有效？對任何人體重都會減少嗎？三十分

鐘是最佳慢跑時間？增五分鐘嫌多？減五分鐘嫌少？
（選擇與實驗處理）

- 是否不想跑的，中間已經離開半途而廢？（對象流失）

這些質疑表示這種實驗未符實驗設計的要求，未充分利用設計策略。這種實驗的實驗效果是否完全源自實驗處理，毫無控制也未作分析，對上述可能影響內在效度與外在效度的因素，未能有效排除或控制，因此內在效度當然不高，其外在效度當然更談不上，可是，前實驗設計在教育行動研究上也常常樂於引用，但在真正的學術研究上應盡量避免使用。

二、前實驗設計類型 2：單組前後測設計
（The One-Group Pretest Posttest Design）

O1   X   O2

圖 13-2　設計 2

選取一組先施前測，進行實驗，使學生接受實驗處理，然後在實驗結束時，施予後測。例如，上例先對一群參加慢跑的人作肺活量檢查，並加以記錄，給予二個月時間的慢跑後，再檢測一次為後測，前測後測比較，以其差異歸於慢跑的效果。

這樣的設計，其實驗的效度相當低，同樣地，如同上一設計，對同時事件、成熟、前測的效應，選擇與成熟的交互作用等可能影響內在效度的因素未能排除或控制，致內在效度成問題。選擇特定的人與實驗處理也可發生特殊的交互作用，由於前測也可能發生影響，導致外在效度也有問題，這樣的設計仍

應予避免。

三、靜態組比較設計

（The Static-Group Comparison Design）

$$X \qquad \qquad O_1$$

$$\text{- -}$$

$$O_2$$

圖 13-3　設計 3

就生態環境裡面，未加處理保持「靜態」地即選擇兩組參加實驗，一組自願接受實驗處理（X），一組保持原來方式，實驗處理後施予後測藉以觀察結果，得實驗組為 O1，控制組為 O2，比較 O1 與 O2 的差別，為實驗效果。

這種設計，雖然控制歷史、前測、測量工具使用的問題，以及統計迴歸等影響可能威脅內在效度的問題，但對於選擇的偏差、研究對象的流失、選擇與成熟的交互作用等影響因素則毫無作為，致內在效度受損；且由選擇偏差與實驗處理可能發生的交互作用，也難作普遍的推論，外在效度也低。這種設計也非常粗陋，不宜採用。

第二節　真實驗設計

真正的實驗設計要能隨機分派研究對象成為實驗組與控制組，並能利用各種策略去控制實驗的情境，減少或排除不利的

因素，以提高實驗效度。茲舉述各種常用的設計類型，圖示設計模式，說明其概要，評估其效度，並略述如何進行統計分析。

一、等組後測設計
（Posttest-Only Control Group Design）

(一)設計說明

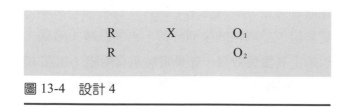

$$
\begin{array}{ccc}
R & X & O_1 \\
R & & O_2
\end{array}
$$

圖 13-4　設計 4

圖 13-4 表示的是典型的實驗設計，也常被採用。這種徹底隨機分派研究樣本為兩組，一為實驗組，一為控制組，所以是實驗設計所稱的等組；兩組都未接受前測，實驗組逕自接受實驗處理 X，控制組則依尋常；實驗末了，兩組均接受後測驗（O_1；O_2）。

(二)效度評估

等組後測設計，因為是隨機分派為等組，故能避免選樣的偏差，及其與成熟或與歷史交互作用的不利影響；又因未預加前測，故能排除前測的反作用與統計迴歸，減少測驗工具使用的問題；此外又有控制組以資對照，故以對歷史、自然的成熟，選擇與成熟交互作用，選擇與歷史的交互作用等皆可以控制。所以這種設計對前述內在效度的八大威脅皆可一一予以排除或施予控制，是最理想的也最常用的設計。惟這種設計也有它的限制，當樣本人數不夠大時，隨機分派仍非等組，這種設

計仍不宜採用。且如果樣本流失，失去代表性，又缺乏前測可以控制補救，恐怕也會影響內在效度。

就外在效度來說，實驗處理的反作用仍存在，多重處理交互作用的疑慮仍要小心，才可能完全消除可能干擾效度的因素，故對實驗結果作推論的時候，仍應小心，才不會過度的推論。

(三)統計分析

這種設計類型，廣為應用，統計分析也頗為簡單，直接可以比較實驗組或控制組的後測分數，再加以做 t 考驗，檢驗其顯著性以確定其實驗效果。如果實驗組有兩組（如圖 13-5 的設計 4-1），分別作不同的實驗處理；或控制組有兩組，一組施予酷似實驗處理的「安慰劑」（placebo）；一組完全沒有處理（如圖 13-6 的設計 4-2），則可以採單因子變異數分析，再作多重比較，比較彼此間的差異。

圖 13-5 是兩個不同實驗處理的實驗組；圖 13-6 則有兩個控制組，其中一組控制組仍依尋常，不加任何處理；另一組控制組則施予「安慰劑」，避免產生異乎尋常的反彈。

$$
\begin{array}{lll}
R & X_1 & O_1 \\
R & X_2 & O_2 \\
R & & O_3 \\
\end{array}
$$

圖 13-5　設計 4-1

$$
\begin{array}{lll}
R & X_1 & O_1 \\
R & & O_2 \\
R & \text{with placebo} & O_3 \\
\end{array}
$$

圖 13-6　設計 4-2

二、等組前後測設計
(Pretest-Posttest Control Group Design)

(一)設計說明

$$
\begin{array}{ccccc}
R & O_1 & X & O_2 \\
R & O_3 & & O_4
\end{array}
$$

圖 13-7　設計 5

　　如圖 13-7 所示,這一種設計類型如同前一種類型的設計,也是隨機分派使實驗組與控制組同為等組,惟為了解是否真正全等,故在實驗處理前另施予前測,其他步驟則與等組後測設計沒有兩樣。在前測之後,實驗組接受實驗處理,控制組則無;實驗之末,兩組都接受後測。有時候有兩種以上不同的實驗處理,或兩種不同的控制組。

$$
\begin{array}{ccccc}
R & O_1 & X_1 & O_2 \\
R & O_3 & X_2 & O_4 \\
R & O_5 & & O_6
\end{array}
$$

圖 13-8　設計 5-1

$$
\begin{array}{ccccc}
R & O_1 & X_1 & O_2 \\
R & O_3 & & O_4 \\
R & O_5 \text{ (with placebo)} & & O_6
\end{array}
$$

圖 13-9　設計 5-2

㈡效度評估

這種設計，如同等組後測設計，對可能影響內在效度的威脅因素均能一一加以排除或控制。由於隨機分派又施予前測，故能確保等組，因此沒有「選樣的偏差」、「選擇與成熟」或「選擇與歷史的交互作用」。因為有兩組可以對照比較，因此對實驗期間可能有的「歷史的」、「成熟的」、「測驗的反作用」、「測量工具使用問題」、「統計迴歸」等因素由於兩組皆同，可以加以比較控制。若有樣本流失的情形，亦可利用前測資料設法補救調整，所以可以保證實驗組致「果」之「因」為實驗處理造成的，是故，在教育研究上許多研究都樂予採用。

惟由於前測恐怕會發生測驗的交互作用效應而影響外在效度，故不能無條件地推論至未接受前測的群體上面。

㈢統計分析

採用這種設計的研究報告或論文，不少直接比較實驗組的進步分數D_E（$O_2 - O_1$）與控制組的進步分數D_C（$O_4 - O_3$），再利用考驗比較的差異是否顯著來決定實驗效果，這並不一定很妥當。這種方法可能反應比較遲鈍，無法顯示真正的實驗效果。較適當的方法，是把前測作為共變項（covariate），與實驗變項對效果變項作雙因子共變項分析（ANCOVA），以確定調整共變數之外，其實驗效果為多少？是否顯著？

三、所羅門四等組設計

（Soloman Four-Group Design）

㈠設計說明

$$
\begin{array}{llll}
R & O_1 & X & O_2 \\
R & O_3 & & O_4 \\
R & & X & O_5 \\
R & & & O_6
\end{array}
$$

圖 13-10　設計 6

為確保等組，又排除前測的反作用效應，於是將前面兩種設計類型──「等組後測設計」與「等組前後測設計」合併在一起，成為「所羅門四等組設計」（Soloman Four-Group Design）。其程序循隨機分派研究樣本為四組，其中兩組接受前測，另外兩組不接受前測；接受前測的二組，指定一組為實驗組，另一組為控制組，未接受前測的二組，一組為實驗組，另一組為控制組。換言之，這一種設計是將「有無前測」視為一變項納進實驗設計，好作分析並排除其影響，以確立實驗效果與實驗處理變項之因果關係。

㈡效度評估

「所羅門四等組設計」除兼具「等組前測設計」與「等組前後測設計」的優點外，另具的特殊長處，是一個研究等於重複了四個實驗。一方面一再檢驗實驗處理效果；一方面並且可以分析「前測與實驗處理之間的交互作用」。

㈢統計分析

為了前一方面的目的，可以比較是否$O_2 > O_1$；$O_2 > O_4$；$O_5 > O_6$；$O_5 > O_3$；$O_5 > O_2$；為了後一方面的目的，則可以對效果變項觀察值作前測與實驗處理二因子變異數分析，分析總變異來自⑴來自實驗處理的變異量，為實驗的主要效果；⑵來自前測的變異量；⑶來自前測與實驗處理交互作用的變異量。三者各有多少？F 比值多少？

		實驗處理	
		有	無
前測	有	Group1 O_2	Group2 O_4
	無	Group3 O_5	Group4 O_6

圖 13-11

另外，可以利用多項迴歸來計算⑴前測，⑵實驗處理及⑶前測與實驗的交互作用，對依變項的解釋力而達到研究的目的（Borg & Gall, 1983: 694）。

上述三種類型的實驗是最常用的設計，且內在效度、外在效度大抵相當符合實驗的要求。從前，在教育研究學術界，頗為流行對照法（matching）來控制個體的干擾變項，所用的設計也常不出上述三種類型。目前對於教育情境影響因素的認識更多，更體會單一或二項配對不如隨機分派來的理想，採用隨

機分派來控制個體變項較多。不過，如果研究者認為影響依變項之自變項，除掉實驗變項外，只有另外一、二項為最凸顯的變項，其他的干擾變項無足重現，則採用配對法仍能夠視為等組的設計，這樣的設計，有下面的類型：

$$M \quad X \quad O_1$$
$$M \qquad O_2$$

圖 13-12　設計 7：配對等組後測設計

$$M \quad O_3 \quad X \quad O_1$$
$$M \quad O_3 \qquad O_2$$

圖 13-13　設計 8：配對等組前後測設計

　　使用這樣的設計，統計分析實驗效果的方法，可以比照「隨機化」等組後測設計及「隨機化」等組前後測設計。

14 準實驗設計與單一樣本實驗設計

引題探索

1. 準實驗研究較諸於（真）實驗研究，具有什麼特性？
2. 常用於多因子實驗設計有哪三種類型？各種類型適合研究哪一種題材？如何設計？
3. 個體特性－實驗處理交互效應設計實驗，如何分析其實驗處理的效果？
4. 獨立樣本與重複樣本的多因子實驗設計有何異同？如何進行實驗？如何分析實驗的效果？
5. 準實驗設計有哪三種主要類型？如何設計？如何實施？又如何分析實驗的效果？
6. 各種準實驗研究設計的效度如何？
7. 單一樣本的實驗有何特殊的功能？
8. 單一樣本的實驗有哪幾種設計類型？如何設計與實施？試舉實例說明之。
9. 因果性研究的性能如何？有何限制？如何應用才能發揮其功能？

本章綱要

第一節　多因子實驗設計

一、個體特性與實驗處理交互效應設計（ATI）

二、獨立處理多因子實驗設計

三、重複量數設計

第二節　準實驗設計

一、不等組前後測設計

二、時間序列設計

三、抗衡設計類型（輪換實驗設計）

第三節　單一個體（樣本）實驗設計

一、A－B 型設計

二、A－B－A 型設計

三、A－B－A－B 型設計

四、多基線型設計型

第四節　因果性研究法的應用與限制

第五節　實驗研究實例

準實驗設計、多因子實驗設計、單一樣本實驗設計（single-subject experimental designs）都是比較接近教育實際情境的實驗設計。相較於真實驗設計，在教育研究上有較高的可行性，而且研究的結果，也更具推論性。如果能夠妥善設計，正確分析，仍能維持應有的實驗效度。本章第一節先介紹多因子實驗設計；第二節介紹準實驗設計；第三節介紹單一樣本設計。

第一節　多因子實驗設計

　　前面所呈現的設計類型，都是在同一個實驗裡面，只能觀察或操作一個自變項（實驗處理變項）對依變項的影響，從而探討其因果關係。在教學或教育其他情境裡面，會遇到或發現需要觀察若干自變項對依變項的影響，或若干自變項之間的交互作用對依變項的影響，才更富有教育的意義或更能控制干擾變項的影響。在這種情況的需求之下，則有賴多因子的實驗設計（factorial designs）。多因子設計可以歸為真實驗設計，也可以歸為準實驗設計。最常用的類型有：1.個體特性與實驗處理交互效應設計（aptitude or attribute-treatment interaction designs）；2.獨立處理多因子實驗設計（independent factorial designs）；3.重複量數設計（repeated-measures designs），茲逐一介紹。

一、個體特性與實驗處理交互效應設計（ATI）

　　學界對學生個別差異的事實早已認識，於今，由於行為科學及教育科學的發達所知更為詳細深入。因材施教，古有明

訓，在人性化及學習權的要求下，更須重視如何使教學配合學生的特性。ATI（Aptitude-Treatment interaction）的效應在二十世紀的中葉之後，無論研究或事功均彌足重視，盛行未替。其研究的設計模式也已自成一格（Borg & Gall, 1983: 697-703; Cronbach & Snow, 1977）。

這種研究的基本假定是任何教學法或教育方法均難普遍有效，每一個學生也無法在同一種教學法或教育方法之下均霑教益。一種特定的教學法，對特殊類型的學生有很大的助益，未必見得對其他學生也有效，甚至比傳統教法還差。所以有不少的教學實驗研究集中在如何使「教」與「學」相投（match）俾求事半功倍（Cronbach & Snow, 1977；林生傳，1988: 57-59）。

所以在實驗上，為此目的，乃設計觀察兩個或兩個以上自變項，一個是可以操作的實驗處理變項，如教學法、教學情境的安排、輔導策略；另一個或兩個以上的是無法操作的個體屬性，如性向、人格、成就高低或學習風格等變項。

於是其設計成為：

		實驗處理	
		X	NO
個體屬性	1		
	2		

圖 14-1　設計 9　個體特性—實驗處理交互效應設計

		實驗處理	
		X	NO
學習能力	高		
	中		
	低		

圖 14-2　設計 9-1　個體學習能力—實驗處理交互效應設計

		實驗處理		
		X1	X2	NO
人格類型	內控型			
	外控型			

圖 14-3　設計 9-2　人格類型—實驗處理交互效應設計

設計實例一

例如，帕士克拉（Pascarella, 1977）完成一個「個人化教學系統」（Personalized Instruction System, PIS）對大學生微積分學習的研究，比較 PIS 與傳統教學法的教學效果。鑑於過去許多PIS教學研究低估PIS的效果，擬採用ATI教學研究類型，將一個大學生樣本先經數學成就測驗（Mathematics Placement Examination）分成三水準（levels）——高、中、低。他提出研究假設：PIS 最有利於數學成就低水準的大學生，於是成為 2（教學）× 3（水準）多因子設計。

設計實例二

又如雷塞爾（Reiser, 1980）所進行的內外控與教學處理的實驗研究。在這個實驗研究裡面，待注意或處理的有三個自變項（待觀察或處理）：一個是學生成績（GPA）；一個是增強方式（treatment）；一個是內、外控（學生人格特質）。係在 PSI 教學裡面採用三種方式增強學生的學習：第一種方式是學生通過預定的目標，就給予加分增強；第二種方式是未能達到預定目標，就扣分；第三種方式是通過不通過均不予加減分。

- 內外控：是學生在內外控量表（Internal-External Locus of Control Scale）的得分，分成內控型與外控型（internal vs external control）。

- GPA 則是學生學習成績。
- 實驗結束，接受後測，成績作為依變項鑑定實驗效果。

統計分析

可以採用二因子變異數分析或多元迴歸處理（Barg & Gall, 1983；Cronbach & Snow, 1977）。如第一實例採用二因子變異數分析證實有實驗處理主效果（main effect），也有實驗處理與數學先前成就交互作用效果－ ATI 效應，無論是教學方法主要效果或 ATI 效應，二者皆顯著。如第二實例利用多元回歸分析（multiple regression analysis）確定 ATI 效應可解釋依變項變異量的 17%。

二、獨立處理多因子實驗設計

在這類實驗設計裡面，同時操作兩個實驗變項，且兩個自變項彼此是獨立的。這類設計不同於前一類型的地方，在於前一類型其中有一自變項為個體屬性變項，真正操作的只有一個實驗變項；但本設計則兩個自變項均為可操作處理的變項，且不重複，不互相依賴。其基本模式如圖 14-4。

		實驗處理 Xb		
		Xb1	Xb2	Xb3
實驗處理 Xa	Xa1	GP1 O_1	GP2 O_2	GP3 O_3
	Xa2	GP4 O_4	GP5 O_5	GP6 O_6

圖 14-4　設計 10　獨立處理多因子

A 實驗處理有二水準，B 實驗處理有三水準，於是成為六種實驗處理，並均一一接受觀察或評量處理其後效。假設實驗處理 Xa 為教學方法，Xa1 為電腦輔助教學，Xa2 為講述教學法，實驗處理 Xb1 為低要求學習情境，Xb2 為中要求學習情境，Xb3 為高要求學習情境，於是成六種實驗情境，惟這六種實驗情況彼此各自獨立。然後將全部樣本隨機分派成六組；各自接受一種的實驗處理。這個研究可有三種假設：

　　假設一：CAI 電腦輔助教學的教學效果顯著優於講述教學。

　　假設二：不同要求情境下的教學效果有顯著差異。

　　假設三：教學方法與高、低學習要求情境之間在教學效果上有顯著交互作用。

統計分析

　　對此一類型的設計，可以採用獨立樣本雙因子 2 × 3 ANOVA 來分析，以驗證三項假設，求得到圓滿的答案。

三、重複量數設計

　　這一類型的設計不同於上一類型者，係在兩個或兩個以上操作的實驗處理變項裡面，其中有一個是重複實施，也重複觀察或評量，換言之，同一組受試者要重複接受不同的處理與測量。例如上面實例，如果 Xa 仍為 Xa1 電腦輔助教學；Xa2 講述教學；而 Xb1、Xb2、Xb3 分別代表低要求、中要求、高要求的學習情境，但是，只分成兩組，為實驗組，接受電腦輔助教學；一為控制組，接受講述教學，而兩組，無論實驗組或控制組先後均須歷經 Xb1、Xb2、Xb3 三種學習要求情境。

	Xb1 低要求	Xb2 中要求	Xb3 高要求
實驗組 GP1 Xa1	O_1	O_1	O_1
控制組 GP2 Xa2	O1	O1	O1

圖 14-5　設計 11　重複量數多因子設計

統計分析

　　這種設計為重複觀察與測量，因前後觀察測量的結果含有相關存在，因此，應採用依賴樣本（重複樣本）的雙因子ANO-VA來分析，如果仿上類型，採用獨立樣本雙因子ANOVA則不適宜。

第二節　準實驗設計

　　準實驗設計，在由於實際的限制或礙於行政的理由而無法隨機分派受試者的時候最為適用。這種設計先天上固然有其限制，不過，準實驗研究若在設計上，能藉助觀察時間及處理的安排，以及統計分析的應用，排除或消弱可能威脅內在效度的因素，則利用其更接近於教育實際生態環境的有利因素，提高外在效度，在使用上，有其獨到的用途與廣大的空間。要如何設計應用之，主要有三種類型：

　　一、不等組前後測設計（The Nonequivalent Pretest-Posttest Designs）

二、時間序列設計（The Time-Series Designs）

三、抗衡設計（The Counter-Balanced Designs）。

一、不等組前後測設計

這種設計看似類同於真實驗設計的「等組前後測設計」（設計 5）及「配對組前後測設計」（設計 8），惟一的差別在於既未能使用隨機分派，又未能加以配對。在取樣的時候，只能採用叢集抽樣，在分組的時侯，必須仍維持原班級（組）（intact group），因此是不等組。所以通常需有兩組或兩組以上，參與研究，其中一組或一組以上為控制組以資對照，另外一組或一組以上為實驗組；復為衡量各組之間不等的情形，有時候還需要實施前測。各組不等的程度越小越佳，避免統計迴歸以及「選樣偏差與歷史或與成熟交互作用」等會降低內在效度的因素。

使實驗組接受實驗處理，控制維持平常情形，例如，實驗組接受一種新的實驗教學，控制組按傳統教學進行（如圖 14-6 的設計 12）。如果有兩組及以上的實驗組，也可以安排不同的實驗處理，第一組接受實驗處理——精熟學習，第二組接受實驗處理——合作教學，也可以兩組接受同樣的實驗教學（如圖 14-7 的設計 12-1），視研究目的而定。如果有兩組控制組，也可以相同，或可以安排另一組接受安慰性的控制處理（placebo）（如圖 14-8 的設計 12-2）。實驗之末，所有各組均接受後測處理。

$$O_1 \qquad X \qquad O_2$$
$$O_3 \qquad\qquad O_4$$

圖 14-6　設計 12

```
        O₁          X₁          O₂
        O₃          X₂          O₄
        O₅                      O₆
```

圖 14-7　設計 12-1

```
        O₁          X₁              O₂
        O₃                          O₄
        O₅      with placebo        O₆
```

圖 14-8　設計 12-2

　　這種設計由於實驗組與對照組，兩組均接受前測，故可以避免「歷史」、「成熟」、「測驗反作用」、「測驗工具使用問題」帶來的威脅，而影響內在效度。但是，由於兩組並非全等，在起點上可能有相當的差異，以致「統計迴歸」的影響仍可能威脅內在效度。另外，「選擇的偏差與歷史或成熟的交互作用」也可能帶來不利於內在效度的影響。不過由於全班未動（靜態）的參加實驗，如果能謹慎進行，受試者未覺知受驚動，較不會發生威脅外在效度的實驗效應，可以提高實驗外在效度。

統計分析

　　因為實驗組與控制組彼此並非等組，因此，宜採用「共變數分析」來處理資料。如以前測為共變項，以組別為自變項來分析依變項的觀察值之總變異；分析並排除表現於前測上面的不等情形，再分析來自於實驗處理的效果變項及誤差變異數，並以調整後的平均數與標準誤，作差異的考驗。

二、時間序列設計

基本模式

$$O_1 \quad O_2 \quad O_3 \quad O_4 \quad X \quad O_5 \quad O_6 \quad O_7 \quad O_8$$

圖 14-9　設計 13

　　時間序列設計原型只有一組研究樣本，實驗處理前，隔一定時間施予一次前測設計，即施予同一組若干次的測驗，得 O_1、O_2、O_3、O_4，再接受實驗處理；實驗處理畢，接著再每隔一定時間施予一次後測，計若干次，得 O_5、O_6、O_7、O_8。次數及相隔時間由研究者斟酌情況決定，以能有足夠的重測次數評量，可供看出可能發生的變化為原則。隔一定時間重複施予前測與後測的目的，在於看出變化的趨勢，以作出評量和排除不利於效度的因素。

　　這種設計也可以合併其他的準實驗設計類型，例如搭配控制組成為不等組重複前後測的設計（如圖14-10的設計13-1）。

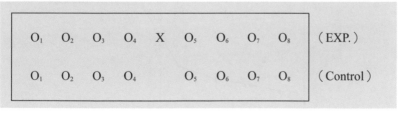

圖 14-10　設計 13-1

　　此一設計對研究樣本按一定的時間施予前測，再使接受實驗處理，然後又隔相等時間間隔施予後測。可以藉由一系列的

評量確定「成熟」、「前測」、「測驗工具使用的問題」及「統計迴歸」的情形，並加以排除，不致讓其混雜於實驗處理效果裡面，因此，對於最後一次前測（O_4）與最前一次後測（O_5）的差異是否來自「實驗處理」（X）的效果，可以作正確的把握。同時亦可控制「選樣的偏差」與「受試者的流失」等因素。惟這種設計有一個不足之處，即難予控制「歷史」的因素對實驗效果的干擾。對於O_4與O_5之間可能湊巧發生的同時事件不一定能夠有效地把握並予控制。例如，在O_1，O_2，O_3前測幾次都未同時有特殊的事件發生，不巧在實驗處理前後O_4與O_5之間正好有重大社會新聞或科學重大新知上報，如複製羊的資訊傳播或奧林匹亞科學競賽作弊醜聞見報，相當程度會威脅內在效度，另外，測驗工具的多次使用也可能帶來不利的影響。

可以利用迴歸由O_1、O_2、O_3、O_4推估每位受試者O_5的假定分數，然後利用 t 考驗假定的O_5分數分配與真正測量的O_5分數分配是否有顯著差異來證實假設，以獲得正確的結論。

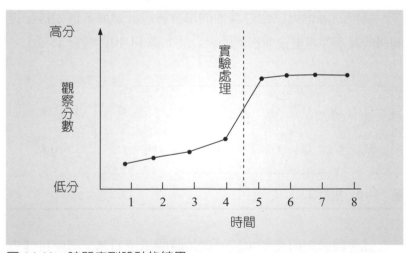

圖 14-11　時間序列設計的結果

三、抗衡設計（輪換實驗設計）

	時　　間		
組 別	X_1O X_2O X_3O	X_2O X_3O X_1O	X_3O X_1O X_2O

圖 14-12　設計 14　抗衡設計

　　「抗衡設計」（counterbalanced design），又叫「輪換實驗
設計」（rotation experiment design）。在此一設計裡面，所有
組均個別輪換接受一種不同的實驗處理，其順序不同，故其組
數必須與實驗處理數相等，四種實驗處理，即須設有四組；三
種實驗處理，即須有三個組；且同一時間各組所接受的實驗處
理不可相同；至於哪一組先接受何種實驗處理，則應隨機決
定。

　　圖 14-12（設計 14）所示，是以三組三處理為例。第一組
先接受實驗處理X_1，然後接受第二種實驗處理X_2，最後接受第
三種實驗處理X_3；第二組則先後依序接受X_2、X_3、X_1；第三組
依序接受X_3、X_1、X_2。故第一時機，第一組接受X_1、第二組，
X_2；第三組，X_3；在第二時機，第一組接受X_2，第二組，X_3；
第三組X_1；在第三時機，第一組至第三組，分別依序接受X_3，
X_1，X_2，完全輪番，且互相錯開。例如，目前在實驗九年一貫
課程，探討九年一貫課程應如何才能實施。九年一貫課程，打
破舊有的分科，成為學習領域，即能有效實施，必須(1)建立學
習領域基本概念，(2)精熟學習領域的知識內容、才能，以及(3)
進行綜合統整活動。現在要驗證，哪一種對統整課程最有用，

於是擬操弄三種實驗處理，一為建立基本概念，一為精熟知識內容，三為綜合活動。

這樣的實驗不難找到樣本，只是為顧及教育生態及行政便利，只能維持原校原班實施。但一方面為了解何種處理最佳，一方面也要了解哪一種順序效果較好，另一方面又為制衡先後所產生的誤差，因此持用輪換實驗方式。於是先找三班，分別為實驗組一、實驗組二、實驗組三。再界定：概念學習為實驗處理X_1、內容、知識學習為X_2，綜合學習活動為X_3，並決定每一實驗期間多久。今假設區分為每一實驗期間為六週，三期間，計十八週。再以隨機方式決定哪一組先接受哪一種實驗處理，各組同一時間接受相異的處理。接著進行第一期間的實驗，實驗處理均接受後測。再接受第二期間的實驗，再後測。再接受第三期間的實驗，再後測。

表 14-1　九年一貫課程抗衡設計實驗

時間 組別	1-6 週		7-12 週		13-18 週	
GP_1	X_1 概念學習	O 後測	X_2 內容知識學習	O 後測	X_3 綜合學習活動	O 後測
GP_2	X_2 內容知識學習	O 後測	X_3 綜合學習活動	O 後測	X_1 概念學習	O 後測
GP_3	X_3 綜合學習活動	O 後測	X_1 概念學習	O 後測	X_2 內容知識學習	O 後測

效度評估

這種設計的內在效度頗高，外在效度較差。因為可能影響內在效度的八因素，除了「選樣偏差與成熟的交互作用之干擾效應」外，其他皆可因輪換而產生對抗制衡抵消。

至於外在效度也可能因一再重複接受不同的實驗處理，可能發生多重實驗處理的干擾與引起測驗的反效果，而實驗處理的反作用效果會影響其外在效度。

統計分析

對於在這樣一種類型的實驗所蒐集到的資料，先分別分析其「實驗處理」（縱行）、「組別」（橫行）、「各時機總和」，如第一時機總合$\Sigma t_1 O$等於第一組的$\Sigma t_1 O$，第二組的$\Sigma t_1 O$，第三組的$\Sigma t_1 O$的和，三組在第一時機的總和則是$\Sigma t_1 O$；第二時機總和$\Sigma t_2 O$；第三時機總和$\Sigma t_3 O$。考驗不同處理間的差異，不同組別間的差異，各時機間的差異，並分別考驗是否具有顯著性。

		實 驗 處 理		
		X1	X2	X3
組	GP1	$t_1 O$	$t_2 O$	$t_3 O$
別	GP2	$t_3 O$	$t_1 O$	$t_2 O$
	GP3	$t_2 O$	$t_3 O$	$t_1 O$

圖 14-13

本章及上一章分別介紹各種實驗設計，包括只具雛形的前實驗設計，典型的真實驗設計以及較接近教育生態情境的準實驗設計各類型。就實驗效度的觀點來比較各種類型之內、外在效度干擾因素，可能干擾因素之控制，結果呈現如表 14-2 及表 14-3（Gay, 1992: 320, 322；郭生玉，1981: 358；Amphell & Stanslly, Copy 1963）。

表 14-2　影響準實驗設計效度可能因素分析—不同類型設計的比較

設計類型	可能威脅效度的來源									
	內在效度								外在效度	
	歷史	成熟	測驗	研究工具的運用	迴歸	選擇	流失	選擇交互作用	與實驗處理的前測交互作用	多重處理的交互作用
不等組前後測設計 O_1　X_1　O_2 O_3　　　O_4	+	+	+	+	−	+	+	−	−	+
時間序列設計 $O_1O_2O_3O_4O_5O_6O_7O_8$	−	+	+	−	+	+	+	+	?	+
抗衡設計 $X_1OX_2OX_3O$ $X_3OX_1OX_2O$ $X_2OX_3OX_1O$	+	+	+	+	+	+	+	?		

本表參考 Gay, L. R. (2000). Educational Research: Competencies for analysis and application. (6th ed. NY: Macmilln) p.391.與 Campbell & Stanley (1963). 繪製而成

表 14-3　影響真實驗設計效度可能因素分析—不同類型設計的比較

設計類型	可能威脅效度的來源									
	內在效度								外在效度	
	歷史	成熟	測驗	研究工具的運用	迴歸	選擇	流失	選擇交互作用	與實驗處理的前測交互作用	多重處理的交互作用
等組前後測設計 R　O_1　X　O_2 R　O_3　　　O_4	+	+	+	+	+	+	+	+	−	?
等組後測設計 R　X　O_1 R　　　O_2	+	+	+	+	+	+	?	+	+	?
所羅門四組設計 R　O_1　X　O_2 R　O_3　　　O_4 R　　　X　O_5 R　　　　　O_6	+	+	+	+	+	+	+	+	+	?

本表參考 Gay, L. R.(2000). Educational Research: Competencies for analysis and application. (6th ed. NY: Macmilln) :391.與 Campbell & Stanley (1963).繪製而成

第三節　單一個體（樣本）實驗設計

　　由於特殊教育的發達，以及臨床法在教育上的應用，單一個體（樣本）實驗設計已經在教育實驗上占有一席之地。這種設計有特殊的功能，在教育上有時候可以發揮它的獨特功能。第一，教育的方法與目的常是要因材設教，也要因材施教，以個體獨特性為主的教育方法值得實驗。第二，有些研究對象是十分稀少的，能取得少數個案已經不容易，遑論團體樣本來進行實驗。例如，身心多重障礙的兒童或少數行為有問題待輔導與復健的個案。第三，單一個體實驗在設計上可以分成四類型，它們是：(1) A－B 型設計（AB Design）；(2) A－B－A 型設計（ABA Design）；(3) A－B－A－B 型設計（ABAB Design）；(4)多基線型設計（Multiple-Baseline Designs）。

一、A－B 型設計

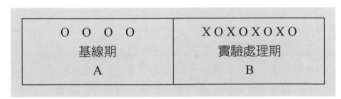

圖 14-14　設計 15　A－B 型設計

　　A 代表基線期（baseline period）；B 代表接受實驗期，開始之初，對這一個受試者，先觀察若干次，直到能夠看到他的基線行為穩定下來，且研究者對其他的基線已充分認識。然

後，再施予實驗處理。每次實驗處理後並觀察效果，如此繼續定時實驗處理並觀察，看出他的進步情形直到結束。進行過程與所得結果可見圖 14-15。

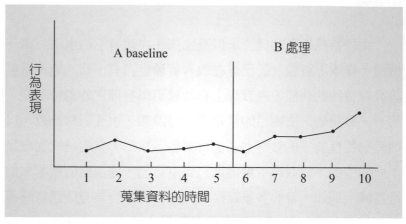

圖 14-15　單一對象 A － B 型設計臆構實例

實驗處理

通常依實驗變項之系統分析的設計來操作，作一系列處理。

二、A － B － A 型設計

A	B	A
O　O　O　O	X O X O X O X O	O　O　O　O
基線期	實驗處理期	基線期
A	B	A

圖 14-16　設計 16　A － B － A 設計

A － B － A 型，包含 A，B，A 三期；如同 A － B 型，先連續利用基線期 A 觀察數次了解基線行為；後為實驗處理期，

施予實驗處理並觀察效果數次；之後，不同於Ａ－Ｂ型，而外在實驗處理停止後，再觀察一段期間了解其迴歸基線情形，復為Ａ期，直至迴歸情形穩定結束。

三、Ａ－Ｂ－Ａ－Ｂ型設計

ｏ ｏ ｏ ｏ	ＸＯＸＯＸＯＸＯ	ｏ ｏ ｏ ｏ	ＸＯＸＯＸＯＸＯ
基線期	實驗處理期	基線期	實驗處理期
Ａ	Ｂ	Ａ	Ｂ

圖 14-17 設計 17 Ａ－Ｂ－Ａ－Ｂ設計

Ａ－Ｂ－Ａ－Ｂ型設計，包括四期：首經 A 基線期，續以 B 實驗處理期，再回到 A 停止實驗處理，觀察退步情況，最後又恢復實驗處理，並觀察若干次，以了解其恢復效果的情況，直至穩定結束。

如此，上述三型設計基本上無太大差異，只是重複次數不同，所需時間長短不同而已，其節奏旋律並無差別。

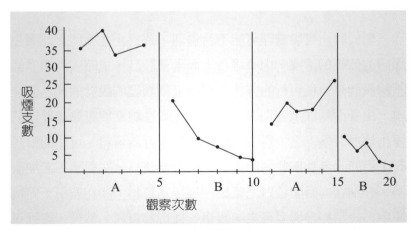

圖 14-18 Ａ－Ｂ－Ａ－Ｂ設計臆構實例

對一個吸煙上癮的中學生，作輔導處理，A 段只觀察記錄，看一天吸多少隻，至 B 段接受戒煙輔導處理，觀察記錄改善情形，然後 A 又暫停，以觀察改善是否繼續及退步數量，最後 B，又給實驗處理，觀察其恢復進步的情形。

效度評估及分析

對單一個體的連續觀察，使基線期與實驗處理期交替週期進行，能夠控制來自「選擇偏差」、「成熟」、「歷史」、「前測」、「統計迴歸」等因素對效度的干擾。惟這種設計仍受制於資料蒐集者的喜惡及測驗情況的效應。分析時，主要利用觀察資料圖表顯示並作分析、比較；另外，尚可以採取時間系列的迴歸分析，觀察曲線起落的趨勢來知道實驗處理的效果，統計 A、B 各時段平均數與標準差，比較各期之間是否有顯著的差異，再利用迴歸，推估各預估值與觀察值是否有顯著差異，決定觀察值的差異是來自於實驗處理抑或來自其他干擾的因素。

四、多基線型設計

對於終止實驗處理可能不合倫理，或終止並不能立即發生即時的效應的情境，則不適合上面兩種設計，這時候利用多面基線設計是一種可行的方法。利用這種類型的設計對同一個樣本，由多面基線來分別進行觀察再比較基線期與實驗處理期的變化情形。換言之，需要同時蒐集若干行為資料。可能的安排有(1)對同一參加個體同時蒐集若干行為資料。(2)對若干參加個體，分別在同時間各對之蒐集一項行為資料；(3)在若干不同情境中，分別對參與者蒐集或觀察一種行為資料。然後，經過一階段時間，使分別接受一種實驗處理，並觀察接受實驗處理後

的行為表現是否明顯異於基線期。

這種安排可圖示如下：

```
行為一   O  O  O  XO XO XO XO XO XO XO XO XO
行為二   O  O  O  O  O  O  XO XO XO XO XO XO
行為三   O  O  O  O  O  O  O  O  O  XO XO XO
```

圖 14-19　多基線型設計

如果行為一，在第一週基線期之後，使予接受實驗處理後，行為明顯與基線期不同，而獲得改善，再觀察相關行為。行為二，在基線期一週與行為一的基線期相類似，第二週仍維持在基線期，行為表現於是與行為一有明顯差異，因為行為二仍維持基線情況，而行為一因為已開始在第二週接受實驗處理，已獲得明顯改善。俟第三週起，行為二也接受實驗處理，我們觀察行為二也大有改善，而變得與行為一類同。後又觀察行為三，也是直到第四週開始接受實驗處理時，行為才大有改善，與行為一、二情形一樣，都是在實驗處理之後才大有進步。綜觀三種行為的結果，可以驗證實驗處理確實對此一問題行為有效。此一例子之實驗，可假設我們擬研究學生班級教室適應問題行為。此一適應問題可以分析為行為一遲到；行為二罵人；行為三吵架。實驗處理為輔導個案特別設計的行為治療方案。如為同時進行可有三位受試者。

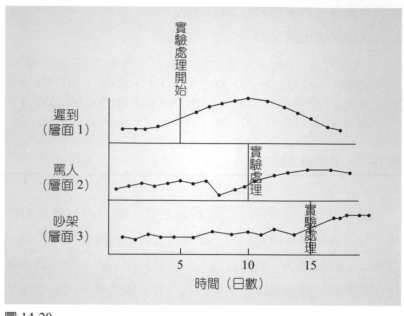

圖 14-20

　　教育研究如同其他的研究，它最高的要求希望能明白因果
關係，以方便應用。因果性研究法以實驗研究為典型。實驗研
究法要求嚴密控制干擾因素，直接能操弄其中特定自變項來觀
察依變項的變化，以客觀的評量確定自變項的操弄與依變項之
間的變化是否有一定的因果關係。這樣一種力求簡單、嚴密、
客觀、明確的實驗研究法當是研究的上乘，也是學術的至尊，
在二十世紀教育研究上曾經風光得勢過，許多著作和學說理論
都是利用實驗研究法來驗證的。無可否認的，實驗研究法是教
育研究學術非常重要的，也是最嚴密的方法，有其重要的學術

地位。然而，教育問題與研究的特殊性質，對實驗研究法的使用形成一定的限制：

第一、教育是具高度複雜性的活動與事業。教育的規畫、執行與評量，均由多種（複雜）變項，盤根錯節構成的高度複雜的結構。通常教育研究的主題所牽涉的可能有：生物機體、心理的、社會的、文化的、團體的、政治的、經濟的與宗教的等等各種因素。實驗研究為便於實驗，常將教育情境加以簡化，化約成少數變項的情境，選一個來操弄，控制所有的其他干擾變項。如果允許的話，希望最好能在實驗室研究。這樣的研究看似理想，可以決定因果關係；然而，離實際的教育情境太遠，所得結果之推論性有限，即使內在效度高，外在效度也因不切實際離真正情境太遠而受限甚大。因此，從事實驗研究要在內在效度與外在效度之間求得一平衡點。所以，小至在班級教室裡面，大至在學校、社會、文化裡面完成的實驗，如果設計精心、執行認真，這樣的實驗研究未必不如實驗室內進行完成的研究。

第二、教育具有人文性與倫理性。實驗研究要操弄特定的一、二個變項，來改變研究樣本的反應及其結果，研究者對於實驗結果通常沒有十足的把握，故大部分以人為對象的實驗常令人擔心是否有有違人文性與倫理性。我們不希望小孩子成為白老鼠，所以對實驗處理變項之操弄設計要十分小心，不能有違倫理道德或人文價值之虞。如果有任何顧忌，便不能冒然應用實驗法，而宜改採事後回溯或其他的研究法為宜。

第三、實驗研究標榜客觀與中立性，但教育情境裡面，教者與受教者的關係常互為主體性，實驗者與被實驗者的關係亦然。在教育情境裡面，要師法自然科學研究，科學家與被研究的自然現象之間，主體、客體明確分立的關係。然而科學家可以維持中立的態度去研究，保持絕對的客觀，但從事教育上的

實驗研究，卻是高難度，甚至是難以克服的工作。實驗研究要瞭然其限制，分辨何種問題才適合實驗研究，何種問題適宜利用其他的研究。而對實驗結果的應用，亦須劃定某一層次或某一特定範圍。

第四、**實驗研究強調標準化與可重複驗證，但教育卻常是獨特與不可重複。**基於實驗驗證所建立的理論，應是正確的，可以再藉由實驗重複無數次，實驗研究強調可重複（replication）；然而，教育卻常是獨特的（unique），也無法再來一次。實驗研究要求情境標準化，操弄精準化，如果能夠符合此等要求，即可以在任何時間，循此等標準化過程重複再製，結果會屢試不爽得到相同結論，宛如科學家在實驗室進行的實驗一樣。這在教育真實的情境裡面，是十分困難的事。教育實驗研究室仍應再了解多數的教育現象與問題都會受到情境的磋商、文化的制約與社會的界定，故教育研究的可重複性要在此一限制的範圍內來解釋才有意義。

第五、**實驗旨趣為確定因果關係，在教育仍有其限制。**教育的因果關係很複雜，教育的研究也不一定即能確定因果關係，也不一定以探討因果關係為唯一目的。在教育裡面，由於測量工具之精確度與可信性仍有其測不準的懷疑，誤差仍大，要十分正確測量教育實驗情境的複雜行為及其間的交互影響，也是一大限制，且目前雖已有進步的統計分析技術可資應用，但要測量精準並驗證因果關係，仍力有未逮。故教育實驗研究最好併用其他研究方法。

概念教學對概念發展的實驗效果

林生傳

　　本研究旨在研發概念教學的模式與系統，並進行實驗，以驗證所研發的概念教學系統的有效性與可行性。承續上一階段所完成的概念發展水準及相關因素的探討，並參考 Robert D. Tennyson 及 Herbert J. Klausmeier 的概念教學理論，設計完成一種本國適用的概念教學模式，據以編製概念教學實驗教材，訓練概念教學人員，利用上階段所開發完成的「概念發展測驗」，並配合教材編製學科單元概念測驗，溝通行政系統，建立概念教學系統。然後依據教育實驗研究原理，採用「實驗組控制組前後測設計」，在國中一年級、國小五年級、四年級隨機抽選計十二班，共進行五科目的概念實驗教學。各科目分別任選一班為實驗班，另兩班分別為控制班，進行為期四至八週的教學。將所蒐集到的資料進行 ANOVA、ANCOVA、與迴歸分析。結果證實概念教學的確能提升概念的學習與發展、發現概念教學實驗因科目性質與學習者特性，也因所運用的教學方法，而有不同的效果；據此，提出建議作為教育的參考。

註：本實例為舉例性質，僅摘取特別有用部分，其它均予刪略，以節省篇幅。且為方便讀者參看原論文，附註、編碼及寫作體例，仍維持原文撰作時流行的體例格式。讀者現今撰述論文時仍應依本書第二十章現行格式體例，不宜按本實例的格式。

緒論

本研究旨在研發概念教學的模式與系統，並利用已完成的「概念發展測驗」（林生傳，民83），進行概念教學的實驗，研究提升概念發展層次的機制與方法。

其具體目的包括：

第一、設計提升概念發展水準的教學模式與系統。

第二、實驗所設計的概念教學模式與系統。

第三、徵驗概念教學的效果，以為革新教學的參考。

概念教學模式的建立

為便於本研究的實驗設計與執行，在此先建構概念教學模式。邇來由於教學研究、認知發展科學以及資訊科學的發達，不少學者利用此等研究的發現據以規畫如何提升概念發展的教學模式與方案，均發現頗具效用。概念教學的模式不一，如喬伊氏與魏爾氏（Joyce & Weil with Showers）的「概念取得模式」（attaining concepts models）（1992: 144-145）、拓跋氏（Hilda Taba）的「歸納思考模式」（inductive thinking models）（1992: 109）、恬尼遜（Robert D. Tennyson）的概念教學模式（theory for teaching concept）（Tennyson & Cocchiarella, 1986）與克勞斯邁爾（Herbert J. Klausmeier）的 CLD 教學理論。

本研究依據概念發展理論，依概念學習與教學原理，先確立概念教學的原則，並參考恬尼遜的概念教學模式與克勞斯邁爾的 CLD 教學理論，建構成教學模式，編製教材，然後按研究原則進行實驗。簡述如下（林生傳，1996）：

(一)概念教學原則

第一、概念教學的主要內涵包括概念的獲得，概念的發展與應用。

第二、概念的獲得基於對事物的複雜屬性之特定的抽象作用。

第三、概念的發展按照發展的原理，循較低層次的具體概念而辨識概念概念層次，而歸類概念層次以致形成概念層次的發展。

第四、概念的應用，指藉習得的概念，可以利用以認知，便於思考，與解決問題。

第五、概念的教學設計包括教材內容分析—概念的分析與架構建立以及教學的設計，俾便學習事半功倍。

第六、概念的教學主要在確定概念界說，分析所指涉的屬性，辨別正例、非例，教學時所可藉以應用的策略有直接演繹說明法與歸納發現法。

第七、概念教學策略的應用視教學者、教材、學習者而定。

第八、概念教學的結果應確實評量，以確定學得，並提供回饋的機會。

㈡教學模式

基於上述原則，建立模式如下，以作為本研究教學設計的依據。

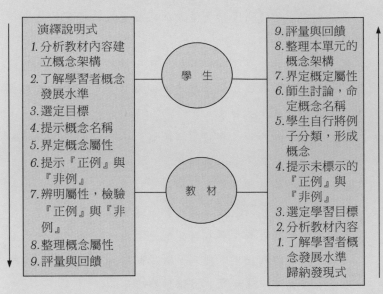

演繹說明式
1. 分析教材內容建立概念架構
2. 了解學習者概念發展水準
3. 選定目標
4. 提示概念名稱
5. 界定概念屬性
6. 提示『正例』與『非例』
7. 辨明屬性，檢驗『正例』與『非例』
8. 整理概念屬性
9. 評量與回饋

學　生

教　材

9. 評量與回饋
8. 整理本單元的概念架構
7. 界定概定屬性
6. 師生討論，命定概念名稱
5. 學生自行將例子分類，形成概念
4. 提示未標示的『正例』與『非例』
3. 選定學習目標
2. 分析教材內容
1. 了解學習者概念發展水準
歸納發現式

圖 4　本研究的概念教學模式

實驗設計與實施

研究假設

　　本實驗在確定概念教學對促進概念發展具有正面效果，其效果可能因智力水準而不同，所欲驗證的假設包括下列三項：

　　　　假設一、實驗組在「概念發展測驗」的得分顯著優於控制組。

　　　　假設二、實驗完成一個月後，實驗組「概念發展測驗」的得分顯著優於控制組。

　　　　假設三、不同實驗處理與智力水準在「概念發展測驗」較高層次分量表的得分有交互作用。

實驗設計

　　本研究隨機選定國小的數學科、社會、健康及國中的英語、生物五科，分別利用隨機取樣的方式，抽選各一所學校三個班，進行五至八週的實驗。本實驗採「實驗組控制組前後測設計」，

其實驗設計如表2。

表2　實驗設計

組　別	前　測	實驗處理	後　測	追　蹤
實驗組	O_1	X	O_4	O_7
控制組 (一)	O_2		O_5	O_8
控制組 (二)	O_3		O_6	O_9

　　本實驗對於可能干擾實驗效果的教師本身學歷、經驗、教學時間、教室情境僅予控制，使實驗組與控制組相當，惟由於行政的理由，學生無法依理想隨機分派，故本設計屬準實驗研究的實驗組控制組前後測設計。

　　在表2中，O_1、O_2、O_3表示前測；O_4、O_5、O_6表示後測；O_7、O_8、O_9表示追蹤測驗；X表示實驗處理，即接受概念教學。實驗前、後測考驗及追蹤測驗，「概念發展測驗」比較概念發展的情形。

實驗對象

　　本研究接受實驗教學係依隨機取樣，在高雄市中小學抽選樣本學校，復在抽樣學校，抽選三個班級，分派其一為實驗組，兩班為控制組。而得，研究樣本表列如下：

表 4　研究樣本人數統計表

數學科	組　別	樣本數
	實驗組	36
	控制組(一)	36
	控制組(二)	40
生物科	組　別	樣本數
	實驗組	41
	控制組(一)	41
	控制組(二)	38
健教科	組　別	樣本數
	實驗組	36
	控制組(一)	37
	控制組(二)	30
社會科	組　別	樣本數
	實驗組	31
	控制組(一)	34
	控制組(二)	36
語文科	組　別	樣本數
	實驗組	28
	控制組(一)	27
	控制組(二)	42

測驗工具

(一)概念發展測驗

　　上述假設中的概念發展指的是在「概念發展測驗」上測得的分數。「概念發展測驗」係由林生傳（民 83）依據 Herbert J. Klausmeier 的「CLD 模式」為理論基礎編製而成。根據此模式的四個發展階段，建構測驗之藍圖，即：1.具體層次；2.辨識層次；3.歸類層次；4.形式層次。本測驗包括三個主題，分別為「水果」、「正方形」及「文明」的概念，各代表「自然科學」、「數學」、「社會科」的概念領域。測驗適用於國小、國中及高中學生，實施時間因年級而不同。測驗題數共七十九題，皆採選擇題方式實施，有單選題，也有複選題，計分時各

題全對才算分。表5中是「概念發展測驗」各量表及其分量表的概念層次及其英文代碼。

表5　概念發展測驗各概念層次的量表與分量表

1.具體層次 　自然科學概念（CNS）分量表 　數學概念（CNN）分量表 　社會科概念（CNS）分量表 　具體層次概念（CN）量表 2.辨識層次 　自然科學概念（IDN）分量表 　數學概念（IDM）分量表 　社會科概念（IDS）分量表 　辨識層次（ID）量表	3.歸類層次 　自然科學概念（CLN）分量表 　數學概念（CLM）分量表 　社會科概念（CLS）分量表 　歸類層次（CL）量表 4.形式層次 　自然科學概念（FMN）分量表 　數學概念（FMM）分量表 　社會科概念（FMS）分量表 　形式層次（FM）量表

在信度方面，整體「重測信度」為.7909（P＜.01）；「內部一致性」信度各層面α係數均達.05顯著水準，整個量表之α係數介於.81至.91之間。效度方面，對照群效度大多達到.05顯著水準，顯示具有很好的實驗效度。

後測分數則分別於各量表之前冠以P，例如IDN量表分數，則成PIDN，追蹤測驗分數則分別冠以F，如IDN量表分數，於追蹤時候實施所得分數為FIND。

資料處理

將資料進行統計分析，循下列方式進行：

㈠為了解各組先前可能存在之差異，先進行概念發展測驗之前測分數，進行變異數分析。

㈡為控制各組先前可能存在之差異，概念發展測驗以前測為共變量，進行共變數分析。

㈢進行共變數分析之前，先進行各組的迴歸斜率同質性考驗（homogeneity of regression slope），以確定共變數分析的正

確性。

㈣獨立樣本單因子共變數分析（one-way analysis of convairance）考驗各組於教學之後概念發展層次的後測有無顯著差異，共變量為前測分數。

㈤以獨立樣本二因子共變數分析（two-way analysis of convairance）考驗各組於教學之後高層次概念發展層次，確證及修正各組高層次概念發展後測的單因子考驗差異情形，共變量為前測分數。並考驗各組不同智力學生於教學之後的高層次概念發展層次後測有無顯著差異，其共變量為前測分數。

㈥一個月後，以前述步驟之方式統計分析各組教學之持續效果。

㈦此等分析之統計推論考驗，第一類型錯誤之容忍度訂為.05。

㈧利用統計迴歸控制性別、年齡、社經地位、科目的可能干擾效果，驗證實驗處理的效果。

實驗的實施

本實驗研究分為三階段進行，即「實驗處理前」階段、「實驗處理」階段，以及「實驗處理後」階段。

在實驗處理前階段，其階段的重要工作在行政聯絡、取樣、蒐集實驗樣本背景資料及設計教學，編製教材等等，並邀請有關的學校行政人員及教師先行協調，以利實驗前做好完全的準備工作。

在實驗處理階段，本實驗之實驗組與控制組㈠由研究小組成員施教，控制組㈡則由原任教師施教；數學科每週進行教學的時數各組為六節，進行八週；生物科每週三節課，約進行五週結束教學。其他科目在此從略。

結果與討論

概念實驗教學對概念發展提升的效果，如此經按程序做分析，茲述全部科目迴歸分析的實驗效果，並以數學科為例呈現

共變項分析結果，其要如下：

表6　不同實驗處理在概念發展實驗與追蹤效果
　　　之共變數分析摘要表（數學科）

層面	組別	後測調整平均數	後測 F 值	後測事後比較			追蹤調整平均數	追蹤 F 值	追蹤事後比較		
				(1)	(2)	(3)			(1)	(2)	(3)
CNN	實驗組(1)	6.9766	1.15				6.7626	0.94			
	控制組 1 (2)	6.9698					6.9888				
	控制組 2 (3)	6.8233					6.8372				
CMM	實驗組(1)	4.5578	3.16*(1)			*	4.3009	0.67			
	控制組 1 (2)	4.3692	(2)				4.0811				
	控制組 2 (3)	4.0656	(3)				3.0817				
CNS	實驗組(1)	4.8493	0.56				4.8100	0.27			
	控制組 1 (2)	4.8358					4.7581				
	控制組 2 (3)	4.9709					4.8728				
CN	實驗組(1)	16.35	1.04				15.87	0.97			
	控制組 1 (2)	16.15					15.78				
	控制組 2 (3)	15.91					15.83				
IDN	實驗組(1)	5.4247	4.83*(1)		*		5.3819	3.80*(1)		**	
	控制組 1 (2)	4.6619	(2)			*	4.7617	(2)			
	控制組 2 (3)	5.6596	(3)				5.5958	(3)			
IDM	實驗組(1)	4.9724	2.59				5.2734	2.33			
	控制組 1 (2)	4.2103					4.5120				
	控制組 2 (3)	4.5231					4.7190				
IDS	實驗組(1)	5.5350	3.30* (1)		*		5.6657	1.74			
	控制組 1 (2)	4.5556	(2)				4.9629				
	控制組 2 (3)	5.1935	(3)				5.3685				
ID	實驗組(1)	15.77	6.84**(1)		**		16.09	5.24**(1)		**	
	控制組 1 (2)	13.38	(2)			**	14.16	(2)			**
	控制組 2 (3)	15.57	(3)				15.95	(3)			
CLN	實驗組(1)	2.5825	5.32**		*	*	2.6281	8.18**		***	***
	控制組 1 (2)	2.0154					1.7519 *				
	控制組 2 (3)	1.7842					1.6956				
CLM	實驗組(1)	5.4803	3.43*		*		5.0942	0.66			
	控制組 1 (2)	4.5478					4.8930				
	控制組 2 (3)	5.0497					4.6939				

				(1)	(2)	(3)			(1)	(2)	(3)
CLS	實驗組(1)	1.9271	9.65**		***	***	2.3587*	11.41**(1)		***	**
	控制組1(2)	1.1337 *					1.2265	(2)			
	控制組2(3)	1.2203					1.6482	(3)			
CL	實驗組(1)	9.94	9.86**		***	***	10.02*	8.51**(1)		***	***
	控制組1(2)	7.69 *					7.90	(2)			
	控制組2(3)	8.11					8.06	(3)			
FMN	實驗組(1)	2.1650	0.33				2.5897	2.35			
	控制組1(2)	2.2109					2.0876				
	控制組2(3)	2.0117					2.0178				
M	實驗組(1)	5.1120	1.78				5.5707	3.53*(1)			*
	控制組1(2)	5.1989					5.5125	(2)			*
	控制組2(3)	4.5453					4.6658	(3)			
FMS	實驗組(1)	2.9062	0.50				2.9695	0.65			
	控制組1(2)	2.5646					3.2528				
	控制組2(3)	2.7013					3.3672				
FM	實驗組(1)	10.01						0.99(1)	(1)	(2)	(3)
	控制組1(2)	9.98						(2)			***
	控制組2(3)	9.38						(3)			***

#表102= *p<.05　　**p<.01　　***p<.001

實驗效果的迴歸分析

　　上述的分析結果可以知道，概念教學實驗對概念發展有顯著的正面影響，實驗組經實驗後，在「概念發展測驗」各層次的分量表上的表現，大部分顯著優於控制組，即使追蹤測驗上，仍見持續的效果，惟各科目的效果略有不同，各層次的情形也不盡一致。本節擬藉階次模式的複迴歸作為綜合的分析。表12呈現迴歸分析的結果，後測所得各層次概念發展分量表分數——具體層次概念發展分數（PCN），辨識層次概念發展分數（PID），歸類層次概念發展分數（PCL），及形式層次概念發展分數（PFM），為效標變項；將性別（SEX）、社經地位（SES）、年級（GRD）、前測、科目、組別（GP）依次輸入為預測變項；所得迴歸值及預測力。在 SEX、SES、GRD、SUJ 前五項預測變項陸續解釋之後，是否為實驗組的組別（GP）對各後測概念分數 PCN、PID、PCL、PFM 之迴歸係數（Beta In）

皆為正值，依次分別為.0728、.1511、.1304與.0254，可見概念
教學實驗對概念發展之提升有正面的作用。在性別、社經地位、
年級等各變項予以控制之後，雖屬短期實驗，此項實驗效果在
辨識層次後測（PID），及歸類層次後測（PCL），上已達到預
定的顯著水準；惟在形式層次後測（PFM），與具體層次後測
（PCN）上，未及顯著。

表 12　概念教學實驗對概念發展的實驗效果之複迴歸分析

step	PCN				PID			
Variables	MultR	Rsq	Rch	BetaIn	MultR	Rsq	Rch	BetaIn
1 sex	.0903	.0082	.0081*	.0903	.0775	.0060	.0060	.0775
2 ses	.0940	.0088	.0006	.0263	.0937	.0088	.0027	.0527
3 grd	.2069	.0428***	.0339	.1881	.2602	.0677***	.0589***	.2478
4 前測	.3075	.0945***	.0517	.2314	.5175	.2678***	.2001***	.4891
5 suj	.3260	.1063***	.0117**	.1107	.5296	.2805***	.0127**	.1161
6 gp	.3336	.1113***	.0050	.0723	.5499	.3024***	.0220***	.1511

step	PCL				PFM			
Variables	MultR	Rsq	Rch	BetaIn	MultR	Rsq	Rch	BetaIn
1 sex	.1077	.0116*	.0116*	.1077	.1705	.0291***	.0290***	.1705
2 ses	.1156	.0134*	.0017	.0419	.1706	.0291***	.0001	.0060
3 grd	.3734	.1394***	.1260***	.3625	.4025	.1620***	.1329***	.3722
4 前測	.5861	.3435***	.2040***	.5470	.5844	.3416***	.1795***	.5021
5 suj	.5873	.3449***	.0014	.0384	.5924	.3509***	.0094	.0988
6 gp	.6010	.3613***	.0164***	.1304	.5929	.3515***	.0006	.0254

*p<.05　　**p<.01　　***p<.001

　　至於此項實驗效果是否持續相當長的一段時間，藉由追蹤
測驗分數FCN、FID、FCL、FFM，做同樣的複迴歸分析，顯示
效果依然存在。在SEX、SES、GRD前測，科目輸入加以預測
之後，實驗組別（GP）對追蹤測驗各層次的概念發展分數之迴
歸係數分別為.1564、.1165、.2035、.0760，並未減弱，前三項

預測皆達預定的顯著水準。

　　由此等分析可見本研究的概念教學實驗對於提升各層次的概念發展水準具有作用，不論對男女生，對來自不同社經背景的學生，無論在哪一年級，或於何種科目皆有效果，尤其對於辨識層次及歸類層次概念發展的提升更為確實，且作用經歷相當長的時間仍持續存在。

結論與建議

　　本研究乃假定概念發展除隨年齡的增加而自然發展外，為達教育的目的，可妥善利用人為設計的方式，藉著有意的教學來加速發展。基於此一假定，本研究特別進行概念教學系統的開發與概念教學的實驗。利用概念發展學習的原理，研討學者對概念教學的理論，建立概念教學的模式；然後，在國民教育階段選取國中一年級、國小五年級的適當學科，嘗試開發概念教學系統，進行概念教學的實驗，以驗證效果。於是按照實驗的原理，選定高雄市新興國中的一年級，高雄市忠孝國小的五年級與鼓山國小的四年級，利用隨機抽樣，各科抽定三個班級，利用「實驗組控制組前後測設計」，進行四至六週的實驗，過程非常順利，獲得結論如後：

一、概念教學確能提升學生概念的發展。實驗組在概念發展測驗的分數有較大的進步情形，實驗組的後測分數遠比兩個控制組為高。對五科目的概念教學實驗後測作共變數分析，所得到的八十個共變數分析結果，有三十四個具有顯著的實驗效果。如果除掉具體層次的分數外，就六十個分數共變數分析結果則有三十個，即半數具有顯著效果。

二、實驗效果不僅只見於一時，且能持續相當的時間，在實驗結束一個月後，所做的追蹤測驗上實驗組仍有較佳的表現。對全部追蹤測驗分數八十個ANCOVA結果仍有三十個維持顯著的實驗效果，在六十個分數的ANCOVA，則有二十四

個，約 40%仍持續存在實驗效果。

三、不同目的的概念教學之實驗效果在不同概念發展層次別也有差異。本模式的概念教學視教材性質及對象特質而活用歸納法與演繹法，由於教材性質的關係，本實驗社會科使用較多的歸納法，數學、生物、健教則以應用演繹法為多。結果是社會科的概念教學對促進形式（抽象）層次概念的發展較具效果；反之，數學科教學較利於辨識層次及歸類層次概念發展的提升。

四、實驗效果在利用複回歸分析析離性別、社經地位、年級、前測、與科目變項的作用之後，實驗組別仍能顯著預測追蹤之所有層次概念發展之長期效果與辨識層次、歸類層次概念發展之後測效果。足見此一實驗驗教學效果確切無疑。

依據本研究的結論，提出下列建議：

本研究的實驗發現，實驗期間越長的科目，概念教學的效果越顯著，也越能持久，欲使概念發揮增益教學的效果，俾利於概念的發展，需要平日長時間重視概念教學。日後在進行類似概念教學實驗，實驗期間也需要再加延長，以彰著效果。

其次概念教學宜全面實施，以提高效果。

單科的概念教學單刀直入易陷於孤立無援的境地，不易收到效果，如能各學科全面進行，更能相得益彰，事半功倍。本研究發現進行二科以上的概念教學之實驗班級，效果較大，可為例證。

參考書目

限於篇幅從略 請看原論文

資料出處：林生傳（1996）。概念教學對概念發展的實驗效果—階次理論模式的概念教學實驗。教育學刊，**12**，31-70

篇四

回溯性研究

教育研究不僅研究現在的教育，也研究未來的教育，同時，也不忘懷對過去教育的研究。上面兩篇所介紹的描述性研究與因果性研究，都不涉及對過去的研究；描述性研究是對現狀諸相的事實性了解，常藉問卷、訪問、觀察、測驗或量表來蒐集現況資料，再加分析以回答所探討的問題，驗證預定的假設；因果性研究則想利用人為刻意設計的情境，進行實驗，期能研發創造新的教學或教育方式，驗證新的教育方式是否會產生較佳的結果，以研發未來的教育。所以描述性研究是現在取向的研究（present-oriented research），因果性研究是未來取向的研究（future-oriented research）。對於過去所發生的教育事實，無法依賴描述性研究與因果性研究來進行研究，而必須藉著回溯性研究來進行。

回溯性研究（retrospective research）包括歷史研究（historical research）、與事後回溯研究（ex post facto research）或因果比較研究（causal comparative research）。兩者均以已經發生的事實為素材，研究的時候均向過去尋求資料，意欲還原過去的事實真相及其所發生的影響。歷史研究利用史料重置史實的真相以及史實發生的來龍去脈，有時候並求能驗證假設，建立理論，以求能對後來的制度與問題有所理解。一般以為歷史研究只為重置往事，還原其真相，故教育史在記述所發生的往事，在方法上只利用有限的史料，整理教育史實。事實上，這只是歷史研究的一部分，或只是人文歷史研究流行的作法。科學的歷史研究，更求提出假設，蒐集史料，以驗證假設，藉以理解史實之間的相互關係或影響，而非只以還原真相重置史實為已足。

事後回溯研究或因果比較研究，認定事出有因，故提出已發生之特定事實，應為今日已生結果原因的假設，乃尋求資料，由現在已發生的事實去追溯前此發生的事實，驗證其間的

因果關係。比較起來，歷史研究的過去，所涵的時間較為久遠，可以是數十年、數百年，甚至數千年；事後回溯研究或因果比較研究，所涵的時間一般只是幾個月或幾年，他們所感興趣的往往只是目前的果及其直接的種因，目前的結果與過去的種因都是顯然的事實，一般相隔的時間常是行為者本身成長歷程或發育過程的一階段。在資料的應用上來說，歷史研究大體均以過去的史實為資料；因果比較研究或事後回溯比較研究，所使用的資料包含現在的資料與過去的資料，現在的資料是結果的相關資料，過去的資料是有關原因的相關資料，兩者並重。事後回溯研究與因果比較研究，在研究目的上來說，與實驗研究有相通的地方，均為驗證因果關係，只是由於實驗設計的限制，因果比較研究通常無法如同實驗研究確切證明前因與後果的關係。本篇將事後回溯研究與歷史研究分兩章呈現於後。

15

事後回溯研究

1. 事後回溯研究可以包括哪兩種研究？
2. 事後回溯研究與歷史研究之異同為何？在哪些方面相似？在哪些方面有所區隔？
3. 事後回溯研究如何設計？有哪幾種類型？
4. 事後回溯研究實施的步驟與應注意的要略如何？

本章綱要

事後回溯研究（ex post facto research），又名因果比較研究（causal comparative research）；回溯因果比較研究（retrospective causal comparative research）；與事後自然實驗研究（after-the-fact natural experiments）。有學者認為它與相關研究相類同，而把它與相關研究並列；另有的學者則認為它與實驗研究較為類同而並列於實驗研究。最近有學者（David R. Krathwohl）認為事後回溯研究以已經發生的教育事實來追溯因果關係，與歷史研究法之研究過去史實有異曲同工之處，故將它與歷史研究並列成章（Krathwohl, 1998），確有見地。無論從理論上或實用來說，事後回溯研究有其獨特之處，在教育研究佔有其特殊的地位。其實事後回溯研究，一邊比各種實驗研究更能研究已經發生的事實，一邊又比相關研究法更能探索教育事實的因果關係，故介於兩種方法之間，在教育研究上占有重要的地位。本章探討事後回溯研究法，第一節，介紹事後回溯研究的概念；第二節，將比較事後回溯研究與實驗研究的異同；第三節，比較事後回溯研究與相關研究的異同；第四節，比較事後回溯研究與歷史研究的異同；第五節，說明事後回溯研究的設計；第六節，解說事後回溯研究進行的步驟與程序。

第一節　事後回溯研究的概念

　　事後回溯研究是對已經發生的事件，由結果去追溯它的原因；結果是依變項，原因是自變項。類此「事件」在教育情境裡面常常發生，例如，學生的輟學或蹺家、校園暴力的事件、學生的問題行為、小學低年級學業上的不適應、某一社區犯罪率的異常、某班學生的特殊優異表現、某校特種運動比賽的奪

魁、女生數學成績較差等……，這些特殊的事實，均可視為結果，均有特殊的原因。其原因可能是智力的、性向的、家庭的、文化的、性別的、政治的、經濟的、大眾傳播的……。一個研究者如果認定某一已經發生的特別「結果」，於學理上假定有其特定的「前因」，為探求其因果關係，即可提出研究假設，進行一項事後回溯研究。由已經發生的「結果」，去追溯發生的「原因」。例如，由一群蹺家學生（果）去探索家庭破碎（因）與學生蹺家輟學（果）的因果關係。這種研究類同醫學研究由死於肺癌（已發生的果）去追溯抽煙（因）與肺癌的因果關係；由小學一年級新生的不適應（已發生的果）追溯與有無上幼稚園（早已種下的因）；由女生數學成績較低（果）去追溯性別歧視（因）……等等。所得的結果已經發生，所種下的因更先於果。但種因者與結果者均非研究者，而是自然發生的，並非實驗者或研究者人為操作的。看似實驗，然而它是自然發生的實驗，研究進行是在結果之後，等結果已成定局，再設法去重置前因，探求因果，故又稱為「事後自然實驗」（after-the-fact natural experiments）（Krathwohl, 1998）。參閱圖 15-1：

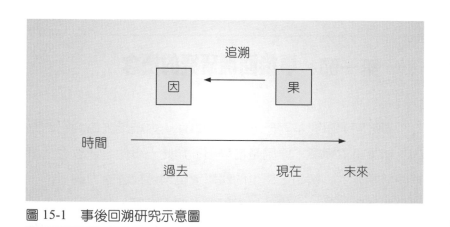

圖 15-1　事後回溯研究示意圖

事後回溯研究或自然實驗研究有兩種類型，一種是「因果研究」（causal research），另一種是「因果比較研究」（causal comparative research）。「因果研究」係對同一群人蒐集兩套資料，一套是有關目前已經發生的「結果」之資料，一套是有關假設為其前因的資料。例如，對於「家庭破碎造成學生蹺家輟學」的「因果研究」，研究者可以對一群蹺家輟學生蒐集一套蹺家輟學記錄，另蒐集一套有關他們的家庭結構、父母的關係、親子互動關係的資料，利用質的或量的分析，分析其間的關係。

「因果比較研究」則須比較家庭破碎組的學生與一般家庭學生兩組，分別了解他們的蹺家輟學的記錄，然後比較分析不同的兩組學生的蹺家輟學有無顯著的差異，來鑑定其因果關係。在醫學研究上亦如此，要比較不同程度抽煙組與不抽煙組，他們得肺癌的記錄，則需要由病例記錄蒐集抽煙情況與得肺癌比率的情形，利用統計分析驗證抽煙是否為得肺癌之主因，決定這個假設是否可以得到證實。

第二節　事後回溯研究與實驗研究

事後回溯研究為事後自然實驗研究，與上面兩章所介紹的實驗研究，有何異同？這可從幾個方面來比較：

第一、事後回溯研究與實驗研究有共同的目的，都為確定「自變項」與「依變項」之間「因果關係」（causal effect; causality）而設計。

第二、事後回溯研究與實驗研究都可能有控制組（control group）。除了有實驗組以外，為便於控制，正式的實驗研究通

常有至少一組的控制組，事後回溯研究的因果比較研究通常也有對照組，以便於比較。

第三、實驗研究與事後回溯研究的設計不同。前者實驗設計是先事實存在，事後回溯研究是於結果成為事實後，再設計並進行研究。實驗研究是一項刻意的設計，是人為的操弄；事後回溯研究是自然發生的，不是人為操縱。

第四、事後回溯研究由於順應自然的情況進行，對於樣本的抽選有一定的限制，且無法採用隨機化分派的方式以達到等組的要求，最多只能用配對法來安排被研究者；實驗研究可以採用隨機化分派或配對法來達到等組的要求。

第五、事後回溯研究適用時機主要在於不「能」隨意操弄實驗處理變項，或不「應」隨意操弄實驗處理變項的研究。例如，男女同校與男女分校對學生成就的關係，由於其效果正負尚未獲致一致的看法，從前以為合校較有利，近來以為分校較有利。類此研究不能採隨機分派成分校與合校兩組，只能就合校的學校與分校的學校作事後回溯研究。抽煙可能致肺癌，為證實也無法作實驗研究：先區分為兩等組，一組接受實驗處理勉強其抽煙，另一組為控制組，再比較結果。如果勉強如此，將有違人性與倫理道德，甚至違法。只能作事後回溯研究，追蹤抽煙者及非抽煙者致癌率為何。教育上的教育處理與設計，關乎人性倫理道德、法律，常常很難作實驗處理。這個時候，適合採用事後回溯研究或事後自然實驗研究。

第三節　事後回溯研究與相關研究

事後回溯研究與相關研究，有些教育研究法的書本認為兩

者十分相近，甚至並列為同一章一併探討（Mertens, 1998）。到底事後回溯研究與相關研究相似在何處？是否有截然相異之處？有待釐清。

有許多的變項適合事後回溯研究，也適合相關研究。兩種研究所探討的變項常有相當程度的雷同性。例如：

1. 個體（有機體）的特性——如性別、種族、年齡、殘障、社經地位、能力與人格特質等。
2. 為倫理的理由不應操弄的變項——如吸毒、抽煙、酗酒。
3. 可以操弄但通常未予操弄——如學校升級、安置、升遷、接受心理治療、男女合校或分校等。

對這些特性或變項進行研究，一般選用相關研究，或選用事後回溯研究。兩者不僅對相同的特性或變項感興趣，而且均不對任一變項加以操弄成為實驗處理變項。兩者對於此等變項間的相互作用均感興趣；兩者皆有意作為進行真實驗前的先導研究。

不過，事後回溯研究畢竟與相關研究不同。其相異處在於：

第一、事後回溯研究，研究者有意確定兩個或若干個（不能太多）變項間的「因果關係」。相關研究是在試探彼此間的「關聯性」（association），且研究的變項可以有許多個，數十變項相關的探討仍屬尋常。

第二、事後回溯研究為探究單因或二因、三因與若干結果之間的關係，因此，常要研究兩群體或數個群體所抽樣的兩樣本或數個樣本之間特定變項的差異。相關研究法，通常只對一群體或由此群體抽選的樣本（較大的樣本）作研究，探討該一群體或樣本之變項的相關，而不在比較兩組群體以上的差異。換言之，相關研究是探討同群體各變項之間的相關，而事後回溯研究在比較兩群體之自變項差異（因）是否形成依變項的差

異（果）。所以事後回溯研究與相關研究在基本旨趣上及應用方法上皆有很大的差別。

第四節　事後回溯研究與歷史研究

把事後回溯研究與歷史研究放在一起，有人會覺得奇怪。事實上，兩者十分接近。因為歷史研究是利用文件（document）及其他史料資源重置史實並求能驗證假設，建立理論，俾能有助於理解現在的制度、實況與問題。事後回溯研究由已經形成的「果」追溯早已種下的「因」，以明其因果關係。如果是如此，兩種方法差別甚小。因為同樣是「過去取向」（past-oriented research）的研究，所研究的事件都是已經發生的事實，研究的時候向過去尋求資料來研究，而不像描述研究在現狀中尋找資料，或像實驗研究向未來建構資料，此其一。兩種方法都在意驗證假設，以探求前因後果的關係，此其二。

然而，由於一般的歷史只是指「往事」或「往事的記錄」，教育史就是指教育歷程中的往事，或教育歷程中的往事的記錄，因此歷史研究，就是以嚴謹的方法研究往事，而教育史的研究則又是特別看重於教育歷程、往事的研究（周愚文，1991）。

由於史料取得不易，再加上考據的爭論，使治史的學者耗掉大多數的時間在整理史實，忽略治史的目的在探究交替之道及其因果的關係。於是教育歷史研究變成為整理史實，記述事實或重要史實而已。以上這種歷史研究的定義是相當符合經驗的真相。

賈漪（L. R. Gay）批評說，許多研究新手認為歷史研究是

相當不科學的研究法，這只有在設計拙劣執行馬虎的歷史研究才是如此。不可諱言地，歷史研究法無法像實驗研究或其他研究法可以施加控制；不過，如果是上乘的歷史研究仍然要有系統且客觀地蒐集並分析資料，並且用心於驗證假設或否定假設。

事後回溯研究如同歷史研究法一樣，對資料的蒐集採證及評估也特別注意；此外，事後回溯研究與歷史研究法一樣無法控制相關的變項。

唯由於歷史的原因，歷史研究似乎較重視史料的蒐集，以及史實的考據與整理，對於因果的驗證則力有未逮；反之，事後回溯研究似乎其所關心的自變項、依變項都是相當明確的資料，於是把重點置於因果的驗證上。

歷史的研究常研究年代久遠的史實，而非才剛發生不久的事件；反之，回溯研究較常研究發生未久的事件及其前因的追溯。不過，這些差異並非必然的或本質的差異，而是人為的或習慣造成的。

第五節　事後回溯研究設計的類型

事後回溯研究，一般使用上，有三種類型的設計：

一、單組因果回溯研究設計類型

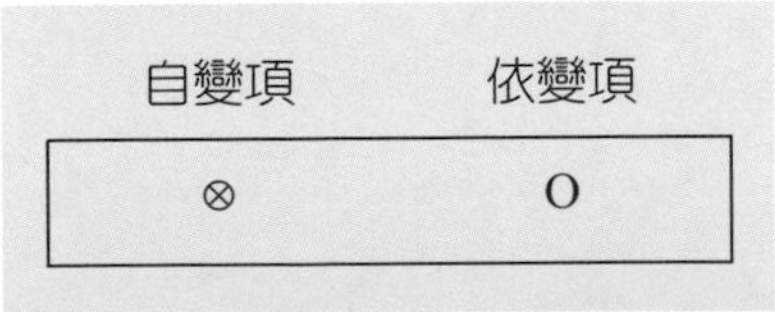

圖 15-2　單組因果回溯研究設計類型

面對一群體，試圖就已形成的現在結果（O）追溯其先前的種因⊗。

在這樣的設計，被研究者只有一組，蒐集兩套資料，一套為依變項（O）有關的資料；另一套為自變項（×）有關的資料⊗，藉以證實「×」造成「O」的假設。

二、對照組因果比較研究類型 A

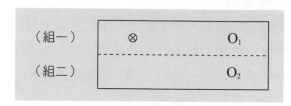

圖 15-3　對照組因果比較研究類型 A

利用這種研究類型比較兩個組的因果關係，其中一組為組一，先前有前因（⊗），結局有果（O_1）；另一組為組二，先前未種因，故現在結果不同（O_2）。以兩組因果的比較來建立因果關係。

所以事後回溯研究的設計與實驗研究類同，主要的不同是在實驗研究裡面，「×」是由研究者自己安排，讓實驗者自由操弄，而O_1尚待形成與觀察。事後回溯結果O_1與O_2則早已形成，其自變項也未能操弄，而是已經自然發生了。

事後回溯研究結果，常利用 t 考驗來分析，或利用變數分析來處理研究的結果資料。

三、對照組因果比較研究類型 B

	自變因	依變因
（組一）	$\otimes_1$	O_1
（組二）	$\otimes_2$	O_2

圖 15-4 對照組因果比較研究類型 B

與上一類型大同小異，不同之處在兩組，無論組一或組二皆有前因，但在上一類型，只有一組具有某一特性或種有前因；在本類型，對照組並非不具該特性或未有前因，而是所具特性不同，或具有另一種前因，然後觀察兩組後果是否確有不同。

第六節　事後回溯研究的步驟與程序

進行事後回溯研究的時候，一般循下列程序：

一、界定研究問題

一個研究者感到興趣，而且又懷疑其中必有前因，可以從發生的結局（問題）著手研究，作為研究主題。研究主題要先寫成研究題目，並詳細擬為研究目的與其研究假設，如果可能也建構研究架構。可以研究的問題很多，必須事出有因，且具有重要的教育意義，才值得研究。

例一：網路交友對男女不正常性關係之影響。

例二：有無上外語幼幼班之國小學生在國小英語學習的差異。

例三：高中生數學成就之性別差異。

時下電腦資訊傳播發達，透過網際網路男女談心談情的花樣翻新，無奇不有。網路交友，甚至網路一夜情的情事，時有所聞。而另一方面，男女青年對於性的觀念越來越開放，甚至對男女不正常的性關係已覺得稀鬆平常，跟飲水吃飯一般，大玩性愛遊戲。不過，是否兩者具有因果關係仍有待研究。於是擬進行事後回溯研究，其依變項為男女不正常性關係，自變項為網路傳播。其操作型定義：男女不正常性關係指留有記錄或自陳曾有婚前或婚外性關係。網路交友，指藉電腦網際網路通訊來交朋友。其研究假設可寫成：

例一、 研究假設：網路交友組的男女關係的開放觀念與不正常性行為顯著高於對照組。

例二、 研究假設：學前教育對小學新生語文學習有很顯著的影響。

二、界定研究對象

在因果比較研究中，界定特定的研究組群相當重要。必須先界定一群所要研究的實驗組，這一組是抽選自具有研究問題所說的特定或發生有過特定行為的群體。例如本實驗，實驗組指的是透過電腦網路交友的樣本。另外，在因果比較研究，尚須找一組對照組，為未曾利用電腦網路交網友者。或者亦可另選一組，為雖然利用電腦網路，惟不並用為網路交友。

如果是前者，正符合前述設計類型二：如果是後者，正符合前述設計類型三。第一個對照組是抽選自未曾利用電腦網路交網友這一群體的樣本。第二個對照組是抽選自使用電腦網

路,但未曾利用電腦網路結交網友的群體。無論採用哪一類型,現在在這一研究中共有兩組,一個實驗組,另一為對照組。另如例二,則選一組國小學生有上過外語幼幼班的為實驗組,另選一無此經驗的為對照組。

三、控制程序

事後回溯研究或因果比較研究,無法隨機分派實驗組也不能操弄,「前因」「後果」均是已成的事實,要如何著手控制,使所得到因果的關係較具說服力,是不能不考慮的程序。因為,很顯然地,除了所關心的「特定的變項」(實例一的網路交友)外,仍有許多其他變項會影響「結果」(不正常性關係)。包括;年齡、婚姻狀態、教育程度、社經背景、職業、人格類型等。如果未加控制,妄將結果的不同全歸因於一種「前因」則不盡合理,效度也不高。在因果比較研究中,通常利用「配對法」來控制其他因素。雖然並非理想,但在事後回溯研究,由於被認定為較顯著,所以可以接受。

又如例二,顯然我們所關心的是小學新生上外語幼幼班的經驗,但是除了幼稚園會影響小一新生語文習適應外,智力高低、社經地位高低也是重要的干擾變項,在因果比較研究中,即可以在選取兩組樣本時,藉配對法來控制。例如,所選的讀過外語幼幼班的實驗組,與未讀過外語幼幼班的對照組在智力高低、社經背景上盡量力求相當以抵消干擾作用。

四、蒐集資料

觀察、測量、問卷、訪談或文件記錄各種方式,視題目及其變項性質與限制,採用最方便也最可靠的方式來蒐集資料。

以例一而言，訪談、問卷是可行的方法，可以蒐集到所要的資料。以例二來說，是否上過外語幼幼班可以由綜合記錄或實施問卷得到，語文學習就需要藉助測驗來評量才能得到所需的資料。

五、分析資料

事後回溯研究一般以基本統計來描述各組的平均數與標準差。在推論方面可以 t 檢定或用 ANOVA，可能的話也可用 ANCOVA。這種研究有時候也可以利用質的詮釋，蒐集必要文件及資料，如蒐集其網路資料並作深度訪談，來作質的分析。如在例一，就可以用質的分析來詮釋樣本結交網友的心態，及其網路一夜情的心路歷程。

利用質的分析，例如 Ben-Perety 與 Kremen-Hayon（1990）利用深度訪談及質的分析來比較三位新手教師與三位老手教師在校內經歷兩難的差異。

第七節　事後回溯研究──因果比較研究 實例 (註)

計畫家庭子女的心理特質及教育成就之研究

林生傳

壹、緒論

　　家庭計畫固在節制人口的成長，但尤具重要的，更在提高人口素質。我國人口政策綱領明訂其主旨在求「人口品質之提高，人口之合理成長，國民健康之增進，與國民家庭生活之和樂」。家庭計畫在人口素質方面有無發生預期的效果，罕為一般人所重視，國內鮮有這方面的正式研究發表，國外亦屬罕見。作者有感於此，擬對計畫家庭在人口的心理特質與教育成就作一理論分析與實徵研究，一方面可資檢討家庭計畫成效的參考；另一方面可增進對計畫家庭子女心理特質的了解，求能更有效實施教育與輔導，以提高較與輔導的效果。識此，本研究具體的目的可臚列如下：

1. 檢討闡析計畫家庭子女的心理特質與教育成就的理論與文獻。
2. 調查比較高雄地區計畫家庭與非計畫家庭家庭子女的心理特質。

註：本實例為舉例性質，僅摘取特別有用部分，其它均予刪略，以節省篇幅。且為方便讀者參看原論文，附註、編碼及寫作體例，仍維持原文撰作時流行的體例格式。讀者現今撰述論文時仍應依本書第二十章現行格式體例，不宜按本實例的格式。

3.調查比較高雄地區計畫家庭與非計畫家庭子女的教育成就。

4.探求家庭計畫與社經地位的關係。

5.探討家庭計畫影響子女的心理特質及教育成就的主要途徑。

6.試探家庭計畫內容與子女心理特質及教育成就的關係。

　　本文所謂計畫家庭（planned family）指配合人口政策，實施家庭計畫的家庭；所謂心理特質包括智力、成就動機、自我觀念；而教育成就則指學生在學校裡面的德育、智育、體育、群育等方面之表現。故本文定名「計畫家庭子女的心理特質及教育成就之研究」，即在於研究實施家庭計畫的家庭所生育的子女在智力、成就動機、自我觀念、社會適應性等特質及智育、德育、體育、群育等方面的表現。

　　為達到上列目的，本研究擬採事後回溯研究法，比較有無實施家庭計畫的家庭子女心理特質與教育成就，來客觀實徵家庭計畫對子女素質是否發生預期的影響。

貳、理論與文獻

　　有關計畫家庭子女的心理特質及學業成就的專門研究在國內固屬罕見，國外亦屬鳳毛麟角。不過，計畫家庭依作者見解，具有三個特性：第一、計畫家庭子女人數是適當的人數（optimum number），雖然各家庭的適當人數並非絕對相同，但是，根據我國人口政策所倡行的家庭計畫，每個家庭所生的子女人數，前幾年訂為三個，近幾年減為兩個，故我國計畫家庭子女人數應是二至三個。換言之，比傳統家庭或未實施家庭計畫的家庭子女人數相對地減少。第二、計畫家庭各個子女出生相隔較為適當，通常為兩年以上（註一）。第三、計畫家庭子女都是父母經過計畫預期出生的，因此父母對他們具有較正值的情感及態度。吾人可以根據這些特性，搜集有關文獻來探討計畫家庭子女的心理特質及學業成就。

一、計畫家庭子女的智力

　　首就智力來說，智力並不僅僅是一種天賦能力，而是遺傳與環境交互作用的結果（雖然尚無法確切估計遺傳與環境影響勢力，各佔多大比率）。計畫家庭子女是否有較高的智力，可由計畫家庭：*1.* 在遺傳方面是否具有較利於優生的機會？*2.* 計畫家庭是否建立較優越的環境而有助於智力發展得知。關於第一個問題答案常是肯定的，實施家庭計畫的父母通常社經地位（social economic status）較高，他們本身所受的教育較高，也具有較高的智力，反之智力較低，社經地位較低的父母通常比較不易接受家庭計畫，也不易成功地完成此項計畫。其次高胎次的子女，在醫學上發現，常易有先天性心理及智慧上疾患，如蒙古症。因此在遺傳上來說，通常計畫家庭子女的遺傳條件較優。關於第二個問題，答案也是肯定的。計畫家庭由於子女人數較少，且每一個子女都是在父母的期待下所生，因此計畫家庭子女與父母接觸的機會較多，而有較佳語言學習環境。

　　事實上，計畫家庭有利智力發展的環境不僅限於語文發展的環境，而且包括整個的智力發展環境。貝爾蒙與露拉（Lillian Belmont & Francis A. Marolla）從二次大戰時荷蘭的 386,114 役男身家調查資料研究家庭大小、出生次序與智力分數的關係，發現家庭愈小的子女，出生次序愈是居先的，智力愈高。如果依大小家庭區分的，出生次序與智力的關係即告明白（註十）」蔡容斯與瑪古氏（Robert B. Zajonc & Gregory B. Markus）等利用數學公式闡析大小與智力環境關係用以說明這項資料，瑪古氏等以為一個兒童的絕對智力程度 Mt 可以隨年齡而變，成為函數關係。智力發展隨年齡而增長，也因家庭智力環境α而改變。當家庭增添新生分子時，α 值即隨之改變為 α_1、α_2……。於是家庭只有一個小孩時，該小孩各年齡智力發展為 $f(t) = \alpha_0(1-e^{-k't})$，當增添一個弟妹時，其發展則變為，$g(t) = \alpha_1(1-e^{-k't})$，$\alpha_0$

$= 1.00$，$\alpha_1 = 50$，依此一方程式，子女的智力將隨著弟妹人數的增加，而依一定函數關係遞減。（詳細請參閱原論文）。

二、計畫家庭子女的成就動機

其次就成就動機（Achievement motivation）來說，計畫家庭子女的成就動機是否較強？成就動機是一種意欲做好某種工作的情意狀態，本文尤其側重意欲做好學業的動機。馬克力蘭德（Mclelland, D. C.）在其名著《成就社會》（The Achievement Society）書中廣徵文獻論述影響成就動機的很多因素。家庭背景是一種極為重要的影響力量。在家庭中父母的教養方式，父母與子女的互動等等都是直接影響成就動機的因素，家庭結構則為間接影響的因素（註十三）。母親對於子女教養方式如何，影響到成就動機的實徵性研究不少。

歸納文獻，發現在一個普遍較晚施予獨立自賴訓練的文化環境裡，能較早給予此項訓練的子女的成就動機較強；反之，在一個普遍過早施予此項訓練的文化環境裡面，稍緩給予這種訓練，子女成就動機反而較強（註十五）。計畫家庭子女由於子女較少，此項訓練可能會延緩，在我們的文化環境裡是否有益於子女成就動機之培育，值得研究。

三、計畫家庭子女的自我觀念

海爾波（Helper, M.M.）發現父母對於子女是否能予以接受，是決定兒童自我接受的有效力量（註二四），也是決定自我觀念的有效力量（註二五）。計畫家庭的子女係為父母所期望的子女，父母對於他們的降生在心理上、經濟上、精神與物質上均有妥善的準備，因此較能予以接受，予以妥善照顧，鮮為「遺忘的孩兒」（forgotten-child），應能形成較滿意與積極的自我觀念。

四、計畫家庭子女的學業成就

綜觀上面的分析與探討，計畫家庭子女的智力可能較高，

成就動機可能較強，並且較富於正值的自我觀念，此等變項都是有關個人教育成就的因素（註三一）。再加上這種家庭由於子女人數較少，間隔也經過計畫，照顧周到，經濟上也不致遭遇困難，可以免除子女接受教育可能發生的難題。因此計畫家庭子女的教育成就可能較高。道格拉斯（Douglass, J.W.B. et al）發現英國學生家庭大小與「十一歲考試」的表現呈負相關，無論是中等階級或勞工階級，小家庭子女的平均成績優於大家庭子女（註三二）。麥呢（Miner, B.）探求影響學業成就的社會背景變項，也有類似發現，他將社會經濟變項加以控制，結果家庭大小與學業成就仍有負值顯著相關（註三三）。布撤曼（Buchman, G. G.）研究也獲得一致的結論（註三四），國內學者研究的結果，結論大抵相似（註三五）。

　　以上從計畫的特性，搜集中外有關文獻來探討計畫家庭子女的心理特質與學業成就，所用方法係屬論述與推斷的方式。由於直接對計畫家庭作實徵性的研究文獻難得一見，此項論述與推論是否正確，是否符合本國實況，須證諸於實徵性的研究。

參、研究設計

　　針對研究目的及理論與文獻的探討，先擬定研究設計如下：

一、研究假設

1. 計畫家庭子女的智力比非計畫家庭子女高；同屬計畫家庭，計畫家庭（甲）之子女比計畫家庭（乙）子女智力亦較高。

2. 計畫家庭子女比非計畫家庭子女的成就動機強；計畫家庭（甲）子女成就動機亦較計畫家庭（乙）為強。

3. 計畫家庭子女比非計畫家庭子女較富正值的，積極的自我觀念；計畫家庭（甲）比計畫家庭（乙）子女具有更富正值的、積極的自我觀念。

4. 計畫家庭子女比非計畫家庭子女在學校的教育成就表現較佳；

同屬計畫家庭的計畫家庭（甲）比計畫家庭（乙）也較有助於子女教育成就。

二、名詞界說

上列假設有關重要名詞的操作定義（operational definition）可界定如下：

1. 計畫家庭 L 係指藉由問卷了解其家庭子女人數在二至三人，且已實施家庭計畫，無意再生育子女者為計畫家庭。又依其計畫情形區分為計畫家庭（甲）與計畫家庭（乙），計畫家庭（甲）除具備有上述計畫家庭的要件外，另加一要件，即每個子女生育時間相隔適當期間（2年）以上的家庭。換言之，計畫家庭（甲）除了實施家庭計畫控制生育子女的數目外，並計畫生育間隔的長短。其他計畫家庭稱為計畫家庭（乙）。所以計畫家庭總數等於計畫家庭（甲）與計畫家庭（乙）的和。

2. 智力：係指藉由標準化智力測驗測得之能力。

3. 成就動機：係藉由自編的成就動機問卷調查而測得的心理特質。

4. 自我觀念：係藉由自編的自我觀念問卷了解的心理特質。

5. 社會關係適應性：藉由社會關係測量測得，指個人在社會關係圖上被選擇的吸引次數多少。

6. 教育成就：包括智育、德育、體育、群育，為教師據現行國小成績考查辦法對學生考查而得之各項學期成績。

7. 社經地位：參用林生傳氏據何林協（Hollingshead, A. B.）兩因素社會地位指數（Two Factor Index of Social Position）修訂之社經地位決定法測得之社經地位（註一）。

三、對象選擇（sampling）

本研究旨在研究計畫家庭子女的心理特質及學業成就，因此以真正實施正式的家庭計畫的家庭子女為對象較為合適，誠

如緒言所述，臺灣地區家庭計畫民間推動，雖早已在四十三年已經啓始，而正式制為政府之政策則遲至民國五十七年「臺灣地區家庭計畫實施辦法」之頒佈實施，為符合「家庭計畫」之原義，以五十七年以後初生的子女為對象較為合理，亦即以現在國小一年級生為對象。由於年紀太小，入學甫及幾個月，雖可以預見在研究歷程上可能發生困難，但為求切合實際，仍以國小一年級學生為對象，並以高雄地區為研究範圍。高雄地區包括高雄市和高雄縣，依據「分層隨機取樣的方式」選取樣本，在高雄市發展較早的中心區抽選大同國小，在高雄市發展較遲地區抽選十全國小，高雄縣則選農漁地區的中芸國小。由於國小，既無能力分班，亦未實施性別分班，因此再以隨機取樣方式在各校均各抽選三個班級學生，共抽取九班，男生 242 人，女生 251 人，合計 493 人。

四、研究工具

1. 標準智力測驗：本研究採用「彩色瑞文氏智力測驗」及「修訂基爾文兒童能力測驗」（Revised Kelvin Measurement of Ability in Infant Classes）。「彩色瑞文氏智力測驗」原係英國瑞文氏（Raven）所編著，經徐澄清教授修訂完成。其主要在測史皮曼（Spearman）智力理論所說的 g 因素，共有三十六題，依難易分成三組，均為補足圖形測驗，原理相同。

其次，「修訂基爾文兒童能力測驗」原係澳洲著名兒童心理學家基爾文（Kelvin）編著，民國六十一年經臺北女子師專孫沛德、陳青青兩位先生修訂而成，為一種鑑別學前及國小低年級兒童（四歲至八歲）普通智力的測驗。測驗內容包括八個分測驗：美感差異測驗、記憶測驗、大小區分之測驗、觀察測驗、數數測驗、補足測驗、分類測驗。原測驗本重測信度 0.92，效度 0.77～0.78，修訂本之重測信度 0.71，以師大宗亮東教授所編的兒童圖形智力測驗為效標，其效度

達完全效度。

2. 成就動機問卷：作者乃根據殷威索（Entwistle, N.J.）（註二）與羅素（Russell, L. L.）（註三）及國內郭生玉氏（註四）等編用之成就動機問卷，並特別顧慮學生程度，自編成適用於國小一年級的成就動機問卷。

3. 自我觀念問卷：自我觀念問卷情況亦復如此，國內若干問卷，如郭為藩教授編製之自我態度問卷（註五），適用於青春期國中學生；黃瑞煥氏之自我觀念評定量表（註六），也適用於國中學生；而郭生玉氏之自我態度形容詞表（註七）等等均不能應用，本研究乃由作者參考上述問卷，編成適用於國小一年級學生之自我觀念問卷（詳見附錄二・2）。

肆、研究結果與討論

一、計畫家庭與非計畫家庭子女的智力比較

以(1)計畫家庭與非計畫家庭別，(2)都市與鄉村別，兩變項作 2 × 2 變異數分析表如表四・3 所示，計畫家庭與非計畫家庭子女之間智力有很顯著的差異（F=8.86, P>.005）；不同地區雖有差異，其差異未及顯著程度（F=1.62, P<.25）；而家庭計畫對不同地區的兒童之智力是否有不同的作用，未能得到肯定（F=1.38, P<.25）。據之，可見家庭計畫之實施對家庭子女智力確有影響，且甚為一致，不因地區而有顯著差異。

表四・3　瑞文氏智力測驗分數變異數分析

變異來源	離均差平方和	自由度	均差	F	P
計　畫　間	279.04	1	279.04	8.86	<.005
地　區　間	50.95	1	50.95	1.62	<.25
計畫別×地區別	43.40	1	43.40	1.38	<.25
誤　差　Sw	14428.62	458	31.50		
F. 995（1,458）＝ 7.88；F.75（1,458）＝ 1.32					

為進一步了解兩種家庭子女在智力上的差異情形，再就平均數的差異作比較並加以考驗，其結果為表四・4。計畫家庭子女與非計畫家庭子女的智力，就全部樣本以觀之，相差1.56，達很顯著程度（P<.01）以上。總之，在瑞文氏智力測驗分數方面，計畫家庭子女比非計畫家庭子女較高，但此等差異並不很大。至於計畫家庭（甲）比計畫家庭（乙），此項差異更小，而在女生方面，計畫家庭（乙）女孩比計畫家庭（甲）反而高，但在男生，則甲種家庭比乙種顯著較高。倘控制社會經濟地位，只就處於第四階層來比較（表四・4），則此項差異仍均為正值，雖未達顯著程度。

表四・4　家庭計畫別與子女瑞文氏智力測驗分數差異比較

	計畫—非計畫	控制社經地位（SESIV）計畫—非計畫	計畫甲—計畫乙
男	1.73*	0.49	1.87*
女	0.97	0.14	-0.32
合	1.56**	0.53	0.96

**P<.01；P<.05

次就基爾文兒童能力測驗結果（如表四・5）比較，計畫家庭子女無論男女在本項測驗分數比非計畫家庭子女顯然較高，就男生來看，各為35.19; 30.38，相差4.81，極為顯著（t=2.43, P<.01），就女生來看，各為34.54; 29.45，相差5.09，亦很顯著（t=2.33, P<.01），合之各為34.91; 29.82，相差5.01，達極顯著水準（t=3.49, P<.001）。本項智力分數與前述瑞文氏測驗分數比較，本項測驗分數差異大得多。倘若控制社經地位，以第四階段者比較（見表四・6），男生相差4.72分（t=1.78, P<.05），女生相差 5.12 分（t=1.81, P<.05），男女合計，相差 5.19 分（t=2.70, P<.01），均為顯著程度以上之差異。表四・7同樣實

施家庭計畫的家庭，甲種比乙種，也顯然有別，相差 3.12，
（P<.05），且無論男女均為正值。

表四‧5　家庭計畫與非計畫家庭子女基爾文能力分數比較

項　　　目	男	女	合
計劃家庭 $\overline{X}$	35.19	34.54	34.91
SD	11.22	13.36	12.19
n	100	76	176
非計劃家庭 $\overline{X}$	30.38	29.45	29.82
SD	11.87	13.70	13.00
n	53	78	131
差　　　異	4.81**	5.09**	5.01***

***P<.001；**P<.01；P<.05

　　至此計畫家庭與子女智力關係大抵可以明白：(1)計畫家庭
子女智力確比非計畫家庭子女高，(2)在基爾文智力測驗分數相
差尤大，蓋因基爾文智力測驗語文成分比瑞文氏非文字測驗大
得多，故所受家庭環境影響較大，瑞文氏測驗為一 culture fair
測驗，所受環境影響較小；(3)即使控制社經地位，計畫家庭子
女智力仍然較高，尤其在基爾文測驗，家庭計畫雖然可能透過
社會經濟地位的中介因素影響智力發展，但是它亦獨立作用於
智力發展；(4)計畫家庭（甲）子女比計畫家庭（乙）子女智力
有較高的趨勢，在基爾文測驗，此項趨勢較為明顯。或因計畫
家庭（甲）除計畫子女數目外，尚注意其間隔，便于創造更佳
的語文環境與智力發展環境之故。此等發現與吾人假設符合，
且與吾人之理論分析相互吻合。故第二假設應予接受。

二、計畫家庭子女與非計畫家庭子女成就動機比較

　　觀（表四‧8），約略可看出學生來自於計畫家庭的與非
計畫家庭的成就動機有些差異，不同地區也略有不同，以(1)計

畫與非計畫，(2)地區別兩變項予變異數分析，如表四‧9所示：
(1)計畫家庭與非計畫家庭間子女成就動機差異極為顯著
（F=15.39, P<.001）；(2)城市與鄉村兒童成就動機也略有差異
（F=4.68, P<.05）；(3)計畫別對不同地區的作用沒有顯著不同
（F=3.22, P<.10）。

表四‧9　成就動機分數之變異數分析

變異來源	離均差平方和	自由度	均差	F	P
計　畫　間	792.35	1	792.35	15.39	<.001
地　區　間	241.17	1	241.17	4.68	<.05
計畫別×地區別	165.59	1	165.59	3.22	<.10
誤　　　差	24205.17	470	51.50		

F.0999（1,470）= 10.83；F.95（1,470）= 3.84；F.90（1,458）= 2.71

　　即若控制社會經濟地位，此項差異依然存在；此種影響在
女生尤其深巨，誠以成就動機與父母期望水準及關懷愛護有關，
女生來自計畫家庭者受益尤大，故表現更為明顯。

三、計畫家庭子女與非計畫家庭子女自我觀念比較

表四‧12　自我概念之變異數分析

變異來源	離均差平方和	自由度	均差	F	P
計　畫　間	917.65	1	917.65	11.71	<.001
地　區　間	745.89	1	745.89	9.52	<.005
計畫別×地區別	300.85	1	300.85	3.84	=0.05
誤　　　差	35972.35	459	78.37		

F.0999（1,459）= 10.83；F0.995（1,459）= 7.88；F.95（1,459）= 3.84

　　(1)計畫家庭子女與非計畫家庭子女自我觀念有極顯著不同
　　　　（F=11.71, P<.001）。

(2)不同地區學童之自我觀念也有很顯著差異（F=9.52, P<
.005）。

(3)家庭計畫別與地區別有顯著的（F=3.84, P<.05）交互作用；
換言之，家庭計畫別與地區別有顯著的（F=3.84, P<.05）
交互作用；換言之，家庭計畫對子女自我觀念之影響因地
區別不全一致。

可證無分地區，無分性別，來自計畫家庭學生均有較具正
值的、積極的自我觀念，若予社經地位以控制，僅就第三階層
者來比較，此樣差異達 2.80（P<.01），可見計畫家庭確能佈置
優良環境而有助於自我觀念發展，而純粹由於社經地位的有利
影響，尤其女生深受其利。假設應可接受。

四、計畫家庭子女與非計畫家庭子女教育成就比較

國小一年級教育成就包括智育（國語、數學）、德育、體
育、群育四育，根據教師所評定的學期總成績，本研究樣本來
自計畫家庭者與非計畫家庭者之教育成就可比較如表四・17。
無論國語、數學、德育、體育、群育成績在在顯示計畫家庭子
女比非計畫家庭子女都稍勝一籌。例如在智育方面，國語成績，
出自計畫家庭學童得五分者佔48.02%，四分者26.87%，三分者
16.74%，二分者7.05%，一分者1.32%，而出自非計畫家庭者，
由五分至一分順序為 33.59%, 24.71%, 24.32%, 13.51%,
3.86%；計畫家庭出身者則為 28.70%, 28.70%, 23.15%,
19.44%，女生情況相差不多。其他數學、體育、德育、群育成
績之分佈情形均類同。惟此項差異在統計上是否具有意義？經
一一予以卡方（Chi-square）考驗，得結果如表四・17 所列。
國語（χ^2=17.45, P<.01）、數學（χ^2=17.35, P<.01）、體育（χ^2
=10.02, P<.02）等成就，此項差異都在很顯著水準以上，德育
也達顯著水準（χ^2=8.36, P<.05），而群育，此項差異（χ^2=18.86,
P<.001）竟達到極顯著水準以上。即若男女性別分開來觀察，

除了女生的數學，男生的體育及男、女生的德育相差少許外，其他都有顯著差異（P<.05）。足見計畫家庭子女確比非計畫家庭子女教育成就顯著較高，這種差異並非機遇造成的。

七、結論與建議

　　實施家庭計畫，推行計畫人口政策，一方面固在於規畫與調節人口成長的速率，限制人口的過度成長；另一方面也在於提高人口素質，俾利於社會文化與國計民生。本研究旨在探討實行家庭計畫對子女在心理特質與教育成就方面影響如何，作為檢討過去家庭計畫實施成效的部分參考，策勵此項政策之推行欲來茲；並藉以了解計畫家庭子女的人格特質，作為吾人從事教育同仁施教的參考，以提高教育的成效。

　　本研究先廣羅可能獲得的文獻，從事理論的探析，據之在高雄地區抽選在五十七年以後出生的學童（即今一年級生）493名作為樣本，施予標準化智力測驗，與自編學童成就動機問卷，自我觀念問卷，以及社會關係測量以了解其智力與其他心理特質，並參照教師所評定的四育成績代表教育成就，就所蒐集的資料加以統計分析，獲得結論如下：

第一、計畫家庭子女的心理特質較非計畫家庭的子女為優

　　無論智力、成就動機、自我觀念、社會關係適應性，來自計畫家庭的學童均較為良好。(1)在智力方面，這種差異表現在瑞文氏智力測驗的結果很顯著，表現於基爾文能力測驗的結果更達極顯著水準以上。(2)在成就動機方面，來自計畫家庭的學童具有較強烈的成就動機，相差極為顯著，其差異在女生比男生更為明顯。(3)在自我觀念方面，計畫家庭子女對自我特質及能力的觀念持有比較積極，比較正值的看法。覺得自己是很快樂的，很可愛的，很有用的，很誠實的，很大方的，很聰明的，能把事情做得好的，很聽話的，很有耐心，很健康，很有禮貌，很幸福的，占較大比率，差異極為顯著。(4)在社會品質方面，

計畫家庭子女在社會關係測量上被同儕吸引的次數較多，社會品質較優，差異也極為顯著。

第二、計畫家庭子女的教育成就比非計畫家庭子女優異

　　無論是智育、體育、德育、群育，來自計畫家庭的學童表現均較為優異。在智育方面，國語成績上的差異很顯著，數學亦同；在體育方面，此項差異也很顯著；在德育方面的差異仍達顯著水準；在群育方面，更表現極顯著的差異。

第三、家庭計畫對子女心理特質與教育成就的影響並非全由于社經地位因素的介入

　　社經地位愈高的家庭，愈容易成功地實施家庭計畫，所以計畫家庭分布的比率與社經地位的高低有正的關係，社經地位愈高者，計畫家庭所佔的比率愈大。社經地位已被證實為關係子女心理特質及學業成就最大的一個社會因素，因此計畫家庭有利子女的心理特質及學業成就，部分即係由於計畫家庭的社經地位比較高的緣故。不過，計畫家庭提供的社會文化刺激較多，父母對子女期望較殷，給予獨立、自賴訓練的時間較適當，照顧也較為周到，本身即形成一個發展子女人格的良好環境，所以控制社經地位的介入，處同一階層者，計畫家庭子女的心理特質與教育成就仍有較優的表現，尤其在智力、成就動機、自我觀念、國語科成就，此項差異仍保持在顯著水準以上。不過，在社會適應性方面，則不如此，同一階層者計畫家庭與非計畫家庭子女並沒有顯然的不同。

第四、家庭計畫的內容與子女智力、語文學習有關，計畫家庭（甲）優於計畫家庭（乙）

　　家庭計畫固重在計畫子女的數目，尚可兼重計畫子女生育間隔的長短，本研究發現同是計畫家庭，計畫家庭（甲）同時注意生育間隔於適當期間（二年以上）比僅重計畫子女數目的計畫家庭（乙），在子女的智力、社會關係適應性；以及智、

德、體、群四育成就上都有較佳的傾向，這種傾向在智力方面已見顯著，在國語成就與社會關係適應性及群育分面幾近顯著。值得注意的，在智力方面，這種傾向表現於基爾文科測驗分數比瑞爾文氏測驗分數更為一致，也更為顯著；而在智育成就方面，國語科分數比數學科分數，這種傾向也較為明顯。計畫子女生育間隔期間的適當有利於子女各種心理特質的發展與教育成就，尚不能完全徵實，但生育間隔的適當有利于語文能力的發展與學習，應可予以肯定。

參考文獻

請查閱原論文，在此從略。

資料來源：摘錄自林生傳（1977）。計畫家庭子女的心理特質與教育成就研究。高雄師院學報，**5**，1-42。

16

歷史研究

本章綱要

第八節　歷史研究的正確應用

一、研究主題的題旨明確，具有史學的價值與可行性

二、分別資料性質、慎用二手資料

三、重視考證、分辨真偽

四、排除個人偏見、喜惡，正確解讀資料內容

五、避免現時主義（presentism）

六、正確使用其他學科的概念

七、不宜輕率判定因果關係

八、謹慎歷史研究的推論

第一節　歷史研究的基本概念

　　歷史是人類往事或生活的記錄，它是歷史學者與他所發現的事實之間不斷互動的一個過程，也是現在與過去不斷對話的結果。歷史的研究是有系統地回溯過去事實的真相，並對此等事實作詮釋以探究其道理。藉著對歷史的研究，一般認為對現在教育的制度、實際與問題可以更清楚的理解。

　　歷史的研究一般認為是屬於質性的研究，因為它具有下列質性研究的特點：第一，它強調對事件脈絡的描述；第二，它研究自然情境而非人為設計實驗情境的行為；第三，它對經驗作整體的了解而不作經驗的分析；第四，以詮釋作為研究過程的中心。不過，歷史的研究也不盡屬於質性的研究，晚近，歷史的研究也非常重視量的分析（Borg & Gall, 1989: 806）。

　　歷史的研究與前此所介紹的研究有一個很大的不同，就是歷史研究的問題是有關過去教育上的問題，而不是目前教育上的問題，它用以研究的材料取自過去已經發生過的教育事實。歷史研究所利用的資料，也是從史料裡面來蒐集，藉著史料來回答研究的問題。而前述的各種研究則常藉由調查或測量的方法來蒐集目前的資料，或藉人為設計來創造未來的資料，且研究的問題若不是現在的問題就是未來可能發生的問題。因此，歷史研究法與其他研究方法不論在問題的選取或是資料的利用方面，兩者可說是大異其趣。

第二節 歷史研究法的功能

在教育的研究裡面，歷史研究法由來已久。學者研究教育史，其功用不只一端，各個學者的重點與功能取向也往往有很大的不同，如果我們加以歸納，歷史研究的功能大約可以區分為下列幾方面：

一、蒐集史料，重置史實

有些學者的研究純粹為了對教育的史實蒐集相關的資料，辨別真偽，了解其真相。這種研究常以某一特定時期或某一特定的事件為研究對象，例如「北宋的三次教育改革」（周愚文，1991）；「明代之國子監—規制、教育設施與學風」（傅鴻森，1990）；「唐代科舉考試制度」（鄭世興，1958）。

二、整理史實，明辨演進之道

有些學者從事教育的歷史研究重點不僅在於了解特定事件的真相，更在於掌握「變」的歷史本質，從各個時期的變異性與延續性來探討演變的道理。並依時間的因素了解各個時期教育活動或教育理論演變的情形。例如，賈馥茗（1985）所研究的「東周以前的教育狀況」；吳家瑩（1990）「中華民國教育發展史—國民政府時期（1925~1940）」；及沈翠蓮（1999）「光復後師範學校小學師資培育制度之研究（1945-1960）」。

三、再建構史實，建立新理論

　　有的歷史研究學者不僅在於整理史實而已，更進一步對於過去教育的史實重新加以整理，賦予新的意義，給予新的價值，且常常由於不滿於舊的理論，另外再提出新的研究假設，藉由所整理的教育史實、加以驗證，以建立新的理論。這種研究以建立新的理論，推翻舊的理論為研究目的，這類的研究是反應教育研究的另一種功能，學者稱為「解放功能」（liberating function）。例如以社會再製理論（social reproduction theory）來解釋中等教育發展的演進歷史，取代傳統功能學派的理論。

四、知興替之道、前瞻未來，引導教育改革

　　有些教育史的研究在鑑古以知今，並藉以提出教育改革的理念與策略。最近的修正主義歷史學家（revisionist historians）常有這種作法，藉由對過去的研究來分析、指陳現在教育政策、制度與教育理論的不當甚至錯誤，並據以前瞻未來教育應該發展的方向，欲求跳脫傳統的窠臼，進行徹底的、根本的教育改革。

第三節　歷史研究的步驟

　　教育史學者對過去教育史實與問題的研究通常持各有不同的作法，較諸前述各種研究方法，歷史研究法缺乏共同一致的

作法，也沒有共同遵循的法則。學者往往各擅其長加以發揮。另一方面，教育史的研究由於研究主題的不同，可能蒐集到的史料存在於不同的形式或保存於不同的處所。因此，研究的方法或步驟也會有差異。再者，歷史的研究有時候視為是一種人文學科的研究，有時則被視為科學的研究，專家學者的觀點頗為分歧，也由於見解的不同，治史的方法也不盡一致。本書視歷史研究屬於科學研究的範疇，主張在某種程度上，歷史研究應有其共同的應遵循的步驟如下：

一、選定問題。

二、蒐集有關的史料。

三、整理與鑑定史料。

四、發展研究假設或形成理論架構。

五、依理論架構解釋分析史料或以史實來驗證假設。

六、確定歷史的原理、建立新的理論。

第四節　歷史研究的主題

選擇一個適當的研究主題是從事歷史研究的第一個要件。過去，在中國教育史的研究方面常常以歷代的教育制度，或者是歷代教育思想與理論作為研究的主題。前者如東周學校制度研究、唐代科舉考試制度；後者常以某一人物、學派、或朝代的教育思想為中心，如朱熹教育思想、王陽明教育思想、清末明初教育思潮等等研究。本國早期教育研究所的研究生撰寫學位論文，每位研究生常選擇一位教育思想家的思想為撰寫的主題。例如，杜威教育思想、王陽明教育思想、裴斯塔洛奇教育思想、盧梭教育思想，這樣的取材方式固有其適用的範圍，這

種研究主題也有它的一定價值，但是經過一系列的研究，最後不免覺得取材太過狹隘，後續研究無法開展。

今之學者從事歷史研究通常選擇的研究題目有下列幾種類型：㈠目前社會的議題：目前社會的議題常常是教育歷史研究主題主要的來源，例如多元文化教育、教育機會均等、兩性教育、入學考試制度、師資培育、課程改革，與教科書的編印和發行制度等等時下流行的議題，常常引發歷史研究。㈡特定的教育家或教育思想家：學者常常選定某一位教育家或教育思想家來研究他的教育理論思想的淵源、理論內容、對教育實際的事功，以及對後代教育的影響來研究。在教育制度或事實裡面，也可能蒐集新的資料，發現或對既有的資料重新詮釋，對教育的理論或教育試驗的演進提出新的解釋。㈢探求歷史事件或教育思想理念的新關係：對於本來未發現有關聯的兩種以上的理論或教育史實，探求它們的新關係，提出新的見解。例如，兩位教育思想家的理論在過去已經分別有學者做過研究，現在的教育歷史研究學者重新探討他們思想的異同，及彼此的交互影響。另外對於本來未發現其間關係的教育史實，發現它們的關聯性，也是另一類可以作為研究的主題。㈣總合整理零散的資料，或與新發現的史料力求整合。㈤對已有的教育史理論進行批判，佐以新發現的史料，或利用新的概念重建新的理論為修正主義者（revisionist）的研究（Beach,1969）。

第五節 史料的蒐集與鑑定

一、史料的蒐集與記錄

歷史研究所利用的資料都是保存或記載過去已經發生的史實資料，所以歷史的研究首先必須要能夠蒐集到與該問題相關或能反映教育史實的資料，才能進行研究。史料在歷史研究裡面居於非常關鍵的地位。如何蒐集資料、記錄資料，並做鑑定是歷史研究法重要的要領之一。蒐集史料，一般可循為下列幾個途徑：

(一)文件資料。文件資料是指包括官方文件、教育行政機關的公文檔案、學校所保存的學生資料、教育問題會議所提的建議案與記錄、個人所保留的教育史實的記載或回憶錄。對這種資料的蒐集，通常透過行政的程序來蒐集官方的文件，或者是透過圖書館藏的文件並獲得當事人的同意來進行蒐集。

(二)數量記錄。如戶口普查資料、學生入學資料、學生測驗資料、教育統計資料、學校預算、決算資料等。這些資料如果是已經發表的數量記錄，可以經由圖書館或網路來蒐集，如果是未經發表的數據資料，則應循行政程序向有關機關來蒐集。

(三)口頭記錄。歷史研究的記錄有時要透過訪談的方式蒐集身歷其境的人的經驗與想法，來蒐集相關的資料。例如，沈翠蓮訪問二十八位在一九四五至一九六〇年就讀師範學校的學生

與老師的口述歷史，用以了解過去師範學校演變的特質和師範學校的教學活動（沈翠蓮，1999）。有些口頭記錄並非由研究者透過與親身經歷的人口述來作成，而是經由口頭傳聞來進行研究。歷史的事件有時未見諸於歷史文字，而是流傳在有關人士的口耳傳聞之間。例如，師專為何於一九八七年一年之間全部改制升格為師範學院？又如，師資培育多元化如何立法的經過等，研究者可能藉由口耳傳聞來進行研究，或者又如，經由故事傳說或稗史來了解古時候科舉制度之下，學子如何應考。

㈣文物史蹟。過去流傳下來的文物史蹟也是重要的史料，例如，書院遺址、孔廟史蹟、學校建築、學校設備、教科書等等文物史蹟都可作為教育歷史研究的史料。

　　史料依其來源可分為直接史料與間接史料。直接史料也稱為第一手資料，間接史料也就是第二手史料。所謂直接史料是指，史實發生的時候在場直接參與者為其當事人所直接記述的史料，或留下來的文物史蹟，或當事人事後的追憶。有時候不一定是當事人直接的記載，也可能是目擊者所記載流傳下來的資料，通稱為直接史料或第一手史料。直接史料是歷史研究的主要資料，惟治史者必須盡最大可能去尋找的資料。例如，一個教育政策的直接史料應指政策決定委員會歷次開會的開會記錄、原草案的簽稿、工作小組開會的議程與記錄、聽證會的意見及其記錄、有關的專案研究報告、政策執行有關的單位的簡報記錄。這些記錄包括書面的記錄或錄音錄影的記錄，也包括參與其事的當事人的日記、事後的回憶錄等，或第三者（如記者）的採訪記錄。

　　所謂第二手史料，是由當事者或目擊者以外的同時代的人或後代的人，經由轉述留下來的資料，由於並非當事人或目擊

者的直接記載，轉述的報導難免會有錯誤或不可靠，有時候甚至為某種特定的目的，故意曲解或穿鑿附會，因此，間接資料在歷史研究裡的重要性比不上直接的史料。不過，由於直接史料難找，常常殘缺不全，歷史的研究仍然需要間接資料。尤其，初學者不善於蒐集直接資料，也不精於解讀這些資料，對利用間接資料就更感需要。許多研究生作研究的時候，常常利用由名家撰述成文刊載於報章雜誌的文章而不直接去蒐集原始資料，或者是不看原著，而是看第二、第三手轉述的書籍，即是一個顯然的例子。

二、史料的鑑定

歷史的研究主要靠史料為立論的依據，故史料的真假、正誤和可靠性將決定研究所得的結論。所以利用史料來從事歷史研究，無論是直接資料或間接資料，在使用之前必須經過鑑定（又稱為考證）。史料的鑑定有兩種，一為外部鑑定或外部考證（external criticism）；另一為內部鑑定或內部考證（internal criticism）。

外部鑑定乃為考證其資料的真實性（authenticity）或完整性，著重在資料的外在形式而不在鑑定資料所陳述的內容，所以通常注意的問題在於：資料是誰寫的；資料在什麼時候發現的？撰寫的目的何在？資料是原作或是修訂版？資料是否曾經經過刪改？為此，常常要利用他種資料來進行反證以辨別真假，或利用旁證資料來證明其真實性，有時還要利用化學檢定，依其墨漬、筆跡等的化學反應以確認其年代或真正的作者。

內部鑑定是在外部鑑定為真正的史料之後，研究者下一步的工作，即是要去鑑定資料內容的正確性（accuracy）與價值

（worth）。即使資料是真品而非偽造的，其記載的內容不一定可靠或正確地反應史實的真實情形，資料記載內容是否正確要從記載者的特性去考證。記載者的信譽（credibility）、記載者的能力、素養、記載者的用意及習性與處境來了解並鑑定。有些人撰寫風格至為嚴謹，所記載的事實當然可靠，但有的撰述者容易誇張、渲染、做過度的推論，其可信性應予審慎考慮。記載人的知識背景、專業修養、文字表達的能力也會影響內容的可信程度。在國民中學學生自願就學的公聽會中，一位學者、一位記者、一位行政官員、急進的教改人士、不同立場的報社記者，所記載的內容可能出入很大，何者正確，有必要從他們的能力、素養及立場，來分析鑑定。

另外，記載者在什麼樣的情境下來記載也可作為鑑定的一個依據。記載者撰述此一史實，有無面臨壓力，是否在自由意志之下撰述，還是在威迫利誘情動之下來撰述，都有必要了解以評估它的正確性與可靠性。一般來說，兩種紀錄不約而同記載的事實相符，則其內容較可信。有其他客觀資料可資佐證者，則其記載內容確實可信。作風保守、態度公正、無特殊壓力之下，所作的記載較為可信。

第六節　歷史研究的詮釋

歷史本是一種詮釋（historian interpretation），有人把歷史的研究比喻為海釣，史實就如同悠遊於浩瀚海洋中的魚群，而史學研究者如同釣魚者，是否能捕捉得到魚，要靠他選擇何處下手垂釣，也要看他利用何種釣具，兩種因素來決定（Carr, 1967: 26）。歷史研究一方面要能蒐集到真確的史料，一方面要

能對此等史料進行詮釋分析，史料是否真確要經過鑑定，另一方面要能由史料知道歷史的道理，就要對此等史料進行分析詮釋，所以歷史學者是一個史料的詮釋者。

歷史學家如何進行詮釋分析呢？

一、依基本假定來詮釋

歷史研究者在從事研究的時候，常常先有些基本的前提和假定（assumptions）。基於此等前提和假定，來解說歷史的事實。有些史學家假定人類的行為準則，超越時空的限制與文化的區隔，其演變的軌跡是相同的，其演變的準則放諸四海皆準，且是古今不變，所以歷史的演變是不斷地重複發生。因此，鑑古可以知今、藉今亦可推古。反之，另有一些史學家，力持人類的行為發生與演變在任何時空之下，皆是獨特的，歷史不會重演，任一時空的事件發生不可能等同於歷史上另一時空事件的發生。循這兩種不同的基本假定來詮釋的歷史事件，所建立的理論當然不同。

二、依時間順序來分析

按史料所記載所顯示的事實，依其發生與演變的年代順序（chronological order）加以整理，理解一種教育制度或教育思想或教育運動，並按照其年代順序及發展特徵劃分為若干不同時期，歸納同時期的特點，比較不同時期的異同、探討其發展與演變的趨勢，然後加以評論，此即為依時間順序分析的原則。

三、依理論架構來分析

　　利用歷史的概念或借用其他學科的概念（concepts）建立理論架構（interpretive framework）來進行詮釋。它可以利用社會學、經濟學、政治學、心裡學、人類學甚至統計學、數學的概念來形成一個理論的架構，對某一種教育的史實來作詮釋分析。例如，對於「教育的發展」這個史實，教育歷史學者曾利用社會學的結構功能、才學社會（meritocracy society）、經濟學上人力資本（human capital）、改革與進步（reform and progress）、心理學的成就動機與自我實現等概念，建立理論架構，對二十世紀的教育發展的史實作詮釋分析。但晚近修正主義的史學者，他們則利用社會學的衝突（conflict）、社會再製（social reproduction）、文化再製（cultural reproduction）、強勢的意識型態（powerful ideology）、性別歧視（sexual discrimination）、種族歧視（racial discrimination）等概念來建立另外一種理論架構，對同一教育史實來詮釋分析。利用這兩種截然不同的理論架構詮釋分析所得的結論當然不同，而對教育的理解當然也就有不同的貢獻。

四、以檢驗研究假設的方式來進行分析

　　由於歷史研究也是一種科學研究，史學家也常利用研究假設作為分析史料的依據，考驗史料是否合乎研究假設，以驗證歷史之理。例如，愛得華・錢寧（Edward Channing）曾探討一九八五年聯軍潰敗的因素，他提出了四個假設，一是聯邦軍隊被打敗，二是軍備補給不足，三是聯邦軍隊和人民糧食不濟、無以維生，四是士氣潰散、無心再戰。然後一一檢具史料來解

釋，最後結論認為第四假設是正確的，因為有很多史料可以支持這個假設（Best & Kahn, 1998: 84-85）。在教育歷史上的研究，也常常利用這個方式來作歷史的分析，例如，教育史學者提出這麼一個假設：十九世紀美國教育工作者對歐洲學校系統的考察，對美國教育的實際發生重大的影響，然後去蒐集史料來作詮釋分析。又如，教育歷史學者又提出這樣一個假設：教師待遇低落的原因是因為傳統上小學教師大部分都是女性——廉價勞工，然後據此一假設蒐集不同時期女性教師的人數和比率，以及教師待遇高低的關係來作解釋分析。

第七節 歷史的因果論證與推論

一、因果關係的探討

歷史研究對於因果關係的論證也很感興趣，它希望探討史實的來龍去脈、探究其因果關係。例如，智力測驗運動興起的原因和背後的動力、義務教育興起的原因如何、大學生暴動的原因、教育歷史學者對此種因果關係的探討頗感興趣。歷史研究學者可以對史料加以整理，依照其發生的先後，理出其時間、順序，然後依論架構來探討它的道理。歷史學家沒有辦法「證明」前一事件造成後一事件，因為前一事件並非依計畫或有意安排發生的，而後一事件的發生又有許多無法控制的因素。歷史學家只能就有限的史料，來說明前一事件可能跟後一事件有關，在開放的時空當中，不易證明其因果關係。

不過，歷史學家可以在他所設定的前提之下，依其理論並

就事件的發生先後順序來推理前後事件的可能因果關係。例如，一個相信歷史有超越時空之理的歷史學者，他可以利用一個現在已經接受的因果模式（a currently accepted causal pattern）來理解過去顯然相類的史實。舉例來說，歷史學者發現十九世紀中葉美國大學生罷課並且開始攻擊大學行政當局，在這個事件之前，大學行政當局曾採行剝奪學生權利和特權的措施。歷史學者注意到此一史實與二十世紀六〇年代情形相似。於是，歷史學者可能由一九六〇年代的大學生的暴動是由於大學行政當局的強力控制所造成的史實，然後依此一模式來論述十九世紀學生暴動事件的發生原因。作這樣的歷史因果的論述分析當然不一定正確，原因可能是：㈠歷史事件很多因果順序很難截然確定；㈡造成歷史事件可能有許多原因，往往相當複雜且原因不只一端。

又例如，義務教育發展的因素，可能有：㈠訓練國家公民的手段；㈡滿足宗教道德的需求培養學生的道德品格；㈢學校科層體制發展的產物；㈣人力資本的投資；㈤再製社會階級結構，而這麼多原因實難以孤立的特定原因來確定其因果關係。每一種解釋可能都有它不同的道理，但是在不同的時期其主要的原因各有不同。所以歷史事件的後面常埋藏有很多複雜的原因。史料越多，讓我們了解史實的前因越多，對其因果關係的了解越容易，但無法非常明確。

二、歷史研究的推論

歷史研究常常被期望能夠鑑往知來，基於過去的了解能夠了解現在的教育發展，更能夠預測教育的未來。事實上，這種推論並不容易。歷史的研究受限於史料，在描述研究或實驗研究資料的蒐集較為容易，樣本也比較有代表性，甚至可以以人

為的控制方式來創造資料。歷史研究則不然，它只能就所能蒐集得到的有限資料來加以鑑定並作解釋分析，所以歷史研究所研究的可能只是一個很小的樣本，很難代表它的群體。況且蒐集到的資料不一定是一個典型的資料，例如，我們偶然讀到十八世紀的幾篇教師的回憶錄日記，意欲了解當時教師工作的全貌，事實上是有困難的。藉此數量少且又不一定典型的樣本，來研究分析所得的結論，很難推論到不同環境之下的事實或者是發展的趨勢。所以，歷史研究的結論很難建立其普遍的原則，因此，對其推論應採取審慎的態度。

　　鑑於此，最近有若干歷史研究計畫盡可能擴大樣本的數量、蒐集有關的數量的資料、利用統計上多變量的複雜分析，俾使研究的結論能夠作正確的推論。此種努力的方向值得鼓勵與加強，以補傳統歷史研究推論的限制。惟限於史料的不足，發揮的空間並不大。

第八節　歷史研究的正確應用

　　如何正確使用歷史研究的方法才能發揮其功能，達到研究的目的。應特別注意下列準則：

一、研究主題的題旨明確，具有史學的價值與可行性

　　所選的主題要明確的界定其研究的範圍與研究的目的，而且要以蒐集得到史料來進行研究，並以研究者的能力所能及的範圍為限。

二、分別資料性質、慎用二手資料

歷史的研究盡量使用直接的史料，避免使用二手、三手、多手的資料，以免由於輾轉傳述而模糊其真實的面貌，若同時有直接資料與間接資料時，應優先使用直接資料，欠缺直接資料時，才補充以間接資料。

三、重視考證、分辨真偽

對於蒐集到的史料須加以嚴格的考證及鑑定，排除偽造資料或沒有價值的資料，對於沒有經過鑑定的資料，只作參考不宜引用。

四、排除個人偏見、喜惡，正確解讀資料內容

每個人都有他個人的價值觀、興趣、喜好、成見、偏見，從事歷史研究者應存有戒心，保持客觀、冷靜，避免受上述情意的影響，才能正確了解史料的真正意涵。

五、避免現時主義（presentism）

不以現代人的眼光、思想與觀念對於過去的史料妄作現時的理解，以免失掉原意與價值。例如，以現在的義務教育的思想與理論，來分析古代的官學；或以現在的教育績效制度（educational accountability）的觀念與策略來分析古時候的學校制度與作法。

六、正確使用其他學科的概念

現代的歷史研究法學者常引用其他學科的概念與理論來分析教育的史實，可以增進教育研究的領域，擴大教育研究的視野。不過，引用其他學科概念的時候必須要很審慎，正確把握其原意；審慎的分析，避免錯誤使用，誤解教育的史實。

七、不宜輕率判定因果關係

歷史研究是一種準因果關係而不是因果關係，由於歷史史實發生的同時間及其先前時段，常有很多的事件同時發生，無法孤立其一而控制其他，因此，很難判定某一特定的因造成特定的果。所以這種因果只能作參考不宜作論斷。

八、謹慎歷史研究的推論

歷史研究只能就所能蒐集到的史料來作研究，不管是書面史料或者是古蹟遺物，都無法代表全貌。只能憑運氣或機遇發覺得到，無法依據理論要求或研究目的來找到具有代表性且數量足夠的樣本。因此，歷史研究的結果在推論上有它先天的限制。必要作推論時，應持以較為審慎保守的態度。

篇 五

詮釋性研究

詮釋性研究在研究教育問題與教育現象，以及教育情境中行為者心中的意義，而不是自然存在的事實。知識是一種建構，每一個行為者也為他們的行為，先建立有它的認知架構，然後依據其認知的架構來進行他的行為。所以研究者研究的重點不在於了解其表面的行為、動作，而在於詮釋行為後面的意義。詮釋有兩個層面：一個是研究者對所提問題的詮釋；一個是對所研究的情境裡面，行為參與者的經驗說明。研究者對於所提出的教育問題，可以從歷史、文化、意識型態、權力與資源的分配來進行詮釋分析，並提出批判。例如，一個研究想要探討、理解高等教育在最近的十幾年之間為什麼呈現數倍的成長？為何在不少人擔心教育性失業問題的時段，教育財政又極度艱難？而學校在憂慮未來可能面臨招生不足的情況下，仍然任其膨脹？

　　詮釋性研究要從整個的社會結構、文化系統、政治生態來探討，高等教育的膨脹是否與社會的解構、政治的寧靜革命、政黨政治的角力、意識型態的衝突、資源的再分配、知識經濟的需求、全球化、國際化有關？詮釋性研究可以從結構面、深層的意識層面、主權的解放層面來做整體的探討。教育上的問題有很多可以作為研究的題材。例如，為什麼新課程實施還不到一年，又開始試辦九年一貫課程暫行綱要的制定？為什麼權力下放？為什麼中央要把教育行政權力選擇性地下放給各學校？為什麼實施學校本位經營只是徒然造成教學人員與行政人員及家長之間許多的衝突與紛爭，而沒有形成有效的學校本位經營的體制以提高學校教育的效率？為什麼在大家指責聯考制度百害只有一利之下，政府順從民情廢除聯考，而採取多元入學方案結果，反而造成更多的不滿，使四分之三以上的家長與學生懷念聯考制度，希望能夠恢復？此等教育問題均可利用詮釋性的研究來探討。

詮釋性研究的另一研究領域是，研究在情境中參與者經驗的說明。基於行為者的行為不只是表面的現象，而常有行為深層的意義，行為者的動機所欲表達的意義，他的心路歷程希望發生什麼樣的效果，與真正發生的效果之間的落差，對個人與別人的影響，均需要經過詮釋才能真正了解。因為行為者的行為與其認知的參照系統、社會網絡、文化系統、符號的運用系統等等都有密切的關聯，甚至受其決定。所以詮釋性的研究常在情境發生的整體生態中來進行研究，因此，詮釋性的研究通常不只利用量化的數據來統計分析，也常常利用整體的理解與各種資料的綜合利用來詮釋行為者的行為意義。

　　詮釋性的研究宣稱不先預定研究的假設，也不劃定研究的範疇，使研究能夠開放的、辨證的、持續的進行。詮釋性研究有二種類型，第一類型的詮釋性研究，探討教育問題的時候常常蒐集相關的文件資料，透過深度訪談輔以觀察來進行探討。第二類型的詮釋性研究注重參與觀察和深度訪談，佐以各種文件資料例如日記、週記、會議記錄、作品等等來整理、解釋、分析，所以詮釋性研究常常利用質性的資料，故被簡稱質性研究。質性研究結果的表達，常常採用語文描述、圖片或口語的呈現報告。

17 質性研究

引題探索

1. 試述質性研究的基本假定。

2. 質性研究具有什麼特徵？試述之。

3. 質性研究適用於什麼樣的時機？

4. 哪幾種類型的題目適合質性研究？

5. 質性研究應考慮哪些方面？

6. 進行自然探究的質性研究，如何選取樣本？

7. 在質性研究裡面，如何蒐集資料？有哪些方法可以利用？

8. 如何分析質性資料以達成研究的目的？

9. 試評估質性研究的內在效度與外在效度，如何設法提高質性研究的效度？

本章綱要

教育的研究自建立成為科學研究以來，為確實符合科學的要求，力求客觀與精確，俾便於推論，無不盡量量化。無論觀察或測驗、訪談或實驗，均希望將所獲得的結果，表之於數據以呈現存在的真相，上面所介紹的各種方法均列屬這種量的研究，視存在為客觀的，可以藉由數量顯示存在的真相，再透過統計的方法、技術加以描述並作推論。惟由於教育現象的複雜，人心的善變、難測，而社會現象又不等同於自然現象的事實存在，學者乃又重新找回古早大而化之、將心比心、想當然爾、整體捕捉的研究方法，豐富其內涵、精密其策略，並建構其較嚴密的方法理論，且樹立其在學術研究上的特殊地位，標榜為質性研究。本章將介紹質性研究的學理、特徵、運用時機與方法要領等。

第一節　質性研究之基本假定

質性研究的基本假定（assumptions）（Borg & Gall,1989: 385）如下：

一、教育的事實是整體存在，不能加以分析來了解。

二、教育事實的存在是獨特的，不可能重複發生。

三、人的特性與其行為的過程，無法據一項研究的結果作推論。

四、人的行為的發生在社會文化網絡裡面。

五、每個人行為的發生在個人都有其深層的理由。

六、行為情境裡面多種變因同時發生、交互影響，往往難以分出因果。

第二節　質性研究的特徵

　　基於上述的基本假定，質性研究雖然有許多不同的類型，卻有其共同之處，顯示為質性研究的特徵。Patton（1990）解析其有十項特徵，茲參考其架構說明質的教育研究所具的共同特徵。

一、不離實境、自然探討

　　質性研究總是在真實世界的教育生態環境裡面從事研究，既不像實驗研究可以人為的方式刻意設計實驗情境來進行研究，也不像問卷調查法或測驗法，可以提供一套刺激來引起對研究者的反應。質性研究資料完全來自真實的、開放的、不加操弄的、未予控制的情境中，自然流露出來的資料。

二、不限定假設、歸納分析

　　質性研究不像量的研究，常先依教育的學理或文獻對研究的問題先定研究假設、再設法蒐集資料、分析資料、以考驗假設、獲得結論；而質性研究，是在資料蒐集與理解的過程中漸漸發現其中的範疇、面向與關係，形成概念與範疇（category），逐漸形成或修訂假設，可以一邊研究一邊形成假設，研究者固然可以預先定假設，但這個假設不是最後的，在研究當中，可以一邊研究一邊加以修訂。

三、不抽離分析、整體通觀

視研究對象，不論是個別學生、一個班級、一所學校，均是整體的，不可加以化約、不可化整為零、不可抽離其中一部分來研究。研究者對研究對象作整體的理解，如研究一個班級，對這個班級的組織、結構、氣氛、互動關係、文化，各方面都要作整體的理解。

四、不加量化、直接利用質性資料

研究者在量的研究裡面利用各種測量工具，對研究者作客觀的測量，研究者與被研究者保持距離，不互相影響，藉以保持客觀。在質性研究裡面，研究者本身就是主要的研究工具，研究者要透過其與被研究者的互動來導引出他的意見、態度、觀念與想法等質性的資料。

五、直接接觸、親身領會

對所研究的人們、情境與現象，研究者身歷其境，直接參與或親身實察以了解情境網路，揣摩行為者的心路歷程，據以作正確的理解。

六、動態系統、持續觀察注意

整個的研究情境發生於教育生態環境裡面，研究者與參與者構成一個系統，不是一個靜止固定的系統，而是一段不斷地互動、持續的磋商、繼續的調適的一個系統。研究者要隨時觀

察、注意這種動態的過程並詮釋其意義。

七、獨特存在、個案了解

每個學生是特殊的，每個班級也是特殊的，只能個別的了解，難以歸約其共同的規律，所以應重視參與者的主體性、特殊性，利用各種來源的資料來研究。即使擬作團體的分析，也應在個案了解之後。

八、嵌入網絡，不易複製

教育的行為與問題發生在歷史、社會、文化、心理的網絡裡面，錯綜複雜，意欲理解，必須察覺其社會文化、歷史網絡與心路歷程，詮釋分析所得發現也僅適用於此特定的網絡情境裡面，故不易複製相同的情境來研究，推論也極受限制。

九、態度中性、藉同理心理解

教育研究很難完全客觀，擅作主觀判斷又會傷害到研究的信用與價值，所以應該盡量抱持中性的態度，不先預設立場，利用人的同理心，避免偏見、成見，避免盲從、妄加判斷，理解行為者的認知參考架構、行為的動機與其真正的意義。

十、保持彈性、隨時調整、設計周延

研究設計應保持彈性開放，隨著資料的蒐集與理解，獲得新的領悟，也隨著情境的變化，調整研究的策略與方法，改變設計，得到最後的結果。

綜合上述，可見質性教育研究強調研究情境裡面，教育對象的特殊性、主體性、完整性、複雜性與動態性，力求透過身歷其境的觀察、參與其中的互動關係，利用長時間蒐集直接資料與背景資料，藉由研究者與參與者的相互理解，詮釋其中的意涵，以真正了解教育行動的意義，解決教育的問題。

第三節 　質性研究適用的時機與功能

質性研究要在怎樣的時機與情況下才能方便利用，且使研究者能夠得心應手，順利達到目的。以下是主要的準則（Krathwohl, 1993: 352-353）：

- 新的研究領域或主題，已有的研究為數稀少或所知有限，本研究以試探發現為先，而不在證實或檢證。
- 此一主題的研究似已接近山窮水盡，亟待改弦更張，尋求新的觀點與途徑，才能跳出原來的限制，再現柳暗花明。
- 研究者與其夥伴對質性研究方法有特殊的偏愛，且又不擅於量的研究時。
- 對一特定的教育現象或問題需要作一徹底圓滿的解說，並提供詳細的答案，以充實理論的內容、自圓其說。
- 對教育行動的見解，研究者認為參與者與非參與者、圈內人與圈外人迥異時。
- 對所要研究的主題或現象尚未有可靠、正確、有效的測量工具可資應用時。
- 某一個研究問題或現象已由量的研究知其一般的律則，擬作深一層更詳細的探討時。
- 測量或實驗可能造成對參與者極大的干擾，令其無法忍受

時。

- 研究的目的對焦於其過程（process）與內在的動態發展（dynamic development），對其結果（outcomes）並不十分重視時。
- 預期之外的發現或效應彌足珍貴時。
- 研究架構已經清楚，內容尚欠詳盡，有待更多的事例來補實。
- 關心個別的特殊結果，而非群體的一般表現的時候。
- 對在地發生的原因需作深度的了解時。

綜之，質性研究有㈠形成新的假設；㈡建立新的理論；㈢發現與界定重要的變因；㈣探索與建構教育情境中的組織結構；㈤了解教育現象的文化脈絡；㈥探討陌生的新問題或新現象等特殊的功能。

第四節　質性研究問題

質性研究題目可以是有關理論方面的，也可以是有關教育實際方面的。如果是理論方面的，應具有深厚的學理基礎並具有形成新理論的重要性；而且必須能夠在任何的教育場所，以數目不拘、性質不同的樣本來進行研究的題目。如果是教育實際有關的題目，應是關注於特定的群體或個人，且能在不同的所在進行者，題目可以是有關人的，也可以是特定的課程、計畫、活動與其他的教育措施。質性研究題目，學者整理歸納區分為四種類型（Marshall & Rossman, 1995:27）（Best & Kahn, 1988: 242-244）：

一、理論性問題

－遊戲（play）如何影響閱讀的準備（reading readiness）？
探討透過什麼認知與情意的過程，所擔任的角色對閱讀
的準備是否有教育的影響？擔任領導的角色是否學習較
快？哪些因素會造成影響上的差異（Marshall & Ross-
man, 1995）？
－合作學習如何影響不同認知風格的學生？
透過什麼機制來發生影響，不同認知風格的學生對此種
機制的接受性如何（林達森，2001）？
－學前教師的思考有何特殊之處？如何發生的（莊佩真，
2001）？

二、特定群體的問題

－遊說團體運用何種策略與技巧影響教育決策（Marshall
& Rossman, 1995）？
－某一學區總監（superintendents）如何經營其與學董會
（school board）委員的關係、運用什麼影響過程（Mar-
shall & Rossman, 1995）？
－民間教改團體如何影響立法院與教育部的教育決策、師
資培育法的立法（舒緒緯，1998）？
－高中女生如何形成次級文化（吳佩穗，2001）？

三、某地、某校、某班的特殊問題（Site-Specific Problem）

－某個學校特定實驗課程為什麼實施成功、別的學校卻失敗？是人、是計畫、是支持度、或是其他背景因素（Marshall & Rossman, 1995）？

－某一私立學校與家長的關係如何？與公立學校有何不同（Marshall & Rossman, 1995）？

－某一高職為何逐漸萎縮，招生人數逐漸下滑以至於關閉？是校長辦學不力？還是教師努力不夠？還是社區變遷？或者是教育改革的問題？

－某技術學院財務為何發生困難？

四、特定制度、事件或措施內容的分析

－多元入學方案的內容分析。

－國小歷史教科書的內容分析。

－九年一貫課程「自然與科技」學習領域綱要內容的分析。

選定一個研究題目，進行質性研究，應一併考慮研究的計畫，計畫構想的內容、要項應包括：

－要研究的是什麼題目？

－選定哪一個班級、教師或哪一個特定場所來進行研究？如何取得合作？

－研究者在研究情境中如何扮演其角色？應與參與者維持如何的關係？

－需要蒐集哪些資料？用什麼方法才能順利進行？

－如何分析資料？

－如何解釋資料？

－成敗的機率多大？如果研究成功，能夠有何貢獻？

第五節　質性研究類型

　　一般認為質性研究就是等同於俗民誌（ethnography）研究。學者對此有不同的見解，培通（Patton, 1990）在俗民誌研究外，另提出六種研究方法，包括個案研究（case study）、紮根研究（grounded theory）、現象學（phenomenology）、符號互動論（symbolic interaction）、俗民誌研究（ethongraphy）、風俗研究（ethology）。貝斯特與柯恩（Best & Kahn, 1998: 248-253）依策略運用把質性研究區分為三類：一是文件內容分析（documentary of content analysis）、二是個案研究（case study）、三是俗民誌研究（ethnographic studies）。麻桑與布萊柏（Mason & Bramble, 1997: 336-346）則將個案研究併於俗民誌研究裡面而分為兩類型：一為俗民誌研究（ethnographic research）；另一為分析研究（analytic research）。

　　質性研究依實際的運用可區分為實地的自然研究（natural inquiry）與內容分析研究兩大類型，分述如下。

一、實地自然探究－俗民誌研究

　　實地自然探究以俗民誌（ethnography）研究為其代表，培通所說的其他類似研究皆概括於內。俗民誌研究的起源較早，

本為文化人類學的研究，興起於十九世紀末期，在人類學上的研究有特殊的表現，以研究少數民族或未開化的土著文化、民俗為主。後來，繼續發展用於教育情境中行為的觀察。早期俗民誌的研究並不嚴謹，往往觀察時間不夠長，且研究者並不熟稔被研究者的語文，常借用資訊提供者（informants）來提供資料，受到批評甚多，惟由於這種研究對化外之民的奇風異俗，記載報導甚多、受到大家的注意，曾經大放異彩。這種方法幾經流轉並加改善，如延長實地停留觀察的時間，利用更多的直接資料以補傳述的不足，發展更完備的學理，應用更多的方法，終漸臻於完備。這種研究主要利用對行動的觀察，研究者與參與者的語文與非語文的互動，並佐以文物來進行研究。

㈠基本假定

這種研究基於兩項基本的假定：第一、群體中的個人行為發生於實地的生活情境裡面，是一種動態的、複雜的過程，只有透過在實際生活情境中進行直接的觀察才能理解，而無法藉由一面之緣所得的資料，或一些測量統計數據來理解；第二、人的行為受到所處的情境的影響，因此，研究者先要了解其情境及社會結構、文化傳統、價值觀念、行為模式，由被研究者的觀點、思想、心路歷程來詮釋所觀察得到的資料。從事這種研究的時候，研究者本身就是研究的工具，藉由研究者來引導參與者的行為，並加以觀察而分析，即使應用其他的研究工具，也是基於一種輔佐的地位，以輔研究者之不足而已。

㈡樣本選取

這種研究在樣本的選取方面，與量的研究不同，通常採用立意取樣（purposive selection），主要考慮在選取什麼的樣本才能為特定的主題提供豐富的、切題的資訊。在量的研究方

面，目的在依樣本來推論群體，故以樣本的代表性為第一優先考慮；而質性研究旨在能夠對所研究的特定情境作最深刻的了解，因此，質性研究選樣時常採用小樣本，重視其目的性與功能性。選樣時可採用下列策略：1.選變異最大的；2.最具同質者；3.最具特色者；4.最富理論建構者；5.最具典型者；6.最具極端者；7.最富資訊者；8.最引人注意者；9.機會抽取者；10.便利抽取者；11.滾雪球式抽樣者（Miles & Huberman,1994）（Gay & Airasian, 2000:210）。至於人數多少，可依兩項準則來決定：1.避免重複——凡提供資訊大部分雷同者不再重複，選其一即可；2.足以包括研究的情境範圍——要求有足夠的樣本，能夠提供整個情境範圍的各種資料，避免資料不全。另外，在實際應用上要考慮、尊重被研究者的同意，由於俗民誌的研究通常要求樣本參與的時間較多、期程較長，所要配合的事項較為複雜，所以必先徵得被研究者的首肯。而在樣本選擇的時候，研究者須明白表示下列幾項要點以作為被研究者首肯的參考：1.研究的目的，2.觀察的時程與晤談的時程，3.需要配合的工作，4.研究者與被研究者角色的定位。

　　進場之後，應維持預先定位的角色、盡心扮演，進退分寸拿捏適當，與參與者保持融洽又具功能性的氣氛，避免研究者造成參與者的困擾，或造成工作進行的阻礙。當參與者感到為難的時候應作適當的溝通與調適，如果引起受試者的反感而採取消極抵制的話，將會逐漸受到排斥致使研究無法繼續，即使勉強持續下去，所蒐集到的資料的信度與效度也容易有問題，並且形成對研究解釋的困難。俗民誌的研究在研究的過程當中，不論研究的目的、研究的架構、研究的假設皆可以不斷地修改、不斷地調整。當有新的發現的時候，可以擴大原來的研究設計，當有困難的時候，也可以作重大的改變、改弦易轍。

　　俗民誌的研究通常藉由不同參與程度的觀察，不同結構層

次的晤談，軼事的記錄，靜態資料的蒐集，以及實物樣本的蒐集等來獲得研究資料。有關資料的蒐集與分析，將詳述於下面各節中。

二、內容分析法

內容分析法與歷史分析相類似，主要的差異在於：歷史分析法是用分析法作歷史的研究，用來處理過去的史實；而內容分析法則用於描述研究，是利用目前的文件資料或資訊傳播資料來進行分析。內容分析法可能為量的分析，也可以作質的分析。二十世紀中期以前為量的分析所獨佔，進行的是一種客觀、定量的分析，統計各種不同概念或行為出現的頻數，且量的分析著重明顯的傳播內容。近來開始兼重質的分析，不再只有分析出現的頻數，而要詮釋資料的潛在內容（latent content）。

內容分析法與實地自然探究－俗民誌研究相輔相成。自然實地的探究藉著實地的觀察、訪談，有時候仍感不足以徹底理解，需要並用內容分析法，如研究教育的性別階層化問題，藉著參與觀察班級內師生互動，恐怕仍嫌不足，如果加上對課程、教科書、教育法令內容等等的文件，以及不同型式媒體傳播資訊作內容分析，更可徹底明白其全貌。內容分析法可用於達成若干目的：1.描述現行制度或事實的時況；2.鑑定並比較若干問題或題目的相對重要性，藉以建立評量的內容效度；3.評析教科書內容所含的偏見或意識型態；4.分析學生作品的特性或錯誤。

第六節 資料蒐集的方法

質性研究常利用觀察、晤談、文件蒐集等方法來蒐集必要的資料。

一、觀察

觀察可用於量化研究也可用於質性研究。量化研究常藉用觀察量表，或觀察系統來計量外表行為發生的頻數及其類型如利用佛蘭德斯（Flanders, N. A.）設計的觀察系統（FIAC）來觀察教室內師生語言的互動。用於質性研究，通常是用以詳查行為、事件及其在情境脈絡裡面所顯示的意義。就觀察者的角色而言，有純粹是旁觀者，有觀察者兼具參與者；就觀察者與被觀察者的覺知而言，有秘密進行而未被觀察者所發現者，有公開觀察而所有參與者都覺知者。在時間的安排方面，有長期的觀察也有短期的觀察，長期的觀察有長至一、兩年，短的觀察有的則只有延續數小時。在觀察的廣度方面，有的觀察是對整個情境各面向的觀察，有的只限於某些特定行為或特定層面的觀察。

一般將觀察的類型區分為四種類型：㈠參與觀察（participant observation）：觀察者為參與者的一員，全部參與且不暴露其為研究者的身份；㈡參與者的觀察（participant as an observer）：研究者是參與者，但參與者被正式告知研究者為何人；㈢觀察者的參與（observer as participant）：研究者在研究情境裡面參與部分的工作或行動，不掩飾其為研究者的身份；㈣完

全的觀察者（complete observer）：不參與研究情境中的工作或行動，完全以觀察者的角色出現，大家也自然知道觀察者的身份。參與觀察可以得到充分的資訊，但可能久而久之會造成角色的衝突，不知如何同時扮演參與者與觀察者，也可能參與過久，陷於當局者迷，無法保持研究者的客觀；然而，若不採參與觀察可能無法深入其中，得到的只是表面、有限的資料。

自然探究－俗民誌的研究所進行的觀察常常是一種自然、全面、整體通觀的觀察，用以真正理解行為在自然情境（natural settings），觀察的數量與時間通常也要依研究的性質來考量決定。一般來說，利用參與觀察的方法進行長時間的觀察較適用於質性研究。不過，如果一個研究者無法扮演一個真正參與者的角色，例如容易焦躁緊張、不擅於表演，則很難同時扮演成功兼具觀察者與參與者的角色以致形成角色的衝突。在這種情況之下，不必勉強進行參與觀察，否則，一旦被參與者發現，所造成的局面有時很難處理，甚至難免使得研究不得不中斷，這種結局還不如一開始就採取另外一種方式來觀察。

觀察之後，應即時或下課後不久，即做記錄，並做初步的分析與反省，避免遺忘且能隨時調整步驟、改變策略或形成假設。記錄的要點，包括：1.誰被觀察，2.發生什麼事，3.觀察的情境為何，4.參與者如何互動、與情境有何關係，5.參與者的反應如何，6.活動或互動具有什麼不尋常的意義，7.這樣觀察下去是否能夠完成研究，8.有無應予以改變或調整之處。

二、晤談

晤談（interview）是質性研究另一種常用的方法，可以用來探知觀察不到的事實與現象，也可以用來檢核已觀察到的資料之真假、虛實。所以，晤談在質性研究方法中，可能是最重

要的方法，其主要目的在發現參與者心裡的話。聽其言還要觀其行，聽其言未必比觀察正確；然而，這並非孰優孰劣的問題，觀察有其限制，並非所有的現象都可以觀察。對於無法觀察到的，不能不藉晤談來探索資料。類如人的感情、思想、企圖、理念、省思等常常無法藉觀察蒐集到可靠資料，但透過晤談來蒐集資料不失為一種可行的辦法。從內容來分析，晤談的問題有六種類型：1.有關背景、人口學變項的問題，2.有關知識的問題，3.有關經驗或行為的問題，4.有關意見或價值的問題，5.有關感情或情緒的問題，6.有關感覺的問題（Farnkel & Wallen, 1990: 4-8）。至於晤談的方式，有隨機式的非正式晤談，也有一定時、地的正式晤談；就其結構性來區分，有結構性的晤談、半結構性的晤談乃至無結構性的晤談等不同的類型。就晤談的對象來分，有與特別選定的資訊提供者（informants）的晤談，與一般的參與者（participants）的晤談；就被訪談的人數來分，有團體的訪談、小組的訪談乃至個別的訪談。質性研究常靈活綜合利用各種方式的訪談，有關訪談的介紹與探討已呈現於第九章第六～八節。

三、文件蒐集

蒐集相關的文件以分析其內容，也常用在質的分析研究上面。文件蒐集類同於歷史研究法，唯一的不同在於歷史研究的文件資料是有關史實的資料，蒐集較為困難，常常是可遇不可求；質性研究所蒐集利用的資料，是目前的事實資料，故蒐集較為容易，範圍也較廣。質性研究所蒐集的文件資料，包括會議記錄、法案內容；教科書內容；教師日誌、學生週記、學生作品、日記、書信；電子佈告欄（BBS）、電子郵件（E-mail）、報刊內容、廣播節目內容、電視節目內容等等。對所蒐集到的

文件當然仍須先作鑑定，以辨別其真偽與正確性，才能進一步分析。

第七節　資料分析

　　利用上述方法蒐集到的資料，往往數量龐大、內容複雜，一段時間後，常常是堆積如山。如何整理分析，在質性研究中是最艱鉅的任務。現今已發展有電腦軟體，如 QSRNUD*1st（Non- Numerical unstructured Data Indexing Searching and Theory Building）（Gay & Airasian, 2000: 239-253），惟未必見得合用，人工分析仍是最普遍的分析方式。

　　如何把複雜的資料化繁為簡，形成有意義的組型，並進一步建立架構，以呈現其原貌，又能傳達其義理，是一項必須應對的挑戰。各個研究者各使其本領，多所揮灑，尚乏一定成規可尋，惟若干步驟及要領，仍值得在此推介以供參考應用。通常資料的分析，依下列步驟進行：*1.*閱覽與整理（reading and organizing），*2.*描述（description），*3.*分類（classifying），*4.*詮釋（interpretation）。

一、閱覽與整理

　　不論是來自觀察、晤談或文件資料，皆須先做一番閱覽，尤其是前兩項資料，在蒐集之後，數小時之內，當記憶猶新的時候，即時找定適宜處所大略閱覽一遍，並且註記初步的印象、勾勒要點或加眉批。這些印象與要點部分可能一直可供利用至研究結束的時候，有的部分可能在下次即被摒棄不用。但

對雜亂無章的原始資料之整理，可是首要的工作。如果不先做這一番閱覽與初步整理的工作，積累一多、時間一趕，他日閱讀即有困難。而且，萬一所蒐集到的資料有所偏差、方向偏離主題或無法分析，就無法及時調整或補救，到最後無法挽回。況且，每次所做的閱覽，對接續下去的資料蒐集與想法都會產生一定的影響，並助長更多的見解與想法，對後面接續的分析與詮釋，有相當的幫助。

閱覽之後，可加以整理。如晤談得到的資料，可以按被晤談者做個別的整理，如果是較具結構性的團體訪談，則可做整體的整理。觀察資料也可依個別或團體來做整理，同時，也可依時間的先後來做整理，來察覺前後的變化。所以，如何整理資料須視研究題目的性質、目的、人數及時間來做決定。

二、描述

描述係為呈現在這個情境裡面所發生或進行的事實及現象的原貌。其目的在提供研究者與讀者得到事件及其背景之忠實記錄（a true picture）。描述常利用語文、圖表及其他符號為工具來呈現，描述的要點應包括：1.行為或事件發生的情境背景；2.過程；3.由參與者觀點所見的世界。由情境背景來了解事件或行為的意義是質性研究的要點，忽略情境背景的描述或未忠實陳述，可能無法真正理解其行為與事件的意義。同樣地，參與者如何界定情境、如何認知其行為的意義，行為者如何受社會過程與心理過程的影響，都須加以忠實的描述。此外，依時間而發生的動態性變化的過程，也均須一一忠實地加以描述。

三、分類

　　將資料化雜為零使成為細目，再依其性質、內容分門別類，化零為整，是為分類的功夫。前面所說的整理只是由形式上來加以區分而已，這裡所說的分類是要依範疇（categories）來進行。範疇用以組織、整理凌亂的事實或行為，成為概念，再由概念發展成為理論與工具。有些範疇是既有的概念，有些是衍生、分化或創造出來的，到底用哪些概念作為範疇以為分類，則要看如何有用於研究目的，及如何才能便利資料的整理而定。依範疇分類所成的類屬，由於其相互間的關係緊密，可以形成類型（pattern），而使分類成為一金字塔的形狀。尖端的地方是類型，中間是類屬，底部是獨立的事件或單位。

四、詮釋

　　詮釋是解釋、統整與反省的過程。它對研究的發現，回答為什麼，對其特殊的結果探討其重要性，並將研究的發現，依研究架構試圖建立成為理論。因此，詮釋需要對資料徹底的了解，也需要利用更抽象、更複雜的思維。詮釋常常受研究者在方法論所持觀點的影響，不同的觀點進行認知的時候，認知的重點不同，所做的詮釋也不同。持典型的俗民誌觀點者，以文化模式（culture patterns）與參與者的觀點（perspectives of the participants）來詮釋所得資料的意義。持現象論的學者，關心個人如何經驗某一特定的現象，由事件的本質來詮釋。持符號互動論的學者，會以行為者如何建構其意義並與他人如何互動，來詮釋參與者的行為或所發生的事件。因此，進行詮釋的時候，應清楚所持的理論觀點為何，不過，無論持何種觀點，

基本上，詮釋在於探討所得的資料有何重要的意義？為何重要。由此可據以建立何種理論？若干策略可以引導詮釋的進行：1.注意你研究的題意與題旨是什麼；2.經分類之後的資料，進一步要探討各類屬之間的相互關係，又如何連結成為類型，是否及如何統整起來；3.將本研究的發現及其顯示的意義與同類研究的發現仔細加以比較，相符者為何，不相符者又為何，嘗試進行討論；4.由所得的資料進一步思索，是否可以統整、自圓其說，成為一種理論，以了解問題如何形成的道理，並探討是否可以據以提供問題的解決之道；5.繼續反省思考資料分析的發現及所建立的理論，是否有另類的發現或理論。

第八節　質性研究的效度

使用質性研究有若干因素不利研究所要求的效度：㈠所蒐集的資料數量非常龐大、性質非常複雜。㈡所蒐集的資料內容豐富，且不僅是表面的數據或膚淺的表象，常常有許多資料屬於深層的資料。㈢質性研究者在進行研究的時候，常不易排除其主見、成見甚至偏見。㈣質性研究重視詮釋，但進行詮釋的時候，詮釋者常帶有主觀判斷的色彩。因此，質性研究的效度最受關切，更受質疑。

一、內在效度

質性研究的內在效度，在經驗效度方面，可以利用三角檢證法（triangulation）來檢證資料的效度。1.比較不同參與者、不同時間、不同地點，所蒐集到的資料是否相符。2.比較若干

不相為謀的獨立研究者所得到的研究結果是否相差不多。 3.比較利用不同方法分析的結果是否相類同。

在建構效度方面，其要領在分析所蒐集的資料，是否確符合研究變項的概念或理論內涵。例如，研究班級教室的教學的「社會再製」、「文化再製」與「抗拒」，研究者透過觀察或晤談所得的資料，是否真正符合社會再製理論、文化再製理論或抗拒理論。應予以注意的是，並非所有學生遵守校規，符合教師期望的行為、言談或觀念，盡屬社會再製、文化再製，也並非所有學生所表現的惡行劣跡盡屬抗拒理論上所說的抗拒。必須界定清楚、客觀分析才不會產生誤會或誤解，所以必須檢證蒐集資料的內容，確認其確實符合理論與概念，則此研究結果才值得信賴。

二、外在效度

質性研究由於樣本少，且在抽樣時又非以代表性為優先考慮，故所得研究結論，常常不易推論。大部分研究者，對其外在效度也不敢做不顧實際的期望，不過，質性研究如能在不同的地點，利用不同的樣本同時進行若干同類的研究，所得的結果若合符節，則其推論仍具可能性，在這種情況下，外在效度仍然可期（Gay & Airasian, 2000:252-253）。

三、如何提高質性研究效度

依上面對質性研究性質的了解，把握若干要領可以提高其研究效度： 1.研究期間盡量延長，俾能在進入正常情況後才蒐集資料，並能檢驗前後表現的穩定性，也能據此知其變化的道理。 2.設法取得參與者的信任，願意坦承提供真實的資料，表

現正常的行為。3.對所見、所聞、所想做忠實的記錄,並勤於比較、分析其一致性。4.對研究者自己的偏見、喜惡,應有自知之明,坦白檢討,以降低其對資料蒐集及分析的影響。5.資料實錄及文字稿,可以先讓參與者閱覽,並聽取他們的意見,必要時應作修改。6.盡量利用多種方式來記錄。例如,除筆錄外,經徵求參與者同意,併用錄音、錄影。7.盡量多樣化資料來源,比較其中的異同,試做彼此的參證、補充,確實做好三角檢證。8.對資訊或文件資料,須先分別直接資料與間接資料,盡量優先利用直接資料並做鑑定其真假與精確度。9.對資料的詮釋應重視情境脈絡的了解,與對社會文化的認識,並具以作深度的詮釋分析。

第九節　詮釋性研究實例

高中女校學生次級文化之俗民誌研究

吳佩穗

研究目的

　　本研究以××女中高二十七組社會組為研究對象,主要是在探討高中女校學生在同儕間的互動之中,產生何種獨特次級文化,並了解高中女校學生在價值觀、生活態度以及生活方式上,呈現出何種不同之處。期藉由本研究的討論了解到高中女校學生次級文化的現況,並分析研究結果,提出對於當前台灣高中女校次級文化之建議。

研究方法與歷程

　　有鑑於量化研究無法掌握住學生次級文化的真實脈動，因此本研究基本上是採質性研究之俗民誌方法。當中以觀察法為主要，再輔以訪談、文件分析、參與觀察、及深度訪談等方法進行。以下說明本研究的研究方法及實施歷程，從界定研究問題、選擇研究場所、進入現場、資料的蒐集及檢核、整理分析資料、撰寫研究報告、退出研究場所，以及研究者所扮演的角色及心路歷程。

一、觀察法

　　研究者親身的體驗來自於個人對於此時此地的直接參與，尤其是研究者擔任當時情境中的成員角色時，由於實地經歷參與研究對象的生活，所得資料更為豐富。但是研究者也須對此種生活體驗加以探究。研究者親身體驗，可獲得：㈠使研究者深刻體會到研究對象的情緒及感受；㈡透過當場的個人體驗可對人類生活有新的體認；㈢經由親身經歷，研究者可實際獲取存在主義經驗的主要途徑。

　　研究者在之後從事觀察研究時，以盡量避免下列缺點之發生，並對於其觀察客觀性的優點為原則：㈠研究者的對象為青少年，尤其為女性，較易感受到自己被觀察，有些學生可能會產生防禦及抗拒心理作用；㈡研究者在一開始進入研究現場時，就已開始記錄觀察現象，但起初被觀察者會有不自然或偽裝、掩飾的情況。研究者除了記錄所見、所聞外，也在不同的時間、地點及情境下，觀察學生彼此之間的互動現象。這當中也有和學生晤談等過程，和學生建立起良好的溝通及關係。再輔以多方面資料的蒐集，應可獲得參與觀察相同的真實現象。

　　研究之初，研究主題定位於學生次級文化，雖已設定要觀察的對象，但對於想要觀察的現象結果未有明晰的概念。於是

本研究者對於研究現場、對象的觀察，採取全盤性無結構性參與觀察。並在逐漸能夠大體上了解現況之後，採取對學生中不同的小團體進行深入的訪談及觀察，而其中觀察所得的記錄為本研究主要的資料來源之一。

二、訪談法

在此研究中，所運用的即是深度訪談。在資料蒐集方面，主要是採團體訪談。因為團體訪談中包括團體成員的「互動」（interaction）及「對話」（dialogue），並且我們能從中針對研究主題觀察到彼此的語言互動及對話。研究者可從團體成員間的討論及互動中獲取資訊及微見（insight），例如有關「態度」及「認知」等主題在探討時，進行一對一的訪談較不容易知曉受訪者內心的想法。而研究者訪談的對象，有兩位導師、一位歷史科任教師和此班學生。在進行觀察期間如有疑問，通常是當面問學生或者是與老師約時間發問，利用下課、午休或活動時，與老師及學生作無結構式的對話，即非正式訪談。研究者與老師和學生之間的對話並無預設立場或目的，以用來澄清觀察中的一些問題。

三、文件分析法

蒐集文件資料主要為用來補觀察及訪談不足之處。因此，本研究將文件分為以下四類：

㈠正式文件：研究者在班導師及同學們的同意之下獲得學生的基本資料、座位表、作業報告、週記等文件，以儘早熟悉學生及其家庭的背景，作正確的分析。除此之外，學校校慶活動的行程表、行事曆及相關印刷資訊也包括在內。

㈡非正式文件：即私人文件。凡有關學生的私人物品，如漫畫、小說、筆記本、照片、飾品及錄音帶等，在經由同學允許後得以借來參考。

㈢數量記錄：包括學生出缺席及遲到記錄、成績單、身高體重

記錄等。

㈣問卷資料：在質性研究中，問卷通常有蒐集資料、為研究前的試探性研究及效度考驗等三大功能。但是研究者考量研究對象只有一班，其較不具類推性及代表性，因此沒有作問卷調查。

進出研究現場

一、進入現場

　　研究者於民國八十九年三月二十二日與張老師做電話聯繫，由於張老師是研究者之前的高二國文老師，所以選擇張老師的班級為研究對象。恰巧老師也在此班擔任導師的職位，所以研究者表明自己的身分為其以前教過的學生，並想在其任教的班級進行論文觀察研究，並徵求其同意。張老師教過的學生無以數計，雖然她不太記得研究者，但仍同意研究者的要求。不過她提議研究者先找陳校長及教務主任報備求其同意。

　　民國八十九年三月二十三日早上親自拜訪張老師，詳細說明想以老師現任的班級作論文觀察研究。張老師爽快答應，並問研究者需要何種配合及做何種觀察？而觀察期間是否會影響到其他老師的教學活動或學生的作息？研究者表示是觀察同學之間的互動、其次級文化的表現之狀況。

　　午休時間，研究者與老師一同前往此班，並向同學們自我介紹，說明自己的研究目的，求取同學配合及協助。同學們對於校友學姊的拜訪感到驚喜外，也對於研究者要以此班為研究對象感到高興，其情緒表現似乎很高張，一時喧囂塵上，連別班的同學也圍觀過來。之後，研究者向班長要了一份座位表及上課時間表，班長立即把教室外貼的座位表拿給研究者，而行事曆及課表允許拿回去影印，老師也拿給研究者學生的基本資料（因為在拜訪老師之前已向老師要求）。研究者因顧及到先

入為主的偏見，會影響到對學生次文化的觀察，因此並未事先閱讀。而張老師也同意影印完再交回資料即可。由於四月初緊接而來的是春假，因此研究者告知張老師春假過後才開始進行觀察，並對老師表達感激之意。研究者唯恐長期的參與觀察對老師的班級帶來諸多不便，老師表示沒有關係，並請研究者好好觀察。

二、與學生建立關係

　　××女中高二十七組的學生是在經高一下學期分組選擇、以常態分班的方式，重新分配組成的。在與張老師做好溝通之後，決定以導師介紹研究者的方式進入此班，同學們可以學姊稱呼研究者。研究者順利得以進入研究現場。

　　研究者與同學之間本為陌生，但一方面或許是班上氣氛緣故，並無尷尬氣氛存在；另一方面或許是張老師個性或帶班作風所致，同學們個個活潑好動、樂觀有禮，甚至在觀察的第一天就有同學熱心地為研究者搬桌椅、擦灰塵，及買便當等等行為，融入的過程，十分順利。

　　有些同學對於研究者的出現，感到十分好奇。有些會直接詢問研究者為何會選擇此班作為研究對象；有些則是很高興，因為有同性的長輩可提供有關情感或未來方面的意見；不過有些則是表現出無所謂，彷彿有與沒有並不會產生影響似的，神情自若地做自己的事。當研究者剛開始在進行觀察之際，如果學生發現研究者正在教室後面注視她們，有些同學往往會先正襟危坐，擔心研究者會向導師或任課老師報告。不過久而久之，當她們了解到研究者對於所觀察到的一切及學生所表達的意見，並不會傳達給老師時，對於研究者的觀察及注視，也就表現出自然的神情，不會刻意隱瞞，甚至還把研究者視為班上的一份子。

　　經過長時間的相處，如果研究者因課業忙碌無法前往觀察

時，同學們反倒會關心研究者的近況，甚至會詢問研究者蒐集的資料是否充足。研究者與她們逐漸建立起互信互重的情誼，有時在午休時間她們會主動告知研究者一些最近活動的近況、同學之間的祕密或者是對老師的抱怨等，研究者也很誠心地聆聽，並也做到不透露訊息的工作，以顧及研究倫理。

訪談通常是利用中午吃飯時間來進行聊天。同學們十分高興，有些學生會要求研究者一定要上數學課，因為老師由於研究者的出現，改變了對她們的態度；有些同學也會要求研究者參與她們課後補習的活動以增加研究次級文化觀察的相關資料。很感謝張老師的幫忙，幫助研究者與學生建立起亦師亦友的情誼，一方面使研究者能有更多機會接觸學生，能深入了解現在高中女生的心情；另一方面，也能使研究者獲取更多所欲得的資料。

三、研究時間

研究者從八十九年四月一日（六）開始進行觀察，直到九十年一月三十一日止結束。最主要的觀察時間為每週星期五早上第一節至下午第一節上課前，以及沒有周休二日的星期六早上。大多運用下課、午休、班會課時間來進行研究。由於一星期只能去一天或一天半的時間，所以研究者從高二下學期開始一直進行到高三上學期。每節下課時間為十分鐘，中午午餐時間為半小時，午睡時間為四十分鐘，每兩星期開一次班會，一次進行一小時，班會之後還有一小時為自由活動時間。雖然研究者也有參與同學的上課時間，而這當中只是觀察同學在上課中私底下的活動及與老師的互動狀況。其餘研究時間則是利用訪談及觀察或記錄學生所從事的各項活動及交談的內容。

由於在學生升上高三之後，其導師已經換為林老師，而老師顧及學生的課業，怕研究者會影響到學生的情緒，因此要求是否能及早結束觀察。因此，研究者以逐漸減少到研究現場觀

察的次數，由每星期一次減少為每兩星期一次的觀察。而學生在考試前及考試的那幾週，則先停止研究。並且從十一月起，只在星期五第三節的時間才開始進行研究，盡量為淡出研究現場做鋪路。在上學期期末考前結束並正式告別學生。

資料的整理與分析

一、資料的整理

作質性研究資料必須要多元性及豐富，從蒐集資料、觀察、訪談結束之後，研究者必須將資料加以整理及分析。研究者在蒐集資料時，主要運用的方法有長期之參與觀察、無結構性訪談及作文件分析。不只是記錄研究對象的一言一行，也必須蒐集其基本資料。而在學校研究現場中，隨時隨地都有可能發生需要記載的事件，許多訪談或觀察記錄很瑣碎，再加上所見、所聽、所聞，都是同時間進行的，常使得研究者來不及詳加記錄。可是，如果沒有當時就記錄的話，則可能會被逐漸遺忘或在解釋時失去原意。因此在記錄方面，資料必須一再的加以重新整理以為補救。研究者每次到場觀察時，都盡力立即瀏覽現場及回溯情境，檢查是否有遺漏之處，並去除以自己背景所詮釋而帶來的偏見，多方找尋實際狀況，不只是記錄自己所看到的或希望預期所得的結果。必要時在進入現場之後透過晤談再加以澄清，盡量尋求完整的資料。

研究者在開始蒐集資料的同時，發現在觀察現場充滿了豐富的資料。為了觀察記錄能夠完整，在開始研究前，研究者盡量將所觀察的班級中所有學生的名字加以記住，盡量捕捉現場情境，以方便研究者詳細記錄當時所發生的事件及其脈絡。每次觀察結束後，便將當日觀察的結果加以整理，並對於整個情境作反思及思考的動作，做初步的分析。如果有不清楚的內容，則在下次觀察時順便問同學或者是老師，把資料加以檢核，以

求記錄資料的忠實、正確及客觀。

二、資料的分析

在現場參與及觀察記錄之後,接著是資料分析的工作。在做記錄與分析工作的同時,除了資料的蒐集與分析是同時間進行的之外,還必須到現場蒐集更多的資料。

在研究過程中,研究者在瀏覽、轉錄資料的同時,開始所作的分析初步為推測分析,將研究者所見、所聽、所聞,及試圖記錄的相關事件及對話內容,配合觀察、訪談的記錄,將這些記錄整理、分類、並進行比較、對照,而後做初步的假設、判斷,並自我提問問題,為求在複雜的研究情境之中,不斷地反覆閱讀所得到的相關資料及文獻,聆聽錄音帶的內容,期望能理出一些頭緒,以獲得更多、更詳盡的資料,逐步發現研究主題並建立起分析的架構。

研究發現

僅取「老師對女校學生價值觀的影響」與「女校學生對於教改的態度」兩部分為例。

一、老師對女校學生價值觀的影響

在學校中,老師是成人社會的代表、也是學生和學校之間溝通的橋樑。他們主要是在傳遞文化,並且發展學生的道德精神及導引其價值觀,幫助他們進行社會化。而學生在求學階段,也頗受到老師價值觀念的影響。通常學生們都認為老師與學生之間的關係是制度化的「支配—從屬」(institutionalized dominance and subordination)的關係,老師高高在上,由成人授以權威,學生則只能順從權威、接受領導,彼此之間含有潛在的對立情感(陳奎熹,民 79)。但是研究者發現,女校學生並非全然與老師有對立的現象發生,而是對立及統整、衝突與一致共存。她們與老師之間的關係,雖然仍存在著統治及服從的關

係，而老師期望學生能做到的價值觀或是期望，有時跟學生不大一致，但是研究對象她們會盡量去以自己的思惟方式來評斷老師所作的要求及價值觀，如果認為合於邏輯的話，則予以接受；如果是不合理的要求，就群起反抗老師所施予的觀念，甚至不接受老師的命令及信念。

研究者也發現，老師本身的人格特質及信任學生的程度，也影響到學生對於老師灌輸價值觀接納的程度。若老師本身屬於活潑開朗、善與學生溝通者，則學生認為老師的價值觀與她們相符，不會一味地灌輸自己或學校強制的價值意念，會願意聆聽她們的觀點及想法、相信她們，學生接受老師價值觀的程度也就越高、甚至會全盤接受，以老師的意見為意見；反之，則不然。

研究者：「老師，你覺得這一班的學生有沒有發生讓你頭痛的事？」

張老師：「不會呢，除了秩序比較吵之外，其他都蠻聽話的。」

研究者：「比如說呢？還有，她們會照老師給的觀念去做嗎？」

張老師：「喔，她們是屬於要講道理的，你講道理，她們能接受就會去聽你的話。而且她們也會曉得你這樣做是為了她們好，通常她們都會去聽老師給的建議，她們都是很乖、很好的學生，只是比起其他班活潑了一點。不過，我還沒遇見過有學生跟我說這樣的想法是不對的，或者你給的觀念太過份之類的話。她們也會反抗的，她們自己會去思考什麼是對的，什麼不對。基本上，她們都蠻聽話的，表現都很不錯。」

研究者：「可能是老師您本身比較好相處的關係吧，學生比較喜歡親近您，較比較能接受你的想法吧？」

張老師：「不會啊，她們上其他老師的課時，其他老師都跟我反映說，我們班學生很活潑，有點吵之外，她們還是很守規矩的，老師交代的，都會盡力做到。」（890425　訪）

研究者：「夢娟，你們班覺得老師對你們的要求是如何的？同學們通常是有怎麼樣的反應呢？」

夢娟：「學姊你是說張老師、還是林老師？」

研究者：「隨便，任何一個老師都可以，你都可以表達你的意見。」

夢娟：「以前帶我們的張老師，她人比較隨和，很關心我們班的讀書狀況、生活方面，還有跟男生交往方面，感覺很像媽媽在管女兒一樣，雖然有時候很嘮叨，但是同學知道她很信任我們不會在外面亂來，也知道她是為了我們班好，所以都會接受她要求我們的；像現在剛換的林老師，我們班不太認識她，她開始帶我們班才不過幾個月而已，就要求一大堆，我們班都不是很喜歡她，雖然知道她是為了我們好，要我們用功讀書。我們也知道要讀書才有前途，但是讀書累了也要有調劑，她幾乎都禁止了我們班的活動，也不曉得我們的心情，我們班幾乎都把她的話聽聽就算了，不會太認真去聽她在說什麼。」

研究者：「但是老師她是為你們班好才會這麼做啊，那你們班有沒有照她的要求好好讀書呢？」

夢娟：「我知道啊，所以大家還是聽她的話，畢竟她是我們的導師，也是為我們好才會如此要求，我們班也向她承諾要停止活動好好讀書了。只是大家覺得她好像不太相信我們班，天天早上都來查勤，有點討厭。」

由此可知，女校學生次級文化對於成人價值觀，是同時具有一致及衝突的的反應，但基本上是以順應或接納老師所灌輸的價值觀居多。

研究對象並非像華勒所強調的，學生次級文化與教師次級文化是相互對立的，並認為學生具有迥異於教師價值與規範的次級文化。甚至在女校學生的次級文化中，有時可看出老師對學生所施予的價值規範，呈現在學生的價值觀上。

當然，也並非全如帕森士及國內學者吳水木所主張的，學

生次級文化具有反抗傳統權威、具有反抗心理，以及學生及老師之間具有某種程度的歧異性（鍾蔚起，民71）。研究者發現，基於地域性的差異，台灣與美國的學生次級文化的呈現有所差異。再加上又是所謂的明星女校，背負著升學的壓力及學校的優良傳統，因此，女校學生會盡力達成老師的要求並聽從老師及學校所施予的價值信念。基本上，女校老師是為學校的代言人，傳達學校的指令，大抵上一切的價值信念都是為了達成學校的最終教育目標——考上國立大學。但是如果説老師的價值觀與其家庭、社會、甚至及學校所給予的價值信念有所不同且差異甚大時，學生會開始進行價值觀的統整及斡旋，而後再進行接受及價值內化。總而言之，女校學生的價值信念並非全盤接受老師所給予的價值信念，但老師的價值觀點也對於女校學生的人格塑造影響頗深。

二、女校學生對於教改的態度

　　由於研究對象是屬於末代聯考生，下一屆的學生是採行學分制，並且以多元入學的方式進行選校或選科系。而此屆同學並非全數都可參加推甄或保送入學，有些成績不理想者，只能憑這一次最後的考試來定終身。而下一屆的課本又全部換新，如果考得不盡理想，則進退兩難。而校方及老師們也幾乎都對此屆的學生加以誡訓，告訴她們「只准成功、不許失敗」，因此，此班同學打從升高二起，每位同學就開始感受到未來前途的壓力。

　　研究者發現，此班學生對於目前教改制度相當不滿，但由於無力改變整個大環境，只能徒嘆自己前途的茫然。她們認為自己是白老鼠，是被實驗的一群，實驗若失敗了，收拾後果的是她們，而不是教育部，但她們卻不能為自己的未來盡些力，只能走一步算一步。而在此班成績較理想的同學，雖説在選擇方面有籌碼可談，但她們也表示這樣的教改制度很亂，各校之

間每位老師評分標準不一，對於被老師評分較低的學生，在推甄方面就會吃虧，就會選不到好學校，而成績低並非代表資質差。而同學們也表示，通常好學校的名額多被北部高中名校給佔走了，而為求能穩當推甄上榜，其往往選擇好學校但對她們而言較不理想的科系，學生表示一方面是只要進得了學校，要轉系也可；另一方面，也可早點休息不需再參加聯考折煞體力。但也有成績優異的同學，由於其想就讀的科系並沒有開出名額，例如法律系，而不願屈就於其他不感興趣的科系，因此也加入考生一族。

而此班同學成績較屬於中下者，她們的選擇通常是不參加推甄，直接準備聯考。其認為由於推甄大部分需加重主科分數，而學生自覺數學不好，認為參加推甄不會上之外，又會浪費掉考上好學校的時間，所以直接準備聯考是最好的方法。

研究者：「玠景啊，你有沒有要參加甄試呢？」

玠景：「學姊，我成績太爛了，尤其是數學，有很多學校他們都把英、數主科的分數加重計分，而且還要看以前高二的成績，那這樣我怎麼有可能？如果是考試的話，那還有可能當個黑馬，甄試的話，我早就不想它了。」

研究者：「那可是你們是末代考生，你會不會覺得壓力很大呢？那如果考不好的話，下一步你要怎麼辦？」

玠景：「不知道，感覺到前途茫茫，只能盡力去考了，不然有什麼辦法呢？如果考不好的話，我可能會去考警校吧，我也不知道要怎麼辦，哎，只怪自己不好好用功讀書，現在要努力也來不及了。」

研究者：「那你會不會去工作呢？」

玠景：「應該不會，可能再重考一次囉。」

研究者：「那如果你考到私立學校的話，你會去念嗎？」

玠景：「不會，私立的錢那麼貴，一學期要花十幾萬左右，我家哪有那個錢，如果考上的話，可能還是會去重考吧。至少去補習班的

錢比讀私立大學的錢便宜。」

　　研究者：「那祝你一切順利！」

　　珩景：「謝謝學姊，我會盡力的。」（891027　訪）

　　由此可知，女校學生對於教改制度所作的決定，認為與其在那邊抱怨，不如趕快把握時間好好準備最後一次機會。

　　研究者：「佳儒，你會不會參加甄試啊？那你想甄試哪一間學校呢？」

　　佳儒：「不會，我想考國北師。」

　　研究者：「喔，為什麼想考國北師呢？」

　　玲玉：「學姊，她是想跟她男朋友一起讀同一間學校嘛。」

　　佳儒：「嗯（笑），不過也因為我想讀的科系沒開名額出來，而現在當老師也不錯，工作、薪水都很穩定，所以我用考的就可以了，不想去甄試。」

　　研究者：「那玲玉你不參加甄試嗎？多一條選擇的路不是很好嗎？」

　　玲玉：「我的成績太爛了，沒辦法參加甄試。」（891111　訪）

　　研究者：「奇怪，你們班為什麼參加甄試的人不是很多呢？這樣不是不用參加聯考，可以提早休息啊？」

　　玲玉：「因為她們說如果你甄試上但是卻沒有去讀的話，就會被學校記過。因為去年有學姊甄試上政大什麼系的，但是她沒有去唸，政大他們認為學姊這樣是在佔名額，所以以後這個系就不把名額分配給雄女了。」

　　佳儒：「那我們班也有些人因為自己喜歡的科系沒有開出名額，所以就不去參加甄試，不然會被學校記過的。」（891111　訪）

　　研究者：「玉慧，你打算甄試哪間學校啊？」

　　玉慧：「我可能用考的吧，也不一定啦，不過應該是不會去甄試的。」

　　研究者：「為什麼呢？以妳的成績來講，不是綽綽有餘嗎？而且

又不是每個人都有這個機會去參加甄試啊？」

　　玉慧：「因為我滿想念法律系的，可是那間學校沒有開名額，我曾經跟老師提過，她認為我比較適合當老師，所以我現在還在考慮。」（891013　訪）

　　原先多元入學方案的美意，是想讓學生有更多的機會選擇。其入學方式有保送入學、推甄入學及聯考等。保送入學的學生通常是屬於某學科具有優異成績或特殊表現，才得以保送；而推薦甄試，則是由各大學所屬科系自行開放名額，並限制每所高中擁有的推薦名額，學生在校成績（包括高一及高二）初步考核通過者，接著填寫志願。再經大學學力測驗檢定篩選後，依自己的能力及各系所要求的加總計分，通過各科系的審核之後，再進行面試；而大學聯考則是憑個人在七月初的考試成績來選擇學校及科系。

　　研究對象雖可採行多元入學方案，但是保送並非人人皆可，推甄的名額及科系又並未全部開放，因此大家都寄望於聯考的成果。然又因研究對象的下屆教材全部翻新，而下屆學妹採學分修習制，再加上即使參加甄試，也未必全數都能如願上榜，而推甄結果放榜的等待，又是時間的流逝。如果未能上榜的話，則又浪費了比別人多讀一點書的時間，所以女校學生認為參加推甄，也是一種賭注。

　　就是因為如此，研究對象多數選擇參加聯考。但是女校學生也須戰戰兢兢、背水一戰。因為失敗了，其在重考的準備上也將比其他屆的重考生辛苦，況且大學學校名額也會優先考慮給應屆的高中生。而女校學生表示即使對於現存的教育制度改革有所不滿，也無力改變整個大環境，因此，女校學生對於現有教改的態度抱持相當無奈的觀點，只有盡力而為了。

資料出處：摘錄自吳佩穗（2001）。高中女校學生次級文化之俗民誌研
　　　　　究。碩士學位論文，未出版。

篇 六

行動性研究

上面各章所介紹的研究無論是描述性研究、相關性研究、因果性研究、回溯性研究或詮釋性研究，皆是學術取向的研究，由科學家、學者、大學教授與研究生研究，這種研究對滿足人類求知慾，探求真理來說，非常重要，也會發生一定程度的貢獻。惟教育仍為一實際的活動，也是一項關乎所有人類的事業，教育研究的發現結論，除滿足人類的求知慾求之外，更期待能夠對教育活動發生實際指導與影響的作用。為求研究與行動能夠相輔相成，相得益彰，於是晚近有行動性研究的提倡與進行。行動研究就是一種行動性的研究，由行動者來進行研究，而不是由外於行動領域的學者與與科學家來進行，研究的問題也取自行動。

　　面對新的千禧年伊始，社會將更形複雜，文化也更趨多元，社群與個人的主體性越發重視；通訊網路發達，知識爆增，人類在科技日新月異的帶動之下，所面對的問題恐怕繼續增加。教育在日趨複雜化、多元化、科技化、資訊化、國際化與本土化的趨勢之下，教育品質要求的水準愈益提高，專業化的程度需求日亟。教師為提高其專業素養，強化其專業權威，並使教育品質符合社區、家長、學生的需求，勢必在行動中不斷追求專業成長，以及教育效能的增進。

　　為滿足大家對教育的期求，許多國家因應倡議教育改革。近幾年來，台灣教育改革如風起雲湧，無論官方或民間教育改革團體，倡議不斷，已定案執行的教改政策不少，未定案而已如箭在弦上的也所在多有。此等教育改革，細節不夠明確，實踐計畫有待研究，為有效落實在各地區各學校，甚至需要教育人員一邊行動，一邊研究，故而也不能疏忽研究。

　　在教育研究方面，行動性的研究越來越受重視。過去教育行動研究在理念上頗為紛歧，研究成效不彰，研究方法上也有所爭論，故在此擬先就新世紀教育行動研究的功能重要性、定

位角色加以分析，力求確立教師行動研究於穩定的地位；復就研究方法的理論模式、實際方法及適用時機略作闡明，並對如何建立機制才能有效實行，逐一探討，以符教育學術社群及教育專業團體的要求與應用。下面第十八章將介紹行動研究。

18

教師行動研究

引題探索

1. 何謂行動性研究？現今的教育，為何更須加強行動性的研究？

2. 如何定位教師行動研究？與科學家的研究有何區隔？

3. 試述教育行動研究適用的時機？

4. 試建立一種教育行動研究的模式。

5. 如何進行教育行動研究？其程序為何？試述一般性的基本程
序，以供教師遵循。

6. 如何建構一個機制，以有效推動教師行動研究？

本章綱要

教師行動研究

四、動員人力、強化組織的力量

五、充裕資源，營造有利於教師研究的環境

六、結論

第七節　行動研究的實例

第一節　教師行動研究的定位

　　教育上的行動研究主要由教師為之，所以本章專論教師行動研究。行動研究（action research）源自二十世紀三十年代應用人類學家柯利爾（John Collier）與社會心理學家勒文（Kart Lewin）的倡導；並受杜威（John Dewey）實驗教育哲學上的強烈暗示。前者的倡導以促成社會工程的建造，解決社會問題，改良社會現狀為旨趣；後者係基於工具理性的訴求，要求教師在教學裡面，不能期待現成的知識之正確合用，而須主動參與，才能得到適用的教材，使教學得心應手。二十世紀中葉以後，不少師範教育常要求師資生要參與實際的研究，作為師資完成專業課程的一部分（Noffke, 1995；Zeichner, 1999; Zeichner & Gore, 1995）。七十年代以後，教師行動研究更在課程改革的要求下，備受各國教育的注意（Hollingsworth, 1997；Zeichner, 1999；Noffke, 1995）。

　　雖然行動研究起源已有相當時間，在教育的理論與實際上均頗受注意，惟至二十世紀末，教師行動研究並未收到預期的效果。其因素固然很多，但是教師行動的概念不清楚，姿身不明，又未在適當時機運用適當，在方法論上迭有演變，且形成不少爭論，尤其未建造合宜的機制，運用有效的方略以力求實踐等是主要的原因。

　　由教師角色的演變，教育學術與實際分工演變的覺醒，以及當前教育改革的需求，教師行動研究勢在必行，並日顯重要。至其研究為何？如何自成一格？有何特別的旨趣、對象、方法與要領？學者看法不盡一致，大家作法也有殊異，尚待探

討。

　　筆者綜觀文獻，並環顧實際，本著教育的理性要求，經驗的事實，以及教育專業的功能，定位教師行動研究應實踐於下列諸方面的活動。

一、精緻化的教學反思

　　先聖先賢教人為學做事要「日三省吾身」，在教學上尤其如此。邇來，學者相當重視教學的反省（teaching reflection），也倡導「反省教學」（reflective teaching），反省是對自己所作所為以及其所產生的結果，以開放的心胸，負責任的態度，進行認知與探討的過程。藉由再思考，更深入去了解因果關係，以釐清思想，並尋求更佳的解決問題之道。教師進行教學之前，先作思考，對學生、教材、資源、環境、組織加以估測，並選擇適當的教學方法，布置教學情境來教學並作評量。事後，對自己所作施教過程、結果及計畫加以反省是否妥善，有無改善空間。這是一種教學反省。

　　這種反省，可能以教材知識內容、學生身心特性、教育活動與方法為反省重點，且循不同的層次來進行。精緻化教學的反省以解決教學上的問題，使教學行動越來越精密正確，是為行動研究的一個重要面向。

二、正式理論的應用過程

　　大學教授與學者利用嚴謹的科學方法所作的研究，所得的知識，崇尚的是科學定律法則，較具普遍性的真理。各個教師所面臨的教學情境是特殊的、實際的、零碎的、混雜的，正式理論或教育科學知識需要一番轉化才能適用。如果一位教師能

夠關注所學專業課程的知識及教育新知的實際性應用，並用心嘗試應用，以及試做轉化的工作。這種活動或歷程是為教育研究可以發揮的空間。

當教育專業理論呈現學生個別差異並提示宜實施適性教學時，所涵蓋的個別差異之範圍與分布，並不一定符合某個別教師所教班級的情形，所言的適性教學策略也不盡適合本班應用。教師須利用觀察、晤談、訪問、測驗來實地了解本班學生個別差異的實況，並據以選取可用的有效策略於教學當中，且加以評估其可行性及有效性。就是行動研究。

三、建構（小型的）教育專業實踐理論的過程

教師處於教育實際工作的現場，可能引用正式的理論或科學的理論，並加以轉化來解決所面臨的難題，但也可能利用一套方式或策略來建構自己的一套理論。這一套最適合於自己教師本人，所教的本班學生、本科目，或甚至面前某一位特殊的學生的需要。教師自身所建構的理論比學者的理論、正式理論更能有效處理他所面臨的問題，與教導他自己班上的學生。此一類型的理論更具實踐價值，也具有私人的特殊性。

麥可尼佛（Jean McNiff）引行動研究的「螺旋模式」發展出一個新的理論。他舉一個實際經驗，揭示在處理班上問題當中，他先參照某一理論來解決中心主題，例如維持班級秩序。當他晤談了許多位男生之後，發現多表敵意，拒絕坦誠溝通，所以他想在處理班級秩序之前，不能不先對付如何消除敵意及建立信任的問題，於是第二個問題反而成為主要問題。他利用自己的方法來了解學生的敵意以及思索如何化解溝通障礙的方法，而建立了小型理論（McNiff, 1988: 44）。

教育現場的脈絡，複雜的關係，互動的意涵及詮釋，如何

影響班級的秩序及教學的進行？師生各以其所擁有的主體性，所持的思想、觀念與信念，如何互相發生作用，乃至如何影響教學，如何影響其間及裡面的關係與作用的理解？這些是教育者在現場所必須理解並據以有效適應的關鍵，由此而建立的這套理論，是為教育專業實踐理論。隨著建構主義（constructi-vism）的流行，及後現代主義思潮（postmodernism）的擴散，每位教師均被肯定具有建構知識的能力，可以理解教育情境發展小型理論，並能有效解決行動裡面特殊情境的問題。教師所建立的這種理論不同於被動接受的先前持有的理論，兩者或有出入，但在教育工作上相當能回應真實的需要。

四、自求發展的行動歷程

「坐而言不如起而行」，中、小學教師的教育工作是起而行的工作，教師的研究是行中求知（reflection in action），行後得知（reflection on action），也是為行求知的研究（reflection for action）的過程。它的中心主軸是行動，起點是行動，終點也為行動，研究在使行動能夠更明智，更合理，也更有效。

任何行動由計畫（plan）起始，然後付諸行動（action），行動後加以檢討（reflection），依檢討結果再做修正成為修正版計畫（revised plan），後依修正版計畫行動，使效果更佳，再檢討結果，繼續修正，調整行動，依此類推，周而復始。不斷成長，繼續發展。個人如此，組織亦如此。

學校在新世紀面臨的是根本改變生活型態的電子網路時代，更趨開放的自由思考方式，更複雜的資訊交流，更多元化的社會關係，學校組織必須因應調適，才能順勢操作，得到民心，獲得大家的珍措與愛護，發揮教育的效果。欲求能如此，就必須循上述模式：計畫→行動→檢討→改革→創新，永續不

斷發展，故行動研究可說是學校組織行動一個自求發展的過程。

第二節　行動研究適用的時機

研究起於問題，沒有問題，不會有研究。教師的研究是一種實際的研究，自然的研究。教師的行動研究，其問題大多是在實際工作中產生，在自然的教學生態下產生，或為行動（for action），或在行動中（in action），或針對行動（on action）產生的。研究的問題不一定具有學術的價值，但應具有重大的實際意義。問題可能是某些學生的行為乖張，不得其解；可能是感於某些家長無法溝通，不可理喻；可能因為班級秩序無法掌控，無法就常情感化；可能由於學業成績比賽總是落後一大步；可能因教材改編，使教師教不來；可能是入學考試方式改變了，傳統的適應方式已無法應付；可能是每個班級新添了電腦、電視，電子時代來臨，不能不應變。

柯漢與曼尼恩（Cohen & Manion, 1994）認為「無論什麼時候，在一個特殊情境，為了解決特定的問題，需要特定的知識的時候，都是適用行動研究的時機」（p.194）。所以行動研究的問題應可求自於下列方面：

第一，教師面對新的需求，思索用新的教學方法來施教；當學生程度與特性異乎尋常，個別差異很大，權益意識很強烈時，擬採較有效方法時。

第二，學生次文化明顯，其所生活的文化環境漸漸有別於成人社會時，教師重新思考用什麼方法來接近他們，了解他們。這種對青少年學生心底世界的探索，是教師行動研究的好

題材。

　　第三，教科書開放之後，如何評比不同版本教科書的內容與形式，從其背後潛藏的意識型態、文化材取捨與版面型式，據以選用適合本校學生特質，以及社區文化需要的教科書。

　　第四，傳統課程進入隨時會被揚棄的時段，新的課程正待設計改革，新舊如何適應轉變，正是教育行動研究的主題。

　　第五，教育人員已被賦權，卻未增能；已享有較大的權力，卻又不知如何有效利用，如何有效參與校務的計畫發展，不能不作行動研究。

　　第六，教師日感職業倦怠，卻又未滿退休年限，資遣又捨不得，改行又不容易，如何改弦更張，追求成長，就是研究的主題。

　　第七，教育行政機關交代進行某項專案或實驗，既乏完備的模式可循，亦缺詳明的計畫，學校一接手，教師開始摸索，不論願意不願意，只要行動，探究就不能避免；也需行動研究。

　　第八，教育學術研究機構，如師範校院或大學提出某項研究計畫，商請中、小學配合，進行研究的時候，教師對研究也自然也要作某種程度的參與。

　　第九，服務的學校提出改進計畫，要檢討本校組織效率的問題，教育效能的問題，並亟思圖謀開拓生存的空間以及擴大影響的層面時，教師行動研究就難以規避。

　　第十，特殊的事故引出重大的問題討論，例如，某一偶發事件的發生，使大家關心起校園倫理、學校文化的問題。如何改造校園文化，如何端正校園倫理成為教師研究的時機。

　　類此十大時候，皆浮現了研究的問題，也是教師進行行動研究的時機。

第三節　教師行動研究的方法

　　教師的工作繁重，每週上課二十節以上，準備課務，批閱作業，肩負繁重的班級管理及學生紀律維護工作，又須分擔校務工作，大都認為研究是學者的工作，距他們十分遙遠，也欠缺自我信心，覺得無法勝任研究；再加上欠缺足夠的資源，更使教師研究的可能性降低。尤其，一般人對教師行動研究有太過崇高的期許，並賦予嚴格的方法規範，甚至超越科學家的研究，使中小學教師覺得荒謬可笑，只好望而卻步。

　　教師研究的方法應密切配合教師的工作環境，並考量他們所可能擁有的資源與條件較為貧乏，教師研究不可能與現實脫節太大，對教師研究不應作不切實際的期許與要求，並務求與教師的實際工作生態環境配合，且與教師教學的行動融合為一，使他的研究成為工作的一部分。他的研究者角色應屬他的教育行動的一部分，而非另外要求他們額外再擔任另一種研究者。為此，方法應再求靈活，也更具彈性。任何的研究方法，只要教師認為適合的，皆可加以應用。從早期的內省法，一直至新近的批判法；從重視客觀觀察的非參與觀察法（non-participant observation），一直至參與觀察法（participant observation）；從個案法（case study）至普查法（census survey）；從調查法（survey）至實驗法（experimentation）；從閱讀報告，至文件內容分析法（content analysis）或質性研究（qualitative approach）；不論實證主義的研究（positivistic research）或詮釋性研究（interpretive research）皆可善加利用。早期的行動研究法，究其實，是以實證主義的方法論為依歸來實施的，此可

見行動研究並非不可利用實證主義的研究為本。不過，由於以教師為主的教育行動研究，在行動中進行，意欲要求研究主體、客體的嚴格分離為兩造，較為困難，不易進行。

教師行動研究的方法舉隅

準此，教師行動研究可以靈活應用各種方法，茲以實驗法、觀察法與調查法，舉例說明於后：

㈠實驗法在行動研究上的應用

教師及學校教師團體常面臨到目前沒有明確細則與成例可循的行動，待各校各教師自行研究辦理的，也常遇到必須改弦易轍，創新改變的情況；面對這種情況，若教師個人及團體，有意摸索嘗試，朝向未來，期待發展出新的作法與方案，此時教師固可參考一些非直接但仍具某些程度相關的文獻或資料，自己嘗試創新，一邊行動摸索，一邊設計實驗，在行動中研究，如此有待實驗法的運用。這種實驗法並不能要求嚴格標準化或完全客觀，也不能要求完全地控制情境間無關的干擾變項（extraneous variables），更無法做到隨機分派（random assignment），也不一定必要前測，或追蹤，更不一定要有對照的控制組。這種研究要關心的是內在效度（interval validity），但很難同時要求有相當的外在效度（external validity）。此種實驗研究，非真正的實驗法（true experimental study），也不一定符合準實驗研究法（quasi-experimental study），最多只是前實驗法（pre-experimental approach）。目前部分學校正在進行的九年一貫課程實驗；幾年前的「不帶書包回家」的等實驗皆類屬這種實驗研究。「小班教學精神方案」也是教育部亟力推動的改革，惟如何落實於教學當中，也未有明確的全國皆可一致推行

的教學計畫。各教師就在自己班內自行試探最適用的教學,用的也是前實驗法。這種實驗法雖不必用到控制組,也無需前測,惟教師須先構思或參考特定的教學設計,成為初步的實驗處理(experimental treatment, or intervention)。這種實驗處理與行動結合在一起,即有待在教學中,對學生的表現,不斷反省思考,不斷改進修正,不斷發展,務求漸趨適用,並求其效果;並藉由定期評量及終點評量,確定成效(見圖 18-1)。這樣的實驗教學發展的結果,有可能會成為這個班級或學校最合用的教學,但並不一定,所以並不期求能推廣到別的班級或別的學校成為普遍有效的教學,也不能據此來評估全國的實驗的成敗得失。這種實驗可以參照圖 18-1 的模式來進行。

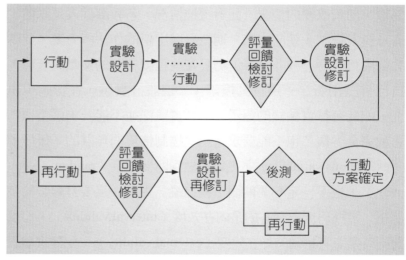

圖 18-1　實驗法行動研究流程模式

㈡觀察法在行動研究上的應用

　　教師每天面對學生,教育行政人員面對全校師生,不管有意地或無意地,觸目所見皆是學生,但是,卻不一定真正在

「觀察」學生。教師平日看學生，常常「視而不見」、「聽而不聞」。這樣的平日觀察並非觀察研究，但與觀察法的行動研究並非不能溝通。把教師平日的觀察加以設計與改變，即能成為觀察的行動研究。

教師在班級教室裡面，發現某些學生總喜歡黏在一起。如果教師讓他們自由組合就座，然後再加以觀察他（她）們的互動關係以及上課表現，可能會有些寶貴的發現。他們的群體組合是否具有哪些文化的意義或社會心理的意義？有無形成一定的組合型態？

又如教師上課是否太過於教師本位，教師是否支配整個班級活動？單向溝通的、雙向溝通、多向溝通各占有多大比率？單向溝通情形是否獨占了大部分時間？也可以經由觀察法來從事行動研究。

教師從事這種研究，當然可以探取量化的研究。佛蘭德斯（Ned A. Flanders）所研發的「教室語言互動觀察系統」（FIAC）就是一個可以利用的模式。教師上課時置錄影設備或錄音設備，實際記錄下互動情形，下課後再依據FIAC，加以分析。該系統區分教室語言行為互動為十類，每一類均加以界說，前七類為教師說話（teacher talk），另一類為學生說話（student talk），最後一類為靜默無語或混亂不清。教師說話的前四類為教師(1)接納學生的感覺（accept feeling）；(2)褒獎（praises）或鼓勵（encourages）；(3)接受學生意見（accepts or uses ideas of students）；(4)提問題（asks questions）；後三類為(5)講解（lecturing）；(6)指令（giving direction）；與(7)批評或維護權威（criticizing or justifying authority）。學生說話分(8)學生回答講話（Student talk-response）；(9)與學生發問或主動說話（Student talk-initiation）；以及最後一類：(10)靜默無語或混亂不清。

教師在上課錄下的互動狀況，回去依此等分類分析，以三秒鐘為一單位，依需要作分析，可以了解在上課中，教師與學生互動的情況。將分析的結果，作不同類別的組合分析，可以進一步去理解其在教學上或教育的意義，教師對於此一記錄，當然也可以反省其中是否有必要改進，這就是很好的行動研究。這樣研究的發現可能會使師生的互動品質進步，有益於教學的行動。

　　當然，教師也可以利用參與觀察法，來詮析師生間，學生之間的互動情形。在進行教學或下課時間，教師隨時進行思考、回憶，並描述、詮釋所看到的學生行為及教師的行為以及行為背景的思想，以及後設認知。教師可以對所觀察到的，由學生的感覺、認知、觀念來詮析，並以自己為何有如此想法，及行為來解釋？是為行為習慣的規範形塑？抑或一時思想的啟示？或是深思熟慮的結果？還是懾於行政權威，不能不爾。如此的詮釋分析對於日後師生互動都會產生一定的影響。

　　教育人員，如班導師與訓導人員亦可就學生特定的行為作觀察，例如觀察學生爭執吵架，以冷靜的心境作客觀的分析，甚至可以以角色扮演（role-playing）來重建實際生活的情境，作為教材，使學生討論、省悟如何避免紛爭吵架，進而營造積極性的教室氣氛。

　　教師利用觀察法於行動研究，受限於研究者就是行動者，且是工作負擔很繁重的行動者，當然無法作大量樣本的觀察，也用不著作多數班級的比較分析，即使是利用量的分析，也不必求樣本一定要有代表性。行動研究的研究自以行動範圍為限；觀察也無法作嚴守客觀的準則，故可以作較有彈性且優先便利性的觀察。在行為樣本的抽樣（behavior sampling）上，也視自己的判斷而定。由於教師忙於教學，在記錄方面，如果能夠藉助儀器工具最方便，否則當以日誌式的方式來記錄較具可

行性。如果教師能夠自己設計一個表格，隨時作簡單記錄當然更方便。

(三)調查法在行動研究上的應用

學校教師個人或團體在推展校務，或管理班務，作決定的時候，往往感於對家長及社區，學生及教師同仁的實況與需求或意見不甚了解，因此會覺得難以作決定，也難以設想最佳的策略來行動。在此一情況之下，調查法可以助其一臂之力。

利用調查法的時候，教師可以針對心中的謎團及希望澄清的問題，參閱有關文獻，加以分析，尋求牽涉到的子題，決定要調查的目的及對象，是學生或家長，據以設計問題或訪問調查表。編竣自行印製，即能發給學生當面填妥，或發給學生帶回給家長或社區居民回答。

如果這種調查表，有必要面對面的答問或討論，則可另採訪問調查的方式，藉家庭訪問之便，一方面了解學生，一方面可晤談訪問家長有關的問題並作記錄。另外，也可以利用電話來訪談，以節省時間，增加可行性及時效性，並可藉此加強教師與家長的溝通。

這樣的調查，不須要求抽樣也無須嚴求樣本的代表性，調查對象以教師行動所及的範圍，平常是一個班級的學生或家長，或所教的若干班級；如果是學校行政單位的調查，也是以一個學校的學生或家長為單位。牽涉各校時，當然亦可突破學校的範圍，舉行跨校性的調查，由各校人力相互支援來合作實施。

行動研究上的調查，常以行動所涉及的學生班級或本校全部學生為標的群體（target population），類同於採取普查的方式來進行，讓每位學生或家長，只要牽涉到的，均能有表達的機會。因此，研究的結果適用於原調查的標的團體，不必推

論，也無須作推論統計考驗。

這種行動研究的調查，有時候也可以藉助測驗來進行。對新生的人格心理特質及社經文化背景的認識，可以藉助測驗來蒐集資料。

第四節　教師行動研究的模式

從上面的探討，可知教師行動研究，不能過於嚴格苛求其必須遵守一定的格式，而應配合教師的工作與行動之需要，求其靈活。無論何種方法，只要是可便利於教師對其教育行動進行「有系統的探究」（systematic inquiry）者，皆屬教師行動研究法的範疇。誠如荷林沃士（Hollingsworth）強調：「行動研究並不拘守任何既定的格式（any predictable pattern）」（Hollingsworth, Dadds, & Miller, 1997, p.55）。然而，雖然在乎靈活，但不能以非法為法，致令教師覺得毫無辦法而裹足不前，而需要一種較具包容性、與多元性的模式。筆者本於此意，打破偏執與狹隘的論調，另建構一較具概括性與廣效性的模式，俾便於教師有意進行研究時可資依循。

圖 18-2，是一個教師行動研究的模式，所呈現的是教師行動研究的基本架構，作為教師研究理論建構及研究進行的依據。

行動研究是為行動而進行的研究，研究者就是行動者，研究也在行動中進行，成為行動的一部分，研究的實施不會妨礙行動的進行，反而有助行動的逐步修正與改善，行動與研究不斷在進行對話與辯證，因此行動不停，研究也不斷。研究的結果提供行動的檢證與回饋，並作為下一次行動計畫設計的有力

參考。同樣的，行動也可能修訂研究，使研究更符實際，更容易進行，且更具效益。

　　圖 18-2 顯示出行動與研究是相輔相成的，各步驟環環相扣，而且不斷在進行修正，周而復始，使日趨完善。

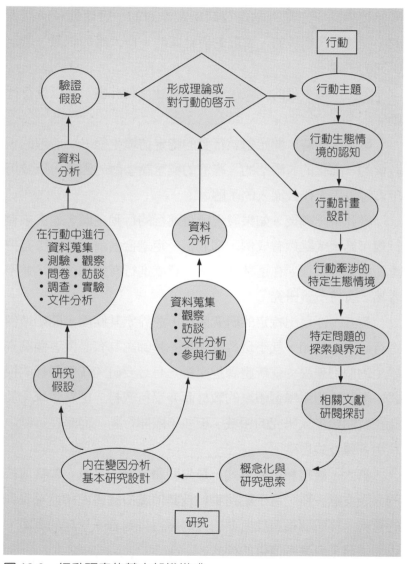

圖 18-2　行動研究的基本架構模式

首先，行動研究始自於行動，教師在每個時空環境下，為課程的進行或為配合教改政策的需要，與學校、學區的行事計畫，正擬進行一項新的行動主題。例如，發展學校本位課程，或實施因材施教的個別化教學，或改進教學評量。面對此一行動主題，略感陌生，也未有充分的準備。第二，行動者，教師開始要對此一主題行動進行時所關涉到的一般生態——個人的、同儕的、學校的、家庭的與社區的，作大體的認識，選定研究的主題。

　　第三，經大體的認識後，接著設計行動計畫，據以進行行動。

　　第四，同時，開始對該行動的特定情境生態——心理的、社會的、文化的、政治的、經濟的與意識型態的因素，以及可用資源等等，作較深入的了解。

　　經此番認識後，如果發現所將進行的行動主題，過去未有行規可循，或雖然有成例，卻並不一定適合當前的情況，有待重新摸索或試探。在這種情境下，意欲進行有效的行動，並不容易，有待一番研究。

　　第五，浮現出特定的研究問題，並界定其範圍，開始準備進行研究。例如，就小班教學來說，教師認為有必要客觀調查學生的個別差異；就統整課程而言，有必要研究統整課程的模式，編製或選用學習領域的教材而非學科教材，創新教學。於此正式開始步入研究的領域，但並不離開行動，而是在行動中利用各種方式思索。

　　第六，最常利用的方式，是先閱讀有關的文獻，包括傳統的書面文獻資料、電子網路資料及其他虛擬圖書館所能蒐集到的資料，經研閱後對於所要研究的題目得到若干學理的認識，也知道若干有參考價值的模式。

　　第七，藉此學理基礎為背景，對研究主題所牽涉的屬性、

變項，予以概念化，並思索其間的可能關係，形成進行研究的基礎。

第八，此時已要考慮到的是選擇採用質性研究或是量化研究。倘選擇量化研究，須進一步對於各概念的可能相互關係或因果關係，依公設、邏輯推理或經驗，寫成研究假設，並對各概念（變項）予以操作化，給與操作型定義。

第九，不論是量化的研究或質性研究，實證研究或詮釋研究，皆須開始蒐集完盡的資料。若依質性研究，通常藉觀察、晤談、參與行動及文件分析（documents analysis）來進行。對學生的週記、日記、作文、綜合記錄、家庭訪問等等來蒐集資料，並與學生作深入的交談，在情境界定及符號互動中來對少數個案作較深入的了解與體會。如果是採量化的研究，常利用測驗、問卷、實驗、觀察來進行理解。

接著第十步驟，為資料分析。無論質的研究或量的研究，均分別對所蒐集的資料作分析。量的研究宜按原先計畫，予以量化，採適合的統計方法與技術作統計分析，一般的行動研究由於是小群體的普查，也不擬推論，所以僅作描述統計分析，不一定作推論統計檢定。質的研究的資料分析，只用概念，藉文字來分析，這種分析不一定一次完成，可能資料蒐集與資料分析是不斷交叉進行，以求其辯證與深入。

順勢進入第十一步驟，若是量化研究，即依研究假設，利用資料統計分析來驗證假設是否得到驗證，如果得到印證，此一假設，即成為結論，此等結論即能應用來解決問題幫助行動的進行；當然也不排除可能進一步建立成為學術理論，貢獻於普遍真理的探討與建立。如果是質的研究，則逐由對資料的詮釋分析，得到結論，最後藉所得到的結論即能得到對行動直接有用的啟示，並可據以規範行動的進行並增進行動成功的機會，並且可以進一步建構適合本人、本科、本校的教育實踐理

論。但這種理論不能視為是最後的理論。

第五節　行動研究法實施的程序

　　行動研究法的實施有不同方式，有的行動研究法是由教師或學校行政人員獨力進行，有的行動研究法由教師與校外的學者教授共同合作；有的行動研究法只限於一班級、一學校實施，有的行動研究法可能由某一特定地區正在進行同樣行動方案的若干學校共同進行；故其實施的程序也無法依循同樣的程序。本節只提供一般性的程序，供選擇參考利用。行動研究法可以依循下列基本的程序來進行：

一、在教育實際行動中尋找、界定研究問題

　　對教育上面臨的困難問題，或面對所將實施的課程改革或教育新政策，覺得徬徨疑惑，未知從何著手進行又無現成答案可供我們參考時，可以從中找出題材，界定問題並評估研究的可能性之後，選為行動研究的主題。例如，如何設計學校本位課程（School-based curriculum），如何輔導學生準備多元化入學，如何落實「融入」（inclusion）教育取代自足式的特殊教育等等皆是可以一試的題材。

二、諮詢協商有關人員，草擬研究計畫

　　與此一行動主題相關的人員或有關的學術界、行政界人士，接洽前往請教，邀約協商，共同討論，使研究問題更明確

化、具體化，並就與研究主題有關的問題，先作討論。請教該一行動方案的決策人士，可藉之正確了解原來的決策本意及重點；請教學者專家以聽取學術上的相關理論或專業見解，以及在行動方向與研究方法上的技術問題；與主管溝通，以爭取行政上的支持與資源；與同僚協商，以獲得人和人助。由此等程序所累積的資訊知識與經驗，據以初步草擬研究計畫，概念化、具體化研究問題，定好研究目標、方向，並提出待答問題。

三、研閱探討相關文獻

有時候除卻第二步驟所說程序外，還要蒐集相關文獻，對以前有關的、即使是間接有關的研究，對於可能遇到的問題，可以預知應變，對所能應用的方法與技巧可以預作準備，並由文獻作為借鏡，從中發現一些知識經驗為參考。這一項文獻探討較之前科學研究的文獻探討不盡相同，行動研究的文獻探討以實用性及便利性為主，不必如前述文獻探討那麼嚴謹徹底，而以便利取得部分即可，且以幫助研究者認識該項行動之來龍去脈及可能的方法策略，幫助行動的進行。

四、修訂或重新界定研究問題

從上面程序所得的資訊與經驗，對第一步驟暫定的問題，是否切實可行，行動上有無窒礙，研究上是否可期，逐一檢討之後，可以確定在行動中真正需要研究的問題，然後可據以擬定待答的具體問題、研究假設和一套指引目標。最後，檢討行動的目標與方案是否作相應的修改，以更符合研究需要並切合實際。

五、選定研究方法與程序

在行動研究中，利用什麼方法來進行，在此一階段要訂妥，包括選定研究群體樣本、需要用到哪些研究工具或教學資料，利用什麼教學方法、學習方法，開哪些會議，要利用到哪些資源，如何去取得，如何蒐集及整理資料，如何分析資料，如何統計分析或詮釋分析，有哪些具體的工作如何分工、需要哪些人員，如何獲取利用等等，均一一考慮決定。

六、進行行動、執行研究

行動開始，研究也開始啟動。將前面的計畫行動方案與研究步驟，一一付諸實施。由於行動研究進行中，行動與研究同時進行，不僅是直線並行的，也是交錯互動、互相參考、更是互相辯證。所以，資料的蒐集來源來自多方面，包括訪談、開會記錄、問卷、師生評量、觀察、日記、週記、各項文件記錄等，常常要互相參證，而且在行動中隨時引發新問題，在研究中也隨時可以提供問題解決方法。因此，行動研究在進行中，會不斷修訂調整，資料的分析也隨時在進行，量化分析與質性的詮釋分析可以隨時並用，分析所得，可以幫助行動的進行，也可以提示後續的研究。

七、實施評鑑，整理研究結果

對於行動方案的執行及研究的實施及結果，隨時加以檢討並予以評鑑。檢討所進行的研究是否有幫助行動的進行，減少行動執行的阻力，改善教育方案實施的情境。如果未有助於行

動方案的執行，是否因為研究設計不夠周延，還是執行不夠徹底，有無其他改進或補救的策略或方法，謀求修訂原計畫或提出新的研究計畫，抑或研究結果未落實於行動，那麼如何改進實際的行動，如何才能改善行動的實際。評鑑之後，要整理研究結果，提供相關人員作為行動參考與研究的參考。原則上，行動研究的結果不必一定要整理成論文，發表於刊物。不過，如果能有機會，對教育同行，尤其是也正在進行類似行動的學校作各種方式的發表，當然值得鼓勵，並可藉以擴展研究的功能。

第六節　推行教師行動研究的機制

　　中、小學教師長期以來，並不作研究，在觀念上，早已習慣於接受現成的知識，偶爾也想利用現成的知識；而在體制上，中、小學也很少以資助或推動教師進行研究為規畫與實施的主軸。因此，如何推動中、小學教師研究並不容易。在我們的觀察是如此，國外的經驗也是如此（Hursh, 1995；Caro-Bruce & McCreadil, 1995）。韓柯克（Hancock, 1997）指出教師不願意研究的主要因素為：第一，不合大家對教師地位的要求與期望；第二，教師未具備從事研究的工作條件；第三，教師信心不足以表達自由、探究問題與改善現狀；第四，難與外來學者交融共同進行協同研究。這些困難，一方面來自社會增強與激勵不夠，另方面可能來自資源的不足以及條件的欠缺。因此，欲有效推動教師行動研究，應形成推動的機制。其中要領如下：

一、流通資訊，掌握時機，引發興趣

　　教育上的問題，層出無窮。人，本來即能利用個人或團體的好奇心，對這些問題打破沙鍋問到底，來了解並探求解決，所以教育人員隨時可以進行研究。惟教師常依上級規畫，依教科書照本宣科，遇有問題，但憑常識行事，或循傳統以進行，必要時偶爾請教權威。當教育改革的潮流流到一個變化莫測的時段，上級規畫授權教師要自己設計，當所謂傳統經驗趕不上時代，當學者專家言不及義的時候；而學生問題行為越來越乖離，家長社區意見越來分歧，教科書已沒有統一的版本，課程只規定綱要，且鼓勵各學校應設計自己的課程，以發展學校本位課程，教學方法與技術日新月異，各個學生需求不同，各學區學生的族群差異與個別差異日受重視，有必要作有效回應的時候；或者當教師被授以相當的專業自主的權力，卻不知如何運用，感受到問題亟待解決，卻不知如何是好的時候。在台灣，現在就是這樣的一個時刻，正是可介入，掌握時機，引導教師自己動手來作研究的時候。例如，目前教育部鼓勵各校進行國教九年一貫課程的試驗，學術界未有共識，教育部欠缺明確的細則，教師執行的時候不能不進行行動研究。

　　如各校輟學生，日益增多；各校由於社區類型、家庭關係，以及學生特質的差異，輟學曉家的原因不同，因應的方式也因之無法劃一，各校欲求了解真實原因，有效因應對策，各校教師對教育研究必怦然心動，躍躍欲試。又如由於少子化的潮流，致學校招收不到足額的學生，可能遭遇到併校或教師超額的威脅。各校不能不未雨綢繆，進行行動研究，圖謀有無可能紓循威脅或另圖發展。

二、拓廣教師進修管道，提升專業素質，增進 研究知能，引導教師認識並勝任行動研究

　　教師對行動研究不僅在情感上相當疏離，在認知上對它亦相當陌生。只有引發興趣與動機，仍無濟於事。接著必須在知識與能力方面增強，設法提升教師能力至勝任研究的層次，提供機會對教師介紹行動研究的基本概念，訓練行動研究的方法與技巧。近年來在台灣師資的學歷逐漸提高，研究所畢業的教師，已經越來越多，目前各種在職碩士專班正陸續增設中，他們多已經受過研究方法的訓練，不少的學校以這些人為種籽教師，為行動研究的先進。另外，有不少的教師也正在接受在職的進修訓練。至於在研究所修四十學分的教師，二十年來更已累積有相當的人數。

　　此外，依重點主題，分批調訓，訓練教師進行研究，如為試辦九年一貫課程，「台灣教師研習中心」將分批調訓一百九十八所國中、小的教師。更直接者，委託大學舉辦工作坊（work-shop），訓練教師行動研究的方法與技巧，透過專題演講、經驗實際介紹、心得座談、小組討論、綜合座談、觀摩學習等實施如何進行行動研究的方法與技巧的學習和訓練。

三、賦權與支持，溝通學校校長等領導 人員的觀念，支持教師行動研究

　　教師在繁重的教學等工作負荷之下，投入研究工作，是加倍的負擔，沒有整體組織的結構性支持，無法持續，所以必須要校長能夠對教師的研究真正地認同，賦與教師創新的權責，並表熱心支持。研究需要支持的力量，研究的表現，可能超乎

傳統與俗套，表現為創新。教師在學校裡面，領導者在消極方面要能容忍，在積極方面更須給與支持。賀許（Hursh, 1988）研究實習教師的蛻變，詮釋一位實習教師如何未能依她自己的想法，利用創新的教學法與真實性評量（authentic assessment）來改進教學。即使她的合作教師（輔導教師）贊成，但在未能獲校長的支持之下，只能退回沿用傳統教法與評量方式（1988）。賀許在另文中（1998），更舉述多個例子，指陳教師有意進行行動研究，卻由於理念不被學校校長認同，而不得不無疾而終的實例。

四、動員人力、強化組織的力量

學校內部人力可以透過結構性的組織，建立研究的組群，互相支援，來進行行動研究。這些研究應是以整個學校為單位，嚴密組織固然不可或缺，通常還設置有指導委員會以及設計小組及推動小組。例如，有些職校為轉型以特色吸引學生入學，學校常有嚴密的組織，將教師納編分組，分別竭盡心智力量，蒐集有關資料，定期開會，研究有效策略與辦法。只要運用得宜，能夠組訓人力，往往能獲得良好的結果，改善困境。

學校也可能將行動研究作為教師在職進修的一種方式，組合教師，依一定的程序，擬訂主題，聘請資深人物指導，由教師進行研究，並發表心得，共同切磋，達到進修的目的。

即使是教師自發性的行動研究，仍需校外組織力量的支持或相應配合；有時候還需要組成跨校性的組織。甚至組成地區性的研究網絡（McNiffe, J., 1997, Ch.13），定期召開會議，共同研討，相互支持，達到研究發展的目標。目前台灣有許多的作法，參考這些模式來進行。

五、充裕資源，營造有利於教師研究的環境

　　最後，也是最根本的是，爭取並開闢資源，營造一個專業環境，俾利教師研究的進行。首先，要建立一個自由開放，尊重專業自主的專業環境，營造一種特殊的文化氣氛，使教師同仁樂於嘗試發展，並消除對創新研究的疑慮。其次，要減輕教師教學工作的負擔，減少教課時數。再次，要開闢財源，編列研究發展所需要的經費預算，並建立客觀評審教師作品的辦法與制度。復次，更須形成獎勵成果支持計畫的制度。多年來，台灣已有很多作法朝這些方向在努力，例如，從教育部與地方教育局，都曾有教師或學校教育人員研究成果評選獎勵的計畫與行動。近年來，自由開放的風氣普遍彌漫於校園內外，正應該用於有建設性、積極性的研究，而非作常識性或別有用心的批評與互相指責。此外，還有不少倡議正在醞釀以激勵教師的研究。

六、結論

　　面對新千禧年的第一個世紀，在資訊社會，科技發達，主體權益意識強烈，文化多元的大趨勢之下，教育應適應個性發展、社區需求與文化特色的要求，未來教育改革的程度更深、幅度更廣，速度也會更快。因此，可以預期得到的是，教師在從事教育行動的時候，會發現許多的問題；在教育行動當中，有許多情境也叫你不能不懷疑，如此教下去，行嗎？在行動之後，仍有許多疑惑使你覺得必須反省思考。教師在新的世紀大潮流之下，常要思索是否有教育理論可以應用於此一特殊情境，是否能專為所面對的學校、班級的情境建立一個較合用的

特殊理論？在教育改革大方向之下，上級只規定綱領，我們能夠進一步研擬更具體的辦法來實施嗎？是以，本章定位教師行動研究是：㈠精緻化的教學反思；㈡正式理論的應用過程；㈢教育專業實踐理論的建構；㈣自求發展的行動歷程。

行動研究可以溯自上一世紀的三、四十年代中葉起，師資訓練課程也開始把它納為課程之一。然而，過去教師行動研究雖幾經流轉，至上一世紀末，一般評論效果乏善可陳。除了定位不明之外，不是方法偏失，或失之機械化、呆板，就是失之懸義太高、不切實際致使教師望而生畏，無法實踐行動研究的功能；另一方面，則因未建立與功能相稱的機制藉以有效推行教師行動研究。為此，本於教育行動研究有賴於教師個人的發起，或與教師社群較容易著手且有效實踐為基本準則，依循教師行動的基本模式，把行動與研究融合，由行動出現→研究→再行動→再研究……，層層相因，綿延不斷，使行動更趨完善。於是行動與研究成為相輔相成的歷程，如鳥之雙翼。在其方法上則求靈活應用，無論描述法或實驗法，無論實證的或詮釋的，無論量化的或質性的，客觀實驗或批判辯證，均可以選擇應用，不拘於一家之言，一派之法，期使行動研究能夠容易地在教師身上進行，並在新世紀發揮更大的功能。

行動研究發展學校教學創新

李新民

一、研究緣起

　　研究者服務於高雄市 LL 國小,擔任總務主任以及學校本位課程教學創新小組召集人,校長對於研究者相當倚賴,希望研究者能學以致用,將在高師大博士班所學貢獻於校務發展。而校務評鑑在即,LL國小亟欲進行「老校再造」的工程以便展現創新教學新風貌,期能在校務評鑑時接受教授實地訪評與家長意見調查能有實至名歸的口碑。於是校長與研究者商討以行動研究的方式來實踐多元智慧教學,在高雄市各國小的學校本位課程教學革新競賽中脫穎而出,並真正發揮辦學特色造福學區子弟。基於此,研究者向指導教授林生傳博士請益,積極學習研究行動方法以及教學創新理論,並實際在 LL 國小進行一場「正式理論的應用過程、自求發展的行動過程、教育『學』與『術』合作的表現。」(林生傳,民 89)

二、研究設計

　　循上所述,研究者一方面參考 Mcniff(1988)有關計畫→行動→觀察→反省→修正計畫→再行動→再觀察→再反省的「螺旋模式」,另一方面參照蔡清田(民 89)有關學校本位課程發展行動研究循環。發展出一套實用的行動研究設計如下圖所示。

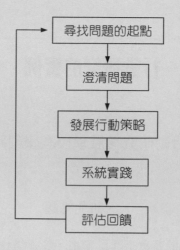

圖一：LL 國小行動研究發展學校教學創新流程圖

三、問題的起點

　　校長出面邀請四處室主任、學區里長、家長會副會長以及教學組長、訓育組長、特教組長召開 SWOT 分析小組會議，且和參與會議的四處室主任達成共識，四處室主任和校長分工合作各自負責其中一兩項分析，擬出 SWOT 分析草案，以便 SWOT 分析前置作業。研究者負責準備解釋 SWOT 分析的資料，教務主任負責彙整 SWOT 分析草案，兼任人事管理員負責發通知單和開會資料。

　　而 SWOT 會議分析的結果摘要如表一所示。

表一：LL 國小 SWOT 分析小組討論結果摘要彙整

影響因素	目前發展狀況		未來發展可能	
	S：優勢	W：劣勢	O：機會	T：威脅
地理環境	學區交通便捷，生活機能完整	學區與鄰近學校距離近	親水公園、經貿園區、捷運興建	鄰近有新學校成立
學校規模	典型小班小校校園景觀美麗	社區人口老化、學齡兒童人數少	學校附近國宅興建完工	房價過高，遷入戶缺少入學兒童
硬體設備	班級教室充足專科教室充足	校舍外觀老舊，不符社區家長期望	校舍重新規劃改建	社區人口成長與校舍興建時程配合難
教師	新舊更替素質提升，教學用心投入	教學專業互動少、行政工作吃重	進修者日多，有助教學研究與企畫	敬業精神與教學經驗傳承不足
行政人員	專業素養高支援教學態度佳	專職人員少，由教師兼辦，意願不高	培訓勤於學習的幹事，接辦業務	組長一職人才難見
學生	生活環境單純學生常規良好	學生素質比不上鄰近新設學校	增設資優資源班優秀學生回流	整體家庭社經水準不高
家長	勤勞儉樸刻苦重視子女教育	缺乏教學資源、過度依賴學校	開放學校各項活動供家長參與	多為單親、隔代家庭、雙薪家庭
社區參與	校友、家長及義工熱心支持學校	社區對學校認同程度仍不改舊觀	用主動出擊、以教學績效吸引社區	社區參與學校活動人數有限
地方資源	社區公、民營機構多	建校悠久、多數優秀校友離開故居	做好公關，開拓校務發展基金會	資源有限，爭取者眾，影響社區和諧
行政運作	配合上級政策，不斷成長蛻變	自主革新機制仍舊不夠完善	引用學校本位經營促進教學革新機制，改善學校經營體質	不自主自發的運作，過度依賴上級規範，無法更彈性自主的經營學校，容易回到原點，談不上組織再造

教學革新	循序漸進實施開放教育、統整課程、小班教學、學校本位課程	缺乏一個可以涵蓋所有過去努力成就的理論中心思想	引用多元智慧理論，重整過去成就，開拓未來創新教學新局面	不發展學校辦學特色，無法進行核心的學校課程教學改造活動，可能難以和新建學校相互競爭
整體運作	行政支援教學的組織運作逐漸成形	行政和教學系統串聯不夠，有機連帶的磨合工作仍有待努力	利用企業界的理論，重新塑造可行的運作模式	行政和教學若不能緊密合作聯繫，彈性組合運作，無法達到老校再造的理想

四、澄清問題

在 SWOT 會議之後，校長召開校務會議，將上述 SWOT 分析小組討論結果與全校教職員工、家長代表作充分的雙向溝通。並採取簡易的 NGT（nominal group technique，名義團體技巧）來凝聚全體員工的意見，逐步聚焦於「關鍵的問題」。所謂 NGT 的實施乃是在相關人員將 SWOT 分析小組討論結果逐一報告完畢之後，由校長主持會議請大家省思「LL 老校的病根何在」，然後讓全體員工匿名寫下意見，接著就這些意見進行匿名打分數列等級方式表決出最根本的問題所在。

經過數回合的 NGT 之後，確認 LL 國小「老校再造」的困難在於以下兩點：

1. 教師缺乏參與感。
2. 教師不知如何進行教學創新。

五、發展行動策略

根基於上述校務會議結果，校長與研究者以及其他三處室主任召開行政會議，商討研擬一套具體有效的行動策略。

研究者首先說明學校本位經營促進教學創新機制的構成要素：教學引導系統、領導、權力、知識、訊息、酬賞、資源。接著與會人士就其負責部門以及平日和教師接觸的經驗集思廣益研擬出以下幾點策略：

1. 發展一套 LL 國小各年級學生具體能力指標以作為教師努力的方向（教學引導系統）。

2. 在不增加教師負擔前提下將現有學年會議轉型成教師教學創新工作團隊運作小組，充分授權教師規畫教學設計，鼓勵教師提出需要行政配合事項以建立教師的參與結構（領導、權力）。

3. 由研究者負責示範如何以多元智慧理論來設計統整課程，發展實用教學技巧（知識）。

4. 由四處室主任負責蒐集有關多元智慧教學的課程設計、教學技巧實例，然後利用每週三教師進修時間逐步與教師作雙向的溝通並進行實作演練（訊息）。

5. 根據高雄市教育局的指示設計教師教學評鑑辦法，利用法職權克服教師的反彈，並藉此評鑑工作提報教學優異教師接受敘獎和家長會的獎金（酬賞）。

6. 由校長出面爭取社區資源、上級補助以及學者專家蒞校指導，讓教師無後顧之憂全力衝刺（資源）。

六、系統實踐

行政會議討論出具體結果之後，校長立刻於例行教師晨會（全體教職員工參加）宣佈上述行動策略，並有系統的一一實踐，茲逐一分述如下。

(一)引導系統建置

在校長與教師次級團體的關鍵人物多次溝通以及和包含研究者在內的主任行政會議討論之後，決定以「獅子王」為 LL

國小理想兒童圖像的代言人，從幼稚班一直到六年級學生分別以「初生的獅子王」、「可愛的獅子王」、「善良的獅子王」、「好奇的獅子王」、「負責的獅子王」、「勇敢的獅子王」、「智慧的獅子王」表徵，並羅列具體基本能力要求如表二所示。

表二：LL 國小學校特色能力指標

		人文關懷	科技運用	環境調適	自我實現
幼稚班	初生的獅子王	能背一首唐詩 能說一句感謝爸媽的話 能唱一首兒歌	能說出五種電器名稱 能開關電燈電扇	能自己清洗回收的飲料瓶 會做健康操 會表演唱遊 能指出學校獅子銅像位置	能說自己姓名、性別、電話 能說出學校保健室在哪裡 會打 119 及 110 報警
一年級	可愛的獅子王	能說出一件善行 能說感謝或關懷別人的話 能唱校歌 能背一段三字經 能說獅子王辛巴的故事	能辨認校園方位 能說出五種電器的用途 能開關電視或收錄音機 能操作電腦遊戲軟體	會說出學校作息 會做健康操 會跳一首韻律舞 說出五種校園植物名稱 會完成一張森林王國寫生	能說出家人姓名、工作 能向學校教職員工問好 指出校園危險區 會指出社區緊急聯絡站 能培植豆子
二年級	善良的獅子王	能說出好朋友的優點 能和同學合作完成工作 會自編一個獅子的故事 能背一句靜思語	能播放錄影帶 能操作電腦CAI軟體 能做一份校園植物的觀察報告 能到圖書館收集資料完成一個有關獅子王的小書	會做運動前的暖身操 會說一項珍惜資源的方法 會跳二首韻律舞 會說出五種校園植物名稱	能說出三個願望 能說出喜歡獅子王的原因 能自我安排休閒活動 能計畫零用錢的用途 能飼養小動物並說出心得 能說出到醫院看病的經驗

三年級	好奇的獅子王	能說獅甲地名的由來 能說出校長主任的姓名 能畫出獅子圖像 能背一段有關獅子的詩詞或短文 能說一則藝術家的故事 能背一段論語	能說出電腦構造 能用電腦繪圖來完成一張有關森林小學的圖像 會用不同的磅秤 會查字典寫出獅子的字義 能做校園鳥類的觀察報告	會一種球類運動 會辨識五種交通號誌 會做資源回收 會說五種校園動物名稱 會跳三首韻律舞 會說出二個校園特色	能利用各項工具自我學習 能說社區中有幾種行業 會說出自己的優缺點 能說明家長的職業內容 能養蠶、毛蟲至成蟲
四年級	負責的獅子王	能說出獅甲街道及設施 能說出學校的校訓與願景 能製作舞獅道具 能背三首唐詩 能說一則音樂家的故事 能吹直笛 能寫一篇訪問心得與感想	能用電腦做一張感恩卡 會用電腦文書軟體打字 會看氣象圖 會用網路查火車時刻表 能做校園生物的觀察報告	會辨識十種交通號誌 能做一種球類運動 能預防運動傷害 能說出節約的方法 能說出校園中的五種果樹 會跳三首韻律舞	會向學校義工說出自己的感謝話語 能把整潔工具收回放在指定地方 能主動幫助別人 會說出自己的興趣習慣 能說出想像自己老的樣子
五年級	勇敢的獅子王	能說三件學校活動或規定 能說出三件學校光榮事績 能用電腦寫一封感謝函 能說一則笑話 能發表自己的審美觀 能表演舞獅 能說一則科學家的故事 能用英語問候他人 能說出最欣賞的音樂風格	能利用電腦網路收集獅子資料 製作一份專題研究報告 能抓取、掃描三張獅子圖片存成檔案 能用電腦建立學習檔案 能操作投影機	能寫出五種校園動植物的學名及特徵 能跑完六百公尺以上 能在校園菜圃區栽培植物 會用鐮刀挖操場的牛筋草 能利用廢物製作舞獅道具 能做社區污染源的調查 會跳四首韻律舞 會水母漂	能描繪自己的人格特質 能與同學合作設計活動 能訂定讀書計劃 能彙集個人作品成冊 說出對死亡的看法 能種一種蔬菜

六年級	智慧的獅子王	能說一則歷史人物的故事 能說出協助特教班同學的方法 能背一段古典經書或詩詞 能說出三項學校特色 能說出三位傑出校友姓名 能畫學校圖像並說出意涵 能說出學校英文校名 能說明最欣賞的畫作風格	能設計一個實驗 能製作個人首頁 能製作電子賀卡或海報 能利用電腦做一份報告 能發一封 e-mail 給校長	能寫出十種動植物的學名及特徵 能設計一份綠色消費計畫 會跳五首韻律舞 能畫一張學校植物分配圖 能創作一個獅子舞 能表演一套防身術 會游泳	能扮演自治幹部的角色 能記錄自我管理情緒方法 能說明自己的特長及志願 能培養好的習慣及興趣 能公開展示自己的才藝 能寫一份生活反省記錄 能和同學演出森林的故事 能當眾做自我介紹

(二)參與結構建立

在教務主任與教學組長努力下，LL國小改變各學年會議的形式，最具體的變化是將會議記錄格式改變為：教師教學構想、實際教學經驗分享，檢討反省改進辦法以及希望學校行政配合事項。經過如此變革，學年會議的性質變成教師教學實務知識的對話論壇，同時教師也不必再另外參加會議，直接透過學年會議表達其教學需求，達到所謂的賦權（empowerment）之實質效益。

(三)教師專業成長

在教務主任與教學組長努力下，LL國小修正調整教師週三進修的形式與內涵。其形式從原本的專題演講方式改變成包括實作演練、心得分享、觀摩學習等多樣化學習路徑。其主要內涵包括研究者以博士論文為主要探討依據的多元智慧統整課程設計，實用多元智慧教學技巧之講解示範，教師分組模擬演練課程設計，教師實施心得分享以及教師教學觀摩等等。

各處室主任並根據教師在學年會議的反應意見以及心得分

享時提出的實際實施問題，並分別就其蒐集的多元智慧教學的課程設計、教學技巧實例提出答覆。其中比較重要的是如何「一魚多吃」以及「加倍效果」。例如，主任們舉其他學校實例說明教師如何在多元智慧課程設計中建立合乎統整課程要求的主題網，展現個別化教學精神的教學方法運用以及順此脈絡發展合乎「課程教學評量三位一體精神」的多元評量技術。以免教師忙於對同一主題撰寫不同型式的課程設計書面方案，並能真正讓所有學生以其專長智慧參與學習。

㈣配套方案塑造

　　依循上述發展脈絡，LL國小行政團隊與教師充分溝通之後陸續發展出以下配套方案：

1. 包括實作評量（教師教學觀摩評分）以及卷宗評量（教師教學檔案評分）的教師教學績效評鑑辦法。
2. 包括記功嘉獎、家長會獎金補助的教師教學優異獎勵辦法。
3. 納入愛心媽媽、義工家長、社區銀髮貴族的教師協同教學辦法，以輔助教師處理教學雜務。
4. 由總務處負責提出簡化教師請購教學設備流程的辦法，並充份掌握「資源共生」的技巧。例如，在進行學校工程之際，由承包單位出工、學校出材料費以搭便車的方式順便幫教師解決諸如多元智慧學習角布置、多媒體教學科技網路……等瑣碎雜事。

七、評估回饋

　　在有系統的努力之後，學校於校務評鑑之前先進行一次教師教學意見調查、學生學習表現評鑑以及家長意見問卷調查。綜合三項評估得知 LL 國小有系統的實踐多元智慧教學之後，已有學校「k-6」七年一貫的運作架構，教師較能精確掌握課程設計與教學評量，對於教學創新的信心與能力也大增。學生對

於多元智慧學習普遍反應出學習動機強烈，學習參與更多層面的意見。至於家長則對於 LL 國小有「脫胎換骨」的看法，對於校長辦學能力肯定，對於校務參與也更加熱情。但與此同時也發現一個難以克服的具體困難：少數一兩位教師不願合作，學校似乎拿他沒辦法！

對此難題，在校務評鑑之前，校長一方面積極與這些教師溝通，另一方面與行政人員討論決定在校務評鑑的自我評鑑部分提出建議：校長缺乏處罰教師的權力，對於不願配合學校本位教學創新的教師除了訴諸教師同儕壓力，家長要求之外，宜應賦與校長更明確的處罰權力。

實際接受校務評鑑，並得知評鑑成績之後，證實上述校內自我評鑑結果不假，LL國小在校務評鑑的「教務部分」榮獲優等。至於上述少數不合作教師處置難題，實地訪評的專家學者向校長與主任說明辦理校務評鑑其實就是提供校長一個合法性的權威，讓校長可以根據評鑑結果辦理教師獎懲，同時也可藉此機會透過評鑑的進行由教育局主管科「幫校長說話」要求教師「再不投入就沒頭路」。對此，研究者與校長恍然大悟，原來可以合理的運用上級權威以對付存心僥倖的教師！學校本位教學革新並不等同於學校自力救濟，學校仍需要上級指導機關賦予權責，才不至於因為無法有效要求少數一兩位不合作教師，然後其他教師「起而效尤」進而全盤崩毀呀！當下研究者與校長即決定增加上級明文規範於教學引導系統之中，並增設處置明顯不改進教師的學校配套辦法。

八、結語

一如先前所述，行動研究是一「正式理論的應用過程、自求發展的行動過程、教育『學』與『術』合作的表現。」，經過此番行動研究過程，LL國小順利引進與驗證促進教學創新的

學校本位經營的機制，也呼應教改趨勢的多元智慧教學，同時也讓研究者的理論知識有了實務基礎，可謂是研究者和 LL 國小雙贏！

參考資料：

林生傳（民 89）：新世紀教師行動研究的定位與實施機略。國立高雄師範大學，教育學刊，第十六期，頁 1-31。

蔡清田（民 89）：教育行動研究。台北：五南。

Mcniff, J. (1988). Action Research: Principles and practice. London: Routledge.

資料來源：摘取自李新民（2001）。學校本位經營推動多元智慧教學的研究—以高雄市 LL 國小為例。國立高雄師範大學教育學系博士論文，未出版，高雄。

篇 七

教育研究的工具、格律與評鑑

教育研究需要利用各種工具來蒐集資料，藉以了解實況，探討關係，決定因果後驗證假設，或詮釋真理。俟研究完成，對於研究的經過歷程與研究所獲得的成果，也希望公開發表，與學術界分享成果，或共同研討進一步如何研究。研究成果的發表，在學術社群已建立有共同的格式與體例，研究工具長久以來已開發可以使用的也不少，均可加以應用。

　　為了正確利用各種研究工具，便利蒐集可靠合用的資料；為了使研究成果的發展，能以一定的格式，按照共同的體例，作有效的表達，使學術界容易接受，在研究的完成階段，學者需要認識並熟悉教育研究的工具與表達的格式體例。研究報告撰寫完成，得失優劣如何，總希望能夠先自我評鑑，然後推出發表。閱讀別人研究成果，也希望能夠客觀品評鑑定。如何評鑑研究報告，成為研習教育研究法的最後一課，本書也另闢一節專門介紹研究報告的評鑑。

　　本篇即為教育滿足此需求與設計，分為兩章，前一章介紹教育研究資料蒐集的工具與技術；後一章，即第二十章提示研究發表的格式與體例。

19
教育研究（資料蒐集）
的工具與技術

1. 在教育研究上，可能需要運用到哪些不同性質的資料？如何蒐集到這些資料？需要運用到哪些工具？

2. 測驗適用於蒐集什麼樣的資料？如何選用測驗？試從測驗的基本原理來探討。

3. 研究上所使用的測驗，應重視哪些效度？試參考效度的指標來說明如何選用適當的測驗。

4. 學者從哪裡去蒐集有關測驗的資訊以為參考選用。

5. 語意差異分析法在教育研究上可以作怎麼樣的應用？Q排列技術是什麼？如何應用於教育研究？

6. 社會計量技術最適合用於教育上哪一方面的研究？試加討論。

本章綱要

第一節　資料的性質與蒐集

一、事實性的資料

二、個人特質的資料

三、個人或社會意見諮詢資料

四、深層的精神因素與社會文化資料

第二節　**測驗的基本原理與選擇應用**

一、測驗是一種間接的測量

二、測驗是對行為樣本的測量

三、測驗是一種標準化的測量

四、測驗是客觀的測量

五、測驗有一定的對象

第三節　**測驗的性能指標與選擇**

一、信度

二、效度

三、常模與測驗的選用

第四節　**測驗的方式區分與選擇**

一、個別測驗與團體測驗

二、語文測驗與非語文測驗

第五節　**測驗資訊**

第六節　**資料蒐集的特殊技術**

一、投射技術

教育研究需要利用各種不同的資料來驗證假設，或回答說明所欲探討的問題，常常需要利用適當的工具與技術來進行資料的蒐集與分析。上面所介紹的各種研究方法由於研究的設計與典範的不同，所關心的資料與研究的情境有相當程度的不同，但需要借助各種工具與技術來蒐集資料的必要性則一致。各種研究方法所利用的工具與技術，比較具有特殊性者，已在各章節分別作了說明與介紹，如問卷已在問卷調查法章介紹；參與觀察已在質性研究章介紹。本章就各種研究方法較常用的工具技術作一般性的介紹。

第一節　資料的性質與蒐集

　　在研究進行當中，蒐集可靠的資料來考驗假設或探討問題是最重要的一個環節。由於過去學術界的努力經營，已經設計並開發出來很多的方法與工具，幫助資料的蒐集。各種工具適用來蒐集不同性質的資料，運用的時候要視所需要的資料的性質來做適切的運用。無論哪一種工具的運用都要講求它的信度（reliability）與效度（validity），所以如何選擇適切的資料與如何利用得正確可靠，是我們本章所要探討的重點。

　　教育研究所需要的資料包括很廣、類別很多、性質也各有不同。有些資料是事實性的資料、有些資料則是個人特質的資料、有些資料更是深層意識型態的資料；蒐集資料的用意有時候只為認定其有無，有時候則為分別其不同並區分其類別，有時候則要計量其大小，更有時候則要利用它來做進一步的詮釋與探討。因此，利用來蒐集資料的方法與工具也不一樣。茲分述如下：

一、事實性的資料

㈠學生人口學或背景資料——例如年齡、性別、種族、學生數、家庭職業、年級的分佈，學校類別、學校數，教室設備、經費、校地面積、圖書藏書，教師人數、性別、出生背景、進修年數、學歷分配與年齡分配等等。

㈡宗教信仰、政治黨派、參加社團活動經驗、民間組織經歷、參加學術活動的經驗與偏好等等。

㈢社會經濟地位、職業聲望、社會階級、教育發展的指數等。

㈣社會福利的指標、經濟成長率、犯罪率、居住品質、學生入學率、升學率、輟學率、失業率、國民生產毛額（GNP）與大學生就業情形等。

　　上面四種資料都是教育研究上事實性的資料，像這種資料可透過直接的調查來蒐集。如第一、二種資料利用直接蒐集到的資料就可以；第三、四種資料雖屬於事實性資料，但需要利用若干數據來合併計量，像這種資料需要透過多項調查表或直接引用官方公佈資料來蒐集、轉化與合併，如果無官方資料，這些資料可以利用調查表，有時候也要利用問卷或訪談來蒐集。

二、個人特質的資料

㈠智力、性向、認知等知性的資料。

㈡個人的人格特質，如內向外向、社會的成熟度、學校適應、誠實、毅力、責任感、與創造力等。

㈢個人的學業成就、工作的表現、職業的適應等。

　　上面都是有關個人特質的資料，對於這種資料常需要透過

標準化的測驗、問卷、觀察，與結構性的訪談等等來蒐集資料。

三、個人或社會意見諮詢資料

㈠態度。
㈡民意取向。
㈢教育信念。
㈣教改輿情。

上述各種資料的蒐集在探求個人或社會對於制度、人與事的看法作為教育決定或決策的參考，需要採用民意調查、李克特五點量表（Likert five points scale）、語意分析技術（semantic differential technique）與 Q 排列技術（Q sort technique）等等。

四、深層的精神因素與社會文化資料

㈠個人與社會的意識型態。
㈡個人的價值觀念、信念系統等。
㈢團體的氣氛、組織的文化。
㈣部落族群的習俗與文化模式、社會網絡等等。

上面資料除利用前所述及的李克特五點量表、語義分析、Q 排列技術之外，由於牽涉層面比較廣，也比較深，需要長時間的繼續觀察，故也需要持續性的資料才能了解正確，對這種資料的蒐集有必要再藉由長期的參與與觀察記錄，詳見詮釋性研究篇。

第二節　測驗的基本原理與選擇應用

　　為了解個別學生或團體的特性與成就，常要利用測驗來評量。測驗有一定的性能，也有它們一定的限制，所以選擇適宜的測驗，並作正確的利用，是在教育研究當中必須要審慎的工作。正確的選擇與利用測驗才能蒐集到適用與正確的資料，把這些資料加以分析才能夠正確驗證假設或回答問題。不明白測驗的性能，沒有正確把握測驗應用的要領，就會造成測驗的誤用，以至於造成研究結果的錯誤。本節擬分析測驗的特性，說明測驗的原理，並提示如何選用與應用測驗於教育研究當中。

一、測驗是一種間接的測量

　　人的特質與成就，如人的聰明才智、性向專長、人格氣質、學術才華、認知風格、適應方式、理想抱負，與決心毅力等等，往往不能夠直接測量得到，與土地的面積、桌椅的高低、教室的長短、容器的容積、學生的身高胸圍不同。對於後者的測量可以直接加以丈量，得到數據資料，但是對於前者的測量就沒有辦法以直接的方式測量，而需要採取間接的方式來測量。所謂間接的方式就是，設法引起行為者的行為反應或動作反應，藉由對反應的測量來推知決定反應的特質或特性。所以測驗是一套經過特別程序設計出來的刺激，提供給受測者，使他們對這套刺激引起反應的一種過程或工具。這一套刺激可能是一組類似考試題目的問題，受測者的反應可以是類似考試的作答，受測者依他的能力性向與經驗來反應作答。刺激也可

能是一種特別設置的情境，讓受測者依他的內心想像或過去的經驗轉移至情境，來建構他的作品或進行其活動，例如投射測驗。測驗的刺激也可能是一組命題敘述，使受測者依他最習慣或最平常的方式來回答，例如自陳式的人格測驗、自我觀念的測驗、興趣測驗、休閒活動偏好測驗等等。所以測驗是一種間接測量，選用或自編測驗的時候，必須要審慎注意這個測驗是否真正在測驗你所研究的變項或概念。若當你要研究學校效能或認知風格的時候，應注意你所選用的測驗是不是真正在測量你所要研究的學校的效能或認知風格。由於學校效能有不同概念與理論，認知風格也有不同構面與概念，你要審慎的了解測驗所測的這種學校效能是否是你所要研究的學校效能，兩者概念是否等同；同樣的，認知風格測驗所測的那些行為，是否可以代表你要研究的認知風格。

二、測驗是對行為樣本的測量

測驗是一種對行為或反應進行間接測量以推測人的心理特質與知識內容的一種過程與工具。人的心理特質與知識內容直接表現於行為反應的非常多，間接關聯到的行為更廣，也更複雜。當我們要測量的時候，會面臨到一個難題，怎麼可能對所有的行為都全部加以測量？只能從中選擇若干行為作為樣本加以測量，針對這些行為設計刺激或情境構成測驗，然後利用這套測驗作為刺激或設計一定的情境來施測，由受測者所作的反應行為推測他的心理特質或知識內容，所以測驗是對行為樣本（behavior sample）或內容樣本（content sample）所作的測量，而不是對與特定心理特質或知識內容有關的所有行為的測量。在這樣的設計中，有一個基本的關鍵必須加以注意，即是我們所測的行為樣本或內容樣本必須能夠真正代表全部的行為

或知識內容。唯有如此，由行為樣本測量的結果才能代表全部的行為，據以推測受測者的心理特質與知識經驗。從事教育研究者選用測驗或自編測驗的時候，必須要注意是否該測驗已有客觀的檢證其內容確實能夠具有代表性，測驗的反應確實是一個具有代表性的行為或內容樣本。

三、測驗是一種標準化的測量

所有的測量都必須要力求標準化（standardization），得到的結果才可靠，選用或編用測驗的時候，要盡可能採用已鑑定、已標準化的測驗。當我們用一套刺激或布置一個情境，希望引起受測者反應的時候，如果測驗工具與測驗情境已經確實標準化，則受測者表現出來的反應就可以有力的歸諸於受測者本身的特質與經驗的結果，而不是程序的誤差、時間的出入、外在環境的影響，或作答情緒的不穩造成的。舉一個例子來比較，用一根橡皮作的尺，測一間教室的面積，測出來的結果必定與實際面積有很大的出入，如同每個人用他們自己的步幅去度量教室的面積一樣，結果也出入很大，這兩者間沒什麼差別。因為每個人的步幅不是一個標準化的工具，同樣的，這一根橡皮尺也不是一個標準化的測量工具，如果我們換用不具彈性的材質且刻度明確的尺來度量同樣的教室，且測量的時候很小心並作正確的記錄，每次測量的結果就不會有很大的出入，這根尺所作的測量就是一個標準化的測量，選用測驗的道理也是相同的。選用及實施測驗的時候也要選擇標準化的測驗，包括說明作法清楚，實施程序規定一致，過程掌控嚴明，計分方法明確，測驗結果解釋正確。

四、測驗是客觀的測量

　　在人類文明的發展過程裡面，雖然很早就有了測量。但是，古時候的測量常常是主觀的、非標準化的。隨著人類文明的進步與發展，測量的方式也慢慢的更為客觀與標準化。所謂客觀是經過大家共同認定的結果，而不是依測驗者或某一個權威人物的見解來決定測驗的結果。一個測驗要求客觀必須要經由一道驗證的程序（empirical procedure）作客觀的鑑定，經大家共同的認可，得到的結果。一個測驗的難易，是否標準化？測驗的結果是否可靠？測驗的分數所代表的意義是否明確？是否測量到我們所想測量的特質或內容？測驗的結果如何解釋才是正確？這些等等，都不應由研究者或編製者或權威人物來做主觀的鑑定，而必須經由嚴密的驗證程序來考驗檢證。故而選用或自編測驗的時候要選擇已經過客觀程序驗證的測驗。

五、測驗有一定的對象

　　測驗不是對所有人都可以應用，它有特定的應用對象，測驗編製者在設計測驗的時候應針對特定的對象來設計。這個特定的對象當然不是指某個人，而是指一定的年齡或發展階段或特定的社會屬性群體，或某一個時代或地區族群。研究者規畫研究的時候，通常也有一定的研究對象，選用測驗的時候必須要考慮這個測驗應用的對象其年級、年齡、教育程度、文化背景是否與你所要研究的對象相符，符合才適用。

第三節　測驗的性能指標與選擇

一個可用的測驗至少必須要符合下列性質指標的要求，所以選擇測驗的時候必須要查明一個測驗是否具有下列幾個指標：

一、信度

一個測驗的信度（reliability）就是它的可靠性，信度包括有兩方面的意義，一為測驗的穩定性（stability）；二為測驗內容的一致性（internal-consistency）。前者是指不同時間施測得到的結果是否相當穩定的程度。後者是指測驗題目之間是否測量同類的心理特質或知識內容的類同的程度。一個測驗的結果是否可靠決定於測驗的誤差大小，如果測驗的誤差很大，測驗的結果就不可靠，反之測驗的誤差很小，測驗的結果必定可靠。測驗為什麼發生誤差？可能來自於測驗的內容有所偏頗，缺乏代表性。如果教師自己出的試題題目很少，又不符合行為抽樣的原則，以至於學生應答的時候，有的同學靠著猜題也能得到高分，反而用功的同學得分相對較低，這就是內部一致性的問題。其次，測驗的說明沒有建立好準則，實施的情境未加嚴格控制，沒有達到標準化的要求，施測時間沒有規定好，控制時間不嚴格，沒有防止作弊等等原因，都可能使在不同時間測得的結果呈現很大的出入，這就是測驗的結果穩定性的問題。所以選用與實施測驗的時候要嚴守測驗的準則，確保測驗符合應有的指標，一個測驗是否有足夠的信度，在測驗手冊裡

面或測驗的年鑑都會有客觀的資料與介紹可供參考，對於測驗的信度，通常利用下列的方式來表示。

(一)重測信度

重測信度是指一個測驗相隔一段時間對同一樣本施測結果的穩定程度，普通用相關係數來表示。其基本的原理是測驗分數的總變異（total variance）扣除來自於時間抽樣造成的變異再除以總變異的比率；也就是

$$重測信度係數＝\frac{總變異－時間抽樣造成的變異}{總變異}$$

我們所想要利用的測驗，受測者作答的情形可能會受時間與情境因素的影響，也就是說不同的時間回答的選擇可能會有不同，這個時候我們就要查這個測驗是否已有建立了重測信度，例如：測量學生的焦慮情形的測驗，或者是一個要測量學生偏差行為的量表，這一類量表可能會呈現因時間情境不同而有不穩定的現象，就特別要重視其重測信度。

(二)內部一致性

內部一致性也是一種測驗信度，通常以折半信度（split-half reliability）、複本信度（alternate-form reliability）、庫李信度（Kuder-Richardson reliability）與Cronbach α係數來表示。這些係數都是用來表示測驗的題目之間所測得的特質或行為是否相當一致，換言之，把這些題目結合在一起是否能夠共同用來測量到相同的特質或行為。折半信度是以一個測驗對一群受試者實施，然後把每一份測驗的結果盡量按公平的方式分成兩半，各半分別計分，把這群受試者每個人所得到的兩半分數所形成的兩個分數分配求其相關。這個相關代表的就是測驗的一半與另一半分數的一致性。庫李信度也是一種折半信度，不過庫李

信度不是只有按一種方式來折半，而是按隨機的方式來組合成兩半，按照組合數作種種不同的折半，各半之間的一致性求得的相關。通常以 Kuder-Richardson 20 的公式來計算：

$$r_{tt} = (\frac{n}{n-1}) \frac{SD_t^2 - \Sigma pq}{SD_t^2}$$

n 代表全部測驗的題數

p 代表各題目通過的比率

q 代表各題目未通過的比率

SD 是整個測驗分數的變異數

r_{tt} 是代表一個測驗的信度係數

α係數是一種特殊的庫李信度，利用上面公式所計算的庫李信度不適合用在多重計分的測驗，測驗學家 Cronbach Lee 乃發明另外一種公式來計算這種特定的內部一致性係數，這種公式如下：

$$\alpha = (\frac{n}{n-1}) \frac{SD_t^2 - \Sigma (SD_i^2)}{SD_t^2}$$

SD_t^2 是指測驗總分的變異數

SD_i^2 是指單一題目的變異數

n 代表題數

α 複本信度是代表一個測驗的信度係數

至於複本信度（alternate-form reliability）也用在少數的測驗裡面，像一九三七年修訂的「斯比智慧量表」（Stanford-Binet Intelligence Test）就編有 L 量表與 M 量表，國內國民中學智力測驗也有分甲式、乙式兩式，量表可以說是測驗的雙胞胎，題目固然不同，但是兩者的題目形式、難度，所要測驗的功能、取材的範圍盡量求其一致，所以兩式量表可以互相替用。也就是說每個測驗的內容可以說都是同一內容群體所做的內容抽樣（content sample），這兩個內容抽樣的一致性就是複

本信度。

當我們進行研究想用測驗的時候，如果擔心是否會因為測驗內容的取材不同，或者是一個測驗裡面各個題目的不一致，以致測驗的結果不能測出受測者的真正差異的時候，就要選擇具有較高的折半信度、複本信度、庫李信度或α係數的測驗，而其中一個重要的步驟就要去查看這個測驗的此等信度係數如何。不過這些信度係數通常只選用一種，很少會各種內容信度係數並列，不可不察。

(三)計分者信度

計分缺絕對標準，留有很大的空間給計分者判斷的測驗，需要先建立有計分者信度（inter-scorer reliability），才可以放心應用。使兩位的計分者，對標準化樣本的每一分測驗加以評分，形成兩個分配，求兩個分配的相關，相關很高即可以放心使用。

二、效度

一個測驗必須要能夠測到所設計要測量的特質或行為，其測量到什麼樣的程度，謂之效度（validity），又稱為精確性。前面信度只是測驗本身的一致性或穩定性，一致性或穩定性很高未必見得就正確，如同一個人每次講話都一樣，未必講的就正確，是否正確需要經過檢證，這種檢證的過程就是效度考驗。同樣一種測驗，如果測驗的結果前後相當一致，或這個測驗的各部分測出來的結果，顯示各部分之間也相當一致，這是所謂信度高，但是未必見得效度高。倘若一種數學測驗用語非常艱深，對同一群受試者所測驗得到的結果雖然相當一致，但是受試者所得的分數也許決定於數學實力的部分還不如決定於

語文能力的部分。但這個測驗的效度在它能決定受測者數學實力的部分到底有多大的程度，換言之，就是這個數學測驗真正測到數學實力的程度。

如果我們把一個樣本或一個群體的受試者所得分數的多少用變異數（variance）來表示出來，對這個總變異數我們可以加以分析成兩部分，一部分是誤差造成的誤差變異數（error variance）；另一部分是受測者實力的差異造成的，這一部分我們叫它為真正變異數（true variance）。真正的變異數還可以分成兩部分，一部分是這個測驗真正要測量的實力造成的，另一部分不是這個測驗真正要測量的實力造成的；前者謂之切合的真正變異數（relevant true variance），後者謂之無關的真正變異數（irrelevant true variance），所謂信度就是真正變異數對總變異數的比率，所謂效度就是這個測驗真正要測量的實力造成的切合的真正變異數對總變異數的比率。所以可以用公式表示出來：

$$S_X^2 = S_R^2 + S_{IR}^2 + S_E^2$$

$$r_{xy} = \frac{S_X^2 - S_E^2 - S_{IR}^2}{S_X^2} = \frac{S_R^2}{S_X^2}$$

$$r_{xx} = \frac{S_X^2 - S_E^2}{S_X^2} = \frac{S_R^2 + S_{IR}^2}{S_X^2}$$

S_X^2 是指總變異數

S_R^2 是指切合的真正變異數（relevant true variance）

S_{IR}^2 是指不相關的真正變異數（irrelevant true variance）

S_E^2 是指誤差造成的變異數

r_{xx} 代指信度係數

r_{xy} 代表效度係數

在研究上如果所使用的測驗缺乏足夠的效度，則所測出來的結果就不符合我們所要研究的變項的意義，利用這種測驗的

結果來作分析，即使利用再精密的統計方法與技術，也得不到我們所要研究的結果，達不到研究的目的。所以不論我們選用現成的測驗或者是自己編製測驗來應用，效度的要求必須要絕對的嚴格。

效度的指標與應用

由於測驗的性質不同以及測驗目的不一樣，效度的表示方式有若干種，包括表面效度（face validity）、內容效度（content validity）、效標關聯效度（criterion-related validity）、與建構效度（construct validity）等。表面效度是指一個測驗外表看起來是否能夠測到所要測的對象特質，以取得施測者與受測者的合作，如同化妝品包裝的非常的漂亮精緻，讓愛漂亮的仕女一看就覺得它非常美麗精緻，才會有興趣去購用。但是表面效度並非客觀的效度，表面效度固然可以贏得一時的興緻，卻未必見得可以保證正確有效，一個外表很像教師的新進教師，未必見得他有真正的教師素養，教學表現也未必成功，這就有待客觀的考驗。一個測驗只有由表面看來具有相當的表面效度還不足，雖然表面效度佳能夠贏得使用者的合作，但測驗的結果未必正確有效。內容效度、效標關聯效度與建構效度才是客觀驗證測驗是否正確有效的方式。

1. 內容效度

有些測驗非常重視內容效度的檢驗，如果所測驗的特質是有一定的範圍內容或邏輯結構，內容效度是不可少的。例如：學科成就測驗是用來測量某一個科目一定的課程內容，這個測驗是否能夠測到課程的目標，課程所包含的範圍和教學目標是應該關心的兩個主軸，所以考驗這一類測驗的內容效度通常依雙向表（two-way table）來考驗。所謂雙向表，一個向度是教

學目標，另一個向度是教材內容。利用雙向表可分別分析測驗題目內容是否面面俱到、分布均勻，把每一項目標、每一章節教材內容都測驗到。如果是，表示這個測驗內容效度不成問題。下面表 19-1 為一實例，表示此一成就測驗測量到各種不同的知性目標，題目的範圍分布也非常廣泛，比例也接近均勻，其內容效度應該是可以接受的。

表 19-1 成就測驗內容效度考驗雙向表

內容範圍	目標						題數
	知識	理解	應用	分析	綜合	評鑑	
單元一	2	3	3	1	1	2	12
單元二	2	2	2	1	2	2	11
單元三	3	2	1	2	2	3	13
單元四	3	2	2	2	3	2	14
題數	10	9	8	6	8	9	50

2.效標關聯效度

在研究上應用測驗，有時候我們所關心並不是測驗包含哪些內容，而是一旦在實際應用的時候，測驗的結果是否符合受試者的實際表現。也就是說，測驗時得分數高的人是否在真正的生活情境裡面表現得較為優越；反之，測驗分數低的是否表現得較拙劣。選用或編用這種測驗的時候，就要注意經驗效度，也就是在實際的經驗中去尋求效標（criteria）來考驗測驗的效度。如同一種藥物是否有效，不是光看它的包裝，也要看它的成分，這是它的內容效度；有時候更要進一步去查看它的臨床使用報告。使用的結果如何？使用這種藥物到底會發生什麼效應？這就是經驗效度，也是效標關聯效度。

使用教師性向測驗的時候，研究者關心的是在教師性向測驗上的表現，是否能夠預測未來受試者真正擔任教師時的表現如何。如果一個測驗已建立有效標關聯效度，證明這個測驗效標關聯效度很高，於是我們現在就可以依據測驗分數的結果，來預測受試者未來的工作表現如何。

考驗一個測驗的效標是特殊的，不是普遍的。一個測驗使用某一種特定的效標只能預測該效標行為。如利用升學率的高低來考驗教師性向測驗所建立的效度高，則根據這個測驗分數只能預測受試者在擔任教師一職時學生的升學率高低如何，而不能用來預測他對學校政策的配合度，或者是他的敬業精神、教學態度，或者是教出來的學生人格發展是否正常。各種測驗到底要採用什麼樣的效標？依測驗的目的、功能與我們的需求而不同。 1.考驗智力測驗的時候常常利用學業成績、教育程度、標準化成就測驗；2.考驗性向測驗的時候，可能會使用專業訓練的表現、專業訓練課程的成績、專門工作的表現；3.考驗人格測驗所使用的效標可能是精神醫師的診斷結果、諮商輔導中心的記錄、正常人與違常的人的對照群等等。

當我們選用測驗的時候，依我們研究的目的以及測驗變項的性質檢查該測驗是否已採用適切的效標來建立效標關聯效度。如果是，那麼利用這個測驗所測得的結果才能夠達成研究的目的。

3.建構效度

在教育研究上，所應用的測驗有時候要特別強調它的建構效度。因為在我們所選擇的研究變項，尤其是依變項或實驗變項，常常是根據理論建構而來。我們要選用或自己編製能夠真正測量到我們的理論所建構的變項。像這種測驗是否正確，是否有效，其關鍵在測量到的結果、測驗的內容與學術理論上的

建構是否相符及其符合到什麼程度。

　　如何考驗建構效度須依照構念的理論建構而定。當我們所研究的變項在理論建構上包含若干因素，則我們所編製的測驗對效度樣本測量的結果，經過利用因素分析的結果，如果果然能夠分析出來相當的若干因素，與理論建構互相符合或出入不大，即能夠驗證我們所編製的測驗具有足夠的建構效度。許多研究生常想要研究學術上新建構的構念作為他博士或碩士論文中的研究變項，能夠選用的現成測驗機會不大，即使選到，我們也懷疑其所測量的與我們所建構的是否相符，或者是根本找不到現成測驗而需要自己來設計，這個時候利用因素分析來驗證測驗常常是不可少的一個步驟，也是較適當的驗證測驗效度的方法。

　　如果一個測驗所要測的構念，在理論上是隨著年齡的增長而呈現有系統的變化，我們考驗其建構效度的時候，就可以考驗其測驗分數與年齡的增長是否呈現正向的關聯。

　　另外還可以利用聚斂效度考驗（convergent validation）與辨別效度考驗（discriminant validation）來進行建構效度的考驗。前者是考驗與其相同的構念，利用不同的方法測量或評量其結果是否呈現正向的相關；後者是考驗與其不相同的構念，測驗其結果是否有所區別，呈現低度的相關。其他還可以利用學者所進行的相關實驗，驗證是否經由實驗處理的介入（experimental interventions）對該特定變項發生顯著正向的影響。

　　所選用或編用的測驗，如果所測的變項是依據理論建構，那麼就必須利用上面所述的一種或若干種方式來證明其為有效，才能夠應用。

三、常模與測驗的選用

有無常模（norm）的建立以及常模的合用與否，也是選用測驗的一個指標。由各個測驗題目、主題，按計分的方法得到的分數是原始分數。只有看原始分數很難真正了解它的意義，須參考常模才能解讀分數代表的意義。某一個人由測驗得到的原始分數 50 分，我們無從知道他的分數是高還是低，他的表現優還是劣；同樣地，某一個人我們量他的身高是一百四十公分，亦不知他的身高高矮如何，這時我們會想到，應該把同一發展階段的個人得到的次數分配拿來作一個比較，所得到的這個原始分數才有意義。所以常模是解讀分數的一個參考或依據，它常常是指母群體或標準化樣本的作業表現。常模有幾種不同的類型：

㈠發展常模

發展常模是測驗所顯示的結果，相當於某一年齡或某一發展階段的一般表現。一個人的智力發展水準以相當於幾歲的兒童平均的水準來表示，不論他的實足年齡是幾歲：一個十二歲的小孩，如果他的智力表現，跟十五歲的小孩差不多，那麼他的智力年齡（mental age）就是十五歲；另一個小孩，他同樣是十二歲，可是他的智力表現卻與九歲的小孩平均水準差不多，那麼他的智力年齡就是九歲。一個駐顏有術的婦女，雖然年屆四十，她的外表和雙十年華的少女差不多，則我們可以說她的外貌年齡相當於二十歲。這種常模適用於測量隨著年齡或時間不斷成長或改變的特質之測驗。

㈡群內常模

　　個人在測驗上的表現，參照他的標準化樣本或群體的表現來解釋，看他在常模樣本作業表現所形成的分配上居於何等地位，這種常模謂之群內常模。由於換算的分數不同，又可以分成百分位數常模（percentile norm）、標準分數常模（standard score norm）。標準分數常模還可以分成 Z 分數、T 分數，還有差數智商（divation IQ）、標準九（stanine）等。

　　標準分數都是以平均數為原點或參照點，並以標準差或者是標準差的倍數為單位來表示的分數，所以很容易就能夠看出某一個人的分數在母群體或標準化樣本的相對地位。

　　例如：Z 分數是以平均數為 0 點，標準差當作 1，轉換出來的分數：T 分數則是以平均數所在當作 50，每一個標準差當作 10，轉換出來的分數，所以某生的標準分數 Z ＝ 1.00，就可以知道他的分數在群體裡面，是比平均數高出一個標準差，如果這個分數分配是常態分配，就表示他的分數高出 84% 的人，也就是還有 16% 的人分數比他高。同樣的，另外一位同學，如果他在某一個測驗上面得到的原始分數，經換算為 T 分數 40，我們就能夠看出他的分數比平均數低一個標準差，由於平均數到一個標準差所涵蓋的面積約 34%，我們就知道他的分數在群體裡面只有高出 16% 的人。標準分數常模單位相等，容易比較，而且也可以做種種的代數處理，在研究上最適合統計分析，所以選用測驗最好要選擇已經建立有標準分數常模的測驗。

　　選用測驗的時候，對於常模還必須審慎的是，常模具有特殊性，在測驗對象的適用上，在常模建立的時間與空間都有其特殊性。就測驗對象來說，常模樣本與我們現在研究所要使用的研究樣本，必須來自同一個群體方才適用，對高中生建立的

常模，不適用於大學生，也不適用於國中生。有一個測驗當初編製或修訂的時候，建立有高中常模，例如田納西自我觀念測驗（TSCT），現在我們的研究以大學生為樣本，切勿以現在的研究樣本所得的分數對照原來的常模來換算解釋，否則就犯了錯誤。在使用的時間上，也不宜與建立常模時間相隔太久，例如，二十年前以大學生為常模樣本所建立的常模就不適用於今日的大學生，一方面由於時境異遷、社會文化已經有重大的改變，另一方面由於大學數量的膨脹，大學生的結構與特質已經異乎往昔，自然不能把今日大學生的測驗結果依據過去建立的常模來換算解釋，否則將誤用測驗。在空間上也有它的限制，有些研究因利乘便，把本地學生的測驗分數，參考美國建立的常模來換算解釋，也是常模的另一種誤用。如果沒有適合我們研究樣本的常模可資應用，又不得不利用這個測驗，研究者就必須自己重新建立常模，在此時此地選擇能夠代表研究標的群體的樣本作為常模樣本，重新施測，建立常模。

第四節　測驗的方式區分與選擇

一、個別測驗與團體測驗

　　測驗的設計與實施有不同的方式，依據不同的原理，也適用在不同的對象與特定的特質。就測驗對象來說，有個別實施與團體實施兩種方式，個別測驗（individual test）實施的時候，一個主試者只能同時施測一個受試者，在施測當中隨時可以觀察、記錄受測者的反應，也可以針對他反應的情形而調整測驗

的內容與方向，透過主試跟受試的互動，能夠更正確的鑑定受測者的心理特質與行為表現，如同一個標準化的訪談；而且在測驗的題目設計上，可以更不受約束，不必只限於紙筆測驗，而採取其他如問答、操作……；但是費時、費力，成本甚高。反之，團體測驗（group test）是指在同一個時間，一個施測者可以對著一群受測者數十人甚至數百人，來進行測驗，說明扼要，作答簡單，計分容易，成本降低；但是題目的設計很受限制，往往只侷限於紙筆測驗，也沒有辦法對受試者作全面的了解。研究者選用測驗的時候，如果有個別測驗與團體測驗選擇的機會，要審慎的評估人力、財力等資源，以及所測的心理特質或行為表現之最佳測驗方式來決定如何選擇應用。

二、語文測驗與非語文測驗

語文測驗是一種使用語言或文字或並用語言、文字來呈現題目或作答的一種測驗。施測者藉由語文的說明或提示題目使受試者以語言或文字作答，例如紙筆測驗，這一種測驗適用於熟悉測驗語文、受過相當教育的標的群體，如果是文盲或者是外國移民就不能採用語文測驗。另外，測量較高層次的心理特質或學習成就，較適合接受語文測驗。這種語文測驗，自有其特長可以測到較高的特質與行為，但很容易受文化的影響，也容易造成文化的宰制與歧視，所以對多元文化的對象或沒有受過教育的對象都不適合採用語文測驗來測量。至於非語文測驗，通常以實物、圖形、儀器、工具、積木……等等，做為測驗材料，提示這種刺激，藉由視覺、聽覺、觸覺、或運動感覺使受試者以動作或操作來反應，這種測驗可以適用於幼兒、文盲、文化不利的族群或外國移民，或用來測驗實作表現重於知識發表的特性。

第五節　測驗資訊

從哪裡去蒐集研究工具的資訊，選用適合的測量工具？這方面可以分成國內與國外的部分來介紹，就國外來說，下列是重要的資料來源：

- Buros Desk Reference: Psychological Assessment in the Schools
- Buros Desk Reference: Assessment Of Substance Abuse
- Tests in Print
- Tests in Print II
- Personality Tests and Reviews I
- Personality Tests and Reviews II
- Science Tests and Reviews
- Social Studies Tests and Reviews
- Vocational Tests and Reviews
- The Eighth Mental Measurements Yearbook
- Tests：A Comprehensive Reference For Assessments in Psychology, Education, and Business
- Tests in Print III
- Tests in Print IV

就國內部分來說，測量資料的來源可以參考下列：

1. 參閱出版公司的測驗目錄及簡介。目前常出測驗工具的出版公司，在台灣有中國行為科學社、心理出版社、正昇教育科學社等公司，可以主動向其索取目錄應用。

2. 參考測驗彙編等工具書。

3. 專業性期刊。專業性期刊也常常會選擇性的報導有關測驗編

製修訂的論文或文章，如中國測驗學會出版的《測驗年刊》，其他有《測驗與輔導》，還有《輔導月刊》等等。

4.各研究機構與大學校院相關系所所自行研發的測驗。

第六節　資料蒐集的特殊技術

在教育研究上有關個人潛意識等深層結構特質，教育情境裡人際互動關係，對教育的信念與價值系統，對教育改革與現狀的態度與見解等等意見的諮詢，需要特殊的技術，才能蒐集到正確可靠的資料，學術界在過去的努力之下，已經研發不少的特殊技術可資應用。本節將介紹此等技術於後以供參考應用。

一、投射技術

投射技術（projective techniques）在提供一個非結構性的刺激情境，讓個人可以自由揮灑他的想像力，建構任何的創作，或表現任何的反應。個人自我在這個反應當中將他自己內心深處的經驗，潛意識的、半意識的或者是意識的，藉著無結構性的刺激情境，抒發表現出來，建構他認為有意義的世界。研究者得藉著他所建構的世界，來解釋他的人格特性、意識型態與信念系統。其基本的預設是每個人以自己的方法去認知、理解和解釋他所面對的情境。一個人如何認知、理解、解釋他的情境正投射出他慾求的衝突、苦樂的經驗、內心的苦悶與他的夢想世界。文學家常常利用對外在景物的描述來投射故事主角的感覺、知覺、思想、情緒與神情，就是一種投射技術的應用。

「感時花濺淚，恨別鳥驚心。」「春花秋月何時了，往事知多少。」等等的詩詞正是投射法的應用。教育研究上利用投射技術有幾種方式：

第一種是聯想（association）。提供一個圖片、卡通、墨漬或一個字詞使個人自由去編造、杜撰、聯想一個故事或作任何的反應。像主題統覺測驗（thematic apperception test）、羅夏赫墨漬測驗（Rorschach ink blot test）、及單字聯想測驗（word association test）、自由聯想測驗等。

第二種是句子完成測驗（sentence completion）。提供一個不完整的句子讓反應者按照他的經驗或他的願望去完成這個句子。如：我的夢想是……。我的夢魘是……。

第三種是自傳回憶法。使反應者就自己的記憶所及，盡量去回想早期的生活經驗。

第四種是角色扮演法。提供玩具，如布偶、洋娃娃讓受測者按照他的想像，他的慾求與經驗，表演編製戲劇，自導自演他的內心世界。

第五種是圖形解釋法。使受測者畫一個人或畫一棵樹，由畫者所畫的人或樹的特性來詮釋解析他的人格特性。

上面五種方式都是提供一個讓受測者可以自由想像、編造、表演、創作的機會，表達他內心的想像與經驗，研究者可以藉由他所想像、編造、表演、創作的表現來窺探他人格的深層系統。這種投射技術不易編製，但比自我陳述的一般問卷或測驗，更能窺測一個人的潛在意識與深層的價值系統與信念系統。不過，這種技術在解釋的時候要特別小心，並且要注意建立計分者之間的信度，避免主觀武斷的判斷。

二、語意差異分析法

　　語意差異分析法（semantic differential analysis）是由奧斯谷（Charles E. Osgood）等所發明應用，希望藉由對一種概念的知覺反應來了解研究樣本或標的群體的態度與看法，評析的對象是概念（concept），它可以是一個群體（如大學生、新新人類、飆車族、原住民等），一種制度（如聯考制度、多元入學制度、國民教育制度、全民健保制度等），一個組織（如民進黨、國民黨、親民黨等）等等。針對這個概念提供若干屬性的形容詞，通常這些屬性包括性質、力量、活動等方面有關的形容詞，每個形容詞都有兩極，如美與醜、長與短、可愛與可惡等，這兩極之間分成若干個等級，通常七到十一個等級，讓資料提供者依他們對此概念的印象作選擇性的反應，
例如：評定新新人類

評定對象　新新人類

```
          1   2   3   4   5   6   7   8   9
愉快 __  __  __  __  __  __  __  __  __  苦悶

          1   2   3   4   5   6   7   8   9
可愛 __  __  __  __  __  __  __  __  __  可恨

          1   2   3   4   5   6   7   8   9
勤勉 __  __  __  __  __  __  __  __  __  怠惰

          1   2   3   4   5   6   7   8   9
光明 __  __  __  __  __  __  __  __  __  黑暗

          1   2   3   4   5   6   7   8   9
工作 __  __  __  __  __  __  __  __  __  玩樂
```

```
        1   2   3   4   5   6   7   8   9
公益 __  __  __  __  __  __  __  __  __ 自私

        1   2   3   4   5   6   7   8   9
成熟 __  __  __  __  __  __  __  __  __ 幼稚

        1   2   3   4   5   6   7   8   9
幸福 __  __  __  __  __  __  __  __  __ 悲哀

        1   2   3   4   5   6   7   8   9
自信 __  __  __  __  __  __  __  __  __ 徬徨

        1   2   3   4   5   6   7   8   9
可靠 __  __  __  __  __  __  __  __  __ 可疑
```

　　這種語意分析技術適合用來試探個人或團體對於某一種教育制度、教育決策、教育現象與教育的事實以及教育的認知、態度或見解。也可以用來比較不同的文化、不同的社群的研究。

三、Q 排列技術

　　Q 排列技術（Q sort technique）是史帝分生（W. Stephenson）所發明應用，使受試者或資料提供者對某一特定的個人或群體、或不同的辦法與措施、不同的教育改革方法進行分等級，亦即對它們作等級性的評量或判斷。它是用來評比態度的一種測量或者一種用來判斷的技術。把與某一個主題有關的命題或項目，分別寫在卡片上，使受試者把卡片分配到他認為適當的等級上。分等級的方法是按「最喜歡」到「最不喜歡」，或「最重要」到「最不重要」，或「最符合」到「最不符

合」，排成九堆到十一堆，亦即九等到十一等。

Q 排列技術

對於大學「教育研究法」的課程內容，到底哪些項目最重要，哪些不重要，請依重要性的差別來排比分類。

教育研究法的內容

研究的基本原理
科學研究的模式
研究假設
研究的理論架構
抽樣策略
資料蒐集的方法
研究計畫
實驗設計
研究的信度
研究的效度
Q 排列技術
語意分析技術
測驗的選擇應用
縱貫研究
橫切研究
因果比較研究
歷史研究
調查問卷研究
詮釋性研究
行動研究
歸納法
演繹法

請擔任「教育研究法」科目的教授們對上列的項目按重要性排列。然後把提供資料的人對每一項目所排列的等級求其集中量數，代表該項目在教育研究法當中所居的地位。這種技術很適合來測量或試探個人對他自己的態度或一群人對某一種事物或制度的共同判斷或集體見解。

四、社會計量技術

　　社會計量技術（sociometry）是莫列諾（J. L. Moreno）所發明的一種技術，用來發現一個團體內，各人之間相互吸引或相互排斥所形成的各種關係。如果我們要了解一個班級裡面各個同學之間互相迎拒的關係，誰是比較得人緣，如眾星拱月；誰受到排斥，誰是孤立者，就可以利用社會計量技術去評量。莫列諾依據實驗研究分析社會關係主要的單位概念有 1.孤立（isolates）；2.配對（pairs）；3.連鎖（chances）；4.三人結合（triangles）；5.星狀結合（stars）。由此等單位可以形成不同的完形，如孤立型、連鎖型、星狀型、網狀型，利用這些完形就可以了解班級的同儕結構。利用這種技術來評量的時候，我們可以要求班級裡面的學生寫出「我最喜歡的同學是誰」；或者是「班上我最好的朋友是誰」的名字，也可以按照喜愛的反面來問，要他們寫出「我最不喜歡的同學是誰」；或者是「最不可能跟我做朋友的人是誰」。對「我最喜歡的同學是誰」或「最不喜歡的人是誰」的回答得到的結果，可以分析出社會關係是一種不可見的團體結構（invisible grouping）；由「我最好的朋友是誰」與「最少跟我作朋友的人是誰」的回答結果，可以分析出可見的團體結構（visible grouping）之社會關係。要學生回答的時候，常限制提名的人數為一人或兩人，最多三人。依據回答的結果就可以算出每個人受歡迎的次數或者

是不受歡迎的次數，依據這個次數可以計量社會關係矩陣（soc-
iometrics），進而繪出社會關係圖（sociogram）。這種社會關
係圖是用在研究班級的同儕團體結構與輔導班級經營等。實例
請見圖 19-1 及圖 19-2。

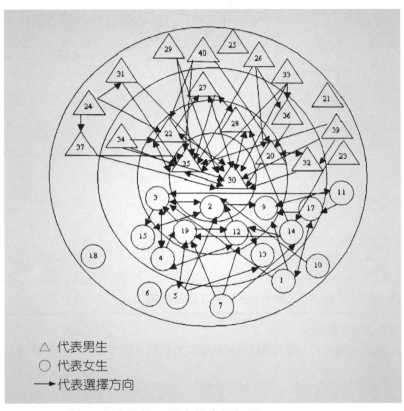

△ 代表男生
○ 代表女生
➜ 代表選擇方向

圖 19-1　Ｔ校 A 班喜歡的同學之社會關係圖

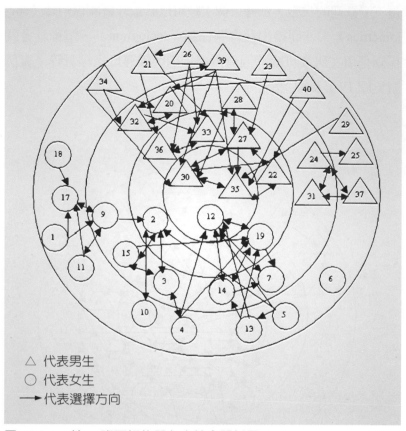

△ 代表男生
○ 代表女生
→ 代表選擇方向

圖 19-2　T 校 A 班要好的朋友之社會關係圖

資料出處：摘引自
許雅嵐（2002）。國中同儕班級團體互動研究。碩士論文，103，105。

20 研究報告的格式、體例與其評鑑

本章綱要 ✓

各種研究方法的研究結果要如何表達，才能使它可以與學術社群的學者溝通、分享、與討論，以利進一步的研究；也使它能夠用來解決實際的問題，與社會分享研究的成果俾便利用厚生，這也是研究上必須學習的問題。辛辛苦苦研究得到的結果，總希望表達得成功，使人容易且正確地了解、激賞與應用。所以需要能夠以最精確、最方便且大家最能接受的方式來表達為最佳。把研究結果整理並報導出來本無一定的方法，個人可以用自己的方法來表達。不過，長期以來，學術界由於經驗的累積已經形成一套格式與體例。研究者如果能夠熟悉這套格式，遵守這套體例來表達將事半功倍，更能夠有效的溝通，更便於討論，也更能夠達到研究與實用的目的。本一章也將把這套格式與體例提供給讀者參考。

第一節　參考文獻的寫法

　　教育研究探討教育的問題，或解決教育的問題，都需要利用到現有的文獻才能了解過去的學者對這個題目相關的領域已經完成的研究或正在進行的研究有多少？進行到什麼程度？已經發現什麼？未發現的是什麼？中間模糊的地帶是什麼？過去利用什麼方法或技術研究？哪一些比較合用？哪一些比較不合用？用這種方法與用別的方法所得到的結果有什麼異同？其長短得失如何？我們所要作的研究採取哪一種方法比較得當？研究的重點要放在哪裡？可能回答什麼問題？或解決什麼問題？所以文獻的蒐集與探討是進行研究不可或缺的首要步驟，無論是論述的分析或者是實徵的研究，無論是量化的研究或質性的研究，無論採取上面哪一種研究方法，對於文獻的蒐集與探討

都一樣需要。文獻如何引用？如何表達方為適當？有名的學術期刊或學會已建立一套體例格式要求所有的會員，或者是投稿該學會所出版刊物的人共同依循。本節依美國心理學會（American Psychological Association；APA）所建立的體例格式介紹於後，供讀者參考應用。

一、圖書類

類型 1 一位作者的著作

林生傳（1988）。**新教學理論與策略**。台北：五南。

Anastasi, A. (1990). *Psychological testing* (6th ed.). New York: Macmillan.

Black, T. R. (1999). *Doing quantitative research in the social science.* London: Sage.

類型 2 兩位作者的著作

黃光雄、蔡清田（1999）。**課程理論與實際**。台北：五南。

Anderson, H.A. & Koutnik, P.G. (1972). *Toward more effective science instruction in secondary education.* New York: Macmillan.

Best, W. J. & Kahn, V. J. (1998). *Research in education* (8th ed.) . Boston: Allyn and Bacon.

類型 3 編輯的書本

林生傳（主編）（1999）。**教育心理學**。台北：五南。

楊國樞、文崇一、吳聰賢、李亦園（主編）（1978）。**社會及行為科學研究法**。台北：東華。

Blalock, H.M. (Ed.). (1975). *Measurement in the social science: Theories and strategies.* London: Macmillan.

Gibbs, J. T., & Huang, L. N. (Eds.). (1991). *Children of color: Psychological interventions with minority youth.* San Francisco: Jossey-Bass.

類型 4 政府或民間組織為作者

國立編譯館主編（2000）。**教育大辭書**。台北：教育部國立編譯館。

Australian Bureau of Statistics. (1991). *Estimated resident population by age and sex in statistical local areas, New South Wales, June 1990* (No. 3209.1). Canberra, Australian Capital Territory: Author.

• 依機關團體組織作者頭銜第一個字（不含虛字或冠詞）的字母（英文）或筆畫（中文）來排列順序。

類型 5 參引編輯書中的文章和一章時

林生傳（1992）。國民中學畢業生自學方案對高級中學教育的效應。輯於中國教育學會主編：**二十一世紀的高級中等教育**。台北：台灣書店，169-188。

Clifford, G. J. (1973). A history of the impact of research on teaching. In R. M. W. Travers (Ed.), *Second handbook of research on teaching* (1-46). Chicago: Rand Mcnalty.

Kenny, M. (1996). Research genres in teacher education. In F.B. Murray (Ed.), *The teacher educators' handbook* (120-152). San Francisco: Jossey-Bass.

類型 6 再版的書

林生傳（2000）。**教育社會學**（修訂三版）。台北市：巨流。

Patton, M.Q. (1990). *Qualitative evaluation and research methods* (2nd ed.). Newbury Park, C.A.: Sage.

類型 7 外文書的中文譯本

王明傑、陳玉玲編譯（1999）。美國心理學會（American Psychological Association）出版。**美國心理學會出版手冊**（中譯二版）（Publication manual of the American Psychological Association, 4th ed.）。台北市：雙葉。

類型 8 百科全書或字典

國立編譯館（主編）、賈馥茗（總編輯）（2000）。**教育大辭書**。台北市：國立編譯館。

Sadie, S.(Ed.). (1980). *The new Grove dictionary of music and musicians* (6th ed., Vols. 1-20). London: Macmillan.

• 對於由一個大的編輯委員會完成的主要參考作品，你可以只列出領導的編輯者姓名。

二、期刊類

類型 9 一位作者的期刊文章

林生傳（2000）。新世紀教師行動研究的定位與實踐機略。**教育學刊**，**16**，1-32。

Beach, M. (1969). History of education. *Review of Education Research, 39,* 561-576.

Cruishank (1981). Reflective teaching as a strategy for teacher growth. *Education Leadership, 38*(7), 553-554.

類型 10 兩位作者的期刊文章，且期刊按每一期重新編頁數

林生傳、呂錘卿（2001）。國民小學教師專業成長指標及現況之研究。**教育學刊**，**17**，45-64。

Ben-Perety, M. & Kremen-Hayon, L. (1990). The contender and context of professional dilemmas encountered by nervure and senior teachers. *Educational Review, 42*(1), 31-40.

Klimoski, R., & Palmer, S. (1993). The ADA and the hiring process in organizations. *Consulting Psychology Journal: Practive and Research, 45*(2), 10-36.

類型 11 3～5 位作者的期刊文章

林生傳、陳慧芬、黃文三（2001）。國民教育階段教師在教育改革政策下的專業成長需求調查研究：以九年一貫課程及教育鬆綁為例。**教育學刊**，**17**，23-44。

Borman, W. C., Hanson, M. A. , Oppler, S. H. , Pulakos, E. D., &

White, L. A. (1993). Role of early supervisory experience in supervisor performance. *Journal of Applied Psychology, 78,* 443-449.

Katz, J., Aspden, P. & Reich, W. A. (1997). Public attitudes towards voice-based messaging technologies in the United States: A national survey of opinions about voice response units and telephone answering machines. *Behaviour & Information Technology, 16*(3), 125-144.

類型 12 付梓中的期刊文章

林生傳（付印中）。運用學校本位及機制推動教學創新之探討。台灣師大教育研究集刊。

Zuckerman, M., & Kieffer, S. C. (in press). Race differences in facism: Does facial prominence imply dominance? *Journal of Personality and Social Psychology.*

- 文章已經審查同意接受，在未出版前，不要寫出年代、卷數或頁數。在本文中，使用下列圓括號的引證：（Zuckerman & Kieffer, in press）。

- 「付梓中」的條目列在「已出版」的條目之後；若付梓的條目不只一個時，則依出版年代之後的「第一個字母的順序」（英文）或依姓氏筆畫順序排列條目順序。

類型 13 一般雜誌文章

林生傳（1978）。都市化中社會結構的變化與子女教養問題。
　　台灣教育，**336**，47-53。

Posner, M. I. (1993, October 29). Seeing the mind. *Science, 262,*
　　673-674.

• 寫出印在出版物上的出版日期——月刊寫出月，週刊寫出月和日。

類型 14 年刊

林生傳（1997）。我國學生概念發展的水準與特徵研究。**教育
　　學刊**，**13**，47-82。

Black, T. R. (1987). A discrimination index for criterion-referenced
　　test items. *British Journal of Educational Psychology, 57,*
　　380-388.

三、其他

類型 15 引徵的研究著作是來自第二手資料（如在 Jean
　　Cheng Gorman 等人的文章中引證由 Johnson 和 Walker 所做
　　的研究）。

Johnson, D.L., & Walker, T. (1987). Primary prevention of behavior
　　problems in Mexican-American children. *American. Journal
　　of Community Psychology, 15*(4), 375-385. Jean Cheng Gor-
　　man & Lawrence Balter (1997) Culturally sensitive parent
　　education: A critical review of quantitative research. *Review
　　of Educational Research, 67*(3), 339-369.

類型 16 百科全書中的條目

> 林生傳（2000）。教師專業社會化。收於國立編譯館主編：**教育大辭書（七）**（頁 231）。台北：文景。

類型 17 科技和研究報告

> 林生傳（1994）。**概念學習與發展的階次理論模式研究**。國科會專題研究報告（NSC-0301-H-017-005）。
>
> White, W.J. (1998). Research report on the use and effectiveness of accommodations for adults with disabilities in adult education centers. (ERIC Document ED 418531)
>
> Levin, H. M. (1991). Building school capacity for effective teacher empowerment: Applications to elementary schools with at-risk students. Consortium for Policy Research in Education. CPRE Research Report Series RR-019.

類型 18 在會議中未出版的報告

> 林生傳（1997）。**國民教育常態編班與因材施教─個別化教學的策略設計與應用**。發表於 1998, 4, 22/23。「海峽兩岸教材教法研討會」，於台南師院。
>
> 林生傳（2000）。**新世紀教師行動研究的定位與實踐**。發表於 2000, 3, 31-4, 1。「海峽兩岸師範教育學術研討會」，於大陸重慶市華中師範大學。
>
> Shulman, L. S. (1992). *Portfolios for teacher educators: A component of reflective teacher education.* Paper presented at the Annual Meeting of the American Educational Research Association, San Francisco.

類型 19 從大學取得的博士論文，並已摘錄於「國際博士論文摘要」（DAI）中。

Lafferty, B. D. (1988). Investigation of a leadership development program: An empirical investigation of a leadership development program. (Doctoral Dissertation, George Washington University, 1998), *Dissertation Abstracts International, 59* (03), 691A. (AAC 9826782 Pro-Quest Dissertation Abstract).

Moddeman, Gail R. (2000). Factors influencing the postoperative pain experience of adult females. *Dissertation Abstracts International, 61-07B,* 3510.

類型 20 未出版的博士論文

郭丁熒（1994）。我國國民小學教師角色知覺發展之研究。國立高雄師範大學教育研究所博士論文，未出版。

Clark, B. J. (1996). *A constant comparative analysis of reflective practice, collegial interaction, and school culture: toward a developmental approach for the professional growth of teachers.* Unpublished doctoral dissertation, Northern Illinois University.

類型 21 書的評論

詹悟（2002）。人道主義者的心聲—評介李家同《讓高牆倒下吧》〔書評：讓高牆倒下吧〕。書評，58。檢索日期：90.09.09。取自 http:// public1.ptl.edu.tw/publish/ bookevlu/58/ content.htm.

類型 22　網際網路資料來源（On-line Sources）

> 李俊湖（2001, October 9）。九年一貫課程與教師專業發展策
> 　略。取自 http://140.111.1.12/primary/society/ks_ck/nine/n5.
> 　htmy
> AT&T Virtual Classroom. (1998, September 15). [Online]. Avail-
> 　able: 2002.12.6. http://www.vc.attjens.co.jp.

類型 23　一般就能取得的線上期刊

> 洪鎌德（1991）。全球化下的認同問題。**哲學與文化月刊，**
> 　**339**，689-696。檢索日期：91.09.09。取自 http://mails.fju.
> 　edu.tw/~umrpc/chinese.html。
> Bigelow, B. (2002). Social studies Standards for What? *Rethinking*
> 　*schools, 16*(4). [Online], Available: 2002.12.6. http://www.re-
> 　thinkingschools.org/Archives/16_04/Soc164.htm

第二節　研究報告的撰寫格式

　　一個學者將研究的結果發表出來，才有機會讓學術界評鑑並與之分享，藉以證實自己的研究能力是否已臻於某一學位水準，或提供給社會利用參考。所以研究報告的撰寫是一個研究者必需的素養之一。研究的過程很辛苦，所得的結果也很珍貴，藉著研究報告才能夠把研究的過程與結果忠實地表達出來，才能夠達到研究的目的，研究報告寫得不夠好，可能使研究功虧一簣。

一、研究報告撰寫的通則

撰寫研究報告有幾項通則可以做為撰寫的參考：

1. 研究報告的撰寫，第一要求表達真確。由於研究是一個求真的過程，而不是求美的過程，無論敘述、說明、分析與歸納，力求表達清楚、忠實描述、分析正確、用字遣詞力求精準不要誇張。

2. 力求公正嚴明。保持客觀中性立場，排除預設的立場，有幾分證據說幾分話，不宜利用情緒性的文辭，故撰寫者要以第三人稱出現，不宜用第一人稱，文內引述學者不管是名家或學者均不必加頭銜。

3. 研究報告要針對研究計畫來撰述。把研究所蒐集到的事實資料，針對研究的目的，提供足夠的細節作詳盡的報告。

4. 研究報告要把研究的方法、過程、應該有的基本資料詳述清楚，以利評估，便於學者可以複製、檢驗或查核。

5. 研究報告要合乎邏輯結構，前後呼應。如研究發現與問題、討論與文獻探討應互相對應。

6. 研究報告要針對報告的對象考量撰寫為不同的方式，或是學位論文，或是專題研究報告，或是期刊論文，或者是研討會論文等，均應針對不同的要求來撰寫。

7. 研究報告要在研究完成後立即進行，不要拖延太久的時間，以免遺忘重要資料。

8. 撰寫研究報告之前先規畫報告的內容結構大綱，避免顧此失彼前後矛盾，使內容能夠更為周延。

二、研究報告的結構

　　一篇完整的研究報告通常由三部分組成：*1.* 報告前置資料（front matters）或標題頁（title page）；*2.* 本文（main body）；*3.*附錄（references & appendices）。前置資料或標題頁通常包括研究的題目、序言、銘謝詞、摘要、目次、圖次。本文包括緒論、文獻探討、研究方法與程序、研究結果與討論、結論與建議、附註、參考書目。附錄視需要而決定包括哪些項目。

　　表列如下：

㈠研究報告的結構

*1.*標題頁或前置資料
　⑴研究的題目
　⑵序言
　⑶銘謝詞
　⑷摘要
　⑸目次
　⑹圖次
*2.*本文
　⑴緒論
　⑵文獻探討
　⑶研究方法與程序
　⑷研究結果與討論
　⑸結論與建議
　附註
　參考書目
*3.*附錄

不過由於研究報告的功用不同，形式也不盡相同。滿足學位用的碩士論文、博士論文通常要求顯示研究者確實走過並熟悉整個的研究過程，已能夠從事研究，足以成為一個學術界的學者。因此，對博、碩士論文的要求較為嚴格，所提出論文須較為詳盡，分的細目較多，長度較長，且冠以章節，其他尚須滿足各大學校院研究所的特殊要求與規定的格式。至於登在期刊的論文，由於篇幅的限制，盡量要求精簡濃縮，只要能夠交代清楚是用什麼方法與程序來研究即可，其重點放在研究所得的結果，尤其要能夠把新的發現，提供給學術界分享與參考。至於文獻探討的部分，由於學術界同仁都已熟悉，盡量求其精簡，常與緒論部分合併，前置資料應盡求簡單以節省篇幅。

(二)**學位論文的格式**

壹、前置資料
　　一、封面
　　二、認證頁
　　三、序言
　　四、銘謝詞
　　五、摘要及關鍵詞
　　六、目次
　　七、圖次
貳、本文
第一章　緒論
　　第一節　研究問題與背景
　　第二節　研究的重要性
　　第三節　研究的目的
　　第四節　研究假設或／與待答問題
（必要時可移到第二章最後一節或第三章第一節）

㈢學術刊物論文格式

> 壹、標題頁
>
>   一、標題
>
>   二、作者姓名與學術頭銜
>
>   三、專職單位
>
> 貳、摘要及關鍵詞
>
> 參、緒論
>
>   一、研究問題
>
>   二、背景與文獻探討
>
>   三、研究目的與研究假設或待答問題
>
> 肆、方法
>
>   一、研究樣本
>
>   二、研究工具
>
>   三、實施方法
>
> 伍、結果
>
>   一、研究結果數據表格呈現
>
>   二、研究結果的分析與討論
>
> 陸、結論與建議
>
> 柒、參考書目
>
> 捌、附錄（必要時）

第三節　研究報告的寫作要領

一、文前及文後資料的撰寫

有關研究報告前置資料、學位論文要求最為詳盡，包括題目、謝詞、認證頁、論文內容、目次、表次、圖次及論文摘要，一般期刊無須認證頁，謝詞有無悉便。題目無論是哪一種，題目必須包含所研究的重要變項或概念，且須能明示其間的關係，讓讀者一看即能知道研究的主題及可能的方法，長度盡求精簡，必要時可加副標題，如：「現代核心家庭父母角色的扮演及其與子女行為適應的關係」、「實習教師的困擾與輔導之研究」、「我國公立高中升學率分配之成因與預測」、「設計社會領域之統整課程的行動研究 — XX 國中的個案分析」等。

其次，有關銘謝詞在期刊上如果必要有，通常以附註的方式在頁首頁末利用數行或在文章的最末尾來作簡單的陳述。至於在學位論文常常花一頁左右的篇幅對於指導教授、口考委員、曾經幫助你的師長、親友作由衷的感謝，篇幅也不要太多，不宜超過兩頁。在這一部分可以寫有關抒情與記述的言詞，內容要真實，態度要誠懇。

有關附錄部分可視需要來撰寫，必要時可分附錄一、附錄二、附錄三等等來分別陳述，通常將不便在本文之內撰述的部分，包括研究工具、原始資料、統計圖表、開會記錄資料、邀請函、催函、書信函件等等在附錄上呈現出來。

摘要及關鍵詞是正式論文必備的前置資料，無論是登在學術刊物的文章、學位論文或者是要在研討會發表的文章均無例外，一篇論文或研究報告，長者數十萬字，短則數千字，讀者很難在一兩分鐘之內看出它的重要意義與內容。摘要是為方便讀者蒐集與研讀資料而設計的，讓他們在短短時間之內即能看出該篇報告的梗概。故摘要的撰述必須力求簡短，通常在學術刊物常限制在兩、三百字之內；學位論文最多也以一面，約一千字為限，外文限在約兩千個字母之內。在這樣有限篇幅之內，作者必須把研究的問題、研究的目的、研究的方法、研究工具、樣本及抽樣方法、實驗設計、資料分析方法及研究的結果、結論盡求精簡扼要地呈現出來，讓讀者一目了然，決定是否進一步研讀本文。以下舉實例一二供參考。

摘要實例一

大學文化與教育學程的教學研析

林生傳

摘要

基於教育學程為依據「師資培育法」與「大學教育學程設置標準」甫設置於大學校院的制度，本研究擬探討各大學如何接受含融教育學程於其傳統與組織文化裡面的實況，及其對教育學程教學所發生的影響。兼顧量化與質性研究典範，採用訪視晤談、文件資料分析、電子媒體動態資料分析及問卷調查，交叉驗證。共訪視十四所大學教育學程，並對各校教育學程第二年學生共四百八十位實施問卷，所得資料，先作質性的論述分析外，並利用 ANOVA、MANOVA、PATH ANALYSIS 作量的統計分析。結果發現各大學由於文化的差異，對教育學程如

何設置及運作發生有相當的作用。在大學校園裡面，文化因素決定教育學程的教師人力配置、教師地位與權力、教學環境的布置、上課時間場所的安排、教育學程與主修課程之競值衝突、對學生選修教育學程的態度等，從而影響教育學程教學的實施及教學效果。因此，欲求教育學程有效，必先致力大學校園教育專業文化的建設，並精緻化教育學程的經營，以質取勝，而在量的擴充方面採取較為保守的策略。

關鍵詞：教育學程、大學文化、組織文化、師資培育教學
pedagogical program; university culture; organizational culture;
pedagogical teaching

資料來源：摘錄自林生傳（1997b）。國立台灣師大教育研究中心編：教育研究資訊雙月刊，6（5），1-20。

摘要實例二

高中生大學聯考分數的預測分析

林生傳

本研究旨在實證預測我國高級中學畢業生大學聯考分之高低變異，以了解高級中學教育成就情形及其決定因素。除利用教育部提供之八十一、八十學年度聯考相關資料外，並按公立高中升學率高、中、低分層，抽選樣本，計三十校，九十班，計3775人，利用自編之「高級中學升學功能相關因素調查表」與「高中學生升學相關資料問卷」分別蒐集到學校與個別學生之資料，依據理論模式，作相關分析、變異數分析、及結構性迴歸分析。結果發現：學生聯考分數高低，可以由學生個人、家庭、及學校各方面的變因加以預測。比較各種預測分析，學校方面變因之預測作用最大，學生次之，家庭再次之，與外國

的發現迥然不同。在學校特性因素中，物質資源分配並非重要因素。學校歷史、文化、傳統、地區、師資，與學校政策及作法為主要的決定因素。綜此，本研究理論架構得到證實。

關鍵詞彙：大學聯考，學校成就，學校效能，學校文化，教育機會均等。

資料出處：林生傳（1995c）。高中生大學聯考分數的預測分析。教育學刊，11，51-72。

二、研究報告本文的撰寫要領

研究報告的本文包括緒論、文獻探討、研究方法、結果與討論、結論與建議及參考書目等。

㈠緒論與文獻探討

緒論的部分在描述這個研究在研究什麼問題，並說明為什麼要研究這個問題，使讀者認同你所做的研究的價值，並了解你研究的方向。所以撰寫緒論的時候，通常由研究問題的發生背景勾勒出這個題目使它浮現出來。另一種寫法是開門見山，直陳研究什麼題目及要旨、重點，然後描述其問題的來龍去脈，進一步說明這個題目的重要性。如果是一個學術性的題目可能是已經有理論但是缺乏實際的驗證，有必要進一步在我們的教育情境與社會文化環境裡面蒐集資料來印證這個理論。也有可能是過去的一些實證研究或論述，迭有出入，常見不同的結論，有必要進一步去探討。但如果是一個實際待解決的教育問題，則應指陳研究可能幫助問題的解決，如對於九年一貫課程，教師不知從何著手編製統整課程、進行統合式的領域教學，這個研究將透過有系統的客觀方法，了解問題的癥結並提

出有效的解決途徑，以供教育界實際參考；必要時還可指陳不能解決所帶來的威脅性，例如教評會的組織運作、家長參與學校決策所引發的爭端造成學校的派系等時有所聞的問題，先進國家運作的情況及本國學者專家、教育基層人員共同的看法與企求亟待了解，閱讀本篇報告必有助於這個問題的解決，倘不及時進行，錯失必感可惜。有時候亦可陳述過去的研究如何嘗試探討或解決此一問題，但至今尚未能得到滿意的結果，有必要由本研究進一步去探討，甚至可以指陳過去研究的不足與缺失，並說明進一步研究的必要性與可行性。一般來說，學術性的題目要把這個研究要研究什麼，及為什麼要研究說明清楚，取得讀者的贊同並引起他們閱讀的興趣，就是踏出溝通、分享與討論的第一步了。

接著下來說明研究的重心、研究的目的，乃是把研究什麼及為什麼研究更具體化，引導研究的方向並提示讀者閱讀的重點。研究的目的通常先作一般性的說明，概括性的提示研究的目的，然後再以比較具體的方式分項臚述其目標。分項的目標應有層次與邏輯順序。在緒論的地方，如有必要，可提出名詞的釋義與研究的範圍及限制。由於題目及研究目的所涵蓋的概念，可能不同的學者或學派有不同的見解與意義，常須先作解釋定義，才能使後面的陳述順暢明確，讓讀者理解容易，認識清晰。不過，在此的名詞釋義與研究假設之後的名詞界說不相同，在此的名詞釋義，常常是對研究題目與研究目的所涵蓋的名詞為限，所作釋義著重於概念型的界說，至於操作型的界說應留在文獻探討與研究假設之後來提示，讀者才易明白。

文獻探討部分，前面已有專章說明介紹，請讀者參考前面所述要領，在此不再特別贅述。文獻探討的用意在為本研究建立理論的基礎，對於所蒐集到的資料應作篩選，沒有直接相關的文獻應予以割捨，避免文獻的部分佔掉太多的篇幅，顯得本

末倒置。文獻探討的撰述不應流於鋪陳堆砌以致臃腫不堪。研究報告的文獻探討與教科書的寫法不同，教科書可以把不同的理論文獻一併陳述，讓讀者閱讀，一一認識各種不同理論；研究報告的文獻探討是為本研究建立其理據，並提示研究設計的參考，指出本研究的必要性。所以在撰寫時必須以此等要領為準則，篩選不必要的文獻，對於不同的說法與發現作比較、探討、歸納、分析；對於不完美的研究正可提供借鑒，指出本研究的重點與必要，所以，文獻探討的最後不應是結論，而是對本研究的啟示。

而文獻探討到底獨立成為一章或合併於緒論，應看研究的性質、文獻的多寡及研究報告的性質而作不同的安排。學術性的題目往往需要較多的文獻探討與理論依據，所以常常需要獨立成章作文獻探討；學位的論文因屬較具學術取向的題目，研究所要求研究生博覽群書，因此，學位論文文獻探討部分亦應另闢專章呈現，有時候甚至必須分成兩章或三章來探討。實務取向的題目、政策取向的題目，文獻資料不多、問題方向很明白、所要探討的問題也很明確，往往不需要另闢專章來探討，合併在緒論即可。對於投稿學術性刊物的研究報告或論文限於篇幅，通常要求併於緒論陳述。發表於學術研討會的論文與報告，研究的方法程序以結果為主，文獻探討亦可考慮合併於緒論。

緒論實例一

大學文化與教育學程的教學研析

林生傳

壹、緒論

大學組織除綿延大學傳統的精神與功能外，一所大學組織

創辦者的哲學理念及其領導，大學與國家政治、經濟的關係，大學之科系結構，大學的學術發展取向，教師的特質及學生的素質及大學行政人員的特性，大學的課程特色，大學所處的社區與環境設計，大學的教學環境及設備，大學的標幟及符號等，以及大學成員的認知及互動的過程與結果，使各所大學形成不同的組織文化。

今各大學增設教育學程是一新的制度，學生雖然大表歡迎，卻事出突然，在學校來說是全新的設置，未必能很快地融合於學校組織文化模式之中。參證於先進國家的經驗，教育學程是較為新鮮奇特的課程，欲求有效實施，則有待組織文化的融合與調適。且因大學是一個多元次文化的組織，理工科與人文社會學科對於教育學程的文化之接受也會有本質的不同與工具上調適的差異；各學系政策不同，是否歡迎學生選修教育學程也有正反兩面不同的作法與程度的差別。新聘教育學程教師與一般學系教師，是否存有教育專業文化與學術專門取向文化的衝突，某種程度以上的衝突與競值，可能影響教育學程的教學。凡此皆有待探討。

基於此，本文擬由大學文化的觀點探討教育學程設置運作及其教學的效果，以確保多元化所以能提升教育的專業化，其主要目的包括：

第一、調查並詮釋教育學程運作的文化因素。

第二、探討文化因素如何影響教育學程教學的實施。

教育學程仍在摸索且不斷在成長的階段，所以除了定時訪視及參考靜態資料外，並利用網路蒐集資料，長達四個月。故本研究的教育學程資料只限於該特定時間內的真相。有些教育學程日新月異，「現在」實況不一定符合本研究所稱之「現況」。惟本研究目的在求其成敗優劣之道，而非比較高低，這種不一致並不影響本研究的結果與價值。

資料來源：摘錄自林生傳（1997b）。教育研究資訊雙月刊，6（5），1-20。

中等教育階層化之研究——高級中學升學率
之實徵分析與探討

林生傳

第一章　緒論

　　本研究目的在實徵台灣地區高級中學階層化的真相，並試探其特性，探求其成因，作為健全應對的態度及形成政策的參考。高級中學教育，按現行「高級中學法」第一條之規定，為研究學術及學習專門知能之預備教育。升學準備教育與學術準備教育固非同一概念，但在現行制度實際運作之下，能否進入大學從事學術研究與學習專門知能，取決於能否順利考上大學，因此，升學率自然成為高中教育的效標，而高中的好壞評價也以此為準繩，同時更據以等級排序構成階層化。所以無論學生家長，教育行政當局，與學者專家不能不正視各校升學率的高低及其相關因素的問題。

　　長久以來，學生在家長的期望與督促下孜孜不倦，日以繼夜，競相爭取考進升學率高的明星高中，期能順利考上大學。於是高級中學由於升學率的高低分出明星高中與非明星高中，分出一流高中、二流高中，還是不入流的高中。以致今日國民中學畢業生雖然升學率已達到86.09%（教育部，民八一）；在許多地區高中、職及五專學校容納量已超過國中畢業生數；但升學競爭依舊。家長、學生並非沒有高級中學學校入學的機會，而是志在競逐高升學率的明星高中。此一現象已經根深蒂固，社會也習以為常。

　　自民國七十八學年度起，教育部為減輕升學壓力，本欲延長十二年國教，受制於壓力，乃辦「國中畢業生自願就學輔導

方案」，擬廢除高中入學聯考，改按國中學生在校五育成績轉換為「五分制記分法」來分發；但引發爭論不斷，造成相當大的震撼，最後不得不緊急踩煞車，維持適度規模的試辦。各方意見固有許多，然而，咸認此一方案無濟於事，且製造更多問題，其基本的原因是各高中水準相差懸殊，以致無論維持聯考或改按在校成績分發，既顯然以少數明星高中為競逐目標，升學壓力必依然存在。為此，更凸顯高中教育階層化的現象，並激化對此一現象的非議與批評。教育行政當局亟欲改造高中生態結構，試圖降低高中入學聯考試題的鑑別度，藉以模糊高中之優劣區別；擬採化整為零，以組群分化目前大聯招區，來打破大明星高中，消除高中之高低層次結構。此等作法是否正確？各利益團體與壓力團體對此等作法與理念也有相當多的爭議，不易即時得到一致的答案。

唯值得注意的是，世界各國有意製造新的或維持舊的教育階層化，以激勵校際競爭者亦所在多有。

英國即是一個例子。英國邇來「綜合中學」已成為中等教育階段學校的主要類型，「一九八八年的教育改革法案」（Education Reform Act 1988）為了迎合工商社會競爭的本質，准予家長選擇學校權利，藉校際競爭來提高教育品質。規定在七、十一、十四、十六歲時舉行評鑑，特別成立「學校考評委員會」（School Examination Asessment Council），利用專家編製的標準評量工具來測量學生學業，作為評鑑教學績效的依據。各學校必須將評鑑成績公布，提供資訊作為家長及學生選擇學校的依據，不得隱密資料，蒙騙家長、學生。這種作法顯然是意在催促學校間階層化。

美國邇來因為學生學業成績逐年低落，深以為憂，並認為是經濟力衰退的主因，欲救國家從危機中出來，必須追求卓越（excellence），探討學校效能（school effectiveness）及「生產

力」（productivity），對「有效學校」（effective school）特別重視而加以研究如何能有效，如何會「鶴立雞群」，作為各校的楷模。

　　台灣地區目前以高中教育階層化為憂，認為明星高中是升學壓力之禍首，亟欲打壓明星高中，擬採非常政策來緩和，甚至消除高中教育之階層化；反之，英美教育先進國家卻正在催化或加劇高中之階層化，對有效學校敬佩至極並鼓勵大家多多效法，以追求「卓越」。何者為正確？何者為錯誤？頗堪玩味，也頗值得學者專家研究參考。

　　在自然界，許多自然演進的結果皆有其階層化（stratification），如生物的特性，地質長期變化的結果，自然層理，渾然形成，階層化實在難以避免。唯階層化，從量來說，階層化之程度如何為最適當量，就是問題。在社會人文界而言，階層化亦不可避免，在量的方面來說，當然追求最適當量；唯質的問題比量的問題更值得注意，何種性質的階層化為可接受，何種性質的階層化最為人所詬病。社會學者可以分析各不同發展階段的社會，其階層化的程度及性質皆有不同的類型，也可以從不同的論點來分析階層化的功能性質及原因。此種模式可為參考以理解思索高中教育階層化的現象及其對策。

　　台灣地區高中教育階層化的現象，無論校際間或個人間的變異，是因應功能之所需？抑或符應資源分配不均之結構？是制度性的安置？抑或人心互相激盪的結果？是學校內部經營之優劣致成？抑或受制外在社會壓力所造成？是行政當局偏倚分配資源促成？抑屬優勝劣敗，自然通則的運用？是潛能蘊藏之自然分配？抑或開發順序先後所致？是策略運用的成果？還是技巧運用的意外效應？是長久以來，「列祖列宗」慘澹經營的成果？還是可以立即塑成？如是屬自然演進者，屬長期辛苦耕耘的成果，而非屬來自行政當局偏倚的政策者，也不是由於資

源分配的不合理造成者,更不是權勢的衝突造成者,則階層化之現象有其存在的理由,不急於短期內凸顯它,並試圖以急進手段設法去打壓高階層學校,甚至亟欲消除之而為快。

因此,本研究擬採實徵分析的方式,蒐集客觀的資料,利用各項分析的方法與技術對台灣地區高中教育的階層化現象作一有系統的統整性的研究,其具體目的包括:

第一、了解高中升學率的分布情形及其形成的階層化之類型與特徵。

第二、比較高、中、低不同階層的高中之特性的差異。

第三、探討各校升學率變異之形成因素。

第四、試探高級中學在階層化結構中其升學率高低以特定變因預測的可能性。

第五、研究個別學生升學成敗之因素並試作預測。

第六、驗證高級中學教育階層化的因果模式。

第七、據以探討對高中階層化應持有之正確態度及應採的可行策略。

資料來源:摘取自林生傳(1993a)。中等教育階層化之研究——高級中學升學率之實徵分析與探討。行政院國科會專題報告。

(二)研究方法與程序

研究方法與程序部分包括研究對象、研究工具、研究架構、研究設計、研究流程與程序、資料蒐集與資料分析等。研究如何進行、循什麼程序、哪些人參與、如何獲得可靠的資料、如何利用所蒐集到的資料來驗證假設或回答問題等,均須在這部分詳細地寫出來,俾能獲得學術界的認可。對此一研究的研究方法與程序,如果學者有所懷疑或感興趣,必要時亦可依循同樣的方法來驗證,所以說明記述要清楚明白,以示對學

術社群負責。如為學位論文，在這一部分撰述要更為詳細清楚；登在投稿期刊的論文，由於篇幅所限，這一部分可以盡求精簡，有時候還特別以較小字體刊登。

由於所採用的研究方法不同，這一部分的寫法也不盡相同，常需要作必要的調整。採用調查研究法，這一部分要特別著重在調查的標的群體及如何抽樣，採取什麼抽樣策略，構成什麼樣的樣本，樣本的結構如何，故調查樣本足以代表標的群體。其次，對於問卷如何設計，調查內容的選擇與設計，如何寄發問卷，如何催收問卷，以提高回收率，均要一一敘述清楚。如果採用實驗研究法，這一部分要特別重視實驗的設計，如何控制與排除干擾變項的影響，如何安排實驗處理，必要時對實驗處理需要建立建構效度，如：研究者設計一種新的教學法作為實驗處理的變項，須先檢驗所設計的教學法是否符合理論上的建構；實驗對象如何選擇、分派，是否符合隨機原則，均要一一說明。參與實驗的人員，如何熟悉實驗的處理與過程，實驗的過程有無特殊的事件發生，樣本有無流失，也均須一併說明。

至於質性研究則要詳細描述如何獲得參與者，如參與學校、班級、教師、學生的同意，並且要描述參與者的背景、環境、氣氛等等相關的因素，為什麼選擇此一參與者，是考量哪些因素？質性研究的參與者常為少數一兩個，所選擇的是為代表性的、極端性的或其他性質的，均必要說明。開始研究的時候，如何進入現場，如何與參與者形成一定的關係，研究者扮演什麼樣的角色，在整個研究過程中，研究者與參與者的關係與角色互動有無改變，為什麼及如何改變；利用哪些方式蒐集資料，所得資料何記錄、轉錄、編碼、歸類，如何依據這些資料來做詮釋性的分析，依據或參考什麼樣的典範與理論。這些，也都不能省略。

實證研究當利用到研究工具的時候，要說明為何選擇此一研究工具，此一工具的特性如何，信度、效度、常模如何；如果自己編用研究工具，對編製的理論依據，設計題目，如何進行預試與項目分析；如何建立常模，均要詳細說明，以確保所得的資料正確可靠。

無論量化的研究或質性研究，這一部分必須要說明清楚，俾能讓學術界認定此一研究方法正確、程序嚴密。質性研究常常忽略這一部分的重要性；事實上，在質性研究上，這一部分撰述要更為詳細、深入，其過程也可能更為複雜，撰寫更需下功夫。

(三)研究結果與討論

研究結果與討論有時候合寫為一章，有時候分開為兩章。採前一種方式，是呈現一項研究結果，隨即作討論分析，說明結果所顯示的意義或與理論文獻互相印證，如果不同，立即加以說明或探討分析甚至揣測可能的原因。當研究的主題複雜，包含的研究項目繁多，待答的問題包括的範圍較廣，且性質並非單一，常常採這一種方式，使結果與討論並行，結果與討論穿插進行，比較容易處理。當研究的問題較為單純，待答問題之間關係緊密，皆屬同類性質，則可以採取結果與討論分析分開處理，分別呈現在前後不同的章節。結果的呈現，利用文字客觀地描述，輔以統計圖表，將結果忠實地報告出來；討論的部分，則需要分析、比較、批判、解釋與綜合，對於所得的結果，就不只是依數據資料說明而已，而需要利用想像力、創造力、批判力，來自我對話、與前人對話及與大眾對話。無論結果與討論，均需依待答問題、研究目的、研究假設為架構來進行，分析的時候要針對研究假設，討論的時候要回答待答的問題，如果不能回答而另有發現，必須探討何以如此？本研究的

發現為何不能夠驗證假設，如與前述的文獻不符，原因何在？與研究的對象、研究工具的利用、研究設計，是否有關？本研究是否沒有辦法回答？此一待答問題只有待未來的研究。初學者撰寫研究結果與討論，更須避免千篇一律，宛如在電腦上的換字遊戲，每一段呈現的結果都差不多，只是變換變項名稱與數據而已。

如果是質性研究，結果與分析部分的撰寫更求深入廣泛地進行詮釋的工夫；對於長時間累積下來的資料，需要平時就做立即記錄與歸類，並且利用多種方式所獲得的資料是否互相一致，有無矛盾衝突，是否可互相補充參證，利用三角檢證法（triangulation）來比較檢證，以求正確。此外，還須將資料依其性質分門別類，化零為整，利用較高層次的概念，作為範疇，來加以組織整理。詮釋的時候並須參照研究的典範，依理論模式來做進一步的解釋，使得資料顯示其重要的意義，並據以建立理論。

㈣結論與建議

結論與建議是研究報告中最重要的部分，也是其精華，所以下筆要特別小心謹慎，並須簡明扼要。一般的寫法：先簡述研究的過程，然後依前面討論分析的結果，針對研究目的與待答問題來分項敘述。撰寫的態度要中性客觀，絕不可存有預設立場，置分析結果於不顧，隨便下結論，亦不容許故意誇張，做不確實的結論，縱使無心，亦應防範。例如：前面結果驗證五個假設，只有一個具有顯著性，四個沒有得到顯著的結果，卻遽下結論說研究假設獲得支持，只能說在有關的五個假設中，一個得到支持，四個未得到支持。另外，在結論的部分最好不要再呈現別人的見解，或引用別人的話語作為結論，以顯示研究的原創性，並對研究負責。

在建議的部分，必須依結論作切合題意的建議，不應依常識、時下的風潮或投決策者之所好，在超越本研究的範圍之外，任意作建議。建議部分的撰寫與結論部分的撰寫口氣有別，結論部分要盡求客觀中性，建議部分要表現積極肯定，有時候更可表現出說服、請求的意思。建議部分通常分兩部分，一部分為對教育實際與學術理論內容來建議；另一部分是對未來的研究之方法與技術的建議。前者乃是就本研究的發現與得到的結論，對當前教育的政策、目標、行政、課程、教學、輔導、學校經營，以及對當下學術風潮、思想主流、主題理論等，提出建議，供教育實際決策、教育實際措施與教育學術理論的參考。後一部分乃依本研究過程當中所獲得的經驗，對未來相關研究如何進行，是否改弦易轍，或調整修正，或繼續加強，來提出建議，未來應採取量化研究抑或質性研究，研究工具是否需要修訂或重編，抽樣策略應否改變，資料蒐集的方法尚有哪些更為正確有效的方法可以利用，研究架構應否修訂，如何克服本研究所遭遇的困難，使研究進行更為順利成功等等，均可以在這一部分中肯道出，也是對學術同道的一種貢獻。

第四節 結論與建議的寫法實例

一、期刊論文

教學直導化與學生學習成效的探討

林生傳

主要發現與結論

直導教學本是一種教學式態，也是晚近美國為提高學生學業成績所力倡的教學策略。本研究旨在了解直導教學在我國國民中學社會科及自然科運用的情形、相關因素，並探討其所收的成效如何，並試圖藉以推測學生學業成就的可能性。經作者按直導教學的特性及原理，修訂塔可曼直導式測驗，學習式態配合測驗，在高雄市，抽選三所國中二級 108 班，61 位物理科教師，35 位地理科教師，學生計 304 人，進行研究。所得主要發現如下：

第一、直導教學式態的事實確實存在。不同的教師教學所表現的直導教學式態並不相同。換言之，不同教師的教學常表現出不同與不等的直導化。直導教學的運用不僅因教師而異，在自然科的教學裡面，因班段別而有不同，後段班學生覺知更濃的直導教學色彩。甚至不同學校別，其教學所表現的直導式態也有顯著的差異，無論社會科教學或自然教學皆然。

第二、學生對直導教學的喜愛並不因性別，智商高低別，所屬班段別而有明顯的差異。

第三、教師教學的直導化與學生對直導教學之迎拒的配合程度有很大的變異存在。而且在社會科教學方面，此項配合的好壞因學生班段別而有顯然的差異，性別與學校別的交互作用也顯著存在；在自然科方面，配合好壞的情形並不因性別、班段別、學校別而有顯著差異，但學校別與班段別的交互效應則顯然可見。

第四、直導教學的運用對社會科並無普遍的成效，對自然科的學業成績不僅未有顯著的正面效果，反而有負面效果，愈是高直導化教學下進行學習，學生學業成績越低。

第五、直導教學與學生智力高低有交互作用。本研究發現在社會科的教學中，智力較低層次的學生，在高直導化教學下受益的確較大；反之，高智力層次的學生則受惠於低直導式教學似也較大。但這種交互效應在自然科教學並不顯著。

第六、教師之直導教學與學生對直導教學式態的喜愛有交互效應，在自然科教學方面教師之教學式態與學生對教學式態的喜愛愈配合的，愈有利於統整的科學方法運用能力的增進，但在社會科並不能證實此項效應。

第七、本研究並不能證實直導教學運用之成效與教師別有交互作用的事實，交互作用經證實其顯著存在者十二項分析中只有一個，可說絕少僅有。

第八、以性別、IQ、班段別、教學的直導化，學生對直導教學式態的喜好，直導教學與其他因素的交互作用共同推測國中學生的社會科成績，自然科學習成就，複相關 R 在 .55 至 .68 之間，可以決定 30% 至 45%，非常顯著。

教學直導化，學生對直導教學式態的喜好，及其相互的配合，也可以共同預測學習成就、學業成就至相當顯著的程度。唯若先輸入性別、IQ、班段別、先作推測工作再輸入教學直導化，學生對直導教師式態的喜好，及彼等與其他有關因素的交

互作用等預測變項，則後者所能貢獻的就極為有限了，且絕少具有顯著性。足見由教學的直導化及其與其他因素的交互作用來預測學業成績或學習成就，倒不如由性別、IQ、班段別來作推測。

結論與建議

基於上述主要發現，本研究可獲致若干結論：

教學真有普遍性，但更具有特殊性，不僅是實然，且是應然。直導教學在美國是根據教學過程的科學研究發現，為追求卓越的學業成績，增進學生的學科基本知能而設計的教學策略，也是被鼓勵運用的教學式態，但本研究卻發現我國現在國民中學教學的直導性並未與學生學習成績有正的關係，反而有可能發生負的關係之虞，即足以為證。

其次，直導式教學雖不能普遍增進學生的學習成就，但對某些人的某些學習成就變項，卻有增進其成效的可能。譬如，對於智力層次較低者，以及對於在主觀上偏愛此種教學式態者的社會科成績即有顯著的效果。

復以台灣地區教育數十年來在升學壓力的籠罩之下，教師使出渾身解數，為增進學生學業成績，提高升學率，無所不用其極，美國倡導的直導教學說是能提高學生成績，在本地區並不太可能，這可由多元迴歸分析證實，在學生的性別、智商、班段別之上，教學的直導性並未顯著貢獻於此預測。

據以，為提升教育品質，教學固應不斷追求創新，但在消極方面不可盲目抄襲，對外國的革新教學應了解其發展背景，其特性與功能，才不致落於東施效顰；積極方面，更應根據本國的國情，社會的需求，理想與目標，所能運用的資源，參考他國的革新模式，自己去創新設計，試驗檢討，才能發展出有效的教學。

尤其重要的，因材施教固屬老僧常談，但老僧入定，所言

確是亙古常新，教學者應小心運用各種教學策略與方法，靈活表現教學式態，苟能運用得宜，直導教學的策略、方法可能產生奇妙的效果，各種教學方法也均各有其妙用獨到之處。

此外，值得向以後研究者一提的，本研究採用的是在一般自然狀況下利用調查及測驗蒐集到的資料，進行各種不同共變分析與變異分析，以及階次逐一多元迴歸來統計分析。此項研究尤其重視嘗試不同的統計分析，再加以比較以求合理與正確，應值得仿效。但學者日後研究也值得嘗試實驗法，利用前後測等組設計來進行實驗，看能否有新的發現。

資料來源：摘錄自林生傳（1990）。教學直導化與學生學習成效的探討。教育學刊，**9**，11-46。

二、專題計畫報告

多元師資培育制度下的教學研究

林生傳

結論與建議

各大學依據「師資培育法」，並符應學生的需求，相繼設置培育師資的「教育學程」。由於在各大學這種設置皆屬新創，雖承教育部頒佈「教育學程設置標準」為依據，然而在草創之初，各學程都在嘗試摸索、觀望、徬徨之下建立起「教育學程」，顯得忙亂不堪也熱鬧異常。各校教育學程實況如何？所設教育各學程教學為何？各校有無差異？各教育學程教學差異是如何造成的？本研究乃鑑於此等認識回答此等問題，依據量的研究典範與質的研究典範，利用訪視晤談、文件資料分析及

電子媒體資料的綜合探討做全方位的、有系統的及三角驗證來做客觀的了解，並對其中的關係、影響、因素及機制嘗試作一系列的探討。茲簡述其結論如后：

第一節　結論

一、教育學程的教學表現大體正常

　　對各大學教育學程的教學實況，多數學生尚能接受。對各層面的教學，包括社會化取向教學、技能訓練取向教學、認知取向教學及省思取向教學，學生在問卷上的反應大多數在中等以上程度；在教師的訪談中，教師也表示學生學習用功的表現相當不錯。對於各層面的教學效能信念，學生也多數維持在中等以上程度的信念感，大部分的教師也皆具信心，惟對學程課業的適應困難，尤其由於校園文化的衝突而造成課程競值的衝突，屢見不鮮，教師都感同身受。

二、教育學程的教學與師範校院教育專業課程教學互有長短、各有千秋

　　在現階段，學程學生皆是精選之才，各大學教育學程若與師範大學教育專業課程比較，未必見得比師大教育專業課程差。如果加以比較，可發現各有千秋。一般大學教育學程學生在學習的動機方面較強、興趣較高、態度較穩健、與教師更為接近，雖然也有蹺課的情形，但並不多；雖然也見有不及格的，也很少，少數學校有當率低限，教師並不十分認同。但在另一方面，許多學生反應上課條件與規畫並不完善，教學環境欠佳，可用教學資源不足，使用並不方便，尤其上課時段欠佳，除少數學校外，多數學校常利用邊緣時間，以免與主修課程上課時間衝堂，在學生當中感受到的價值衝突頗多。師範校院在上課課表安排、場所的安排、教學各種資源的運用，較感滿意，教育科目與主修科目衝突程度較不劇烈，教育活動較多，教學較多樣

化。在教學的動機、態度，對教育科目的認同嫌不夠積極、熱心，與教育科目教授互動接近也不頻繁。

三、各大學建立的教育學程實施參差不齊，其間頗有差異

各大學由歷史傳統、校園文化、創校理想、領導人的哲學、科系結構與課程結構不同，表現不同的風格與類型，對於教育學程這個新加蓋的課程，雖然學生期待很高，選習意願很強，但各校各系所持的態度有很大的不同，有的較為積極主動，有的較為被動。各校在決策的過程中爭論不一，對學程的定位、功能，評價所分配的資源，及提供的條件及支持程度顯有差距；學程位階有的比照通識課程，有的隸屬於通識教育中心，位於通識課程之下；有的專任教師多達六位，有的完全由他系支持，專任闕如；有的學程行政及上課場所佔有一棟大樓完整的一層，有的只棲身於臨時搭建的鐵皮房子之中，有的還向他系所臨時租用，限期歸還；各校同感於學程名額有限，因此都透過相當費心的鑑選方式及標準來選拔學生，有的鑑選嚴密，分三階段實施，有的利用多種方式包括筆試、測驗、口試、教師訪談選擇，有的抽籤決定，繁簡不一，有的鑑選較鬆，一氣呵成；有的學校選拔學生皆大歡喜，有的在BBS抗議攻擊；有的乾脆開放選課，沒選上照選，有的則嚴格把守規定的關卡，不容馬虎。教師授課有學校全由學程教授授課，有的大部分，仰賴校內各系派代表支援，有的請校外兼課。部分學校大力提供資源，一年度二百多萬；部分學校僅只數萬元，甚至毫無固定預算，全憑實報實銷。部分學程支持人士對學程抱持極大的期望，部分人士則表示校方並不看好學程未來發展，且教師人力需求有限，俟現在學程學生畢業就職困難，則學程吸引力自然降低。承辦推動學程所設的教育學程中心，部分有很健全的編制，賦與較大的自主權，反之，部分學校則形同虛設，沒有專職人員，也無教育專業人員。總之，目前教育學程的實況，相差甚巨，與

教育部評鑑結果也有出入。

四、教育學程的教學，在各大學有明顯的不同

　　教育學程教學的校際差異顯著。由訪視中依稀感受得到，由學生在問卷上的反應及在電子網路動態資料反應很顯著的表現出來。無論在學生受教於學程的態度層面，或教學的實況層面或對教育學程的效能信念等衡量教學效能層面均顯露無疑。如果用統計的考驗的術語來說，在各層面的各變項皆極為顯著。就第一層面來說受教動機（MTV）、態度（ATT）顯著不同；就第二層面歷程向度，社會化取向的教學（SLZ）、技能取向的教學（TCH）、認知取向的教學（COG）、省思取向的教學（RFT）各校皆極大不同；再就第三層面，在效能信念向度，對社會化教學取向的效能感（SZFT）、技能取向教學的效能感（TCFT）、認知取向教學的效能感（COFT）、反省取向教學的效能感（RFFT）皆顯著差異。其中各個學校別的學程差異最顯著。另外在上課適應所感到的困擾（DFT）各校也有明顯的差異。

五、為了解教育學程，本研究建構教育學程的共同參數，並據以進行類型化

　　各大學所設置的教學如此的不同，又如此的複雜，又是完全新鮮，如何能夠理解？如何能加以比較。經尋尋覓覓、思思索索、自我對話、互相討論，不斷發現其中的參數（parameters），據以理解，概念化，進一步加以類型化。這種過程是持續進行不斷的，且一直有新的發現，不受任何預先的限制，即使分析至最後，研究者仍然還發現有新的參數，並也有新的類型形成。吾人所發現的參數計有十五項，據以類型化，成為十五種類之區分。

六、不同類型的教育學程，其教學有顯著的差異

　　本研究所建構的類型化，在變異數分析當中，表現其對於

教學變異的影響作用。不論依據何等參數，屬於不同類型的教育學程，其教學表現類型多有明顯的不同。學程設計與運作偏向積極精密型，教學表現較佳；反之，學程設計與運作，偏向消極粗糙型者，教學表現較差；所以其關係是正值的，惟有少數例外。最明顯的例外是以物質資源為參數區分的類型（SURC）及設備（FCLT）屬之。SURC 對教學形成之變異也極顯著，但其作用方向並非呈一致的正向直線；FCLT 也呈現相同的趨勢。復次，以大學的學術取向而區分的 HMST，對於教育學程教學之影響整體言之，雖也極顯著。但就單項而言，大都不明顯。其他的分析，學程的類型化對於教學的影響是顯著且呈正向的。就教學三層面多數變項來說學生鑑選精密有效型較佳；學程屬於一般型比研究型大學佳；行政組織系統健全型者較佳，學校高度支持型優於低度支持型；教師地位穩健型優於教師地位尋常型，也優於教師地位焦慮型；潛在課程積極型優於潛在課程一般型，潛在課程一般型優於潛在課程消極型；師生高度互動型優於師生互動低度型及師生互動中度型；課程競值衝突不明顯型顯然比課程衝突高度型有利，課程競值衝突普通型也比課程競值衝突高度型有利；教育學程與中、小學高度接觸型優於低度接觸型與中度接觸型，而中度接觸型也有部分明顯優於低度接觸型。

七、教育學程的教學可以特定的變因作有效的迴歸預測

依循所建構的理論架構，就所尋覓到的各項參數與類型化的結果，以及學生的反應，循各種不同的模式，可以有效且顯著地以特定變項來預測各教育學程教學的各個層面。無論由文化因素、學生特質因素、行政與學校支持因素、經費資源因素、或學校與中、小學學校接觸與經驗因素，各循線性結構迴歸方程式去預測，皆能作顯著的預測。其中由學程與中、小學經驗預測值最高，由學程與中、小學接觸與經驗的複相關 R 高至

.7569，解釋量為.5730。藉由大學校園各項文化變因與教學各層面各變項複相關在.50 至.34 之間，可藉以預測教學變異約達23.77%；而由行政諸因素決定的預測值較低，仍皆在顯著水準以上。至於由資源各變因來預測則最特殊，雖然極顯著，但不少的迴歸為負向，尤其是有關經費及物質資源變因，惟學術資源，如期刊變項在對教學的預測，仍大力地正向顯著於其各預測中。

八、教育學程循特定的途徑決定教學的實施與效果。

　　文化因素最具重要性，顯示文化因素，及與中、小學校的接觸與經驗分享是最能預測教育學程的變因，資源經費雖然為負向，正確的解釋並非資源不重要，而是資源在草創時期，其應用仍限於行政及硬體設備的充實及添購，真正用於教學的仍不多，花錢如果不是花在刀口上，當然無法一針見血。如何使得資源更充裕而能利用於與學生直接受益得到的項目，自然可以讓師生同沾其利。

九、大學教育學程教學差異頗大，其形成途徑，有跡可尋

　　因徑分析的結果揭曉教育學程教學變異的形成途徑，可證實因果的理論架構。第一因徑圖顯示兩途徑：第一條途徑由RCRU 經 ATT，直接影響 TCHFT；第二條途徑由 RCRU 影響TCHPRC，以決定 TCHFT。即由於對學生的精密有效用心的鑑選（RCRU），選出了最適合學習教育專業課程，擔任教師工作的學生，這樣精挑細選的學生參與教學活動表現良好（TCHPRC）；或因此等學生受教態度良好（ATT），有效參與教學活動（TCHPRC）；循此兩途徑因此都對教育學程深具信心，使教育學程的教學效標表現良好（TCHFT）。

　　第二個因徑圖也顯示兩途徑：其一 UTYP 經由 CUL 再由CNFT 影響 TCHFT。二由 UTYP 影響 TRSC，更影響 TRPW，而決定了 TCHFT。第一條途徑，由於大學的類型不同

（UTYP），功能取向互異，影響校園文化價值規範（CUL），形成教育學程課程與主修課程之間競值衝突（CNFT），影響了教學效能（TCHFT）。第二條途徑學校類型（UTYP）影響學程教師在大學系統中的權力及地位、焦慮（TRPW），表現於教學因之不同（INS），學生對教學的效能感也就不同了。

由這兩項可見大學文化傳統，及鑑選系統如何影響教育學程教學的過程及機轉。

第二節　建議

依上述的結論，可見本研究建構二十個解析教育學程的變因，多數並經證實顯著相關於教育學程的教學。本研究鄭重建議，亟應把握此等變因從中加以抉擇，以妥善組織設計，建立好完整的教育學程教學系統，俾利於教學的實施及教學效能的提高，其中主要的要略如下：

第一、致力文化建設，形成教育專業文化

教育學程雖然係依「師資培育法」及「教育學程設置標準」設置，在大學課程及大學教育傳統、大學組織結構當中，顯屬新加蓋的新課程。一種新建構、制度，欲求有效實施，結構建立較易，認知上建立共識，價值上形成標準，行動要求為規範比較困難，這就有待文化的調適與建設。因此在大學組織裡面，亟需加強教育專業文化，新成立的教育學程中心才能有效運作，新加蓋的教育學程才能有效實施。

第二、參酌比較，靈活運用各種方式、慎選修學程的師資生

教育學程的功能之一就是選擇適合於擔任教師的大學生成為未來的教師，真正做好教育專業的培訓工作。這也是教育學程強於傳統師範教育校院的地方。傳統師範校院招生僅藉由聯招統一分發，在發揮選擇專業人才的功能上來說頗為微弱無力，教育學程在這方面可發揮空間甚大。本研究發現學生鑑選這一

變項對教學之決定力量頗大，透過學生受教態度及動機，可以有效影響教學的實施，並決定教學的效能是否能發揮很大的作用，可以從此獲得證實。今各教育學程分別嘗試若干方式來鑑選師資生，除學業成績外，利用筆試專業常識、教育時事，實施人格測驗、性向測驗，透過口試、實訪、推薦信及特殊表現的記錄等等，不一而足，可以多加比較，依其運用效果選用，並避免不良效應之覆轍，以鑑選適合的師資生。

第三、考量學程目標、教師專長，及學生的需要設計課程

教育學程的科目學分雖有部頒規定可資依循，實仍留有相當大的選擇與彈性空間。建議教育學程能善用此等空間，除依部頒科目學分外，並能按教育專業的要求，作理想設計，且能調查學生的需求與興趣，並發揮教師專長，再考量學校的條件和經費設備來開設課程，必能使有限的二十六學分作最佳的調配，引導學生成為未來有效的教師。

第四、有力爭取資源並有效運用

充裕資源是學程實施有效教學的重要因素。本研究發現資源各項的多少，並不一定一致的，直線的決定學生對教育學程教學的認知與信念。惟某些特定方面的資源對此等效標變項已顯示其重要的決定力量；另些方面的資源雖然未能夠顯示其重要的決定作用，疑似運用的方式問題。在教育學程草創時期，資源應如何運用，應師法系統分析（systems analysis）來進行並決定如何運用。至於完全缺乏資源的學程，可能原因有二，一是文化決定的原因，使得學程在大學財源分配上未受應有的重視而分配不到資源。另一是財源極度匱乏的大學，在整個財源結構不佳，財力不足的情況下，難免分配不到資源。面對此等情形，應分別原因，利用不同策略與方式，力求改善。

第五、教育學程的教學應並重社會化取向、技術訓練取向、認知
　　　取向與省思取向的教學

　　依據教師養成理論，本研究建構教育學程的教學含括有社
會化取向、技術訓練取向、認知取向與省思取向的教學。經實
地訪談及各種資料的質性詮述，以及問卷的反應作量的分析，
發現各校教育學程在上述取向的教學實況及效能信念有明顯的
區別，且與教育學程的特性有顯著的相關，因而教育學程的類
型亦有明顯的不同，可見本研究對建構教育學程教學如此區分
是合宜有效的，可作為以後研究的參考，且各校教育學程實施
教學應實踐社會化取向、技能訓練取向、認知取向，及省思取
向的教學，以求完美。

第六、加強建立與中、小學的夥伴關係，有效實施教育學程的教學

　　教育學程鑑於過去師資培育在實習方面有名無實，未收實
習的效果，且順應現今師資培育教育的潮流，其設計在在顯示
與中、小學的合作功能，尤其大學在教育文化方面至為匱乏，
此等功能更有補修不足之意。本研究發現各教育學程固然與中、
小學皆定有合約，惟善加利用夥伴關係於教學的情況仍有待加
強，多數教育學程此項合作僅待用於未來的實習，但若干學校
已知道應用於目前部分科目的教學當中，且收到相當實效。教
育學程的教學應是階梯式指向實踐的課程，在校內的開設科目
即有必要有計畫地進行與中、小學的合作，來提高教學效能。
本研究實徵此項成效十分顯著，不能忽視其意義。

第七、充裕專任教師人力，尊重教師專業地位，降低教師地位焦
　　　慮，以提高學程訓練效果。

　　專任教師人力是教育學程的主要資源，教師專業權威受到
社會的尊重，是激發士氣與成效的動力。有的大學沒能充分肯
定教育專業學術的地位，甚至懷疑教育學程教師的研究潛能，
十分不利於教育學程的教學，在本研究已顯示出來，此一情形

對未來教師培育教育的正常化，將形成一大隱憂。回溯檢討今日師範院校學術發展不理想，實乃種因於歷史的原因——過去對師範校院過於忽視研究的結果；種因於教師在教學上及輔導上過度付出的結果；並非教育不成為學術，也不是教育專業人員不會研究。究其實，教育學術研究空間最大，一個有研究素養的人，會發現教育專業學術領域裡面，可研究的問題俯拾皆是，而且可以利用許多不同的方法來研究，窮畢生精力也難盡。一般大學院校如果有心長久辦好教育學程，應不吝於給與足夠人力，並賦予充分專業自主，配合有效的激勵辦法，達到教育專業與專門學術結合的目標，對教學、研究與服務皆各蒙其利，而收一舉三效的結果。

在研究的限制來說，本研究由於在教育學程甫開設的第二年來實施，所得結果只能說明在教育學程新設於一般大學院校的初始階段之情況，雖然已探究了在結構上如何調整，在文化衝突上如何調適，並據以探討對教學的影響，可以增進對教育學程運作機制建立的道理，對未來教育學程運作的原理及其教學之關係與系統的了解有重要意義。但對此時期所發現的教育學程實況，不宜推論至後來的情況。未來校數增多，學生特性可能也不一，應針對需要，在不同階段，分別繼續再進行研究，以增進對教育學程發展的認識，並可使本研究收到拋磚引玉的效果。

另方面本研究在依變項的選擇上，因為研究時尚未有完成全部教育學程課程的畢業生，也尚未有就業及工作的表現，故只能採用問卷調查學生「學習效能信念」為依變項的操作性定義。未來俟各校已有教育學程學生修畢就業，可採用其他實作表現或成就作為來具體說明教育學程教學的成果，會更具新的意義。

復次，本研究係選擇全部所有初期已開設的教育學程之大

學為研究對象，兼用量化與質性資料進行研究，經利用三角檢證法，以提高效度。惟資料浩繁，校數偏多，工程艱鉅，雖本小組同仁全力以赴，仍屬吃力。他日教育學程將會繼續擴充，如果想進行研究，可選擇少數學程沿用本模式進行，以免心勞力瘁；若為求全面性的一般性了解，則可依本研究的量化部分來進行，盡量擴大樣本，進行描述性研究。

資料出處：摘錄自林生傳主持，謝琇玲、吳和堂、張俊紳、李家琪助理（1997d）。多元師資培育制度下的教學研究，行政院國科會專題研究報告，NSC85-2745-H-017-003R F6。

第五節　研究報告的評鑑

　　研究報告之優劣良窳如何品評檢討，依上述各分項提示其要，分項評鑑如下，供作參考。

一、研究題目

1. 標題簡明，意義適當，書寫清楚，能夠明示研究旨趣，指示研究的方向，能看出研究的範圍。
2. 題目立意甚佳，富有教育的意義與學術研究的價值。

二、摘要

　　精簡扼要，於限定的字數內扼要說明研究的目的、方法、對象與工具，並呈現重要研究的結果與發現，讓讀者一目了

然。

三、研究問題與目的

1. 研究目的明確，擬完成的工作項目清楚，除做一般性的說明外，並做分項具體的臚述。
2. 所擬探討的問題與教育學術有價值，與教育實際有密切的關係。
3. 研究假設書寫正確且能夠加以驗證。
4. 名詞釋義清楚明確，並用概念性定義與操作性定義來界說。

四、研究設計與方法

1. 研究架構妥當，合乎邏輯結構，研究流程合理，並能順利實施。
2. 研究對象適當，除依研究目的界定標的群體外，於量化研究上，要能採用適當的策略，抽選具有代表性的樣本；於質性研究，則求能夠選擇合宜的參與者，有效參與，表露最多的資訊。
3. 研究方法與研究目的緊密關聯，利用此等方法能夠有效達成研究的目標。
4. 研究設計方法、程序，陳述詳明，執行嚴謹。
5. 使用的研究工具正確可靠，兼具信度與效度。若採質性研究，研究者要能扮演合宜的角色，與參與者充分溝通，藉以蒐集最真實可靠的資料。
6. 實驗研究設計嚴密，能夠有效控制與排除無關因素的干擾，提高內在效度；又能顧及教育的實際生態，排除實驗效應，使研究具有外在效度。

7. 調查研究回收率相當高，回答誠實，問卷內容均細心考驗，足以提供可靠資料。
8. 資料分析確實，未有造假資料。

五、文獻探討

1. 涉獵所有相關文獻，並能依研究需要，從中正確篩選探討，利用分析、比較、歸納、整理與批判的工夫，為實證研究提供學理的基礎與設計的參考。
2. 對文獻確實做過探討的工夫，依研究目的的要求，按合理的邏輯結構來探討，組織良好，不覺複雜凌亂，並能避免堆砌雜湊。

六、結果與討論

1. 資料量化過程合理，所得數據能夠代表事實與存在的原意及真相，並能正確地利用統計方法、技術進行分析，且以表格忠實地呈現出來，未忽視基本統計資料，俾便學者驗證。
2. 研究結果呈現方式適當，組織良好，條理井然，表述說明正確而不失機械呆板，可讀性高。
3. 能夠針對待答問題與研究假設，利用資料來分析探討回答，並與先前文獻互相比對檢討，做好討論的工作。
4. 分析討論不會避重就輕，遇到問題能利用批判能力與創新能力來剖析推敲。
5. 於質性研究能採用三角檢證法，多方利用資料，檢證資料的可靠性與正確性。在研究進行中，並能不斷地檢討，調整研究方向與研究假設，求得更滿意的結果。
6. 對質性資料的詮釋，能靈活利用各種觀點模式進行詮釋，徹

底詮釋資料的意義並建立理論。

7. 結果分析、討論合乎事實，所做推論，未逾越實徵結果的界限。

七、結論與建議

1. 結論允當，能依研究的發現與結果建立理論，充分回答待答問題，驗證假設，不做過度的推論。

2. 建議中肯、可行，不超過研究的範圍，依結論對學術的研究與教育的實際提出建議，態度積極，並能依照研究所得的經驗，對未來研究的方法、技術及方向提出建設性的意見，供學術界參考。

第六節　綜合評鑑

　　「文章千古事，得失寸心知」。本來作者經歷一段嘔心瀝血的歷程，所完成的作品，對其得失作者應有自知之明。惟教育研究報告或論文，與一般文章不同。寫一般文章，無論抒情、描述、寫意或論說，作者僅憑一己之寫作良知與常識經驗，即可判斷其優劣。教育研究是一種正式的、有系統的、客觀的探討教育問題的過程，對其成果的評鑑，尚須依教育研究專業的要求來作評鑑。上面分類逐項舉述評鑑要點，即是反應此種需求。由綜合的觀點來看，還有若干要領必須把握。

　　首先，應認清教育研究是對教育所做的研究，故所探討的問題題材，應以教育問題為範圍。在此一範圍之內，或調查教育實相，或研究教育現象，或探討教育問題，無論教育的本

質、目的、內容、方法與制度均得做為研究的題材。非屬教育問題，或不具教育意義的探討並非適當的題材，若干教育論文，純以心理現象、社會現象、經濟議題、政治議題為研究題材，則為不宜。

其次，研究過程確實合乎科學要求，嚴密講求，無懈可擊。教育研究是利用科學的方法對教育問題或題材所進行的研究，至今已發展出很多方法可資應用。學者可視題目性質與個人興趣，選用其中一種或若干方法進行研究。但，無論採用何種方法，均須合乎科學的要求：設計周密，執行認真，使用研究工具務求精準正確，抽取樣本必求能夠充分代表群體或各分群體的特性，資料蒐集分析正確可靠，討論力求周全。在文獻調查或論述分析方面亦然，在文獻調查上，文獻蒐集力求完盡，後設分析架構合理，分析但求徹底，不可任意棄取，結論不可突兀或偏頗；利用統計分析的時候，必求論證有據、分析客觀、推論嚴謹、合乎邏輯。教育研究論文或報告應確實把握其學術性，不能與介紹性、報導性、政策宣導性、意見表述性的文章混為一談，筆者發現有很多論文被評價不高的主因，就是違背此一準則。

第三、教育研究論文要體例完備，文理兼得，具可讀性。教育研究論文既為論文，須符合論文之格式，體例完備，且以客觀之語氣來陳述撰寫，使用之語文符號應把握其意義之精確，詞章練達，文氣順暢，使讀者讀起來容易了解，作者與讀者之溝通自如無礙。故教育論文仍須講求斐然成章，表達正確，具有高度的可讀性，不因其學術性而令人感到艱澀難懂、無法卒讀，甚至使其擺置一段時間，連作者自己讀來都不知所云。

第四、結構完整，合乎邏輯順序。一般文章起承轉合向來講究，而學術論文陳述整個研究過程，內容繁複，資料頗多，

一篇論文或報告內容往往由若干部分組成，由問題的提出、背景的陳述、研究目的的確立，以致於文獻探討、實證研究的設計與實施程序、資料蒐集、結果分析討論，以至結論的建立與建議的提出，錯綜複雜，遠超過一般文章。如何把握各部分組成論文，必須更講究合乎邏輯結構與論理程序，使論文渾然成為一體。如果一篇論文未謹守此一原則，結構鬆散、順序雜亂，前面未交代，後面突然出現，致使理解困難，讀者讀來必覺翻來覆去，顛三倒四，無法接受。

第五、凸顯主要發現，具有學術或實用價值。研究探討問題，利用一系列技術，經過一連串的活動，以科學的方法理解問題、解決問題，一則為發現新知新理，貢獻於教育學術的進步；一則為幫助教育問題的解決，求能有功於教育實際的效益。如果兩者皆空，此一研究報導出來就沒有太大的意義。因此，研究報告或論文需要將本研究的重要發現，以最清楚的方式呈現出來，並加以解釋、討論，做成結論，並據以提出建議，無論對未來的研究和教育實際，據研究發現提出建言。

第六、組織嚴密，應該一以貫之。合字詞為句，合句為段，合段為文，而在大篇論文則合段為節，合節為章，章章相連組成論文，無論大小環節，組織均講求嚴密，字詞一一為概念，概念必須清楚，用語精確，表達不生錯誤。各段之間，前後呼應，不能產生太大出入，甚至前後矛盾。尤其是目的與結論及建議、研究假設、待答問題與研究結果、主要發現等，務求前後互相呼應。論述性論文，更須注意其一以貫之之文理論述，此一要領有別於教科書，教科書常並列介紹各種不同理論學派，研究論文雖旁徵博引，但最後並非紛陳並列即可，而必須融會貫通，或以現今各種不同文獻為基礎，或加以批判分析，或綜合歸納，或互相參證，或截長補短，形成理論或自成一家之言，成為最後結論。總之，研究論文無論字句、章節、

目的與結論、假設與驗證的結果分析等各個環節，均須環環相扣，前後呼應，且須一以貫之，才是成功的作品。

綜之，上乘的教育研究論文或報告，應以探討教育問題或現象為旨；設計周密、循科學研究過程逐步探討；所得結果，要對教育學術有所貢獻，對教育實際發展也有參考價值；而文章本身組織嚴密，環環相扣，一以貫之；在結構上，要謹守邏輯順序，使之渾然成為一體；於其體例，則須講求完備，善用語文技巧，斐然成章，如此，才具有高度的可讀性。

附錄一　亂數表

(a)	(b)	(c)	(d)	(e)	(f)	(g)	(h)	(i)
83579	52978	49372	01577	62244	99947	76797	83365	01172
51262	63969	56664	09946	78523	11984	54415	37641	07889
05033	82862	53894	93440	24273	51621	04425	69084	54671
02490	75667	67349	68029	00816	38027	91829	22524	68403
51921	92986	09541	58867	09215	97495	04766	06763	86341
31822	36187	57320	31877	91945	05078	76579	36364	59326
40052	03394	79705	51593	29666	35193	85349	32757	04243
35787	11263	95893	90361	89136	44024	92018	48831	82072
10454	43051	22114	54648	40380	72727	06963	14497	11506
09985	08854	74599	79240	80442	59447	83938	23467	40413
57228	04256	76666	95735	40823	82351	95202	87848	85275
04688	70407	89116	52789	47972	89447	15473	04439	18255
30583	58010	55623	94680	16836	63488	36535	67533	12972
73148	81884	16675	01089	81893	24114	30561	02549	64618
72280	99756	57467	20870	16403	43892	10905	57466	39194
78687	43717	38608	31741	07852	69138	58506	73982	30791
86888	98939	58315	39570	73566	24282	48561	60536	35885
29997	40384	81495	70526	28454	43466	81123	06094	30429
21117	13086	01433	86098	13543	33061	09775	13204	70934
50925	78963	28625	89395	81208	90784	73141	67076	58986
63196	86512	67980	97084	36547	99414	39246	68880	79787
54769	30950	75436	59398	77292	17629	21087	08223	97794
69625	49952	65892	02302	50086	48199	21762	84309	53808
94464	86584	34365	83368	87733	93495	50205	94569	29484
52308	20863	05546	81939	96643	07580	28322	22357	59502
32519	79304	87539	28173	62834	15517	72971	15491	79606
29867	27299	98117	69489	88658	31893	93350	01852	86381
13552	60056	53109	58862	88922	41304	44097	58305	10642
73221	81473	75249	88070	22216	27694	54446	68163	34946
41963	16813	31572	04216	49989	78229	26458	89582	82020
81594	04548	95299	26418	15482	16441	60274	00237	03741
27663	33479	22470	57066	31844	73184	48399	05209	17794
07436	23844	45310	46621	78866	30002	91855	14029	84701
53884	59886	40262	38528	28753	14814	71508	91444	94335
45080	08221	30911	87535	66101	95153	36999	60707	10947
42238	98478	80953	25277	28869	69513	92272	98587	64229
49834	43447	29857	75567	85500	24229	23099	96924	23432
38220	82174	85412	66247	80642	45181	28732	76690	03005
61079	97636	62444	07315	78216	75279	75403	49513	16863
73503	47241	61985	91537	25843	89751	63485	34927	11334
18326	96584	45568	32027	97405	06282	75452	26667	46959
89596	26372	01227	23787	33607	69714	28725	43442	19512
45851	81369	08307	58640	14287	10100	43278	55266	46802
87906	42482	50010	31486	23801	08599	32842	47918	40894
24053	02256	03743	26642	03224	93886	57367	78910	38915
20525	69314	34939	70653	40414	94127	99934	35025	50342
30315	62283	53097	99244	08033	97879	92921	68432	68168
69240	41181	08462	99916	88851	43382	28262	10582	25126
59159	99994	25434	73285	54482	91218	49955	01232	55104
33137	42409	49785	02790	98720	89495	00135	27861	39832

(a)	(b)	(c)	(d)	(e)	(f)	(g)	(h)	(i)
03772	83596	52998	19683	03807	22324	16596	54549	15292
38223	26962	25821	84290	65223	83106	93175	24427	40531
38910	45316	24279	98066	67103	33755	85437	09309	75265
15780	60337	11069	47937	23687	40781	94043	74876	58012
59645	03262	59485	73462	41946	75704	61738	72335	96817
63333	68207	54070	92462	14781	82511	15065	46306	02456
85151	46866	84722	48086	20474	36574	69470	58413	37706
11531	34955	31169	04940	35640	98230	65837	36680	41477
96319	74374	92695	79458	31647	53067	13571	12179	99589
30134	59746	71665	13134	17529	39398	33946	73628	40643
04416	96960	85645	04216	28945	25137	60714	75168	83151
42928	79955	97819	45369	55359	17937	83239	11295	58130
52948	73337	82355	44257	52712	87726	91823	94251	98289
83365	12321	79618	53832	12536	21188	89557	96752	54411
17668	39848	04395	20304	74086	19150	86215	23346	84632
16488	84810	05643	70033	90915	95334	64949	45891	43946
87762	53973	04659	74735	31564	70225	76596	56131	90245
09545	67121	31566	88183	82886	45188	66813	56750	13472
50075	92832	23965	05293	84834	53872	13978	00210	77150
50014	56960	70470	84533	37605	35882	26829	09730	78137
27461	22430	70494	09014	81705	80986	72819	72797	20603
85455	36779	76804	65884	42010	20583	87053	01910	96843
46186	36401	36356	68021	41599	42851	79517	59232	37616
52865	88615	68405	17169	66648	89528	77078	45204	54016
19677	10382	66142	29876	62918	45150	73732	69810	82674
28445	84222	59854	57384	92011	14740	51517	21596	97755
80247	85449	88336	88043	86893	76735	08150	38847	06776
19069	16727	51768	37181	67709	08832	61876	83914	85457
07850	52649	32868	07651	77211	29598	13084	68633	88783
49746	61632	51796	53973	37340	46210	19822	28946	77191
32966	34486	41597	04154	32647	84479	92920	73104	97780
72920	05779	55936	34629	58795	95807	47141	57443	11846
96183	28273	32998	87991	37407	76595	49199	80466	75910
26410	63387	73201	37246	28831	18261	32480	95368	87073
25940	24468	45166	82520	94541	81832	56388	20212	81172
06149	87534	80183	38237	70561	15886	86544	56381	10014
07765	24744	91075	54307	72266	37821	89684	25908	17081
79930	48815	95288	00162	72993	37305	00922	57012	38192
86624	43304	96428	37148	61842	66107	26714	35042	33438
06874	26347	61749	34324	70973	00303	62882	70944	75589
22058	65172	55633	98434	63643	02538	79073	16385	44285
12825	40453	81056	09429	53089	47280	93450	25837	01359
09520	05545	62075	11026	92864	21694	94113	59588	07072
14123	63054	13983	27314	21748	26306	05480	58202	23461
07260	84731	51977	34707	40477	66551	42171	09292	43919
12494	23659	44181	58492	08178	20422	41828	73576	86239
82127	96579	74270	27091	21850	49286	75057	54749	66583
23184	99161	16549	28711	67847	90570	61705	02104	77154
55739	74047	33846	00562	85265	68479	28594	52163	79804
97799	90967	92906	67741	79498	76903	27121	32486	43435

附錄二 相關係數顯著性與樣本大小之關係

	p			
df	.10	.05	.01	.001
1	.98769	.99692	.99988	.99999
2	.90000	.95000	.99000	.99900
3	.8054	.8783	.95873	.99116
4	.7293	.8114	.91720	.97406
5	.6694	.7545	.8745	.95074
6	.6215	.7067	.8343	.92493
7	.5822	.6664	.7977	.8982
8	.5494	.6319	.7646	.8721
9	.5214	.6021	.7348	.8471
10	.4973	.5760	.7079	.8233
11	.4762	.5529	.6835	.8010
12	.4575	.5324	.6614	.7800
13	.4409	.5139	.6411	.7603
14	.4259	.4973	.6226	.7420
15	.4124	.4821	.6055	.7246
16	.4000	.4683	.5897	.7084
17	.3887	.4555	.5751	.6932
18	.3783	.4438	.5614	.6787
19	.3687	.4329	.5487	.6652
20	.3598	.4227	.5368	.6524
25	.3233	.3809	.4869	.5974
30	.2960	.3494	.4487	.5541
35	.2746	.3246	.4182	.5189
40	.2573	.3044	.3932	.4896
45	.2428	.2875	.3721	.4648
50	.2306	.2732	.3541	.4433
60	.2108	.2500	.3248	.4078
70	.1954	.2319	.3017	.3799
80	.1829	.2172	.2830	.3568
90	.1726	.2050	.2673	.3375
100	.1638	.1946	.2540	.3211

z	概率	y	z	概率	y	z	概率	y
.00	.0000	.3989	.50	.1915	.3521	1.00	.3413	.2420
.01	.0040	.3989	.51	.1950	.3503	1.01	.3438	.2396
.02	.0080	.3989	.52	.1985	.3485	1.02	.3461	.2371
.03	.0120	.3988	.53	.2019	.3467	1.03	.3485	.2347
.04	.0160	.3986	.54	.2054	.3448	1.04	.3508	.2323
.05	.0199	.3984	.55	.2088	.3429	1.05	.3531	.2299
.06	.0239	.3982	.56	.2123	.3410	1.06	.3554	.2275
.07	.0279	.3980	.57	.2157	.3391	1.07	.3577	.2251
.08	.0319	.3977	.58	.2190	.3372	1.08	.3599	.2227
.09	.0359	.3973	.59	.2224	.3352	1.09	.3621	.2203
.10	.0398	.3970	.60	.2257	.3332	1.10	.3643	.2179
.11	.0438	.3965	.61	.2291	.3312	1.11	.3665	.2155
.12	.0478	.3961	.62	.2324	.3292	1.12	.3686	.2131
.13	.0517	.3856	.63	.2357	.3271	1.13	.3708	.2107
.14	.0557	.3951	.64	.2389	.3251	1.14	.3729	.2083
.15	.0596	.3945	.65	.2422	.3230	1.15	.3749	.2059
.16	.0636	.3939	.66	.2454	.3209	1.16	.3770	.2036
.17	.0675	.3932	.67	.2486	.3187	1.17	.3790	.2012
.18	.0714	.3925	.68	.2517	.3166	1.18	.3810	.1989
.19	.0753	.3918	.69	.2549	.3144	1.19	.3830	.1965
.20	.0793	.3910	.70	.2580	.3123	1.20	.3849	.1942
.21	.0832	.3902	.71	.2611	.3101	1.21	.3869	.1919
.22	.0871	.3894	.72	.2642	.3079	1.22	.3888	.1895
.23	.0910	.3885	.73	.2673	.3056	1.23	3907	.1872
.24	.0948	.3876	.74	.2704	.3034	1.24	.3925	.1849
.25	.0987	.3867	.75	.2734	.3011	1.25	.3944	.1826
.26	.1026	.3857	.76	.2764	.2989	1.26	.3962	.1804
.27	.1064	.3847	.77	.2794	.2966	1.27	.3980	.1781
.28	.1103	.3836	.78	.2823	.2943	1.28	.3997	.1758
.29	.1141	.3825	.79	.2852	.2920	1.29	.4015	.1736
.30	.1179	.3814	.80	.2881	.2897	1.30	.4032	.1714
.31	.1217	.3802	.81	.2910	.2874	1.31	.4049	.1691
.32	.1255	.3790	.82	.2939	.2850	1.32	.4066	.1669
.33	.1293	.3778	.83	.2967	.2827	1.33	.4082	.1647
.34	.1331	.3765	.84	.2995	.2803	1.34	.4099	.1626
.35	.1368	.3752	.85	.3023	.2780	1.35	.4115	.1604
.36	.1406	.3739	.86	.3051	.2756	1.36	.4131	.1582
.37	.1443	.3725	.87	.3078	.2732	1.37	.4147	.1561
.38	.1480	.3712	.88	.3106	.2709	1.38	.4162	.1539
.39	.1517	.3697	.89	.3133	.2685	1.39	.4177	.1518
.40	.1555	.3683	.90	.3159	.2661	1.40	.4192	.1497
.41	.1591	.3668	.91	.3186	.2637	1.41	.4207	.1476
.42	.1628	.3653	.92	.3212	.2613	1.42	.4222	.1456
.43	.1664	.3637	.93	.3238	.2589	1.43	.4236	.1435
.44	.1700	.3621	.94	.3264	.2565	1.44	.4251	.1415
.45	.1736	.3605	.95	.3289	.2541	1.45	.4265	.1394
.46	.1772	.3589	.96	.3315	.2516	1.46	.4279	.1374
.47	.1808	.3572	.97	.3340	.2492	1.47	.4292	.1354
.48	.1844	.3555	.98	.3365	.2468	1.48	.4306	.1334
.49	.1879	.3538	.99	.3389	.2444	1.49	.4319	.1315
.50	.1915	.3521	1.00	.3413	.2420	1.50	.4332	.1295

z	概率	y	z	概率	y	z	概率	y
1.50	.4332	.1295	2.00	.4772	.0540	2.50	.4938	.0175
1.51	.4345	.1276	2.01	.4778	.0529	2.51	.4940	.0171
1.52	.4357	.1257	2.02	.4783	.0519	2.52	.4941	.0167
1.53	.4370	.1238	2.03	.4788	.0508	2.53	.4943	.0163
1.54	.4382	.1219	2.04	.4793	.0498	2.54	.4945	.0158
1.55	.4394	.1200	2.05	.4798	.0488	2.55	.4946	.0154
1.56	.4406	.1182	2.06	.4803	.0478	2.56	.4948	.0151
1.57	.4418	.1163	2.07	.4808	.0468	2.57	.4949	.0147
1.58	.4429	.1145	2.08	.4812	.0459	2.58	.4951	.0143
1.59	.4441	.1127	2.09	.4817	.0449	2.59	.4952	.0139
1.60	.4452	.1109	2.10	.4821	.0440	2.60	.4953	.0136
1.61	.4463	.1092	2.11	.4826	.0431	2.61	.4955	.0132
1.62	.4474	.1074	2.12	.4830	.0422	2.62	.4956	.0129
1.63	.4484	.1057	2.13	.4834	.0413	2.63	.4957	.0126
1.64	.4495	.1040	2.14	.4838	.0404	2.64	..4959	.0122
1.65	.4505	.1023	2.15	.4842	.0396	2.65	.4960	.0119
1.66	.4515	.1006	2.16	.4846	.0387	2.66	.4961	.0116
1.67	.4525	.0989	2.17	.4850	.0379	2.67	.4962	.0113
1.68	.4535	.0973	2.18	.4854	.0371	2.68	.4963	.0110
1.69	.4545	.0957	2.19	.4857	.0363	2.69	.4964	.0107
1.70	.4554	.0940	2.20	.4861	.0355	2.70	.4965	.0104
1.71	.4564	.0925	2.21	.4864	.0347	2.71	.4966	.0101
1.72	.4573	.0909	2.22	.4868	.0339	2.72	.4967	.0099
1.73	.4582	.0893	2.23	.4871	.0332	2.73	.4968	.0096
1.74	.4591	.0878	2.24	.4875	.0325	2.74	.4969	.0093
1.75	.4599	.0863	2.25	.4878	.0317	2.75	.4970	.0091
1.76	.4608	.0848	2.26	.4881	.0310	2.76	.4971	.0088
1.77	.4616	.0833	2.27	.4884	.0303	2.77	.4972	.0086
1.78	.4625	.0818	2.28	.4887	.0297	2.78	.4973	.0084
1.79	.4633	.0804	2.29	.4890	.0290	2.79	.4974	.0081
1.80	.4641	.0790	2.30	.4893	.0283	2.80	.4974	.0079
1.81	.4649	.0775	2.31	.4896	.0277	2.81	.4975	.0077
1.82	.4656	.0761	2.32	.4898	.0270	2.82	.4976	.0075
1.83	.4664	.0748	2.33	.4901	.0264	2.83	.4977	.0073
1.84	.4671	.0734	2.34	.4904	.0258	2.84	.4977	.0071
1.85	.4678	.0721	2.35	.4906	.0252	2.85	.4978	.0069
1.86	.4686	.0707	2.36	.4909	.0246	2.86	.4979	.0067
1.87	.4693	.0694	2.37	.4911	.0241	2.87	.4979	.0065
1.88	.4699	.0681	2.38	.4913	.0235	2.88	.4980	.0063
1.89	.4706	.0669	2.39	.4916	.0229	2.89	.4981	.0061
1.90	.4713	.0656	2.40	.4918	.0224	2.90	.4981	.0060
1.91	.4719	.0644	2.41	.4620	.0219	2.91	.4982	.0058
1.92	.4726	.0632	2.42	.4922	.0213	2.92	.4982	.0056
1.93	.4732	.0620	2.43	.4925	.0208	2.93	.4983	.0055
1.94	.4738	.0608	2.44	.4927	.0203	2.94	.4984	.0053
1.95	.4744	.0596	2.45	.4929	.0198	2.95	.4984	.0051
1.96	.4750	.0584	2.46	.4931	.0194	2.96	.4985	.0050
1.97	.4756	.0573	2.47	.4932	.0189	2.97	.4985	.0048
1.98	.4761	.0562	2.48	.4934	.0184	2.98	.4986	.0047
1.99	.4767	.0551	2.49	.4936	.0180	2.99	.4986	.0046
2.00	.4772	.0540	2.50	.4938	.0175	3.00	.4987	.0044

z	概率	y	z	概率	y	z	概率	y
3.00	.4987	.0044	3.40	.4997	.0012	3.80	.49993	.0003
3.01	.4987	.0043	3.41	.4997	.0012	3.81	.49993	.0003
3.02	.4987	.0042	3.42	.4997	.0012	3.82	.49993	.0003
3.03	.4988	.0040	3.43	.4997	.0011	3.83	.49994	.0003
3.04	.4988	.0039	3.44	.4997	.0011	3.84	.49994	.0003
3.05	.4989	.0038	3.45	.4997	.0010	3.85	.49994	.0002
3.06	.4989	.0037	3.46	.4997	.0010	3.86	.49994	.0002
3.07	.4998	.0036	3.47	.4997	.0010	3.87	.49995	.0002
3.08	.4990	.0035	3.48	.4997	.0009	3.88	.49995	.0002
3.09	.4990	.0034	3.49	.4998	.0009	3.89	.49995	.0002
3.10	.4990	.0033	3.50	.4998	.0009	3.90	.49995	.0002
3.11	.4991	.0032	3.51	.4998	.0008	3.91	.49995	.0002
3.12	.4991	.0031	3.52	.4998	.0008	3.92	.49996	.0002
3.13	.4991	.0030	3.53	.4998	.0008	3.93	.49996	.0002
3.14	.4992	.0029	3.54	.4998	.0008	3.94	.49996	.0002
3.15	.4992	.0028	3.55	.4998	.0007	3.95	.49996	.0002
3.16	.4992	.0027	3.56	.4998	.0007	3.96	.49996	.0002
3.17	.4992	.0026	3.57	.4998	.0007	3.97	.49996	.0002
3.18	.4993	.0025	3.58	.4998	.0007	3.98	.49997	.0001
3.19	.4993	.0025	3.59	.4998	.0006	3.99	.49997	.0001
3.20	.4993	.0024	3.60	.4998	.0006	4.00	.49997	.0001
3.21	.4993	.0023	3.61	.4998	.0006	4.05	.49997	.0001
3.22	.4994	.0022	3.62	.4999	.0006	4.10	.49998	.00009
3.23	.4994	.0022	3.63	.4999	.0005	4.20	.49999	.00006
3.24	.4994	.0021	3.64	.4999	.0005	4.30	.49999	.00004
3.25	.4994	.0020	3.65	.4999	.0005	4.40	.49999	.00002
3.26	.4994	.0020	3.66	.4999	.0005	4.50	.499997	.00002
3.27	.4995	.0019	3.67	.4999	.0005	4.60	.499998	.00001
3.28	.4995	.0018	3.68	.4999	.0005	4.70	.499999	.000006
3.29	.4995	.0018	3.69	.4999	.0004	4.80	.499999	.000004
3.30	.4995	.0017	3.70	.4999	.0004	4.90	.4999995	.000002
3.31	.4995	.0017	3.71	.4999	.0004	5.00	.4999997	.000001
3.32	.4995	.0016	3.72	.4999	.0004			
3.33	.4996	.0016	3.73	.4999	.0004			
3.34	.4996	.0015	3.74	.49991	.0004			
3.35	.4996	.0015	3.75	.49991	.0004			
3.36	.4996	.0014	3.76	.49992	.0003			
3.37	.4996	.0014	3.77	.49992	.0003			
3.38	.4996	.0013	3.78	.49992	.0003			
3.39	.4997	.0013	3.79	.49992	.0003			

附錄四　t 分配表

df	.10	.05	.025	.01	.005	.0005

雙尾檢定之顯著水準

df	.20	.10	.05	.02	.01	.001
1	3.078	6.314	12.706	31.821	63.657	636.619
2	1.886	2.920	4.303	6.965	9.925	31.598
3	1.638	2.353	3.182	4.541	5.841	12.941
4	1.533	2.132	2.776	3.747	4.604	8.610
5	1.476	2.015	2.571	3.365	4.032	6.859
6	1.440	1.943	2.447	3.143	3.707	5.959
7	1.415	1.895	2.365	2.998	3.499	5.405
8	1.397	1.860	2.306	2.896	3.355	5.041
9	1.383	1.833	2.262	2.821	3.250	4.781
10	1.372	1.812	2.228	2.764	3.169	4.587
11	1.363	1.796	2.201	2.718	3.106	4.437
12	1.356	1.782	2.179	2.681	3.055	4.318
13	1.350	1.771	2.160	2.650	3.012	4.221
14	1.345	1.761	2.145	2.624	2.977	4.140
15	1.341	1.753	2.131	2.602	2.947	4.073
16	1.337	1.746	2.120	2.583	2.921	4.015
17	1.333	1.740	2.110	2.567	2.898	3.965
18	1.330	1.734	2.101	2.552	2.878	3.922
19	1.328	1.729	2.093	2.539	2.861	3.883
20	1.325	1.725	2.086	2.528	2.845	3.850
21	1.323	1.721	2.080	2.518	2.831	3.819
22	1.321	1.717	2.074	2.508	2.819	3.792
23	1.319	1.714	2.069	2.500	2.807	3.767
24	1.318	1.711	2.064	2.492	2.797	3.745
25	1.316	1.708	2.060	2.485	2.787	3.725
26	1.315	1.706	2.056	2.479	2.779	3.707
27	1.314	1.703	2.052	2.473	2.771	3.690
28	1.313	1.701	2.048	2.467	2.763	3.674
29	1.311	1.699	2.045	2.462	2.756	3.659
30	1.310	1.697	2.042	2.457	2.750	3.646
40	1.303	1.684	2.021	2.423	2.704	3.551
60	1.296	1.671	2.000	2.390	2.660	3.460
120	1.289	1.658	1.980	2.358	2.617	3.373
∞	1.282	1.645	1.960	2.326	2.576	3.291

附錄表五 F分配的顯著性與自由度及臨界值

Degrees of Freedom   α＝.05

n_2 \ n_1	1	2	3	4	5	6	7	8	9
1	161.4	199.5	215.7	224.6	230.2	234.0	236.8	238.9	240.5
2	18.51	19.00	19.16	19.25	19.30	19.33	19.35	19.37	19.38
3	10.13	9.55	9.28	9.12	9.01	8.94	8.89	8.85	8.81
4	7.71	6.94	6.59	6.39	6.26	6.16	6.09	6.04	6.00
5	6.61	5.79	5.41	5.19	5.05	4.95	4.88	4.82	4.77
6	5.99	5.14	4.76	4.53	4.39	4.28	4.21	4.15	4.10
7	5.59	4.74	4.35	4.12	3.97	3.87	3.79	3.73	3.68
8	5.32	4.46	4.07	3.84	3.69	3.58	3.50	3.44	3.39
9	5.12	4.26	3.86	3.63	3.48	3.37	3.29	3.23	3.18
10	4.96	4.10	3.71	3.48	3.33	3.22	3.14	3.07	3.02
11	4.84	3.98	3.59	3.36	3.20	3.09	3.01	2.95	2.90
12	4.75	3.89	3.49	3.26	3.11	3.00	2.91	2.85	2.80
13	4.67	3.81	3.41	3.18	3.03	2.92	2.83	2.77	2.71
14	4.60	3.74	3.34	3.11	2.96	2.85	2.76	2.70	2.65
15	4.54	3.68	3.29	3.06	2.90	2.79	2.71	2.64	2.59
16	4.49	3.63	3.24	3.01	2.85	2.74	2.66	2.59	2.54
17	4.45	3.59	3.20	2.96	2.81	2.70	2.61	2.55	2.49
18	4.41	3.55	3.16	2.93	2.77	2.66	2.58	2.51	2.46
19	4.38	3.52	3.13	2.90	2.74	2.63	2.54	2.48	2.42
20	4.35	3.49	3.10	2.87	2.71	2.60	2.51	2.45	2.39
21	4.32	3.47	3.07	2.84	2.68	2.57	2.49	2.42	2.37
22	4.30	3.44	3.05	2.82	2.66	2.55	2.46	2.40	2.34
23	4.28	3.42	3.03	2.80	2.64	2.53	2.44	2.37	2.32
24	4.26	3.40	3.01	2.78	2.62	2.51	2.42	2.36	2.30
25	4.24	3.39	2.99	2.76	2.60	2.49	2.40	2.34	2.28
26	4.23	3.37	2.98	2.74	2.59	2.47	2.39	2.32	2.27
27	4.21	3.35	2.96	2.73	2.57	2.46	2.37	2.31	2.25
28	4.20	3.34	2.95	2.71	2.56	2.45	2.36	2.29	2.24
29	4.18	3.33	2.93	2.70	2.55	2.43	2.35	2.28	2.22
30	4.17	3.32	2.92	2.69	2.53	2.42	2.33	2.27	2.21
40	4.08	3.23	2.84	2.61	2.45	2.34	2.25	2.18	2.12
60	4.00	3.15	2.76	2.53	2.37	2.25	2.17	2.10	2.04
120	3.92	3.07	2.68	2.45	2.29	2.17	2.09	2.02	1.96
∞	3.84	3.00	2.60	2.37	2.21	2.10	2.01	1.94	1.88

10	12	15	20	24	30	40	60	120	∞	n₁ / n₂
241.9	243.9	245.9	248.0	249.1	250.1	251.1	252.2	253.3	254.3	1
19.40	19.41	19.43	19.45	19.45	19.46	19.47	19.48	19.49	19.50	2
8.79	8.74	8.70	8.66	8.64	8.62	8.59	8.57	8.55	8.53	3
5.96	5.91	5.86	5.80	5.77	5.75	5.72	5.69	5.66	5.63	4
4.74	4.68	4.62	4.56	4.53	4.50	4.46	4.43	4.40	4.36	5
4.06	4.00	3.94	3.87	3.84	3.81	3.77	3.74	3.70	3.67	6
3.64	3.57	3.51	3.44	3.41	3.38	3.34	3.30	3.27	3.23	7
3.35	3.28	3.22	3.15	3.12	3.08	3.04	3.01	2.97	2.93	8
3.14	3.07	3.01	2.94	2.90	2.86	2.83	2.79	2.75	2.71	9
2.98	2.91	2.85	2.77	2.74	2.70	2.66	2.62	2.58	2.54	10
2.85	2.79	2.72	2.65	2.61	2.57	2.53	2.49	2.45	2.40	11
2.75	2.69	2.62	2.54	2.51	2.47	2.43	2.38	2.34	2.30	12
2.67	2.60	2.53	2.46	2.42	2.38	2.34	2.30	2.25	2.21	13
2.60	2.53	2.46	2.39	2.35	2.31	2.27	2.22	2.18	2.13	14
2.54	2.48	2.40	2.33	2.29	2.25	2.20	2.16	2.11	2.07	15
2.49	2.42	2.35	2.28	2.24	2.19	2.15	2.11	2.06	2.01	16
2.45	2.38	2.31	2.23	2.19	2.15	2.10	2.06	2.01	1.96	17
2.41	2.34	2.27	2.19	2.15	2.11	2.06	2.02	1.97	1.92	18
2.38	2.31	2.23	2.16	2.11	2.07	2.03	1.98	1.93	1.88	19
2.35	2.28	2.20	2.12	2.08	2.04	1.99	1.95	1.90	1.84	20
2.32	2.25	2.18	2.10	2.05	2.01	1.96	1.92	1.87	1.81	21
2.30	2.23	2.15	2.07	2.03	1.98	1.94	1.89	1.84	1.78	22
2.27	2.20	2.13	2.05	2.01	1.96	1.91	1.86	1.81	1.76	23
2.25	2.18	2.11	2.03	1.98	1.94	1.89	1.86	1.79	1.73	24
2.24	2.16	2.09	2.01	1.96	1.92	1.87	1.82	1.77	1.71	25
2.22	2.15	2.07	1.99	1.95	1.90	1.85	1.80	1.75	1.69	26
2.20	2.13	2.06	1.97	1.93	1.88	1.84	1.79	1.73	1.67	27
2.19	2.12	2.04	1.96	1.91	1.87	1.82	1.77	1.71	1.65	28
2.18	2.10	2.03	1.94	1.90	1.85	1.81	1.75	1.70	1.64	29
2.16	2.09	2.01	1.93	1.89	1.84	1.79	1.74	1.68	1.62	30
2.08	2.00	1.92	1.84	1.79	1.74	1.69	1.64	1.58	1.51	40
1.99	1.92	1.84	1.75	1.70	1.65	1.59	1.53	1.47	1.39	60
1.91	1.83	1.75	1.66	1.61	1.55	1.50	1.43	1.35	1.25	120
1.83	1.75	1.67	1.57	1.52	1.46	1.39	1.32	1.22	1.00	∞

附錄表五　（續）

Degrees of Freedom　α＝.01

n₂ \ n₁	1	2	3	4	5	6	7	8	9
1	4052	4999.5	5403	5625	5764	5859	5928	5982	6022
2	98.50	99.00	99.17	99.25	99.30	99.33	99.36	99.37	99.39
3	34.12	30.82	29.46	28.71	28.24	27.91	27.67	27.49	27.35
4	21.20	18.00	16.69	15.98	15.52	15.21	14.98	14.80	14.66
5	16.26	13.27	12.06	11.39	10.97	10.67	10.46	10.29	10.16
6	13.75	10.92	9.78	9.15	8.75	8.47	8.26	8.10	7.98
7	12.25	9.55	8.45	7.85	7.46	7.19	6.99	6.84	6.72
8	11.26	8.65	7.59	7.01	6.63	6.37	6.18	6.03	5.91
9	10.56	8.02	6.99	6.42	6.06	5.80	5.61	5.47	5.35
10	10.04	7.56	6.55	5.99	5.64	5.39	5.20	5.06	4.94
11	9.65	7.21	6.22	5.67	5.32	5.07	4.89	4.74	4.63
12	9.33	6.93	5.95	5.41	5.06	4.82	4.64	4.50	4.39
13	9.07	6.70	5.74	5.21	4.86	4.62	4.44	4.30	4.19
14	8.86	6.51	5.56	5.04	4.69	4.46	4.28	4.14	4.03
15	8.68	6.36	5.42	4.89	4.56	4.32	4.14	4.00	3.89
16	8.53	6.23	5.29	4.77	4.44	4.20	4.03	3.89	3.78
17	8.40	6.11	5.18	4.67	4.34	4.10	3.93	3.79	3.68
18	8.29	6.01	5.09	4.58	4.25	4.01	3.84	3.71	3.60
19	8.18	5.93	5.01	4.50	4.17	3.94	3.77	3.63	3.52
20	8.10	5.85	4.94	4.43	4.10	3.87	3.70	3.56	3.46
21	8.02	5.78	4.87	4.37	4.04	3.81	3.64	3.51	3.40
22	7.95	5.72	4.82	4.31	3.99	3.76	3.59	3.45	3.35
23	7.88	5.66	4.76	4.26	3.94	3.71	3.54	3.41	3.30
24	7.82	5.61	4.72	4.22	3.90	3.67	3.50	3.36	3.26
25	7.77	5.57	4.68	4.18	3.85	3.63	3.46	3.32	3.22
26	7.72	5.53	4.64	4.14	3.82	3.59	3.42	3.29	3.18
27	7.68	5.49	4.60	4.11	3.78	3.56	3.39	3.26	3.15
28	7.64	5.45	4.57	4.07	3.75	3.53	3.36	3.23	3.12
29	7.60	5.42	4.54	4.04	3.73	3.50	3.33	3.20	3.09
30	7.56	5.39	4.51	4.02	3.70	3.47	3.30	3.17	3.07
40	7.31	5.18	4.31	3.83	3.51	3.29	3.12	2.99	2.89
60	7.08	4.98	4.13	3.65	3.34	3.12	2.95	2.82	2.72
120	6.85	4.79	3.95	3.48	3.17	2.96	2.79	2.66	2.56
∞	6.63	4.61	3.78	3.32	3.02	2.80	2.64	2.51	2.41

附錄表五　　（續）

10	12	15	20	24	30	40	60	120	∞	n_1 / n_2
6056	6106	6157	6209	6235	6261	6287	6313	6339	6366	1
99.40	99.42	99.43	99.45	99.46	99.47	99.47	99.48	99.49	99.50	2
27.23	27.05	26.87	26.69	26.60	26.50	26.41	26.32	26.22	26.13	3
14.55	14.37	14.20	14.02	13.93	13.84	13.75	13.65	13.56	13.46	4
10.05	9.89	9.72	9.55	9.47	9.38	9.29	9.20	9.11	9.02	5
7.87	7.72	7.56	7.40	7.31	7.23	7.14	7.06	6.97	6.88	6
6.62	6.47	6.31	6.16	6.07	5.99	5.91	5.82	5.74	5.65	7
5.81	5.67	5.52	5.36	5.28	5.20	5.12	5.03	4.95	4.86	8
5.26	5.11	4.96	4.81	4.73	4.65	4.57	4.48	4.40	4.31	9
4.85	4.71	4.56	4.41	4.33	4.25	4.17	4.08	4.00	3.91	10
4.54	4.40	4.25	4.10	4.02	3.94	3.86	3.78	3.69	3.60	11
4.30	4.16	4.01	3.86	3.78	3.70	3.62	3.54	3.45	3.36	12
4.10	3.96	3.82	3.66	3.59	3.51	3.43	3.34	3.25	3.17	13
3.94	3.80	3.66	3.51	3.43	3.35	3.27	3.18	3.09	3.00	14
3.80	3.67	3.52	3.37	3.29	3.21	3.13	3.05	2.96	2.87	15
3.69	3.55	3.41	3.26	3.18	3.10	3.02	2.93	2.84	2.75	16
3.59	3.46	3.31	3.16	3.08	3.00	2.92	2.83	2.75	2.65	17
3.51	3.37	3.23	3.08	3.00	2.92	2.84	2.75	2.66	2.57	18
3.43	3.30	3.15	3.00	2.92	2.84	2.76	2.67	2.58	2.49	19
3.37	3.23	3.09	2.94	2.86	2.78	2.69	2.61	2.52	2.42	20
3.31	3.17	3.03	2.88	2.80	2.72	2.64	2.55	2.46	2.36	21
3.26	3.12	2.98	2.83	2.75	2.67	2.58	2.50	2.40	2.31	22
3.21	3.07	2.93	2.78	2.70	2.62	2.54	2.45	2.35	2.26	23
3.17	3.03	2.89	2.74	2.66	2.58	2.49	2.40	2.31	2.21	24
3.13	2.99	2.85	2.70	2.62	2.54	2.45	2.36	2.27	2.17	25
3.09	2.96	2.81	2.66	2.58	2.50	2.42	2.33	2.23	2.13	26
3.06	2.93	2.78	2.63	2.55	2.47	2.38	2.29	2.20	2.10	27
3.03	2.90	2.75	2.60	2.52	2.44	2.35	2.26	2.17	2.06	28
3.00	2.87	2.73	2.57	2.49	2.41	2.33	2.23	2.14	2.03	29
2.98	2.84	2.70	2.55	2.47	2.39	2.30	2.21	2.11	2.01	30
2.80	2.66	2.52	2.37	2.29	2.20	2.11	2.02	1.92	1.80	40
2.63	2.50	2.35	2.20	2.12	2.03	1.94	1.84	1.73	1.60	60
2.47	2.34	2.19	2.03	1.95	1.86	1.76	1.66	1.53	1.38	120
2.32	2.18	2.04	1.88	1.79	1.70	1.59	1.47	1.32	1.00	∞

參考書目

一、中文部分

王文科（1990a）。**教育研究法**。台北：五南。

王文科編譯，舒瑪克（Schumacher, S.）著（1990b）。**質的教育研究法**。台北：師大書苑。

王文科（1986）。**教育研究法：教育研究的理論與實際**。台北：五南。

王文科譯，白斯特（Best, J. W.）（1983）。**教育研究法**。高雄：復文。

王賢文、張芳全（1997）。**教育研究法**。台北：千華。

中國教育學會主編（1989）。**教育研究方法論**。台北：師大書苑。

正中書局編審委員會編（1983）。**教育研究法**。台北：正中書局。

台灣省國民學校教師研習會編（1986）。**教育研究法**。台北：台灣省國民學校教師研習會。

伍振鷟、陳伯璋（1987）。我國近四十年來教育研究之初步探討，載於陳伯璋著。**教育思想與教育研究**。台北：師大書苑。

李奉儒等譯，巴格丹（Bogdan, R. C.）著（2001）。**質性教育研究：理論與方法**。嘉義：濤石文化。

杜正治譯，Tawney, J. W. & Gast, D. L.著（1994）。**單一受試研究法**。台北：心理。

呂廷和（1969）。**教育研究法**。台北：台灣書店。

呂錘卿、林生傳（2001）國民小學教師專業成長指標及現況之

研究。**教育學刊**，**17**，45-64。

吳明清（1991）。**教育研究基本觀念與方法分析**。台北：五
　　南。

吳明隆編著（2001）。**教育行動研究導論理論與實務**。台北：
　　五南。

吳美枝、何禮恩譯，吳芝儀校閱，季恩 • 麥尼夫（McNiff,
　　J.）、派瑪拉 • 羅邁克斯（Lomax, P.）、葉克 • 懷特黑德
　　（Whitelead,J.）著（2001）。**行動研究生活實踐家的研究
　　錦囊**。嘉義：濤石。

吳佩穗（2001）。**高中女校學生次級文化之俗民誌研究**。國立
　　高雄師範大學教育系碩士論文，未出版，高雄。

吳家瑩（1990）。**中華民國教育政策發展史——國民政府時期
　　（1925~1940）**。台北市：五南。

李美華譯，巴比（Babbie, E）著（1998）。**社會科學研究方法
　　（上）**。台北市：時英。

李相勗、陳啟肅譯，葛德（Good, C.V.）著（1971）。**教育研究
　　法**。台北：台灣商務。

李新民（2001）。**學校本位經營推動多元智慧教學的研究—以
　　高雄市獅甲國小為例**。國立高雄師範大學教育學系博士論
　　文，未出版，高雄。

沈翠蓮（1999）。**光復後台灣師範學校小學師資培育制度之研
　　究（1945-1960）**。國立高雄師範大學教育學系博士論文，
　　未出版，高雄。

周文欽、高熏芳、王俊明編著（1996）。**研究方法概論**。台
　　北：空大。

周文欽（2000）。**研究方法概論**。台北：空大。

周愚文（1991）。歷史研究法。輯於黃光雄、簡茂發主編：**教
　　育研究法**。台北：師大書苑。

林生傳、郭生玉、蘇清宇（1970）。國中學生學習困難問題的初步研究。台灣師大教研所集刊，**12**，581-606。

林生傳（1976）。影響學業成就的社會環境因素分析與探討。高雄師院學報，**4**，167-222。

林生傳（1977）。計畫家庭子女的心理特質與教育成就研究。高雄師院學報，**5**，1-4。

林生傳（1978）。社會階層化及其影響教育成就的理論架構與例證。載於師大教研所主編：「**教育學研究**」。台北：偉文書局，351-380。

林生傳（1979a）。高雄地區家庭結構的化及其學生班級適應的關係研究。高雄師院學報，**7**，115-166。

林生傳（1979b）。現代社會變遷的父親角色期望。教育文粹，51-57。

林生傳（1979c）。都市化中高雄市遷入人口的教育與生活適應研究。**教育學刊**，**1**，212-263。

林生傳（1980a）。**高市國民中小學特殊教育班教材教法實況研究**（與張壽山教授合著）。高雄市研究發展考核委員會刊行，1-224。

林生傳（1980b）。**高雄市長期教育發展綜合計畫研究**（小組研究）。高雄師院教育系、教育研究所。

林生傳（1981）。現在核心家庭父母角色扮演及其與子女行為適應的關係。**教育學刊**，**3**，209-264。

林生傳（1982a）。**國民中學數理科個別化教學設計及實驗**。第一階段研究報告，（小組研究）教育部委託。

林生傳（1982b）。認知式態研究—國小高年級學生的「慎思細緻型」與「巧思粗率型」之認知式態相關因素及其在班級社會體系的效應。**教育學刊**，**4**，225-255。

林生傳（1982c）。**教育社會學**。高雄：復文。

林生傳（1984a）。高中生的「地形辨析」與「形地混同」之認知式態及其與教育職業的關係。**教育學刊**，**5**，81-112。

林生傳（1984b）。**國民中學數理科個別化教學設計及實驗，第二階段研究報告，（小組研究）**。教育部委託。

林生傳（1985a）。爭論中的智商之解析與正用。測驗年刊，223-228。

林生傳（1985b）。國中學生學習式態之相關因素及其與學校教育態度、學業成就的關係。**教育學刊**，**6**，41-92。

林生傳（1988a）。A basic concern of cross-cultural research into classroom interaction.。**教育學刊**，**8**，1-15。

林生傳（1988b）。國中教師與專業行為環境因素分析與推測。**教育研究年刊**，**2**，1-4。高雄師院教育研究所。

林生傳（1988c）。**新教學理論與策略**。台北：五南圖書出版公司。

林生傳（1990a）。國中教師專業行為之主要參照團體研究。**教育學刊**，**9**，263-292。

林生傳（1990b）。教學直導化與學生學習成效的探討。刊載於國立高雄師大**教育學刊**，**9**，13-16。

林生傳（1990c）。**實習教師的困擾與輔導之研究**。國科會專案研究。

林生傳（1990e）。實習教師的困擾與化解之道。**中華民國師範教育學會年刊—師範教育政策與問題**。169-184。

林生傳（1990f）。**認知式態測驗（上）（下）及專業研究報告**（與傅粹馨教授共同研究），教育部國教司。

林生傳（1992）。國民中學畢業生自學方案對高級中學教育的效應。輯於中國教育學會主編：二十一世紀的高級中等教育。台北：台灣書店，169-188。

林生傳（1993a）。中等教育階層化之研究—我國高中升學率之

實徵分析與探討。國科會專題研究 NSC 81-0301-H017-01-J1，頁 28。

林生傳（1993b）。**主要國家後期中等學校入學方式之比較研究**。教育部自學方案諮詢研究委員會比較研究小組研究報告。

林生傳（1993c）。群育取向的創新教學。**群育教學與輔導學術研討**，**82**（4），29-30，國立高雄師範學院。

林生傳（1993d）。實習教師困擾與輔導研究。**教育學刊**，**10**，33-103。

林生傳（1993e）。認知式態測驗之編製。**測驗年刊**，**40**，41-52。

林生傳（1994a）。我國高級中學教育階層化之研究。台師大教研中心主編：**教育研究資訊雙月刊**，**2**（3），48-70。

林生傳（1994b）。**概念學習與發展的階次理論模式研究**。國科會專題研究報告 NSC-0301-H-017-005。

林生傳（1995a）。**多元化師資培育制度下的教學**。84 年 5 月 3 日發表於教育部中教司委辦，國立台灣師範大學教育研究中心主辦：師資培育的理論與實務學術研討會。

林生傳（1995b）。我國公立高中升學率分配之成因與預測。**教育研究資訊雙月刊**，**3**（2），51-72。

林生傳（1995c）。高中生大學聯考分數的預測分析。**教育學刊**，**11**，51-72。

林生傳（1995d）。**概念教學實驗研究—概念學習與發展的階次理論模式㈡**。國科會專案研究報告。

林生傳（1996）。概念教學對概念發展的實驗效果——階次理論模式的概念教學實驗。**教育學刊**，**12**，31-70。

林生傳（1997a）。**教育學程的教學研究文化與資源的觀點**。發表於 1997 年 10 月 16 日行政院國科會主辦，國立高雄師範

大學承辦：86 年度國科會教育革新整合型研討會計畫成果分析研究發表會。

林生傳（1997b）。大學文化與教育學程教學之研析。**教育研究資訊雙月刊，6**（5），1-20。

林生傳（1997c）。**台灣教育改革的新趨勢**。發表於 1997，12，14 中國教育學會年會，于台北：師大。經整理發表於高師大教育學系教育研究學會主編，**教育研究，7**，1-17。

林生傳（1997d）。**多元化師資培育制度下的教學研究報告**。國科會專題研究報告。**NSC85-2745-H-017-003R　F6**。

林生傳（1997e）。我國學生概念發展的水準與特徵研究。**教育學刊，13**，47-82。

林生傳（1997f）。建構主義教學評析。中華民國課程與教學學會：**課程與教學季刊，1**（3），1-14。

林生傳（1999）。九年一貫課程的社會學評析。5 月 14 日發表於中華民國課程與教學學會 1999 年會，並輯於中華民國課程與教學學會主編（民 88）。**九年一課程之展望**，台北：揚智。1-28。

林生傳（2000a）。**新世紀教師行動研究的定位與實踐**，發表於大陸重慶市華中師範大學，海峽兩岸師範教育學術研討會，2000,3,31-4,1。

林生傳（2000b）。新世紀教師行動研究的定位與實踐機略。**教育學刊，16**，1-32。

林生傳（2000c）**教育社會學**。台北：巨流。

林生傳、陳慧芬、黃文三（2001）。國民教育階段教師在教育改革政策下的專業成長需求調查研究：以九年一貫課程及教育鬆綁為例。**教育學刊，17**，23-44。

林生傳、廖仁智、李新民（2001）。**學校本位經營的教育創新模式**。國科會專題研究報告。

林生傳、李新民、廖仁智（2002）。運用學校本位及機制推動學校創新之探討。**台灣師大教育研究集刊**，**48**（3），151-182。

林清山（1978）。**心理與教育統計學**。台北市：東華。

林清山（1980）。**多變項分析統計法**。台北市：東華。

林淑玲等著（2002）。**研究論文與報告撰寫手冊**。台北：北市師院輔導中心。

林達森（2001a）。合作學習與認知風格對科學學習之效應。載於**教育學刊**，**17**，255-279。

林達森（2001b）。**合作建構教學與認知風格對國中學生生物能量概念學習之效應**。國立台灣師範大學科教所博士論文，未出版，台北。

胡幼慧主編（1996）。**質性研究：理論、方法及本土女性研究實例**。台北：巨流。

孫邦正（1962）。**教育研究法**。台北：教育部中等教育司。

孫邦正編著（1968）。**教育研究法**。台北：台灣商務。

徐宗國譯，史特勞司（Strauss,A.）、科爾賓（Corbin,J.）著（1997）。**質性研究概論**。台北：巨流。

高敬文（1999）。**質的研究方法論**。台北：師大書苑。

馬信行（1998）。**教育科學研究法**。台北：五南。

莊佩真（2001）。**學前教師教學思考之研究**。國立高雄師範大學教育學系碩士論文，未出版，高雄。

郭生玉（1981）。**心理與教育研究法**。台北：精華。

許雅嵐（2002）。**國中班級同儕團體互動之研究**。國立高雄師範大學教育學系碩士論文，未出版，高雄。

陳伯璋（1990）。**教育研究方法的新取向質的研究方法**。台北：南宏。

陳惠邦（1998）：**教師行動研究**。台北：師大書苑。

葉重新（2001）。**教育研究法**。台北：心理。

曹俊漢編著（1978）。**研究報告寫作手冊＝ A manual for writing research papers eng**。台北：聯經。

曾守得編譯（1989）。**教育人種誌研究方法論**。台北：五南。

傅鴻森（1990）。**明代國子監—規制，教學設施與學風**。台灣師大教育研究所碩士論文，未出版，台北。

黃光雄、簡茂發主編（1991）。**教育研究法**。台北：師大書苑。

黃瑞琴（1994）。**質的教育研究方法**。台北：心理。

黃瑞祺譯，殷克勒斯（Alex Inkeles）著（1985）。**社會學是什麼**。台北市：巨流。

舒緒文（1998）。**師資培育法制定過程及其內涵之研究**。國立高雄師範大學博士論文，未出版，高雄。

楊國樞、柯永河、李本華（1973）。**國中學生的心理物質與學業成就**。載於中央研究院民族學研究所集刊，**35**。

賈馥茗、楊深坑（1988）。**教育研究法的探討與應用**。台北：師大書苑。

賈馥茗（1985）。東周以前的教育狀況。載於國立台灣師範大學教育研究所集刊，**27**。

鄭世興（1958）。唐代科舉考試制度。載於台灣師範大學教育研究所集刊，**1**。

鄭同僚（2002）。**教育研究方法**。台北：高等教育。

謝琇玲（1998）。**教育學程實施之研究—教師專業社會化的觀點**。國立高雄師範大學教育學系博士論文，未出版，高雄。

蔡保田（1988）。**教育研究法**。高雄：復文。

蔡美華等譯，Krishef, C. H.著（1999）。**單一受試者設計與分析**。台北：五南。

二、西文部分

Bailey, K. D. (1982). Methods of social research. New York: Free Press; London: Collier Macmillan.

Beach, M. (1969). History of Education. *Review of Educational Research 39,* 561-576.

Ben-Perety, M. & Kremen-Hayon, L(1990). The contender and context of professional dilemmas encountered by nervure and senior teachers. *Educational Review, 42*(1), 31-40.

Best, W. J. & Kahn, V. J. (1970). *Research in Education, second Edition.* Boston: Allyn and Bacon.

Best, W. J. & Kahn, V. J.(1998). *Research in Education, Eighth Edition.* Boston: Allyn and Bacon.

Black, Thomas R. (1999). *Doing Quantitative Research in the Social Science.* London: Sage.

Bordens, K. S. (1994). *Research design and method: a process approach.* Mountain View, Calif.: Sage Publications.

Borg, Walter R. & Gall, D. Meredith (1983). *Educational research: an introduction (4ᵗʰ ed).* N Y: Longman.

Borg, Walter R. & Gall, D. Meredith (1987). *Applying Educational Research: A practical guide for teachers (2nd.).* N.Y.: Longman.

Borg, Walter R. & Gall, D. Meredith (1989). *Educational Research: An Introduction (5ᵗʰ ed.).* N.Y.: Longman.

Campbell, D.T. & Stanley, J.C.(1963). *Experimental and quasi-experimental designs for research on teaching.* Boston: Houghton Mifflin.

Campbell, D.T. & Stanley, J.C. (1968). Experimental and quasi-experimental designs for research on teaching. In N.L. Gage (Ed.) *Handbook of research on teaching.* 171-246. Chicago.P. and McHally.

Caro-Bruce C. & McCreadie J. (1995). What happens when a school district supports action research? In S. E. Noffke & R. B. Stevenson (1995)(Eds.) *Educational action research--Becoming practically critical.* NY: Teachers College, Columbia University.

Carr, Edward H. (1967). *What is History?* N.Y.: Random House.

Carr, W. & Kemmis, S. (1986). *Becoming critical: education, knowledge, and action research.* London: Palmer.

Charies, C. M. (1998). *Introduction to education research.* New York: Longman.

Clifford, G. J. (1973). A history of the impact of research on leaching. In R. M. W. Travers (Eds.). *Second handbook of research on teaching.* 1-46. Chicago: Rand Mcnalty.

Cohen L. and Manion L. (1994). *Research methods in education-4th ed.* Typeset in Baskerville by J&L Composition Ltd, Filey, North Yorkshire Printed and bound in Great Britian by Biddles Ltd, Guilford and King's Lynn.

Cooper, H. M. (1985). Literature searching strategies of integrative research reviews, *American Psychologist, 40,* 1267-1269。

Creswell, J. W. (1994). *Research design: qualitative & quantitive approaches.* Thousand Oaks, Calif.: Sage Publication.

Cronbach,L.V. Snow,R-(1977). *Aptitudes and instructional methods: A Handbook for research methods interactions.* NY: Irvington.

Cruicnshank (1981). Reflective teaching as a strategy for teacher growth. *Education Leadership, 38*(7),553-554.

Dane, F. C. (1990). *Research methods.* Pacific Grove, Calif.: Brooks/ Cole Pub. Co.

Ellis, L. (1994). *Research methods in the social sciences.* Madison, Wis.: Brown & Benchmark.

Feldman, A. (1995). The institutionalization of action research-The California "100 Schools" project. In S. E. Noffke & R. B. Stevenson (1995)(Eds.) *Educational action research--Becoming practically critical.* NY: Teachers College, Columbia University.

Finch, J. (1986). *Research and policy: the uses of qualitative methods in social and educational research.* London; Philadelphia: Falmer Press.

Fisher,R.A.(1993). *Statistical methods, experimental design, and scientific inference.* New York: Oxford University Press.

Fox,D.J. (1969). *The Resarcher Process in Education.* NY: Holt , Rinehart & Winston.

Fowler, F. J. (1993). *Survey Research Methods (2th ed.).* Newbury Park, CA: Sage.

Fraenkel, J.R. & Waller, N.E.(1996). *How to design and evaluate research in education (3rd ed).* NY: McGraw-Hill.

Gatner, Elliott S. M. (1960). *Research and report writing.* New York: Barnes & Noble.

Gay, L. R. (1987). *Educational Research: Competencies for Analysis and Application (3rd ed).* N.Y.: Merrill.

Gay, L.R.(1992). *Educational Research: Competencies for analysis and application. (4th ed).* NY: Macmilln.

Gay,L.R. & Airasian, P. (2000). *Educational Research: Competen-*

cies for analysis and application. (6th ed). NY: Macmilln.

Grundy, S.(1982). Three modes of action research, reprinted, in S. Kemmis & R. McTaggart (1989). *The action research reader. (3rd ed).* Geelong: Deakin University Press.

Hancock, R. (1997). Why are class teachers reluctant to become reseachers? *British Journal of In-Service Education, 23*(1), 85-99.

Hitchcock, G. & Hughes, D. (1989). *Research and the teacher- a qualitative introduction to school-based research.* London: Routlede. P.40,41.

Hollingsworth, S. (1997). *International action research: A casebook for educational reform.* London: The Falmer Press.

Hursh, D. (1988). *Becoming teachers: Preservice teachers' understanding of school and society.* Doctoral dissertation, University of Wisconsin-Madism.

Hursh, D. (1995). Developing discourses and structures to support action research for educational reform. In S. E. Noffke & R. B. Stevenson (1995)(Eds.) *Educational action research--Becoming practically critical.* NY: Teachers College, Columbia University.

Johnston, S. (1994). Is action research a "natural" process for teachers? *Educational action research, 2*(1),39-48.

Ken Zeichner (1999). The new scholarship in teacher education. *Educational Researcher. volume 28,* number 9 December 1999. American education research association.

Kenndy, H. (1996). *Keynote address at the "Helping Children to Succeed Conference" at swanlee school,* Tower Hamlts, London, 27. 04. 1996. (in: ATEE Newsletter, 6, 1996)

Kenny, M. (1996). Research genres in teacher education. In F.B. Murray (Ed.), *The teacher educators' handbook.* 120-152. San Francisco: Jossey-Bass.

Krathwohl, D.R. (1998). *Methods of educational and social science research: an integrated approach.* NY: Longman.

Lanier, J., & Little, J.W. (1986). Researcher on teacher education. In M. Wittrock (Ed.), *Handbook of research in teaching (3rd ed.).* 527-568. NY: Mac millan.

Lomax, P. (1995). An intervention in practice to bring about improvement. *British Journal of In-Service-Education, 21*(1).

Louis,C. (1976). *Educational research in classrooms and schools: a manual of materals and methods.* London; New York: Harper & Row.

Marion Dadds S. H. and Janet Miller.The examined experance of action research: The person within the process.(edu.) (1997). In S. Hollongsworth. *International action research: a casebook for educational reform.*

Marsh D.(1982). *The Survey Method.* London: George Allen.

Marshall & Rossman (1995). *Designing Qualitative Research (2nd ed.).* Thousand Oaks. C.A.: Sage.

Marten ,S. (1985). *Education research: principles, policies and practices.* New York: Falmer Press.

Mason, E. J. & Bramble, W. J. (1997). *Research in education and the behavioral sciences: concepts and methods.* Wi.: Brown & Benchmark.

Matthew B. Miles, A. & Huberman.M.(1994). *Qualitative data analysis: an expanded sourcebook.* Thousand Oaks: Sage Publications.

McBurney, D. (1994). *Research methods*. Pacific Grove, Calif.: Brooks/Cole Pub. Co.

McMillan, J. H. (2001). *Research in education: a conceptual introduction*. New York: Longman.

McNiff, J. (1988,1997 Rep.). *Action research-principles and practice*. NY: Routledge.

Mertens,D.M. (1998). *Research methods in education and psychology*. California. Sage.

Nachmias, C. (1992). *Research methods in the social sciences*. New York: ST. Martin's Press.

Nisbet, J.D. (1977). *Education research methods*. London:Hodder and Stoughton.

Nisbet J., Megarry J. & Nisbet S. (1985). *Research, Policy and practice*. London: Kogan page; New York: Nichols Pub. Co.

Noffke, S. E. (1995). Action research and democratic schooling: problematic and potentials. In Noffke, S. E. & Stevenson, R. B. (1995). *Educational action research: becoming practically critical*. NY: Teachers College.

Pascarella, E.T.(1977). Interaction of motivation , mathematics preparation, and instructional method in a PSI and conventionally taught course. *AV Communication Review 25,* 25-41. Quoted from Borg, W.R. & Gall, M.D. op. cit. P698-700.

Patton, M.Q. (1990). *Qualitative evaluation and research methods (2nd ed.)*. Newbury Park, C.A.: Sage, 40-41.

Phlps, A. & Hanley-Maxwell. C.(1997). School to work transition for youth with disabilities: A Review of outcomes and practices. *Review of Educational Research, 67*(4).

Reason, P.(ed.) (1988). *Human inguiry in action: Developments in new paradigm research*. London: Stage Publications.

Reese, W. J. (1995). What history teaches about the impact of educational research on practice. In Asghar Iran-Nejad & P. D. Pearson (Eds.) *Review of research in education*. Washington, DC: American Educational Research Association. Ch1.

Reiser, R.A. (1980). Interaction between Locus of control and three pacing procedures in a Personalized System of Instruction Course. *Educational Communications and technology gournal ,28,* 194-202. Quoted from Borg & Gall (1983). 696-701.

Robin F. & David M. (1997). *Methods in human geography: a guide for students doing research projects*. Harlow, Essex England: Addison Wesley Longman.

Rummel, J. F. (1964). *An introduction to research procedure in education*. New York: Harper & Row.

Schon, D. A. (1974). *Theory in practice: Increasing professional effectiveness*. San Francisco. Jossey-Bass Pub.

Schon, D.(1987). *Educating the reflective practioner.* San Francisco: Josse-Bass.

Schwab, J. J. (1978). In J. westbury & N. J. Welk of (Eds.) *Education, and the structure of the disciplines. Science, curriculum, and liberal education. Selected essays.* Chicago: The U. of Chicago press.

Slavin, R. E . (1992). *Research methods in education.* Boston: Allyn and Bacon.

Slavin, R. E . (1984). *Research methods in education: a practical guide.* Englewood Cliffs, N.J.: Prentice-Hall.

Spector, P. E. (1981). *Research designs.* Beverly Hills: Sage Publications.

Stevenson, R. B. (1995). Action research and supportive school contexts-explorting the possibilities for transformation. In S. E. Noffke & R. B. Stevenson (1995)(Eds.) *Educational action research--Becoming practically critical.* NY: Teachers College, Columbia University.

Torbert, W. (1981). *Why has educational research been so uneducational?* In Reason, P. and Powan, J. (Eds.) Human Inquiry. Wiley.

Verma, Gajendra K. & Mallick, Kanka (1999). *Researching Education Perspectives and Techniques.* Falmer Press, Taylor & Francis Inc.

Vockell, E. L. & Asher, J.W. (1995). *Educational Research* Englewood Cliffs, N.J.: Merrill.

Wells, R . H. & J. Steven Picou. (1981). *American Sociology: Theoretical and Methodological Structures.* Washington, DC: University Press of America.

Wiersma,W. (1991). *Researchmethods in education. (5th.ed.)* P.12. Needhamheights,MA.

Wiersma, W. (1995). *Research methods in education, 6the ed.* Masacrusettes: Allyn and Bacon.

Wise, J. E. Nordberg, R. B., & Reitz, D. J. (1967). *Methods of research in education.* Boston: D. C. Heath.

Zeichner, K. (1999, Dec.). *The new schlarship in teacher education. Educational Researcher, 28*(9), AERA. 4-13.

Zeichner, K. M. & Gore, J. M. (1995). Using action as research a vehicle for student teacher reflection: a social reconstructionist approach. In Noffke, S. E. & Stevenson, R. B. (Eds.) *Educational action research: becoming practically critical.* NY: Teachers College, Columbia University.

名詞索引

國家圖書館出版品預行編目資料

教育研究法：全方位的統整與分析／林生傳著.
　　--初版.-- 臺北市：心理，2003（民92）
　　面；　公分.--（測驗評量系列；81016）
　　含索引
　　ISBN 978-957-702-559-3（精裝）

　　1.教育－研究方法

　　520.31　　　　　　　　　　　　　91023780

測驗評量系列 81016

教育研究法：全方位的統整與分析

作　　者：林生傳
總 編 輯：林敬堯
發 行 人：洪有義
出 版 者：心理出版社股份有限公司
地　　址：231 新北市新店區光明街 288 號 7 樓
電　　話：(02)29150566
傳　　真：(02)29152928
郵撥帳號：19293172　心理出版社股份有限公司
網　　址：http://www.psy.com.tw
電子信箱：psychoco@ms15.hinet.net
駐美代表：Lisa Wu（lisawu99@optonline.net）
排 版 者：鄭珮瑩
印 刷 者：博創印藝文化事業有限公司
初版一刷：2003 年 1 月
初版十二刷：2019 年 2 月
I S B N：978-957-702-559-3
定　　價：新台幣 650 元